세계 노동운동사 5

세계노동운동사 5

1판 1쇄 | 2020년 2월 10일

지은이 | 김금수

펴낸이 | 정민용
편집장 | 안중철
편   집 | 강소영, 윤상훈, 이진실, 최미정, 김정희(외주 교정)

펴낸 곳 | 후마니타스(주)
등록 | 2002년 2월 19일 제2002-000481호
주소 | 서울 마포구 신촌로14안길 17(노고산동) 2층
전화 | 편집_02.739.9929/9930 영업_02.722.9960 팩스_0505.333.9960

블로그 | humabook.blog.me
S N S | humanitasbook
이메일 | humanitasbooks@gmail.com

인쇄 | 천일_031.955.8083 제본 | 일진_031.908.1407

값 22,000원

ⓒ 김금수 2020
ISBN 978-89-6437-345-3 04300
      978-89-6437-164-0 (전6권)

이 도서의 국립중앙도서관 출판예정도서목록(CIP)은 서지정보유통지원시스템 홈페이지(http://seoji.nl.go.kr)와
국가자료종합목록 구축시스템(http://kolis-net.nl.go.kr)에서 이용하실 수 있습니다.(CIP제어번호 : CIP2020003120)

세계
노동
운동
사 5

김금수 지음

후마니타스

세계노동운동사 1 차례

세계 노동운동사 2 차례

세 계 노 동 운 동 사 4 차례

세계노동운동사 6 차례

제22부 1950년대 후반~1960년대 전반의 국제 정세, 사회·경제적 조건 변화와 노동운동

1950년대 후반~1960년대 전반기 국제 정세와 사회·경제적 조건 변화

승리의 편에 있는 역사가는 단기적인 성공을 장기적으로 소급되는
목적론의 관점에서 해석하려 들기가 쉽다.
패배자는 그렇지 않다.
패배자의 주요한 경험은 모든 것들이 희망했던 것이나
계획했던 것과 다르게 발생했다는 것이다.
…… 패배자들은 왜 자신들이 생각했던 것은 일어나지 않고
다른 어떤 것이 발생했는지 설명해야 할 필요를 더 크게 느낀다.
이것은 중기적 원인과 장기적 원인에 대한 연구를 자극할 것이다.
이 연구는 예기치 않은 일의 발생을 설명하고
…… 더 지속적인 통찰력을 낳고
…… 결국 더 큰 설명력을 낳는다.
단기적인 관점에서 보면 역사는 승리자에 의해 만들어질 수 있다.
하지만 장기적 관점에서 보면, 역사 이해의 증대는 패배자로부터 나온다.

_라인하르트 코젤렉
(홉스봄 2002, 384~385에서 재인용)

1. 국제 정세

새로운 단계에 들어선 냉전체제

1950년대 후반에서 1960년대 전반에 이르는 기간의 국제 정세 변화의 규모와 의미는 실로 크다고 볼 수 있다. 먼저 국제 관계에서 드러난 가장 중요한 특징으로 이미 1950년대 전반에 형성된 미국과 소련을 주축으로 한 양대 군사·정치 블록이 더욱 강화되었으며, 냉전체제가 새로운 단계에 들어섰다는 사실을 들 수 있다.

한편에서는 선진 자본주의 열강들이 자본주의 세계 전역을 포함해 사회주의 체제 국가들, 식민지·종속 국가들을 대상으로 공세적인 군사동맹 체제를 구축했다. 이와 더불어 전시를 제외하고는 전례를 찾기 어려울 정도의 군비 확장 경쟁과 핵무기·군사기술 개발을 서둘러 추진했다.

1952년에 실시한 미국 대통령 선거에서 제2차 세계대전 동안 유럽연합군 최고사령관을 지냈고 1945년 이후에는 통합참모본부 육군참모총장과 북대서양조약기구NATO 최고사령관을 역임한 공화당 소속 드와이트 아이젠하워가 당선되었다.

1950년대 미국은 경제 번영의 시기였다. 이 시기 미국의 국민총생산은 1945년부터 1960년까지의 15년 동안 2배 반 정도 증가했다. 이러한 경제성장은 높은 수준의 정부 재정 지출과 개인 소비의 증대로 이어졌다. 여기에 더해 경제 번영을 뒷받침한 것은 제2차 세계대전 이후 추진된 기술혁신이었다. 이와 같은 경제 번영이야말로 자본주의 세계 체제에서 미국이 패권을 행사할 수 있는 유력한 무기가 되었다.

아이젠하워 정부는 지금까지 유럽 지역 말고는 그다지 적극적으로 대응하지 않았던 냉전체제를 한층 더 강화해 효과적인 억지력을 갖춘 군사블록을 세계 전역에 구축했다. 이 냉전의 새로운 단계를 뒷받침한 것은 국무장관 존 덜레스가 주장한 '도미노 이론'[1]이었다. 미국은 구 식민지 종주국인 영국과 프랑스가 낡은 식민지주의를 고집함으로써 아시아 지역 국가의 민족해방운동에 효과적으로 대응하지 못했을 뿐만 아니라 때로는 분쟁의 소용돌이에 빠져들어 유럽 방위까지 소홀하게 되었다고 비판했다. 미국은 이러한 정세 변화를 냉전체제 강화의 구실로 삼았다. 이것은 물론 세계경제에서 자기 세력권을 확대하기 위한 미국 자본주의의 요구에 따른 행동이었다(柴田三千雄 외 1985, 336~337).

미국은 선진 자본주의 열강으로 하여금 미국 측에 유리한 방향으로 북대서양조약기구의 핵전략을 수립·실행하도록 유도하는 한편, 단일한 공동 복합체로서 군사 블록의 강고한 통합을 이룩하기 위해 노력을 기울였다. 또 미국은 특정 개발도상국가들에 대해 공공연하고 직접적으로 군사력을 행사하고 개발도상국들 내의 극우 반동 세력과 독재 정권을 지지했으며, 새로운 신식민지 지배 방식을 개발했다.

이 시기 가장 발달한 자본주의국가들에서 나타난 경제발전의 불균등성은 서유럽 내부에서 두 가지 경향으로 발전했다. 그 하나는 유럽 주요 자본주의국가 사이의 모순과 더불어 유럽과 미국 사이의 모순이 첨예화한 것이다. 이와 동시에 이러한 모순을 극복하기 위한 수단으로서 지역 통합이 적극적으로 추진되었다. 서유럽 내 두 경쟁 그룹인 유럽경제공동체EEC(1957년)와 유럽자유무역연합EFTA(1959년) 형성은 이러한 경향의 산물이었다(The

---

1_도미노 이론(domino theory)은 한 나라의 정치체제가 붕괴되면 그 강한 파급 효과가 이웃 나라에도 미친다는 개념이다. 덜레스가 도미노의 첫 번째 말을 넘어뜨리면 전체 말이 전부 쓰러지고 마는 현상에 빗대 베트남에 이은 동남아시아 전역의 공산화 위험을 설명한 데서 비롯되었다.

USSR Academy of Sciences 1987, 87).

다른 한편에서는 1950년대 후반 들어 정치·사상적 공동체로서 사회주의 세계 체제 형성 과정이 대체로 완료되었다. 1953년 3월 스탈린이 사망한 이후 소련공산당 내에서는 스탈린 비판이 거침없이 제기되었다. 1956년 2월에 열린 소련공산당 제20차 대회에서는 흐루쇼프의 '개인숭배와 그 결과들에 대해'라는 제목의 4시간에 걸친 유명한 보고 연설('비밀연설' 또는 '스탈린 격하 연설')에서 스탈린 비판이 한층 더 구체적이고도 본격적으로 행해졌다.

1964년까지 10여 년에 걸친 '흐루쇼프 시대'에는 국제적인 데탕트détente (긴장 완화)가 추진되었고, 국내에서도 소련 사회의 정치·사회·문화적인 활성화가 추진되었다. 흐루쇼프는 그의 집권기에 이른바 '흐루쇼프 프로그램' 이라 부르는 개혁 정책을 추진했다. 우선 국내 경제문제에서 우선순위를 재조정하여, 소비재 공업을 앞세우고 생활수준의 전반적인 개선을 시도했다. 1957년 소련은 인류 최초의 인공위성 '스푸트니크'sputnik를 발사함으로써 과학기술력을 과시했다(柴田三千雄 외 1985, 363).

흐루쇼프 정책은 국민의 광범한 지지를 받았으며, 소련 사회의 활력을 증대시켰다. 그러나 소련 지배 체제의 근간은 바뀌지 않았으며, 미국을 주축으로 한 자본주의 세계 체제와의 냉전 기본 구조도 변화되지 않았다. 이러한 상황에서 흐루쇼프는 대외정책 면에서 카리브해 핵미사일 배치에 따른 '쿠바 위기' 조성, 스탈린 비판을 계기로 격화한 '중소 논쟁', 동유럽에서 발생한 반소련 사태와 인민 봉기, 그리고 경제정책 면에서 농업정책의 참담한 실패 등으로 1964년 10월 실각했다.

한편 스탈린 사망 이후 소련에서 진행된 노선 전환은 동유럽 사회주의 국가들에 대해 큰 파급 효과를 가져왔고, 대부분의 국가들이 집단지도 체제

도입, 비밀경찰의 폐해 시정, 중공업 편중 수정, 국민 생활수준 향상 등 새로운 정책을 도입했다. 특히 1956년 2월 흐루쇼프의 스탈린 비판 보고는 동유럽 여러 국가 인민들에게 큰 반향을 불러일으켜, 1956년 폴란드의 '포즈난 봉기'와 같은 해에 일어난 '헝가리혁명'의 직접적 계기가 되었다.

스탈린주의 극복을 위한 큰 조류로 인해 동유럽 국가들은 각각의 상황에 따라 독자적인 길을 가게 되었다. 구체적으로 이와 같은 조류를 촉진한 것은 경제상호원조회의COMECON의 변용이었는데, 두 나라 사이의 기존 블록 방식 대신 가맹 국가들 상호 간의 물자나 기술 교류, 5개년 계획의 조정 등 실질적인 경제블록으로의 전환이 시작되었다. 또 소련이 유고슬라비아와 화해하고 '사회주의 발전의 다양한 길'을 공인한 일도 자립화 경향을 촉진했다(柴田三千雄 외 1985, 366~368).

이런 가운데서도 사회주의 세계 체제 강화를 위한 노력이 다양한 형태로 이루어졌다. 1957년 모스크바에서 열린 사회주의국가 공산당·노동자당 대표자 회의와 1960년 모스크바에서 열린 공산당·노동자당 대표자 회의에서 사회주의국가들의 상호 관계에서 제기되는 주요 원칙들과 새로운 사회 제도 건설을 위한 공동 투쟁의 목적 및 임무가 논의되었다. 또 사회주의 세계 체제의 정치력과 경제력을 더욱 강화하고 사회주의적 역할 분담 원칙이 설정되었다.

이 시기 사회주의국가들의 대외정책 목표는 세계 사회주의 공동체 국가들에서 사회주의와 공산주의 건설을 위해서, 또는 세계 혁명 과정의 모든 부분과 평화·진보를 위한 모든 세력의 활동을 위해서 최대한 유리한 국제 정세를 조성하는 일이었다(The USSR Academy of Sciences 1987, 129).

위에서 살펴본 바와 같이 냉전은 양극 체제의 완강한 대결 양상을 나타내고 있었으나, 다른 한편으로는 1950년대 후반 들어 데탕트 시기로 접어들었다. 흐루쇼프 시대의 소련이 '평화공존' 정책을 채택했고, 자본주의국가들 내부에서도 대외정책에서 사회주의국가와 평화공존 정책을 추구하는 경향이 점점 커졌다.

이러한 경향은 1955년 5월 15일 미국·영국·소련·프랑스와 오스트리아 사이에 체결된 오스트리아국가조약Austrian State Treaty, 제네바협정Geneva Accords, 1955년 7월 제네바에서 열린 미국·소련·영국·프랑스의 '4국 거두회담' 등으로 나타났다. 1960년대 초까지는 양대 사회체제에 속하는 국가들 사이의 평화공존 경향이 확고하게 자리를 잡지는 못했으나, 점점 증대하는 추세를 보였다.

이러한 경향이 확대된 것은 냉전체제가 가져다준 정치·경제·군사적 부담이 워낙 무거웠으며, 국제 생활의 모든 조류들이 역동적으로 진행되었고 식민지·종속 국가들의 독립 투쟁이 고양되었을 뿐만 아니라 국제무대에서 계급 세력의 역관계가 크게 변화했기 때문이었다. 특히 선진 자본주의국가들에서 전개된 평화 옹호 운동이 평화공존의 진전을 더욱 촉진시켰다(The USSR Academy of Sciences 1987, 129). 그러나 긴장 완화 시기에도 군비확장軍備擴張 경쟁은 계속되었고, 냉전체제는 그 기반을 유지했다.

민족해방투쟁의 격화

냉전체제가 변화 양상을 나타내면서 지속되는 가운데 1950년대 말과 1960년대 초기에는 민족해방투쟁이 격화되었고, 그것은 국제 관계 전체에 중대한 영향을 끼쳤다.

1950년대 후반기부터 격화하기 시작한 민족해방투쟁은 1960년대 들어 폭발적으로 나타났다. 아시아·아프리카·라틴아메리카 세 대륙에 걸쳐 민족 독립을 위한 인민의 투쟁이 외연에서 확대되고 내면에서 심화하면서 혁명적 양상을 연출했다.

아프리카

먼저 이 시기 아프리카에서 전개된 반제국주의 민족해방투쟁으로 많은 국가들이 독립을 쟁취했다. 1950년대에 아프리카에서 새로 독립한 국가는 리비아(1951년), 수단·모로코·튀니지(1956년), 가나(1956년), 기니(1958년) 6개국에 지나지 않았다. 그러나 '아프리카의 해'로 불리는 1960년 한 해 동안에는 17개국이 독립했고, 그 뒤로 1960년대에 15개국이 독립에 성공했다. 이들 독립국가들 가운데 남아프리카공화국과 나미비아를 제외한 아프리카 모든 국가들이 1963년 5월 에티오피아 수도 아디스아바바에 모여 아프리카 국가들의 독립과 주권 수호와 상호 협력을 목적으로 아프리카통일기구OAU를 창설했다.

이보다 앞선 1958년 12월에는 가나 아크라에서 아프리카 28개국, 62개 단체 대표 300여 명과 옵서버 500여 명이 모여 제1회 전아프리카인민회의AAPC를 열었다. 회의는 미독립 국가들에서 전개되는 독립 투쟁을 평화적으로 또는 무력으로 지원하겠다는 전투적 선언을 함과 동시에 상설 서기국의 설치를 결정했다.

아프리카통일기구 내부에서는 구 종주국과의 관계를 둘러싸고 대립이 일어났다. '카사블랑카 그룹'으로 불리는 급진파 국가들(가나·기니·말리·모로코·이집트·알제리)은 종주국과 관계를 완전히 단절하고 정치·경제적으로 자립할 것을 주장했다. 이와는 달리 '몬로비아 그룹'으로 불리는 온건파(구 프랑스령 12개 국가를 중심으로 한 19개국)은 구 종주국과 협력 관계를 이어 갈 것을 주장했다.

이러한 주장의 대립이 계속되는 가운데 독립을 이룩한 아프리카 국가들이 공통적으로 당면한 과제는 경제 자립이었다. 식민지 시대에 조성된 단일 경작monoculture 경제구조는 독립 이후에도 자립을 가로막았다. 이와 같은 곤란은 국내 정치 불안정의 요인이 되었다(柴田三千雄 외 1985, 379~381).

라틴아메리카

다음으로 라틴아메리카의 정세 변화를 살펴본다. 제2차 세계대전 직후 라틴아메리카 여러 국가에서도 한때 민주주의와 개혁정책이 추진되었으나, 냉전이 시작됨과 더불어 다시 많은 국가들에서 쿠데타가 일어났으며 보수 정권이 들어서고 군사독재가 시작되었다. 종래의 식민지적 경제구조에 근본적 변화는 없었으나, 라틴아메리카 국가들에서도 제2차 세계대전 동안의 수입대체 공업 발전이나 도시화의 진행에 따라 정치구조는 계속 변화해 갔다. 멕시코의 경우와 같이 정치적 안정을 이루고 경제성장을 달성한 제도혁명당PRI의 사실상의 일당 지배, 브라질의 근대화에서 큰 성과를 이룩한 바르가스의 장기 집권, 아르헨티나 페론 정권의 친노동자 정책 등을 예로 들 수 있다. 이러한 정권은 파시즘에 가까운 독재 체제였으나, 전통적인 과두 세력Oligarch 지배나 특권을 배제하여 도시노동자나 중간층 지지를 받았고 사회복지 정책과 자립을 위한 공업화를 추진했다(柴田三千雄 외 1985, 381~382).

이와는 대조적으로 1959년 1월 1일, 1952년 쿠데타로 정권을 탈취해 독재정치를 폈던 바티스타 정권은 카스트로가 이끈 쿠바혁명으로 무너졌다. 혁명의 모든 과정에서 쿠바 인민들은 무장투쟁, 총파업, 시민운동, 노동자와 농민의 대중투쟁 등 여러 가지 형태로 투쟁에 참가했다. 혁명은 반독재·민주주의 혁명으로부터 사회주의혁명으로 전화했다. 쿠바혁명은 라틴아메리카 국가들에 큰 충격을 주었으며, 무장 게릴라 투쟁이 여러 곳에서 전개되었다.

미국 존 F. 케네디 대통령은 라틴아메리카 여러 나라의 정치 정세를 안정시켜 쿠바혁명의 영향이 다른 나라에 파급되는 것을 방지하기 위해 '진보를 위한 동맹'Alliance for Progress 계획을 수립하고 향후 10년 동안 200억 달러 원조 제공을 약속했다. 그러나 계획은 당초 목표로 설정했던 라틴아메리카의 1인당 국민소득 성장률 2.5퍼센트에는 이르지 못했고 고작 1퍼센트 달성에 머물렀다. 또 정치적으로도 케네디 대통령이 강조했던 '자유와 민주주의'와는 역행해 각지에서 미국의 군사원조를 통해 강화된 군부의 쿠데타가 빈발했으며, 대부분의 국가들에서 권위주의적 보수 정권이 권력을 장악했다.

아시아

마지막으로 아시아 지역의 국제 정세는 급박하면서도 역동적으로 변화했다. 먼저 중국에서는 1949년 10월 1일 '중화인민공화국'이 수립되었다. 중화인민공화국은 중국의 독립·민주·평화·통일·부강을 목표로 하는 인민민주주의 국가로서, 신민주주의 인민경제를 발전시키며 사회주의를 지향한다고 선언했다.

중화인민공화국 수립은 그 후의 국제정치에 큰 영향을 끼쳤다. 첫째로 세계 각 지역, 특히 아시아 지역 민족해방운동을 크게 촉진했다. 둘째, 미국으로 하여금 중국과 아시아에 대한 정책 전환을 서두르게 했다. 셋째, 중국이 반제국주의 민족해방운동 세력과 사회주의 진영에 가담함으로써 그 진영 내의 국제 관계에서도 새로운 과제들이 제기되었다. 중국-소련 관계에서 볼 수 있듯이, 여러 가지 모순·대립을 어떻게 해결하고 조정할 것인가 하는 심각한 문제가 떠올랐다(浜林正夫 외 1996, 98~99).

다음으로 아시아 지역 국제정치에서 특기할 사항은 미국의 세계 전략과 베트남전쟁이다. 중화인민공화국이 성립함에 따라 여기에 충격을 받은 미국 트루먼 정권은 1950년 아시아에서 공산주의 확장을 저지하기 위해 프랑스에 대한 인도네시아 전쟁 지원을 본격화했다. 여기에 이어서 아이젠하워 정권은 도미노 이론을 강조하면서 국제공산주의 운동 세력 확장을 막기 위한 정책을 시행했다. 뒤이은 케네디 정권은 식민지·종속 국가에서 공산주의자들이 주도하는 민족해방운동 고양을 미국에 대한 중대 도전으로 간주했으며, 베트남전쟁을 특수전쟁으로 규정해 군사 개입을 본격화했다. 그리하여 베트남은 냉전시대 최대의 국지전 무대가 되었다(歷史学研究会 編 1996b, 14~15).

베트남민주공화국(북베트남) 집권당인 '베트남노동당'은 1959년 1월 제15회 중앙위원회를 열어 북베트남의 사회주의화와 남베트남에 대한 무장투쟁 단행을 결정했다. 한편 미국 린든 B. 존슨 대통령은 1964년 8월 '통킹만 사건'[2]을 계기로 남베트남에 대한 참전을 본격적으로 감행했으나, 결국 베트남전쟁은 베트남의 통일과 미국의 패배로 끝났다.

중화인민공화국 수립, 베트남 인민의 강고한 민족해방투쟁, 미국의 전세계에 걸친 전쟁과 침략 정책 강행 등은 이미 독립을 획득한 아시아 국가들에게도 큰 영향을 끼쳤다. 인도에서는 경제 자립과 비동맹 외교를 기본 목표로 하는 반제국주의·반봉건주의 노선이 추구되었다.

이 밖에도 이 시기 동남아시아 정세는 대단히 유동적이었다. 1957년에

2_1964년 8월 4일 미국 존슨 대통령이 "미국 제7 함대의 구축함 매덕스(Maddox) 호가 북베트남 어뢰정 3척의 공격을 받았다"고 발표함으로써 알려진 사건이다. 이 사건을 계기로 미국은 베트남전쟁에 직접 참가하게 되었다. 이 사건은 미국이 베트남전쟁 직접 참가를 위해 꾸민 자작극이라는 사실이 밝혀졌다.

영국연방에서 독립한 말라야연방(현재의 말레이시아)의 라만 수상은 당시 말라야연방과 싱가포르 자치령, 북北보르네오, 사라와크 식민지, 브루나이 보호령 등을 하나로 묶은 '말레이시아연방' 구상을 제창했다. 동남아시아에서 민족주의가 팽배하는 데에 불안을 느낀 구 종주국 영국도 그에 찬성해 양자는 1963년 7월 말레이시아 실현을 위한 협정에 조인했다. 같은 해 9월, 연방이 발족한 뒤에도 혼란은 계속되었다. 싱가포르는 1965년 8월에 인종차별, 대표권의 불평등 등을 이유로 연방을 탈퇴해 분리 독립했다. 또 인도네시아 수카르노 정권도 말레이시아연방을 신식민지주의 현상이라고 규정하며 그것과 대결할 태세를 취했다.

수카르노 대통령은 국내에서 공산당과 제휴를 강화하는 한편, 대외적으로는 중화인민공화국과 밀접한 관계를 유지했다. 1965년 1월 말레이시아가 국제연합안전보장이사회 비상임이사국으로 선출되자 국제연합을 탈퇴했다. 캄보디아 노로돔 시아누크 정권도 반미 중립 노선을 강화하고 1965년 5월에는 미국과의 국교 단절을 선언했다(歷史学硏究会 編 1996b, 17).

비동맹 운동의 전개

한편 제2차 세계대전 이후 아시아·아프리카·라틴아메리카 지역 제3세계[3]

3_제3세계(Third World)란 1950년대 초, 프랑스 인구학자 알프레드 소비가 당시 인도차이나에서 격화되었던 민족해방전쟁을 프랑스혁명의 제3신분 대두에 비유해 '제3세계의 대두'라고 평했는데, 그 뒤로 제3세계라는 말이 널리 통용되었다. 제3세계를 규정하는 기준은 정치적으로는 제2차 세계대전 이전에 식민지 지배를 경험했으며 종전 후에는 냉전체제의 동·서 어느 진영에도 가담하지 않은 국가들이다. 일반적으로 유럽 자본주의와 미국, 일본이 속하는 제1세계, 소련과 그 영향권에 있던 동유럽 국가들이 포함된 제2세계, 그 밖의 개발도상국들이 속하는 제3세계로 구분한다.

신흥 국가들은 공통된 과제들에 대처하기 위해 상호 협력하고자 했다. 이러한 운동이 바로 비동맹 운동Non-Allianced Movement이다. 비동맹 운동은 아시아 지역에서 먼저 시작되었다. 1947년 인도 독립을 전후해 아시아 문제 회의(1947년), 아시아 19개국 회의(1949년), 태평양문제조사회 제11회 국제회의(1950년) 등 일련의 아시아 인민과 지역 대표가 참가하는 회의가 인도에서 열렸다.

1950년대 들어 아시아 지역 국가들의 교류와 연대는 새로운 국면을 맞았다. 1954년 4월, 인도공화국과 중화인민공화국 사이에 '평화 5원칙'이 확인되었다. 구체적인 내용은 ① 영토·주권의 존중, ② 상호 불가침, ③ 상호 불간섭, ④ 평등 호혜, ⑤ 평화공존이었다. 이 평화 5원칙은 비단 아시아 지역뿐만 아니라 국제 관계 전반에 적용되는 일반 이념이 되었다.

1955년 4월에는 전후 세계의 한 분기점이 된 '아시아아프리카회의'가 인도네시아 반둥에서 열렸다. 이는 아시아와 아프리카 신흥 국가 정부들의 연대 기구였으며, 아시아·아프리카 29개국 대표가 참가했다. 이 회의에서 반식민지주의와 민족독립, 전쟁 회피와 평화 강화, 아시아·아프리카 국가들 사이의 우호, 사회·경제·문화의 협력 촉진을 토의했다. 이 회의에서 채택된 '평화 10원칙'은 그 뒤에 전개된 비동맹 운동의 기본 노선이 되었다.

평화 10원칙 내용은 다음과 같다. ① 기본 인권과 국제연합 헌장의 목적과 원칙 존중, ② 모든 국가의 주권과 영토 보전의 존중, ③ 모든 인종의 평등과 대소 불문의 모든 국가 평등 승인, ④ 다른 나라에 대한 내정 간섭 또는 개입 회피, ⑤ 국제연합 헌장에 합치하는 각국의 단독 또는 집단적 자위권 존중, ⑥ 가) 대국의 특정 이익에 봉사하는 집단적 방위협정 이용 회피, 나) 복수의 타국에 대한 일국의 압력 행사 회피, ⑦ 일국의 영토 보전 또는 정치적 독립에 대해 침략 행위, 협박, 힘의 사용 억제, ⑧ 국제연합 헌장에 합치되고 당사국 선택의 평화적 수단에 따르는 모든 국제분쟁 해결, ⑨ 상호이익과 협력 촉진, ⑩ 정의와 국제적 의무 존중이 그것이다.

비동맹 국가 수뇌회의는 1961년(제1회)부터 시작되어 1995년(제11회)까지 계속되었으며, 비동맹 운동은 몇 단계를 거치면서 전개되었다. 그러다가 1980년대 말 소련과 동유럽 사회주의 붕괴, 1990년대 중화인민공화국의 시장 사회주의 선언 등 사회주의국가 소멸 또는 변용과 비동맹 참가 국가들의 상황 변화에 따라 비동맹 운동은 결국 쇠퇴하게 되었다(歷史学研究会 編 1996a, 210~212).

2. 경제발전과 기술혁명

경제발전

1950년대와 1960년대는 자본주의 경제 호황기로 표현될 정도로 장기간에 걸쳐 높은 경제성장이 이루어진 시기이다. 개발도상국들은 정치적 독립과 경제적 자립의 계기를 갖게 됨으로써 세계경제에서 지위를 크게 높일 수 있게 되었다. 사회주의 경제체제는 사회주의 진영 내의 협력 관계를 강화하면서 경제 부흥을 추진했다. 선진 자본주의국가와 개발도상국가, 그리고 사회주의국가를 구분해 경제발전 과정과 특징을 살펴본다.

선진 자본주의국가

1950년대 들어 선진 자본주의국가 경제는 제2차 세계대전 이전 수준을 넘어 지속적으로 성장했다. 국제경제 질서는 안정을 되찾았으며, 국가의 경제적 역할은 증대되었고 기술혁신과 투자 증대를 배경으로 경제는 대체로

표 22-1 | 1950~1970년 국내총생산(GDP) 성장률 비교

	전 체							
	1950 ~60	1960 ~70	1970 ~72	1972 ~73	1973 ~74	1974 ~75	1975 ~76	1976 ~77
선진 자본주의국	4.1	5.1	3.4	5.1	0.2	-1.0	5.2	3.7
사회주의국	9.6	6.7	6.0	6.6	6.4	5.4	5.4	4.9
개발도상국	4.7	5.2	5.8	6.0	5.0	3.2	5.6	5.7
미국	5.2	5.4	6.0	6.6	6.8	2.3	4.9	4.6
아프리카	4.5	4.7	4.7	6.8	2.7	1.0	5.4	4.1
아시아	4.5	5.2	6.0	5.4	4.0	4.9	6.4	7.5

	1인당							
	1950 ~60	1960 ~70	1970 ~72	1972 ~73	1973 ~74	1974 ~75	1975 ~76	1976 ~77
선진 자본주의국	2.8	4.2	2.0	4.1	-0.8	-1.9	4.5	3.0
사회주의국	8.0	5.8	5.1	5.7	5.5	4.5	4.6	4.1
개발도상국	2.4	2.7	3.2	3.4	2.4	0.0	3.0	3.1
미국	2.3	2.6	3.2	3.7	3.8	-0.6	2.0	1.8
아프리카	2.3	2.0	2.0	3.1	0.0	-1.6	2.7	1.5
아시아	2.1	2.8	3.5	2.9	1.6	2.4	3.9	5.0

자료: UNCTAD, *Handbook of International Trade and Development Statistics*, 1976, 1979, Supplement, 1977; 김종현 2007, 558에서 재인용.

순조로운 성장을 이룩했다. 1950년부터 1973년까지의 대호황을 두고 '자본주의의 황금기'로 표현하기도 한다(김종현 2007, 545).

장기간에 걸친 높은 수준의 경제성장 과정에서 선진 자본주의국가들은 중화학공업과 서비스 산업, 정보산업의 발달에 따라 고도 산업사회로 진입할 수 있었다. 이와 같은 경제성장은 여러 가지 측면에서 사회·경제적 변화를 수반했다. 첫째, 경제성장이 지속되고 경제 규모가 커지는 가운데 고용 기회가 확대되고 실업률이 낮아졌다. 둘째, 노동생산성과 소득수준이 향상되었다. 셋째, 소득수준이 향상됨으로써 국민 대중의 소비 생활수준도 향상되었다.

1950년대와 1960년대의 지속적인 경제성장을 가능하게 한 요인에 관해서는 여러 가지 주장이 있으나, 특히 관심을 끄는 설명은 우선 전통적 해석이다. 먼저 A. 루이스의 '무제한적 노동 공급에 의한 경제발전' 가설을 들 수 있는데, 이 해석은 전통 부문에서 저고용된underemploed 노동'예비군' 층이 저임금노동을 탄력적으로 공급함으로써 공업 부문 생산이 안정적으로 증가했다는 논리이다. 찰스 킨들버거는 탄력적 노동 공급이 소득 분배를 더욱 불평등하게 만들고 이윤율을 높임으로써 높은 투자율을 유지할 수 있었다고 설명한다. 노동 공급은 인구의 높은 자연증가율과 여성의 노동 참여, 농업에서 공업 및 서비스 부문으로의 노동 이동, 이민 유입에서 비롯되었다는 지적이다.

전통적 해석 가운데 앵거스 매디슨의 주장은 국내총생산 가운데 투자 비중이 엄청나게 증가한 사실과 주식 자본에 기술 진보가 체화된 것을 호황의 요인으로 설명했다. 니콜라스 크래프트와 지아니 토니올로는 수출 주도형 성장으로 해석한다. 안드레아 볼토는 정부가 총 수요 안정 정책으로 투자와 성장에 적절한 환경을 조성한 것을 호황의 요인으로 설명했다(양동휴 2006, 242~243).

전통적 해석과는 달리 경기의 장기 파동long wave을 중시하는 견해도 있다. 자본주의의 내적 조절 메커니즘에 따라 기술혁신이 주기적으로 군집 cluster을 이루어 나타나며 이것이 생산과 물가의 장기 파동을 가져온다는 설명이다. 이것은 '불황이 혁신을 촉발한다'는 명제에서 출발한다고 할 수 있다.

한편 마르크스주의 학자들은 장기 순환이 자본주의 운행에 내재된 '법칙'에 따라 나타난다고 설명한다. '황금기'는 장기파동의 상승 국면이고 황금기 이후의 침체가 하강 국면이라 할 때, 정상적인 축적 조건이 회복된다면 다시 순환이 계속되고 이것이 실패하면 장기 침체에 빠진다는 것이다(양동휴 2006, 247~248).

1950~1973년의 자본주의 호황 요인에 관한 여러 주장들을 살펴보았거니와, 이 주장들을 현실에 적용해 고속 성장에 기여했을 가능한 요인들을 열거하면 수요 확대, 투자 및 노동력 공급 확대, 기술 진보, 수출 증대, 정부역할 확대 등으로 집약할 수 있다(김종현 2007, 550~556).

개발도상국가

개발도상국가들은 제2차 세계대전 이후 정치적 독립과 경제적 자립의 계기를 갖게 됨으로써 세계경제에서 위상이 높아졌다. 그러나 장기에 걸친 식민지·종속국 상대에서 조성된 파행적인 구조를 미처 극복하지 못한 채, 대단히 불리한 조건에서 경제발전을 추구해야만 했다. 개발도상국가들에서는 공업화가 늦어져 초기의 경제적 기반을 1차 산품産品의 생산과 수출에 둘 수밖에 없었다. 그러나 1차 산품 수출은 자연 조건에 따라 크게 영향을 받았으므로 개발도상국가의 경제 상황을 불안정하게 만들었다.

이와 같이 개발도상국의 경세개발이 결코 순조로운 것은 아니었으나, 1950년대 이후에는 경제성장이 급속하게 진전되었다. 더욱이 1950년 한국전쟁 발발은 식량을 비롯해 고무, 주석 등 광물 가격을 상승시켜 개발도상국의 자립경제 수립을 위한 좋은 기회를 제공했다.

이 시기 개발도상국 경제개발의 주요 과제는 식량 증산과 수출 농업의 재건·육성이었다. 그런데 제2차 세계대전 이후 회복기를 거친 선진 자본주의국 경제가 중화학공업 및 유기합성 화학공업 양산 체제에 들어서면서 합성고무나 합성섬유 등을 대량으로 생산해 공업 원료를 자급하게 되자, 개발도상국의 1차 산품에 대한 수요는 감소할 수밖에 없었다. 게다가 선진 자본주의국의 농산물 정책, 특히 미국의 잉여농산물 정책은 개발도상국의 수출 농업을 크게 위축시켰다.

이와 같은 1차 산품 교역 조건 악화로 개발도상국가들의 경제개발 계획은 차질을 빚었고, 그것에 따른 생산 정체는 이들 국가의 상대적 과잉인구 흡수를 어렵게 했다. 그것은 다시 이들 지역의 사회불안 요소를 증대시켜 안정적인 개발계획 시행을 곤란하게 했다(김종현 2007, 560).

이러한 여건에서 식량 증산과 수출 농업에 치중했던 개발도상국의 경제개발 계획은 정책 전환을 모색하지 않을 수 없었다. 1950년대 후반 이후 개발도상국의 경제개발 목표는 국가에 따라 상이했지만, 기본적으로는 수입대체공업화와 그것을 통한 고용 확대 추구로 설정되었다.

아프리카의 특정 광물 보유국들은 1950년대 말까지 연평균 5~11퍼센트의 급속한 경제성장을 달성했다. 이 기간에 150억 달러에 이르는 공공자본과 민간 자본이 아프리카로 유입되었으며, 이것이 경제성장에 필수적인 사회간접자본 건설에 투입됨으로써 이 지역의 경제개발을 촉진했다. 또 아프리카 여러 나라가 독립을 획득한 1960년대에는 외국자본이 이들 신생국에 유입됨으로써 1950년대에 고도성장을 이룩한 국가들은 외국자본과 외국 인력을 통한 경제개발 과정에서 자립적인 경제개발 이행이라는 새로운 과제에 직면했다.

라틴아메리카와 아시아 지역에서도 1950년대 후반부터 공업 부문 성장률이 1차 산업을 비롯한 전체 산업 성장률을 앞지르기 시작했다. 1958~1963년 사이 라틴아메리카 1차 산업 성장률과 공업 부문 성장률은 각각 15퍼센트와 31퍼센트를 기록해 공업 부문의 성장률이 1차 산업 성장률의 2배 이상에 이르렀다. 아시아에서는 같은 기간의 1차 산업 성장률과 공업 부문 성장률이 각각 12퍼센트와 46퍼센트를 나타냈는데, 이것은 공업 부문 성장률에서는 세계 최고 수준이었다. 이 기간의 유럽 및 북아메리카의 1차 산업과 공업 부문 성장률을 보면, 유럽이 각각 14퍼센트와 34퍼센트였고, 북아메리카가 각각 9퍼센트와 27퍼센트였다. 이와 같은 급속한 공업화에도 개발도상국가들에서 농업 부문이 차지하는 비중은 여전히 높았다. 아시아는 농업 비중이 국민총생산의 35~50퍼센트를 차지했고, 라틴아메리카의 경우는 농업 인구가 전제 고용 인구의 절반 이상을 차지했다(김종현 2007, 561).

개발도상국은 대부분 자본축적이 취약한 상태에서 공업화를 추진했기 때문에 투자 자금의 많은 부분을 외국 원조에 의존할 수밖에 없었다. 한편, 미국을 위시한 선진 자본주의국가들은 제2차 세계대전 이후 세계경제가 냉전체제로 개편됨에 따라 자본주의 체제 전체 방위라는 정치적 동기와 더불어 막대한 인구와 천연자원을 가진 지역으로 진출하려는 경제적 동기에서 개발도상국에 대한 적극적인 원조 계획을 추진했다.

개발도상국가의 경제개발 계획에서 경제원조가 갖는 중요성은 컸으며, 그 비중도 투자 계획 전체의 3분의 1 또는 4분의 1을 차지했다. 개발 자금의 외자 의존도는 경제개발 계획의 진전과 더불어 더욱 높아졌다. 아시아·아프리카·라틴아메리카 국가들의 대외채무 총액은 1960년의 경우 193억 달러였고, 1970년에는 659억 달러였으며 그 뒤로 더 증가했다(岡倉古志郎 외 1977, 117).

개발도상국의 경제개발 계획은 각국의 상이한 사회·경제적 조건에서 추진되었으며, 개발 방식이나 성과 등에서 큰 차이를 보였다. 개발도상국 가운데는 신흥공업국NIC으로 발돋움한 경우도 있었으나, 다른 국가들은 저개발 상태에서 벗어나지 못했다. 신흥공업국가들도 일반적으로 식민지적 구조를 근본적으로 극복하지 못한 채 급속한 대외지향적 공업화를 추진하느라 경제적 자립 실현에 어려움을 겪었으며, 부의 편중과 소득 분배의 불평등이라는 문제를 안게 되었다. 더욱이 후진 국가들은 빈곤과 기아의 위협에서 벗어나지 못한 채 경제적 어려움 때문에 고통을 겪었다(김종현 2007, 562~563).

이러한 조건에서 개발도상국가들은 기존 국제경제 기구 대신, 그들 자신의 이해관계에 바탕을 둔 새로운 국제경제 질서를 추구했다. 1964년에 설립된 국제연합무역개발기구UNCTAD가 그것이다. 1962년 7월 이집트 카이로에서 열린 개발도상국 회의는 무역과 경제개발을 위한 국제회의 개최를 권고하는 선언문을 채택했다. 1962년 국제연합총회는 선진국과 후진국 사이에 점차 확대되어 가는 무역 불균형을 시정하고 세계적 차원의 남북 문제를 해결하고자 국제연합 산하 전문 기구 설치를 결의했다. 당시 선·후진국들은 관세 장벽 철폐, 1차 산품의 가격 및 수급 안정, 선진국의 원조 증가 등에 주목했다. 설립 당시의 목적은 ① 국제무역의 촉진, ② 국제무역과 경제개발에 관한 원칙과 정책 수립, ③ 원칙과 정책 실현을 위한 제안, ④ 국제무역과 경제개발에 관한 국제연합 시스템 내 다른 기관과의 연계 촉진 등을 주요 임무로 규정했다.

1963년 7월에 열린 제34차 경제사회이사회는 제1차 국제연합무역개발기구 총회를 1964년 3월 스위스 제네바에서 개최키로 결의했다. 1964년 3~6월에 제1차 국제연합무역개발기구 총회가 열렸으며, 1964년 12월 30일 열린 제19차 총회에서 채택한 결의 제1995호에 따라 국제연합 직속 기구로 설치되었다(松田智雄 1983, 362).

그러나 이러한 기구의 설치가 개발도상국이 당면하고 있는 문제를 근본적으로 해결하는 데 결정적인 구실을 하지는 못했다. 개발도상국가들은 제국주의 또는 신식민지주의 지배를 극복함과 동시에 선진 자본주의국가들이 지배하는 국제경제 체제를 변혁하지 않으면 안 되는 상황에 놓여 있었다.

사회주의국가

냉전체제에서 소련은 군사력 증강과 경제 건설에 전력을 기울였는데,

특히 크게 늘어난 통상 병력을 유지하면서 핵병기 개발로 미국을 앞질러야 했으며, 중공업을 중심으로 공업 발전을 급속하게 추진해야 했다.

이 시기 사회주의 세계 체제의 강화를 촉진한 것은 소련의 국민경제 발전이었다. 소련에서는 제5차 5개년 계획(1951~1955년)이 4년 4개월 만에 달성된 데 이어 1959년 1월에 열린 소련공산당 제22차 대회에서 국민경제 발전 7개년 계획(1959~1965년)이 채택되었다. 이 계획에 따르면, 1965년까지 공업생산은 80퍼센트 증가되어 1인당 생산고가 영국 수준을 앞서게 되고, 농업생산은 70퍼센트 증가되어 1959년도 미국 생산고를 상회하게 된다. 그리고 다음 5개년 계획 기간에는 공업과 농업의 생산을 2배 반 증가시켜 미국을 앞지른다는 목표가 설정되었다.

7개년 계획의 결과는 공업에서는 전기, 석유, 석탄, 조강, 시멘트 등 주요 기초 생산품에서 목표를 거의 달성한 것으로 나타났다. 그러나 농업생산에서는 계획 기간 7년 동안 겨우 14퍼센트밖에 성장하지 않아서 연간 성장률은 2퍼센트에 지나지 않았다. 공식 발표에 따르면, 1960~1965년 사이 총 생산고의 연평균 성장률은 6.5퍼센트였으며, 공업 성장률은 9.1퍼센트였다.

1965년 9월에 열린 소련공산당 중앙위원회 총회에서 알렉세이 코시긴 수상은 국민소득 성장률, 공업생산 성장률, 노동생산 성장률이 모두 둔화되었다는 사실과 농업과 소비재 산업 성장이 지체되고 자재 조달이 곤란하게 되었으며 기술 진보 속도가 늦어졌다는 문제를 지적했다. 이러한 어려운 과제들을 해결하기 위해서는 집권·계획적 관리가 기업과 노동자평의회의 경제적 이니셔티브, 생산 증가의 경제적 유인 및 물질적 자극 등과 결합되지 않으면 안 된다고 주장했다. 이러한 관점에서 코시긴은 기업의 독립채산을 강조했으며, 이윤을 도입해야 한다고(코시긴 개혁) 주장했다(奧保喜 2009, 385).

1966년부터 제8차 5개년 계획이 실행되었다. 계획의 기본 목표는 다음과 같이 설정되었다. "과학과 기술의 성과를 가능한 한 활용해 모든 사회적 생산을 공업화를 통해 발전시키고, 그 효율과 노동생산성을 향상시켜 이를 기반으로 더욱 눈부신 공업 성장과 높고 안정된 농업의 발전 속도를 보장하고 그렇게 함으로써 국민의 생활수준을 근본적으로 향상시켜 전 소비에트 시민의 물질·문화적 수요를 더욱 완전하게 채워 나가려는 것이다"(포노말료프 1992, 116).

한편 사회주의권에 속하는 동유럽 국가들은 1950년 이후 급속한 경제성장을 추진했다. 전체적으로 볼 때, 동유럽 국가들의 국내총생산(GDP)은 1950년부터 1970년까지 매년 7퍼센트 정도 증가했다. 같은 기간의 선진 자본주의국가들의 경제성장률에 비해 비교적 높은 수준이었다. 동유럽 국가들의 경제성장률이 상대적으로 높은 것은 1950년 당시 이들 국가들의 생산 규모가 절대적으로 작았기 때문이기도 하다.

1950년대 이후 동유럽 사회주의국가들은 공업 중심의 경제성장을 추진하여, 1950~1970년 사이에 세계 총 공업생산량 가운데 동유럽 국가들이 차지하는 비중은 18퍼센트에서 30퍼센트로 크게 증가했다. 반면 같은 기간 동유럽 국가들의 농업생산량은 매년 3퍼센트 증가하는 데 지나지 않아, 제2차 세계대전 이전 수준으로 회복하는 데만도 10년 이상이 소요되었다.

동유럽 국가들은 1950년대 말부터 경제성장이 점점 부진해졌다. 이에 따라 동유럽 국가들은 1960년대 들어 생산 요소 투입량에 중점을 두고 개발 전략을 수정해 종래의 강력한 계획경제를 분산화하고 시장 메커니즘을 도입했다. 효율적인 생산을 목표로 한 경제개혁이었다. 1960년대에 시행된 경제계획의 내용은 국가에 따라 약간 다르기는 하지만, 다음의 다섯 가지로 요약될 수 있다. 첫째는 계획경제의 완화인데, 중앙 당국의 세부적인 지시를 축소하고 개별 생산 단위에 어느 정도 자유로운 관리를 인정했다. 둘째는 개별 생산 단위에 대한 이윤 동기 부여이다. 셋째는 투자 관리의 변경이다. 즉, 자본이 낮은 비율의 감가상각비를 제외하고는 생산 단위에 무상으로 배분되던 방식에서 자본 배분의 효율성을 증가시키기 위해 유상으로 배분되는 방식으로 바뀌었다. 넷째, 사기업의 경제활동 범위가 넓어졌다. 다섯째, 외국무역에 대한 통제가 완화되었다.

이와 같은 내용을 담은 동유럽 국가들의 경제개혁은 1950년대에 걸쳐 계속되어 온 관료적인 경제계획 체제가 크게 변화했음을 의미하는 것이었다. 이러한 경제개혁이 진행되는 가운데 동유럽 국가들의 경제성장률은 1960년대 말에 이르러 어느 정도 회복되었고, 생산성의 증가가 경제성장에 미치는 영향도 이전에 비해 증가했다(김종현 2007, 564~569).

기술혁명

기술혁신은 1950년대 이후 경제발전의 중요한 특징 가운데 하나이다. 이 시기의 기술 변화를 과거의 모든 기술혁신과 구별해 과학기술혁명으로 규정하기도 한다. 기술혁신과 과학기술혁명을 구별하는 주요 특징은 과학과 산업생산 사이 관계의 성격이 근본적으로 변화했다는 사실과 과학이 사회의 직접적 생산력으로 전화했다는 것이다(The USSR Academy of Sciences 1987, 142).

과학기술혁명은 생산 기계설비와 기술에 커다란 변화를 가져왔다. 프로그램 제어 공작 기계, 종합 자동화 체계, 공업 로봇과 같은 새로운 노동수단이 창출되어 광범하게 보급되었다. 동력원도 변화해 연료와 동력 체계에서 석유와 천연가스의 중요성이 높아졌고, 원자력 에너지도 사용되기 시작했다. 또 화학기술과 그 밖의 다른 기술의 진보 과정에서 원재료가 다양해졌고(플라스틱, 합성섬유, 칩, 보드 등) 공업과 건설업의 원료 기반에 큰 변화를 불러일으켰다. 컴퓨터와 같은 새로운 노동 도구의 출현과 광범한 보급은 노동 전반에 걸쳐 엄청난 변화를 가져다주었다.

이와 같은 기술 진보가 경제발전에 미친 중요한 영향 가운데 하나는 자동화로 불리는 일련의 노동 절감형 공정을 가능하게 했다는 점이다. 이러한 기술은 새로운 경영 기법의 개발로 이어져 프로그래밍, 시스템 분석 등 과학적인 경영관리의 시대를 불러왔다(김종현 2007, 553).

기술혁명의 가장 중요한 사회·경제적 측면의 하나이고 직접적 결과인 동시에 기술 발전의 전제가 된 것은 생산 활동에서 육체노동과 단순한 정신노동이 절약되고 노동의 지적 기능 및 역할이 증대되었다는 사실이다. 또 생산력의 물질적 측면(생산도구와 생산수단)뿐만 아니라 생산력의 가장 중요한 요소인 전체 노동자의 질적 측면과 구성에 중대한 변화가 일어났다는데, 말하자면 생산과정에서 인간의 역할에 큰 변화가 일어난 것이다. 과학기술 진보에 따르는 생산 효율의 상승, 두뇌노동·복잡노동의 비중 증가에 대응하는 조직 및 관리 분야 개선이 사회적 부의 증가에서 중요한 요인으로 작용하게 되었다.

과학기술혁명은 경제구조의 변화를 촉진했다. 첫째, 노동생산성 증대, 관리·정보·교육 분야의 확대, 관료기구의 비대화, 상업 및 서비스 분야의 중요성 부각 등이 이루어졌다. 둘째, 공업과 농업의 비중이 공업에 유리하게 변화했다. 셋째, 공업 구조의 변화가 급진전되었는데, 전기·전자·화학·전력 부문의 비중이 높아졌다. 넷째, 과학과 과학 연구 시설의 경제적 역할이 크게 증대했다(The USSR Academy of Sciences 1987, 145).

그리고 기술혁명은 생산의 집적集積 증대를 낳았는데, 이것은 노동자계급과 노동운동 발전에서 직접적인 의의를 갖는다. 생산의 집적 증대는 기업 규모가 확대되고 대규모 기업에 생산의 대부분이 집중되며 개별 경제 부문의 노동력이 집적되는 데서 나타난다.

생산의 집적 증대에서 나타나는 또 하나의 특징은 기술혁명에 힘입어 개별 기업 수준에서 생산과 자본의 독점적 집중이 상당하게 가속화하고 질적으로 새로운 형태를 띠고 있다는 사실이다. 이 과정은 기업 수준의 집적을 뛰어넘어 현대 자본주의의 독점적 성격을 크게 강화하고 있다. 이러한 독점적 집적은 국가적 차원을 넘어 강대한 다국적기업의 형성으로 이어졌고, 자본주의 경제에서 차지하는 역할이 급격하게 강화되었다.

생산과 자본의 집적 강화는 노동자계급의 집적 증대와 특히 대규모 생산에서의 노동자 결합 강화를 가져왔다. 이에 따라 노동자계급은 투쟁 역량을 강화하게 되었고 조직과 행동 연대를 위한 더욱 유리한 전망을 갖게 되었으며, 경제생활과 사회생활에 미치는 영향력을 키우게 되었다(The USSR Academy of Sciences 1987, 147~148).

2장

선진 자본주의국가의 노동운동

인간은 100만 년 동안에 걸친 노동을 통해서
복잡한 사회적 문화뿐만 아니라
대단히 실질적인 의미에서 그들 자신을 창조했다.
이 모든 진화가 바탕으로 했던 문화·생물학적 특성은
지난 200년 동안에 위기에 놓이게 되었다.
…… 자본주의가 애초부터 그렇게 할 것으로 우려를 나타냈던
사고와 행위, 구상과 실행, 손과 마음의 통일은
이제, 모든 과학 자원과 그것에 기초한 여러 가지 공학적 훈련을 채용한
체계적인 분해 작용에 따라 손상되고 있다.
노동 과정의 주체적 요소는 생명 없는 객관적 요소의 하나로 전환되었다.
노동 대상과 노동 수단에 또 하나의 생산 요소인 노동력이 더해지고,
생산은 이제부터 유일한 주관적 요소인 관리자의 의지에 따라 행해진다.
이것은 관리자가 추구하는 높은 목표이며,
관리자는 그 목표를 수행하기 위해 과학이 제공한
모든 생산적 혁신을 이용하고 또 구체화한다.

(Braverman 1974, 171~172)

발달한 주요 자본주의국가에서 전개된 노동운동은 냉전체제가 지속되고 자본주의 체제의 경제적 고도성장이 유지되는 가운데 1950년대의 침체를 거쳐 1960년대에 활기찬 고양 국면을 나타냈다.

1950년대에 진행된 과학기술혁명의 전개와 국가독점자본주의의 재편성에 따른 사회·경제적인 변화들은 노동운동의 새로운 고양을 위한 객관적 조건을 만들었다. 또 전반적인 국제 정세의 변화는 자본주의국가의 노동자계급이 '수세'에서 '공세'로 전환할 수 있는 유리한 조건을 조성했다.

과학기술혁명의 도입이 생산력의 물질적 측면과 노동의 구성·질적 측면 그리고 생산과정에서의 인간의 역할 변화를 가져온다는 사실은 앞에서(제22부 1장) 지적한 바 있거니와, 구체적으로 생산 조직의 재편성으로 착취가 새로이 강화되었다. 더욱이 국가독점자본주의의 재편성에 따라 노동자대중에 대한 수탈이 강화되고 노동자계급의 사회적 빈곤이 한층 더 촉진되었다. 한편 냉전체제의 대칭 구조 변화와 식민지·종속 국가에서 전개된 민족해방투쟁 격화는 자본주의 세계 체제의 불안정을 증대시켰다.

이와 같은 조건에서 주요 선진 자본주의국가들의 노동운동은 1960년대 들어 고양 국면을 드러냈는데, 파업투쟁이 격화되고 노동자계급의 전투성이 복원되었으며, 통일행동이나 통일투쟁을 전개했을 뿐만 아니라 일부 국가에서는 노동조합운동이 반독점 투쟁까지 전개했다. 1950년대 후반과 1960년대 전반에 걸친 선진 자본주의국가의 정치·경제 상황 변화와 노동운동 전개 과정을 국가별로 살펴본다.

1. 영국

보수당의 장기 집권과 수에즈전쟁

영국에서는 1951년에 실시한 총선거에서 보수당이 승리해 제2차 처칠 내 각을 구성했다. 그 뒤로도 보수당은 선거에서 이겨 1964년에 이르기까지 13년 동안 앤서니 이든 내각(1955~1957년), 해럴드 맥밀런 내각(1957~1963 년), 앨릭 더글러스-흄 내각(1963~1964년) 등 보수당 정권이 계속 집권했다.

보수당 정권은 수에즈전쟁으로 심대한 손상을 입었다. 1956년 10월 29 일, 이스라엘군이 '아랍 특공대 기지를 파괴한다'는 구실로 돌연 이집트를 침공했다. 10월 31일, 영국과 프랑스도 수에즈운하 방위를 명목 삼아 이집 트에 대한 군사행동을 감행했다. 수에즈전쟁(제2차 중동전쟁)이 발발한 것이 다. 전쟁이 진행되는 가운데, 미국은 영국에 경제적 압력을 행사해 국제연 합이 제안한 정전停戰 안에 대해 거부권 행사를 중지하고 이를 수락하도록 권고했다. 이것은 이집트가 소련에 접근하는 것을 우려한 미국의 외교 방책 이었다. 그리하여 11월 6일, 이집트와 이스라엘이 정전에 합의했다.

수에즈전쟁은 영국과 프랑스의 완패로 끝이 났다. 국제 여론은 수에즈 전쟁의 근본적인 책임이 영국에 있다고 지목했다. 이로써 영국 연방 내 국 가들을 비롯한 많은 국가들로부터 신뢰를 잃게 되었다(로버츠 2003, 64).

수에즈전쟁 패배에 대한 영국 내의 반향은 1955년 총선거에서 그동안 보수당의 장기 집권을 가능하게 한 국가적 합의의 종말이 우려될 정도로 위 협적이었다. 우선 보수당과 노동당 소속 정치가들은 수에즈운하 국유화 조 치에 반대했고, 나세르에게 압력을 행사해 이를 철회하도록 해야 한다는 데 의견을 함께했다. 나세르의 수에즈운하 국유화를 둘러싸고 진행된 의회 토 론에서 처음으로 그를 히틀러나 무솔리니에 비유한 사람은 애틀리 후임으로 노동당 당수가 된 휴 게이츠켈이었다.

수에즈운하 사태의 실패는 이든 수상의 퇴진으로 이어졌을 뿐만 아니라 국제정치에서 지위가 약화된 영국의 실상을 여지없이 드러냈다. 더욱이 경제 침체가 지속되면서 제국 유지에 소요되는 비용을 부담하는 것조차 점점 어렵게 되었다(스펙 2002, 288~290).

이러한 상황에서 치러진 1955년 총선거와 1959년 총선거에서도 보수당이 승리했다. 1955년 선거에서 노동당의 득표수는 4년 전보다 150만 표 감소한 반면, 보수당은 겨우 40만 표 감소했다. 평화적 시기에 정부가 정상 임기를 마친 뒤 의석수를 늘려 재집권한 경우는 90년 만에 처음 있는 일이었다. 보수당의 의석수는 총선 전의 319석에서 345석으로 늘었다. 반면 노동당 의석수는 293석에서 277석으로 줄었다.

1959년의 총선거 결과는 노동당으로서는 훨씬 더 나쁜 편이었다. 보수당은 이전 총선거 때보다 44만8천 표를 더 획득했으며, 반면 노동당은 득표수가 19만 표나 줄었다. 보수당과 노동당의 의석수 차이는 더 커졌는데, 보수당은 366석이었고 노동당은 258석이었다(클리프 외 2008, 396).

집권당인 보수당 정권은 징병제를 단계적으로 폐지해 재래식 군대를 줄이는 대신, 1957년 5월 태평양에서 최초로 수소폭탄 폭발 실험을 단행함으로써 핵무기 의존도를 높이기로 했다. 이러한 정부 정책에 대한 비판자들은 1959년 초 핵무기 무장해제를 위한 캠페인을 시작했다.

야당인 노동당은 산업 부문의 국유화와 핵무기 무장해제라는 기존의 노동당 공약으로는 유권자들의 지지를 끌어내기 어렵다는 결론에 이르렀다. 게이츠켈은 1959년 노동당 규약에서 국유화 조항을 폐기하기 위한 작업을 전개했다. 그러나 노동당 내 좌파 세력이 이에 강력하게 반대했으며, 그가 벌인 캠페인은 유권자들의 지지를 얻기는커녕 오히려 지지율을 떨어뜨리는 효과만 가져왔다. 이런 철폐 노력이 행해지는 가운데 1960년에 실시된 노동당 전당대회에서는 일방적인 핵무장 해제에 찬성하는 결의안이 통과되었다(스펙 2002, 293~295).

1960년대 들어 영국이 미국과 '특별한 관계'를 유지해야 한다는 맥밀런 수상의 주장에 대한 보복으로 프랑스가 영국의 유럽경제공동체EEC 가입에 대한 거부권을 행사하자, 이는 영국 보수당 정권을 궁지로 몰아넣었다. 이때부터 맥밀런 정부는 그해에 실시하기로 예정되어 있던 총선거에서 유권자들의 지지를 얻을 만한 업적도 이루지 못한 채 표류하기 시작했다.

그나마 미국으로부터 폴라리스 미사일을 제공받기로 한 협약이 이루어졌지만, 그것으로 유럽경제공동체 가입 실패를 대신할 수는 없었다. 다른 무엇보다도 맥밀런 정부를 어려운 처지로 만든 것은 뚜렷한 국가적 목표를 제시하지 못한 점이었다. 여기에다 1963년 6월 육군 장관 프로퓨모 사건[1]이 발생해 보수당은 총선거를 앞두고 대단히 불리한 상황에 놓이게 되었다.

한편 노동당 역사에서 1951~1964년은 불만스럽고 아무런 실속 없는 시기였다. 노동당의 야당 시절이 길어지면서 당내에서는 논쟁과 결정을 둘러싼 의견 대립이 심해졌다. 노동자계급의 관심도 대체로 멀어지기 시작했다. 의회 개혁주의자들은 노동자들이 5년에 한 번씩 분발하면 된다고 생각했을지 모르지만, 계급투쟁은 날마다 벌어진다. 심지어 경제 호황기에도 새로운 고지를 점령하기 위한 투쟁이나 오래된 참호를 방어하기 위한 투쟁이 공공

1_맥밀런 정부의 육군 장관 존 프로퓨모가 당시 런던 주재 소련대사관 해군 무관이었던 예브게니 이바노프와 연루된 매춘부 크리스틴 킬러와 깊은 관계를 맺고 있다는 사실이 밝혀지면서 맥밀런 수상의 보수당 정권을 뒤흔든 사건이다. 킬러를 통해 영국과 북대서양조약기구(NATO)의 군사기밀이 소련 측에 흘러갔을 가능성마저 제기되면서 이 사건은 전 세계의 관심을 끌었다.

연하게 또는 은밀하게 계속 벌어졌다. 당시 노동자들의 생활수준 향상을 위한 투쟁은 실질적인 성과를 거두었다. 그러나 어디까지나 그런 투쟁의 중심은 의회가 아니라 작업장이었다(클리프 외 2008, 403).

파업투쟁의 급증

1951년부터 1964년까지의 보수당 집권 기간은 영국 노동조합운동으로서는 어두운 시기였다. 이런 가운데서도 1956년 이후에는 〈표 22-2〉에서 보는 바와 같이 파업 건수와 파업 참가자 수, 파업에 따른 노동손실일수가 급증했다. 1946년부터 1955년까지 10년 동안의 파업 건수는 연평균 1,804건이었으며, 파업 참가자 수는 55만9,400명이었다. 이에 비해 1956년부터 1965년까지 10년 동안의 파업 건수는 연평균 2,514건이었으며, 파업 참가자 수는 114만890명으로서 파업 건수와 파업 참가자 수에서 큰 증가세를 보였다.

　　1954년과 1955년에 발생한 주요 파업을 통해 당시 노동조합운동의 특징을 살펴본다.

　　첫 번째 사례는 1954년 8월의 헐Hull 항 부두 노동자 파업이다. 헐 항 부두 노동자들은 하역된 곡물을 손으로 끌어 담는 작업 방식에 반대해 비공인 파업을 결행했다. 그러나 그들의 소속 노동조합인 운수일반노동조합TGWU은 협약 위반이라며 직장에 복귀하도록 명령했다. 운수일반노동조합에 따르면, 전국합동하역부두노동조합NASD이 브리들링턴Bridlington 협약을 무시하고 파업을 이용해 자신들의 노동조합에 하역노동자들과 부두 노동자들을 가입시키고자 했다는 것이다. 한편 하역노동자들은 헐 항의 부두 노동자들이 전국합동하역부두노동조합 가입을 강력하게 주장했다고 말했다. 버컨헤

표 22-2 | 1956~1965년의 영국 파업 발생 추이

연도	파업 건수	파업 참가자 수	노동손실일수
1956	2,648	508,000	2,083,000
1957	2,859	1,359,000	8,412,000
1958	2,629	524,000	3,462,000
1959	2,093	646,000	5,270,000
1960	2,832	818,800	3,024,000
1961	2,686	778,500	3,046,000
1962	2,449	4,422,700	5,798,000
1963	2,068	592,500	1,755,000
1964	2,524	883,000	2,277,000
1965	2,354	876,400	2,925,000

자료: ILO 1972, *Yearbooks of Labour Statistics*.

드, 리버풀, 맨체스터에서 상당수의 부두 노동자들이 계속 파업에 참가했다. 이 때문에 운수일반노동조합과 전국합동하역부두노동조합 사이에 심각한 조직 분쟁이 발생했으며, 전국합동하역부두노동조합은 전국 중앙 조직인 영국노동조합회의TUC로부터 제명되었다.

두 번째 사례는 신문 인쇄소 보수補修노동자들이 벌인 파업이다. 이 노동자들은 합동기계노동조합AEU이나 전기노동조합ETU에 소속되어 있었으나, 자신들이 직접 사용자와 교섭할 수가 없고 인쇄노동조합이 그들을 대신해 교섭해야 한다는 데 대해 불만을 갖고 있었다. 그리하여 그들은 직접 교섭할 수 있는 권한을 확보하기 위해 파업에 돌입했다. 3월 25일, 파업이 시작되었을 때 합동기계노동조합과 전기노동조합 사이에 조직 갈등이 발생했고, 인쇄노동조합은 영국노동조합회의 총평의회에 개입해 줄 것을 요청했다. 파업 돌입 2주 후인 4월 6일, 인쇄노동조합과 합동기계노동조합, 전기노동조합의 합동위원회가 신문사사주협회와 교섭을 벌여 4월 19일 최종 타결을 보았다. 이 사례는 노동조합 사이의 조직 갈등이 부른 산업분쟁으로 볼 수 있다.

세 번째 사례는 철도파업이다. 1955년 초 철도노동조합RU은 새로운 임금 인상안을 확정했다. 그러나 철도노동조합과 기관사노동조합LEU 사이에 숙련노동자와 비숙련노동자의 격차로 인한 충돌이 일어났다. 기관사노동조합은 철도노동조합이 수용하기 어려운 높은 임금 인상안을 제시했다. 5월 29일, 결국 전국적 파업이 결행되었다. 파업은 2주일 이상 계속되었으며, 제3자의 입장에 있는 조정자의 보고를 수락한 협약을 체결했다.

위에서 본 세 가지 파업은 규모나 기간, 그리고 국민경제에 미친 영향이 비교적 큰 편이었으며, 파업 원인이나 조직 내부 갈등, 지도 방침 등의 측면에서 노동조합운동의 평판에 큰 타격을 주었다(Pelling 1992, 243~246).

소득 정책 반대 투쟁

1950년대 말부터 1960년대 전반까지 나타난 영국 노동운동의 특징은 노동운동 내에서 개량주의적 경향이 강했다는 점, 노동자계급의 파업투쟁이 경제투쟁에 치중했다는 점, 그리고 좌파 세력의 영향력이 제한되어 있었다는 점 등을 들 수 있다(The USSR Acacademy of Sciences 1987, 312).

1960년대 초 영국 노동조합운동은 '소득 정책'에 반대하는 투쟁을 중심으로 전개되었다고 할 수 있다. 보수당 정권은 1961년 7월부터 7개월 동안 공무원과 국유산업 부문, 그리고 일부 민간산업 부문 노동자 약 450만 명에 대해 임금동결 정책을 실시했다. 7개월이 경과한 뒤에는 평균 2.5퍼센트 임금을 인상한다는 것을 가이드라인으로 하는 자율 규제가 노동당과 노동조합의 반대를 무릅쓰고 실시되었다. 이때 정부가 발표한 백서의 표제가 '소득 정책: 다음 단계'였다. 임금동결이라는 표현 대신 소득 정책이라는 새로운 용어가 사용된 것이다.

소득 정책이 시행되면서 각 기업은 노동자에 대한 초과 착취를 통해 이 윤을 대폭 증대시킬 수 있게 되었다. 이와 같은 조건에서 노동자들은 정당한 임금 인상을 요구하는 투쟁을 전개했다. 1962년에는 파업 참가자 수가 442만2,700명으로서 전후 최고 기록을 보였다.

노동당 정부의 페이비언 사회개량주의 정책

이와 같은 정치 지형 속에서 1964년 10월에 총선거가 실시되었다. 선거 결과는 노동당 317석, 보수당 304석, 자유당 9석으로 노동당이 승리했다. 총 득표수에서는 노동당은 1,220만5,814표를 획득했고, 보수당은 1,200만 1,396표를 획득해 크게 차이 나지는 않았다.

새로 출범한 노동당 해럴드 윌슨 정부는 여러 가지 곤란에 직면했다. 선 거에서 윌슨 지지자들이 가졌던 기대는 실망으로 변할 조짐을 보였다. 특히 노동당은 경제 상황이 더 이상 통제 불가능한 지경에까지 이르렀다는 사실 을 깨닫게 되었다. 노동당 정권은 즉시 수입세를 15퍼센트 인상하고, 국제 통화기금IMF으로부터 1천만 달러의 차관을 도입해도 해결하기 어려울 정도 로 심각해진 국제수지 적자를 보수당 정권으로부터 물려받았던 것이다. 1965년에는 수입 추징금을 10퍼센트로 인하했지만, 국제통화기금으로부터 140만 달러의 차관을 추가로 들여올 수밖에 없었다. 결국 소비자 수요를 줄 이는 방안을 채택했다. 이러한 상황에서도 노동당은 1966년 실시한 총선거 에서 승리했다(스펙 2002, 299~300).

제2차 세계대전 이후 영국 경제는 다른 선진 자본주의국가들에 비해 저 성장을 기록했다. 1948년부터 1958년까지의 연평균 경제성장률은 2.4퍼센 트로서 서독 8.4퍼센트, 프랑스 5.8퍼센트, 미국 3.0퍼센트, 일본 8.2퍼센트에 비해 낮은 편이었다. 같은 시기의 노동생산성 향상은 연평균 1.8퍼센트에 지나지 않았는데, 서독이 5.7퍼센트이고, 프랑스와 이탈리아가 4퍼센트대인 것에 비해 훨씬 낮았다. 경제 정체의 원인은 투자가 주로 해외 지향으로 이루어져 국내 생산 투자가 적었을 뿐만 아니라 경제력에 비해 군사지출이 많았기 때문이다(奧保喜 2009, 362).

이러한 상황에서 노동당 정권은 국유화를 추진했는데, 그 배경은 무엇이었을까. 영국 노동당은 원래 마르크스주의를 지향하지 않았고, 페이비언 사회개량주의를 추구한 정당이었다. 노동당은 소련형의 중앙 계획 경제 시스템을 신봉하지도 않았으며, 정부가 경제를 제어하는 수준의 사회주의 노선을 견지했다.

잉글랜드은행을 비롯한 주요 산업이 경제에서 차지하는 위치를 생각한다면, 국유화라는 정책 선택은 당연한 귀결이었다. 그러나 또 다른 중요한 의도는 우정郵政, 석유, 항공 수송 등 국가안전보장 측면에서의 고려가 있었다. 또 롤스로이스Rolls Royce나 브리티시레일랜드British Leyland 등의 자동차산업이 쇠퇴하고 파산하는 사태를 맞아 고용을 유지하기 위해 국유화로서 대응했다는 점도 눈여겨볼 대목이다. 전기, 가스, 전화, 우편 등도 그런 사례이다.

1950년대 중반부터 마거릿 대처 정권 시대(1979~1990년)까지 영국 경제 관리는 존 메이너드 케인스 이론을 기본으로 삼았다. 불황 때는 감세와 정부 지출 증대로 총수요를 자극하고, 경제 과열을 방지하기 위해서는 증세와 재정지출 삭감으로 인플레이션을 억제하는 정책을 시행했다. 1951년부터 1964년까지의 보수당 경제정책을 두고 '스톱-고'Stop-Go라고 표현하는 것도 이 때문이었다. 그러나 스톱-고 정책은 별로 성공을 거두지 못했다. 확장 정책Go은 인플레이션을 초래했고 인플레이션은 수입재 수요를 촉진했으며,

수입 초과는 국제수지의 위기를 불러일으켰다. 그 결과, 정부는 재정 금융 면에서 수축 정책Stop을 실시할 수밖에 없는 악순환에 빠져들었다. 이 '악순환'은 고용이나 성장을 정책의 첫 번째 목표로 삼을 수 없게 했으며, 인플레이션 퇴치를 국가 경제정책의 가장 중요한 정책 목표로 설정하게 만들었다(猪木武德 2009, 134~136).

노동당 정권의 수정된 소득정책

1964년에 성립한 노동당 정권은 소득 정책을 폐기하기보다는 영국노동조합회의TUC의 협력을 얻어 소득 정책을 오히려 강화했다. 노동당의 소득 정책은 모든 소득의 억제를 목표로 임금만이 아니라 이윤, 배당, 집세, 지대 등을 억제하는 내용이었다. 1964년 12월 노동당 정부가 주도해 정부와 노동조합, 그리고 경영자 단체 대표들이 '노동생산성, 물가, 소득 각 부문의 계획에 관한 공동선언'에 합의했다. 이 공동선언은 상호 신뢰 정신으로 협력함으로써 경제·사회적 복지국가 발전을 보장할 수 있다고 표명했다. 제2차 세계대전 이후 생산성 향상 운동에 적극적으로 협력한 영국노동조합회의의 개량주의 경향 지도부는 노동당 정권을 돕는다는 구실로 소득 정책 실시에도 전면적인 협력을 약속했다.

그러나 현장 노동조합원들은 지도부 방침에 동의하지 않고 생활 방위 투쟁을 벌였다. 1964년 이후에도 파업 건수는 줄어들지 않았으며, 파업 참가자 수는 더욱 증가했다. 더욱이 파업 가운데 비공인 파업wildcat strike이 압도적 다수를 차지했다. 대부분의 파업투쟁에서 선도적 역할을 담당했던 사람은 공장, 조선소, 건설 현장, 사무소 등에서 노동자들이 직접 선출한 현장위원Shop Steward들이었다.

노동당 정권이 시행한 소득 정책은 임금의 자주 규제로부터 1965년 11월에는 사전 통고제로 바뀌었다. 임금을 인상할 경우 사전에 소관 당국에 신고해야 하며, 모든 쟁의는 중재기관에 중재 신청을 하도록 의무화되었다 (小林勇 1978, 119~122).

1960년 당시 영국의 노동조합원 총수는 980만 명이었고, 그 가운데 약 830만 명이 영국노동조합회의에 가입해 있었다. 전국지방자치체노동조합과 전국교원노동조합은 영국노동조합회의에 가입하지 않았다(Pelling 1992, 260).

2. 프랑스

제4공화정의 마감과 제5공화정 출범

1950년대 중반 들어 프랑스 국내외 정치 정세가 대단히 모순되고 복잡하게 전개되었다는 사실은 앞에서(제21부 1장) 지적한 바 있다. 정부의 일관성 없는 사회·경제 정책과 빈번한 각료 교체, 미국에 수동적으로 추종한 외교정책, 인도네시아·알제리·튀니지에서 벌어진 식민지 전쟁과 식민지 지배 유지를 위한 지배층의 무모한 노력, 군비 확장 경쟁 참가, 정치 세력들 사이의 대립과 반목, 제4공화정에서 벌어진 부패와 타락 등이 국가 질서를 위태롭게 만들었다.

이와 같은 정세를 배경으로 하여 제4공화정의 망데스-프랑스 정권은 유럽방위공동체EDC 구상 실패[2]와 북아프리카 식민지 독립 문제 등으로 물러

---

[2]_1952년 5월 프랑스의 제안으로 프랑스·서독·이탈리아·벨기에·룩셈부르크·네덜란드 6개국이 서유럽 방위를 목적으로 체결한 유럽방위공동체 조약에 따라 설립이 추진되었던 초국가적 성격의 군사 공동체이

났다. 그 뒤를 이은 기 몰레, 부르제 마누리, 가야르, 피에르 플림랭 정권도 알제리 문제와 내정 문제로 오래 유지되지 못했다. 1958년 6월 르네 코티 대통령은 결국 '국민 영웅' 드골을 제4공화정의 마지막 수상으로 임명했다.

한편 1958년 9월 28일 헌법 개정에 대한 국민투표가 실시되었는데, 80퍼센트의 찬성으로 새 헌법이 채택되었다. 새 헌법에는 드골의 구상이 상당한 정도로 반영되었다. 대통령은 수상과 각료를 임명하고, 의회를 해산시킬 수 있으며, 국민투표를 조직하고 비상조치권을 행사할 권한을 갖게 되었다. 헌법이 공포된 10월 제5공화정이 출범했다.

1958년 11월 23일과 11월 30일에 치러진 의회 선거에서는 신공화국연맹UNR[3]으로 통합된 드골주의자와 보수파가 승리를 거두었다. 새로 도입된 선거제도는 소선거구제, 2회 투표제,[4] 단기투표제를 규정하고 있어 극히 불공정하고 불합리하다는 비판이 거세게 제기되었다(河野健二 1977, 276).

〈표 22-3〉은 1958년 11월에 실시된 선거 결과를 보여 준다. 드골주의자와 보수파·독립파 의원이 모두 합쳐 323명으로서 의석 총수의 69.5퍼센트를 차지했다. 사회주의자와 공산주의자는 합쳐서 50석을 획득했는데, 이 의석수는 총수의 10.7퍼센트에 지나지 않았다. 급진파도 37석밖에 확보하지 못했다. 1956년 1월 2일에 치러진 총선거에서 드골주의자 22석, 보수파·독

다. 서유럽방위를 도모하기 위해 '유럽 통합군'을 창설하고, 서독의 재군비를 허용해 통합군에 편입시키는 것을 골자로 했던 유럽방위공동체 조약은 같은 달 북대서양조약기구의 정식 승인을 받았다. 그러나 이 제안은 서독의 재무장을 달가워하지 않았던 프랑스 드골파(Gaullist)의 지지를 얻는 데 실패했으며, 또 영국이 공동체에 참여하지 않는다는 사실도 프랑스 내에서 부정적인 여론을 높이는 데 영향을 미쳤다. 이 때문에 프랑스 국회는 1954년 유럽방위공동체에 대한 비준을 거부했고 결국 이 기구는 현실화하지 못했다.

3_1967년 공화국민주연합(UDR)으로 이름을 바꾸었다.

4_제1회 투표에서 유권자 수의 12.5퍼센트 이상 득표한 사람만이 제2회 투표에 입후보할 수 있으며, 제2회 투표에서 1위를 한 사람이 당선되는 투표제이다.

표 22-3 | 1958년 11월 23일과 30일의 총선 결과

	1차 투표(%)	2차 투표 후의 의석	의석 분포(%)
드골주의자	20.3	196(해외 포함 206)	42.2
보수파·독립파 외	24.2	127(해외 포함 129)	27.3
인민공화운동(MRP)	10.8	55(해외 포함 64)	11.8
사회주의자	15.7	40(해외 포함 47)	8.6
급진파 외	8.2	37(해외 포함 40)	8.0
공산주의자	18.9	10(해외 포함 10)	2.1
기타		81(해외 의원)	

자료: 프라이스 2001, 426.

립파 95석이었고, 공산주의자 150석, 사회주의자 95석, 급진파 91석이었던 것에 비하면 의회 구성이 크게 보수화되었음을 알 수 있다(프라이스 2001, 424~427).

1958년 12월 21일 실시된 대통령 선거에서는 지역의회 의원들과 국회 의원들로 구성된 선거인단(총 8만여 명)의 78.5퍼센트가 드골을 지지했다. 1959년 1월 10일, 드골은 충실한 드골주의자이자 알제리에 대한 프랑스 권리 보유를 주장하는 미셸 드브레에게 내각 구성을 맡겼다. 1962년 9월, 국민투표로 보통선거권에 따라 실시하는 대통령 선거제도가 채택됨으로써 대통령 당선자의 정통성은 더욱 강화되었다.

1958년 10월 이후 등장한 제5공화정은 대통령 중심제였고, 제5공화정 초대 대통령 드골은 특히 국방과 외교, 알제리 문제를 직접 관장했다. 드골 정부는 근본적으로 보수 정권이었고, 정부가 채택한 경제·사회 정책은 중도파와 보수파가 폭넓게 수용할 수 있는 것들이었다. 더욱이 드골이 국가수반으로 남아 있는 한, '자유 프랑스의 전직 지도자'라는 드골의 특별한 지위를 체제 유지를 위해 유리하게 이용할 수 있었다. 드골주의 체제는 근대화를 지속하는 데 필수적인 정치 안정을 제공했다(프라이스 2001, 430).

프랑스공산당은 드골 정권을 파시즘으로 나아가는 '반동·배타적 애국주의·식민지주의적인 성격을 지닌' 정권으로 규정했다. 드골 정권은 위기에 직면한 독점자본 지배 체제를 구제하고자 한다는 평가도 받았다(河野健二 1977, 277).

드골의 강고한 권력 체제

드골은 강고한 권력 체제를 배경으로 하여 프랑스 최대의 긴급 과제였던 알제리 문제의 해결에 나섰다. 1959년 9월, 드골은 알제리 문제에 대해 '민족자결' 원칙을 표방하고 이 방침을 더욱 구체화했다. 1960년 2월, 드골은 알제리 정책에 관한 특별 권한을 의회로부터 위임받아 1961년 1월 알제리 민족자결에 관한 국민투표를 실시했다. 투표 결과는 찬성 75퍼센트였다. 이에 따라 프랑스 정부는 알제리 민족해방전선FLN과 본격적인 교섭을 벌이기 시작했다.

한편 알제리에서는 유럽인의 불만과 반발이 크게 고조되었다. 현지군의 낙하산 부대 소속 청년 장교와 극우파 식민지주의자들이 1961년 비밀군사조직OAS이라는 테러리스트 집단을 만들어 테러 행위를 자행했다. 이 조직의 테러 행위는 프랑스 본국까지 파급되었다. 계엄령이 내려진 파리 곳곳에서 폭탄이 터져 사람들을 놀라게 했다. 1961년 4월, 알제리 파견 프랑스군 수뇌부의 장군 4명이 드골에 반역하는 쿠데타를 일으켰다. 쿠데타는 3일 만에 진압되었다.

같은 해 6월, 드골은 알제리 민족해방전선과의 첫 번째 회담을 에비앙에서 열었다. 다음 해인 1962년 3월, 마침내 에비앙협정이 체결되었다. 프랑스와 알제리 군의 정전, 사하라를 포함한 알제리 독립과 통일, 알제리 내 프랑스인 재산권 보호 등이 합의되었다. 이로써 7년 동안 계속된 전쟁이 종결되었다. 드골의 결단은 1962년 4월에 실시한 국민투표에서 90.7퍼센트라는 높은 비율로 지지를 얻었다. 에비앙협정 체결은 프랑스 역사에 있어서나 드골주의 실행에 있어서나 획기적인 일이었다(河野健二 1977, 278~279).

외교정책에서도 드골은 독자 노선을 추구했다. 1962년 5월, 드골은 유럽 각국이 유럽공동체EC 내로 통합되는 것에 반대했으며, 그 대신 '각 국가들의 유럽'Europe of the Nations이라는 훨씬 더 느슨한 형태의 협력을 선호한다고 밝혔다. 프랑스는 점점 서유럽 연맹으로부터, 그리고 미국의 외교정책으로부터 거리를 두다가 마침내 1966년 3월에는 북대서양조약기구NATO에서 탈퇴했다. 드골 정부는 미국의 핵무기로 보호받는 일의 중요성을 인식하면서도 독립적인 핵무기 개발에 큰 규모의 자원을 투입했다.

프랑스 정부는 영국이 미국의 이해관계를 옹호할 것으로 간주해 영국의 유럽공동체 가입을 반대했다. 이와는 대조적으로 프랑스는 독일과 화해하기 위한 방책을 모색했으며, 소련과 수교를 회복하려는 노력을 기울였다. 그러나 드골 정권은 현실적으로는 반공주의 기치를 내걸고 서유럽연맹에 의존했다(프라이스 2001, 433~434).

드골 체제가 등장하던 시기 프랑스 경제는 전후의 기술혁신을 수용한 중화학공업 중심으로 구조 전환을 진행했다. 그런 가운데 독점적 대기업이 급성장하게 되었으며, 전력·철강·시멘트 등 기간산업 가운데 큰 비중을 차지한 국유 부문을 기본 축으로 하여 그 주위에 사적 독점기업의 연쇄망이 형성되었다. 국가와 경제의 관계는 전례 없이 밀접해졌다. 말하자면 국가독점자본주의가 강화된 것이다. 프랑스인들은 일반적으로 '혼합경제' 또는 '신자본주의'라는 용어를 사용했는데, 이것은 단순한 자유 경제나 사적 자본주의가 아니라 국가적 계획이나 관리를 수반하는 자본주의 경제라는 의미이다.

1958년 12월, 드골 대통령은 신경제정책을 발표했다. 그 주요 내용은 에너지 자원 개발, 산업 설비 근대화, 공공투자 증액, 유럽경제공동체EEC 국가들과의 협조, 프랑스 안정성 회복, 최저임금 인상 등이었다. 1958년부터 제3차 경제계획(1958~1961년)이 추진되었는데, 경제 고도화를 실현하고 노동자계급을 비롯한 광범한 국민 일반에 대해 일정 수준의 복지를 보장할 것을 목표로 설정했다. 이와 함께 농업의 근대화 및 구조 개선을 추진했다.

이와 같은 목표를 내세운 신경제정책은 노동자계급의 이해관계를 충실하게 반영한 것은 결코 아니었다. 1958년부터 1962년까지 노동자 가계의 평균 소득은 7~8퍼센트 증가했으나 같은 기간 국민총생산의 1인당 성장률은 22퍼센트였고, 1인당 공업생산 신장률은 32퍼센트였다. 또 1953년부터 1961년까지의 노동자 구매력은 약 30퍼센트 증가한 것에 비해 같은 기간 자본의 이윤은 물가 변동을 제외하고 201.3퍼센트나 증가했다(河野健二 1977, 280~282).

쿠데타를 저지한 총파업 투쟁

1950년대 후반 들어 제5공화정의 대두와 드골 권위주의 체제의 출범, 국가독점자본의 강화, 진보 정치 세력 내부 분열 등의 정세 변화는 노동운동 전개에 고난과 시련을 안겨 주었다. 그러나 1960년대 들어 노동운동은 수세에서 공세로 전환되었으며, 전반적인 고양 국면을 나타냈다. 1950년대 후반과 1960년대 전반에 걸친 파업투쟁의 추이를 살펴본다.

1950년대 후반에는 1956년과 1957년이 파업 건수 각각 2,440건과 2,623건으로 다른 해에 비해 두드러지게 많은 편이었다. 파업 참가 인원도 1957년의 경우 296만3,837명으로 다른 해와 비교하기 어려울 정도로 많았다. 1960년대 전반에는 특히 1963년과 1964년이 파업 건수와 참가 인원, 노동손실일수가 모두 많은 편이었고, 대규모 총파업이 잇따라 전개되었으며 전반적으로 격렬한 양상을 드러냈다. 이러한 투쟁 과정에서 노동조합운동의 통일을 위한 행동이 구체화되었다. 여기서는 1960년대의 주요 투쟁 사례를 통해 노동운동의 전개 양상을 살펴본다.

먼저 살펴볼 것은 1961년 알제리에서 프랑스 극우파 군인들이 벌인 쿠데타에 항의해 감행한 파업 사례이다. 1961년 4월, 알제리에서 프랑스 장군 4명이 주도해 드골의 알제리 민족자결 원칙에 반대하는 쿠데타를 일으켰다. 이에 프랑스 노동자계급은 쿠데타 저지를 위한 총파업을 벌였다. 4월 24일 프랑스 노동총동맹CGT, 프랑스기독교노동총동맹CFTC, 전국교원노동조합FEN이 중심이 되어 총파업을 전개했다. 이 총파업에는 노동자 연인원 1,200만 명이 참가했는데, 이러한 규모의 총파업은 일찍이 유례를 찾아보기 어려운 극히 드문 사례였다. 이와 같은 결의에 찬 단호한 노동자투쟁으로 쿠데타를 무력화했다. 노동자투쟁의 승리는 노동조합운동의 고양을 위한 획기적인 계기가 되었다(小林勇 1978, 111).

1962년 2월 7일, 파리에서 경찰관들이 극우 테러리스트인 비밀군사조직OAS에 항의하는 시위를 해산시키는 과정에서 8명이 사망하는 사건이 발생했다. 같은 해 2월 13일, 장례일을 맞아 전국적인 항의 파업과 대규모 시위가 벌어졌는데, 파리에서만 100만 명 이상이 파업과 시위에 참가했다. 2월 투쟁 이후 프랑스 정부는 알제리 민족해방전선FLN과 본격적으로 교섭을 진행해 같은 해 3월, 마침내 에비앙협정이 체결되었다.

이 시기 중요한 노동자투쟁의 하나는 탄광노동자 파업투쟁이다. 1963년 3월, 탄광노동자들이 임금 인상과 노동조건 개선을 요구하고, 드골 정부의 에너지 정책에 반대하며 전국적인 통일 파업투쟁을 감행했다. 노동자 파업

표 22-4 | 1956~1965년의 프랑스 파업 발생 추이

연도	파업 건수	파업 참가자 수	노동손실일수
1956	2,440	981,676	1,422,539
1957	2,623	2,963,837	4,121,317
1958	954	1,112,459	1,137,741
1959	1,512	939,798	1,938,427
1960	1,494	1,071,513	1,069,958
1961	1,963	2,551,821	2,600,570
1962	1,884	1,472,448	1,901,456
1963	2,382	2,646,095	5,991,495
1964	2,281	2,603,057	2,496,791
1965	1,674	1,237,071	979,861

자료: ILO 1972, *Yearbooks of Labour Statistics*.

에 대응해 정부는 징용령을 발동하고 경찰대를 동원해 파업을 저지하고자 했다. 탄광노동자 투쟁에 연대해 국유기업과 그 밖의 산업에 종사하는 노동자 연인원 600만 명이 총파업에 참가했다. 1959년 철도 파업이 일어났을 때 징용령을 발동해 파업을 중지시킨 경험을 살려 정부는 탄광노동자 파업도 징용령으로 노동자를 굴복시키려 했으나, 상황은 1959년 당시와는 크게 달랐다. 35일 동안의 파업투쟁 끝에 탄광노동자들은 12.5퍼센트의 임금 인상과 연 4주 동안의 유급휴가를 쟁취했다.

이 파업은 노동총동맹, 프랑스기독교노동총동맹, 프랑스 노동총동맹-노동자의힘CGT-FO에 속해 있는 탄광노동조합 3개 조직이 공동투쟁위원회를 구성해 전개한 투쟁이었다. 탄광노동자의 투쟁 사례는 국유 부문과 민간 부문 노동조합들의 투쟁을 촉진했다. 1963년의 파업에 따른 노동손실일수는 〈표 22-4〉에서 보는 바와 같이 599만1,495일로서 1962년의 190만1,456일보다 약 3배가량 증가했다(小林勇 1978, 111~113).

노동조합운동의 통일행동

이와 같은 대규모 파업투쟁이 전개되는 과정에서 노동조합운동의 통일에 대한 안팎의 요구가 점점 커졌다. 1966년 1월 10일, 노동총동맹과 프랑스 민주노동조합연맹CFDT[5]이 통일행동을 위한 협정을 체결했다. 협정 내용은 실질임금 인상, 노동조건 개선, 노동시간 단축, 사회보장 옹호와 개선, 공장 내 노동조합 권리 옹호와 확대, 일할 권리 보장, 세제 개선 등이었다. 이러한 내용은 분명히 노동조합 활동에서 가장 기본적인 경제적 요구에 한정된 것이기는 하지만, 이 같은 요구에 대한 두 조직 사이의 협정 성립은 두 조직에 대해서만 아니라 프랑스 노동조합운동 전체의 협력 분위기를 키우고 그 후에 전개된 통일 투쟁의 발전에도 공헌하게 되었다(小林勇 1978, 114~115).

한편, 1960년대 전반 들어 사회당과 공산당 사이의 느리고도 복잡한 협력 관계가 시작되었다. 1962년 총선거의 제2차 투표를 앞두고, 몇몇 지역에서 양당 사이에 선거 협정이 맺어졌다. 사회당은 제2차 투표에서 공산당과 여당(신공화국연맹) 후보가 경합을 벌일 경우 공산당 지지 투표를 하라고 촉구했다. 행동 통일과 협정 전술에 따라 사회당은 67석을 확보해 이전 의회 의석보다 24석을 더 차지하게 되었다. 공산당은 41석을 획득했는데, 1958년 선거 때보다 10석을 더 차지한 것이었다.

1965년에는 사회당이 주도해 민주사회주의좌파연맹FGDS을 결성했다. 이 조직의 의장이며 중도좌파 노선을 견지하는 소수 정당 레지스탕스사회민주주의연맹UDSR 지도자인 프랑수아 미테랑이 1965년 대통령 선거에서 후보로 추천되었다. 미테랑은 개인 권력 체제 반대 투쟁과 민주주의 부활·

5_프랑스기독교노동총동맹(CFTC)은 1964년 임시 전국대회에서 기독교 이데올로기를 수용한 규약 부분을 삭제하고 조직의 '비종교화'를 선언함과 동시에 조직의 명칭도 프랑스민주노동조합연맹으로 바꾸었다.

발전, 노동자를 위한 사회·민주적 개혁을 포함하는 강령을 내걸었다. 공산당도 미테랑을 지지하고 나섰다. 미테랑은 제1차 선거에서 총 투표수의 32퍼센트를 획득했고, 제2차 투표에서 45퍼센트를 차지함으로써 행동 통일의 중요성을 확인했다. 드골은 제2차 투표에서 55퍼센트를 획득해 대통령에 당선되었다. 비록 선거에서 패배했지만, 사회당과 공산당의 행동 통일을 통해 좌파 세력이 프랑스의 정치 지형을 변화시킬 수 있다는 가능성을 확인한 계기가 되었다(The USSR Acacademy of Sciences 1987, 305~306).

3. 독일

독일기독교민주연합 정권의 출범과 독일사회민주당의 고데스베르크 강령 채택

독일연방공화국(서독)은 1950년대에 국가 주권을 회복하는 과정을 겪었다. 이 과정은 독일연방공화국이 냉전 구조에서 미국 중심의 자본주의 체제로 통합되는 가운데 2개 국가 가운데 하나로 정착되는 경로였다. 자본주의 체제로의 통합은 현실적으로 독일 재통일의 방기를 의미했지만, 1950년대에 아데나워나 사회민주당의 쿠르트 슈마허는 이른바 '자석 이론'을 주장했다. 즉, 번영·법치·인간성·자유의 중핵이 서독에서 형성되어 독일 전국으로 확산될 것이라는 논리이다. 이 이론의 밑바탕에는 볼셰비즘에 대한 대항 의식이 존재하고 있었다. 이러한 이론 전개가 가능했던 것은 유럽부흥계획으로 서독의 경제 안정을 이룩하는 데 기여한 미국에 대해 서독 국민들이 호의를 지니고 있었기 때문이었다. 1953년과 1957년에 치러진 총선거에서 독일기독교민주연합CDU이 승리한 것은 아데나워의 정책이 서독 국민의 지지를 획득했기 때문이었다(成瀨治 외 1987, 305~307).

서독은 1955년 북대서양조약기구에 가입했고, 1956년에는 헌법 개정을 통해 군대를 보유할 수 있게 되었으며 이어서 징병제를 도입했다. 징병제와 군인법을 근거로 하여 구성된 연방군은 육군 12개 사단 병력 37만 명, 공군 비행기 1,350기와 병력 9만 명, 해군 병력 약 2만 명을 보유하게 되었다. 연방군의 총사령부는 존재하지 않고 북대서양조약기구 참모부가 대신했다. 종래 '국가 내의 국가'로서 군이 누렸던 특권적 지위는 상실되었고, 연방군 지휘부의 인선을 담당할 인사심사위원회가 설치되었다. 군대의 민주화라는 관점에서 군인은 '제복 입은 시민'이라는 사실이 강조되었다.

한편 아데나워 정권이 주도한 미국 중심 자본주의 체제로의 통합, 재군비, 1953년과 1957년 총선거 패배 등으로 독일사회민주당SPD은 새로운 노선 전환을 모색하지 않을 수 없었다. 그리하여 독일사회민주당은 1959년 11월 13일 바트 고데스베르크Bad Godesberg에서 열린 임시 당대회에서 기본 강령인 '고데스베르크 강령'을 채택했다. 강령은 독일사회민주당이 혁명을 지향하는 노동자의 계급 정당이 아니라 국민 정당Volkspartei임을 분명하게 밝혔다. 즉, 당은 '민주적 사회주의의 기본 가치와 기본적 요구를 인정하는 사람 모두를' 규합하는 열린 정당을 지향한다고 했다.

경제정책에서는 산업의 국유화와 계획경제를 근간으로 하는 사회주의 노선을 배격하고, 사회의 공정성을 확보하기 위해 필요한 제도를 갖춘다는 전제로 시장경제를 지지했다. 또 강령은 조국 방위를 긍정하고 재군비를 추인했다. 그다음 해인 1960년 6월에는 대외정책의 전환을 선언했는데, 서유럽 통합과 독일연방공화국의 북대서양조약기구 가입을 승인하고 여당과 함께하는 '공동 외교'를 선언했다.

1960년 10월 독일사회민주당은 서베를린 시장 빌리 브란트를 1961년 9월 연방의회 선거에 나설 수상 후보로 지명하고 일찌감치 투쟁 체제를 갖추었다. 1961년 9월에 실시한 총선거에서 독일기독교민주연합과 기독교사회연합csu이 득표에서 독일사회민주당을 앞지르기는 했으나, 그 차이는 10퍼센트 정도에 지나지 않았다. 1950년대에 걸쳐 계속된 독일기독교민주연합·기독교사회연합과 독일사회민주당 사이의 구조적 불균형이 수정되면서 장기적인 변화의 조짐을 드러낸 선거였다.

1963년 아데나워가 퇴임한 뒤에도 루트비히 에르하르트(1963~1966년 재임)에 이어 쿠르트 게오르크 키징거(1966~1969년 재임)가 수상을 역임해 1960년대 말까지 독일기독교민주연합CDU·기독교사회연합csu 중심의 연립정권이 계속되었다. 에르하르트 정권이 아데나워 정권과 마찬가지로 독일기독교민주연합과 자유민주당FDP의 연합이었다면, 키징거 정권은 독일기독교민주연합과 독일사회민주당의 '대연합'이었다고 할 수 있다(奧保喜 2009, 369~370).

근 20년 동안에 걸친 독일기독교민주연합 정권 시기, 독일연방공화국의 경제발전은 '독일의 기적'이라 할 정도로 눈부셨다. 1950년대 경제성장률은 연평균 8퍼센트였으며, 1960년대에는 4.5퍼센트였다. 실업률도 대단히 낮은 수준을 유지했는데, 1950년에는 실업률이 10.4퍼센트였으나 1958년에는 3.6퍼센트를 기록했다. 이와 같은 경제성장으로 아데나워 정권은 국민의 높은 지지를 받았다. 이것은 미국의 경제원조와 시장경제 원리가 효과적으로 작용한 결과였다. 일찍이 1949년 말 이미 식료품·기호품·소비재·광업을 중심으로 한 공업생산은 1936년 수준을 회복했고, 1950년 4월부터 투자재 부문의 신장에 따라 전체 공업생산이 확대되었다. 공업생산은 계속 신장되어 1950년을 100으로 할 때 1958년에는 209가 되었으며, 국민총생산은 실질에서 1.8배였고, 국민소득은 2.2배였다. 1950년대 호경기의 최대 지렛대는 활발한 무역자유화 정책이었다. 수출액은 1950년의 84억 마르크에서

1958년에는 370억 마르크로 4.4배가 되었으며, 수입은 같은 기간에 24억 마르크에서 32억 마르크로 1.7배 증가해 1952년부터 무역 흑자가 정착되었다(成瀨治 외 1987, 309).

독일민주공화국(동독)의 사회주의 체제 강화

서독에서 정치·경제 구조 변화가 진행되는 가운데 독일민주공화국은 사회주의 체제를 점점 더 강화했다.

1955년 9월, 소련은 동독의 완전한 주권을 승인했다. 그 이후 실시된 소련의 대독일 정책은 '2개 국가론'과 '사회주의 성과' 옹호론으로 압축할 수 있는데, 말하자면 동독 사회주의 정권의 몰락을 보고만 있지는 않겠다는 태도였다.

1956년 1월, 병영인민경찰이 '국민인민군'으로 개편되고 국방부가 설치되었다. 이에 따라 동독은 군사적으로도 주권을 회복했으며, 바르샤바조약기구에 통합되었다. 이것은 서독의 재군비와 북대서양조약기구 가입에 대항하는 조치였다.

1957년 1월 울브리히트는 국가연합이라는 형태의 독일 재통일을 제안했다. 이것은 서독과 동독이 각각의 국가 체제를 유지하면서 대등한 위치에서 연합을 형성하는 방식이었다. 이러한 제안에 대해 서독은 통일을 전제로 한 자유선거를 주장했고, 결국 이 안은 실현되지 못했다.

한편 동독은 1956년에 새로운 정치적 위기를 맞았다. 2월의 소련공산당 제20회 대회에서 행해진 흐루쇼프의 스탈린 비판은 동독 정권에도 큰 충격을 안겨 주었다. 독일사회주의통일당SED 내에서 스탈린 정책의 충실한 추종자였던 울브리히트에 대한 비판이 고조되었다. 같은 해 7월에 열린 중앙위원회 총회는 유고슬라비아 비판 철회, 실각한 지도자들의 명예 회복, 정치범 석방 등을 결정했다. 그 결과 1956년 10월까지 2만1천 명이 석방되었다. 또 지식인들은 인간적 사회주의를 표방하면서 동독 현실을 비판했다.

소련은 1956년 10월의 '헝가리 사태'를 겪은 뒤 다시 울브리히트를 중심으로 한 강경파를 지지하는 방향으로 방침을 정했다. 그리하여 1956년 10월, 울브리히트는 그의 강경 노선에 반대하는 볼프강 하리히 그룹을 투옥했다. 하리히는 다음 해 3월 '반국가 활동' 죄목으로 금고 10년의 판결을 받았다. 1958년 2월에는 반대파들을 통일사회당 정치국에서 추방했다. 1958년 7월에 열린 제5회 당대회는 울브리히트의 지도 방침을 공식적으로 승인했다.

1960년 9월, 동독 초대 대통령 빌헬름 피크가 사망하자, 울브리히트는 대통령제를 폐지하고 '국가평의회'Staatrat라는 집단지도 체제를 구성해 스스로 그 의장에 취임했다. 동독의 국가 조직은 지위와 서열을 중시하는 계서적階序的; hierarchical 구조로 개편되었다. 상징적인 국가수반은 국가평의회였고, 행정권은 내각이 행사했다. 국가평의회의 권력은 울브리히트가 당 의장 자리에서 물러나 내각 총리만을 유지하게 되었을 때는 크게 줄어들었다. 그러나 동독의 공식 대표로서 국가평의회의 중요성은 그대로 유지되었다(成瀨治 외 1987, 358~359).

동독은 1956년 제2차 5개년 계획을 수립해 소비재 부문 개발과 생활수준 향상을 목표로 경제개발을 추진했다. 1959년에는 동독의 공업생산이 세계 제9위에 오를 정도로 발달했다. 1958년 7월에 열린 통일사회당 제5회 대회는 그동안에 이룩한 경제적 성과를 바탕으로 하여 야심 찬 경제발전 계획을 세웠다. 계획으로는 1961년까지 노동자의 1인당 소비 수준이 서독을 상회하도록 만들겠다는 목표를 설정했다. 1959년에는 5개년 계획을 소련이 시행한 방식에 맞추어 7개년 계획으로 대체했다.

7개년 계획에서 중요한 정책 과제는 농업의 집단화였다. 1952~1953년에 이어 진행된 농업의 집단화 계획은 1960년 봄에 최고조에 이르렀는데, 농업생산조합이 경지의 83퍼센트를 차지했으며 국영 농장이 6퍼센트를 차지했다. 수공업에서도 집단화가 진행되어, 사기업의 비율이 1958년 당시 93퍼센트에서 1961년에는 65퍼센트로 줄어들었다.

이와 같은 국가 통제하의 경제개발 정책은 시기에 따라 급속한 경제성장을 달성하기도 했으나, 경제정책 시행 과정에서 비자율성·불균형성·비효율성 등 여러 가지 문제에 봉착해 혼란에 빠지기 일쑤였고, 목표가 비현실적인 경우도 많았다. 1963년 동독 정부는 소련의 신경제 이념을 받아들여 신경제 체제를 공포했다. 이에 따라 경제의 분권화가 진행되어 중간층 이상 관리들의 정책 결정권이 강화되고, 이윤과 상여금 지급이 생산성 증가를 위한 수단으로 이용되었다. 신경제 체제 시행 과정에서 많은 문제들이 제기됨으로써 1967년에는 사회주의 경제체제로 수정되는 과정을 밟게 된다. 1960년대 후반의 경제적 위기와 침체는 동독의 정치적 불안정까지 초래하게 되었다(풀브룩 2000, 342).

독일노동조합총연맹의 '신新기본 강령' 채택

1950년대 후반과 1960년대 전반 사이에 독일의 분단이 고착화되는 가운데, 독일연방공화국(서독)의 노동운동은 독자적인 경향을 나타내면서 전개되었다.

1950년대 전반기에는 노동조합이 노동·생활 조건 개선을 위해 총파업을 감행했으나, 1955년 이후 시기에는 노사관계 구조 변화가 진행되는 가

표 22-5 | 1956~1965년 독일(서독) 파업 발생 추이

연도	파업 건수	파업 참가자 수	노동손실일수
1956	268	25,340	263,884
1957	86	45,134	2,385,965
1958	1,484	202,483	782,123
1959	55	21,648	61,825
1960	28	17,065	37,723
1961	119	21,052	65,256
1962	195	79,177	450,948
1963	791	316,397	1,846,025
1964	34	5,629	16,711
1965	20	6,250	48,520

자료: Michael Schneider 1991, *A Brief History of the German Trade Unions*, 390.

운데 노동운동이 점점 실용주의[6] 노선을 추구하게 되었다. 이와 같은 경향은 1963년 독일노동조합총연맹DGB 임시대회에서 채택된 '신新기본 강령'에서도 확연하게 드러난다. 신기본 강령은 '기간산업 사회화'와 '국민경제의 중앙 계획화' 등을 기본 요구에서 배제했다. '공유화'는 여러 가지 경제적 통제 조치 가운데 최후의 수단으로 설정되었다. 신강령은 경제의 '총괄적 계획'을 주장하고는 있으나, 구체적 내용은 통화·금융·조세 등에 관한 국가의 경제정책에 한정했고, 사영 기업의 결정권에 직접 개입하는 것은 아니었다. 그리고 신강령은 '경쟁과 계획은 경제정책 목표 달성에 유용하다'고 하면서 시장경제 원칙을 기본적으로 승인했다. 다만, 그 폐해나 결과에 대한 시정이 필요하다는 사실은 인정했다(광민사 편집부 1981, 98).

1954년 이후 노동조합의 파업투쟁도 〈표 22-5〉에서 보는 바와 같이 급

6_당시 독일 금속노동조합 위원장 오토 브레너는 사회·경제적 통합을 배경으로 하는 '노동조합의 능률 극대주의' 개념을 현실적인 목표로 제시했는데, 이것은 넓은 의미의 실용주의라고 할 수 있다.

속하게 줄어들었으며, 1958년을 제외하고는 전반적으로 극히 저조했다.

이 시기 주요 파업 사례는 주로 독일 금속노동조합IG Metall이 벌인 투쟁들을 꼽을 수 있다. 1956년부터 1962년 사이에 단체협약 갱신을 둘러싼 단체교섭이 집중되었고, 중앙 교섭의 중요성이 강조되었다. 1956년 금속노조 중앙위원회와 금속산업경영자전국단체 사이에 중앙 교섭이 진행된 결과, 1956년 7월 25일 브레멘협정이 체결되었다. 협약 내용은 ① 주 48시간 노동시간을 45시간으로 단축, ② 임금 8퍼센트 인상, ③ 협약은 10월부터 시행되며 유효기간은 1년으로 한다는 것이었다. 중앙 교섭은 1~2년마다 행해졌으며, 그때마다 노동시간이 단축되었다.

1956~1957년에는 슐레스비히홀슈타인 지방에서 비교적 장기적이고 규모가 큰 파업이 일어났다. 노동조합은 노동자가 질병이나 산업재해를 입었을 때도 임금을 계속 지급할 것과 연차 유급휴가 수당을 모든 노동자들에게 지급할 것을 요구했다.

파업은 1956년 10월 24일에 시작해 다음 해인 1957년 2월 14일까지 114일 동안 이어졌다. 파업 참가자는 약 3만 명에 이르렀다. 이 사례에서 주목되는 점은 사용자 단체가 노동조합에 대해 파업에 따른 손해배상 청구 소송을 노동재판소에 제기했다는 사실이다. 노동조합 임금대책위원회가 단체교섭이 진행되는 기간에 파업권 투표를 실시한 것이 분쟁 조정 협정(1955년 6월 채택)의 평화 조항에 위배된다는 것이다. 1심에서는 사용자 측 청구가 기각되었으나, 2심에서는 노동조합 측이 패소했다. 마지막으로 연방노동재판소도 2심 판결을 인정했기 때문에 결국 사용자 측의 피해보상청구권이 인정되었다. 이 판결은 노동조합운동에 일대 충격을 안겼다. 독일 금속노조는 기본법 제9조 제3항(단결권 보장) 위반을 이유로 위헌 소송을 제기했으나 대중적인 반대 운동은 조직하지 않았다. 이 소송은 1964년 새로운 분쟁 조정 협정이 체결됨으로써 노동조합과 사용자 단체가 각자의 주장을 취하해 매듭지어졌다. 그러나 경영자의 공세와 재판소의 판정으로 노동조합 측은 평화의무 준수와 법치주의적 자세를 엄격하게 요구받게 되었다(광민사 편집부 1981, 99~100).

다음으로 1963년 바덴뷔르템베르크 지방에서 독일 금속노조가 벌인 파업 사례를 살펴본다. 임금 교섭에서 금속 경영자 단체는 경제성장률과 생산성 둔화를 이유로 임금 인상 억제와 노동시간 단축 실시 시기 지연을 주장했다. 노동조합은 소득 재분배를 목표로 하는 적극적 임금 정책을 주장하면서 8퍼센트 임금 인상을 요구했다. 단체교섭은 결렬되었고, 노동조합은 4월 29일부터 파업에 들어갔다. 이에 대항해 경영자 단체는 5월 1일부터 직장을 폐쇄했는데, 이에 따라 420개 기업 소속 노동자 20만 명(파업 참가자는 8만 명이었음)이 일손을 놓게 되었다. 파업은 경제부 장관 에르하르트의 조정으로 5월 10일 타결되었다.

바덴뷔르템베르크 지방에서의 독일 금속노조 파업은 몇 가지 특징을 나타냈다. 첫째, 타결된 임금인상률은 실질 생산성 상승률에 기초한 것이며, 이른바 '임금의 이중 적용', 즉 생산성 상승분과 물가 인상분의 합계에 거의 일치한다는 점이다. 둘째, 독일 금속노조는 '생산성'이라는 기준을 정치·경제적 역학 관계의 표현으로서, 즉 임금 정책을 추구함에 있어 '제한된 한계'로서 용인했다는 점이다. 정부와 사용자 단체는 노동조합의 임금 정책을 경제의 안정 및 성장의 조건이라는 범주 안으로 끌어들여 그것에 종속시키는 강력한 힘을 행사했다. 셋째, 그리하여 노동조합운동 내에서 가장 전투적 산별노조인 독일 금속노조도도 내걸어 둔 슬로건과 상관없이 실제로는 협약 자치의 침해를 용인하고 노사 협조 노선을 택하게 되었다는 점이다.

이와 같은 파업 이후, 파업은 '최후의 수단'이나 '위협의 제스처'가 되었고, 파업 돌입 이전에 자연스럽게 조정 제도에 의뢰하는 양상이 지배적인 관행으로 되었다. 노동조합운동의 이와 같은 경향은 경제전문위원회가 1965년 연차 보고서에서 처음으로 '협조 행동'(독일식 소득 정책)을 제창하자, 노동조합 측이 협력 의사를 표명한 데서도 확인되었다(광민사 편집부 1981, 100~101).

이와 같은 노동조합운동의 노선과 기조을 두고, 필커Pirker는 노동조합이 "새로운 자본주의"의 한 구성 요소로서 "길들여지고 통합되어" 기존 체제에 적응하는 한도를 넘어 이제는 이 체제를 옹호하게 됨으로써 노동조합의 독자적인 목표를 잃어버리게 되었다고 비난했다(그레빙 1985, 267).

1965년 당시 노동조합 조직 현황을 보면, 노동조합 전국 중앙 조직으로는 독일노동조합총연맹DGB이 단일 조직으로 존재하고 있고, 산하에 17개 산업별 노동조합이 있다. 노동조합원은 797만4천 명이며, 조직률은 36.3퍼센트이다. 독일노동조합총연맹에 가입하지 않은 노동조합은 독일공무원연맹DBB과 독일사무직원노동조합DAG 등이었다.

경영노조관리회의 노동조합 통제

한편 독일민주공화국(동독)에서는 노동조합의 기능이 법률로 규정되어, 노동조합은 사실상 '국가 노동조합'Staatsgewerkschaft으로 변환되었다. 1961년에 공포된 노동법전 제12조는 노동조합의 기능을 다음과 같이 규정하고 있다. ① 사회주의적 경쟁 기업의 구축, ② 혁신적 방법 실현, ③ 기업의 단체협약에 대한 공조 협정, ④ 사회주의적 능률주의 실현, ⑤ 기간업무에 대한 협조, ⑥ 문화·오락 활동 발전, ⑦ 건강·노동 보호 실현, ⑧ 기업 내의 결함 제거.

법률은 기업별 노동조합의 모든 기관은 '기본 노조'로서 공장의 전체 조합원들을 포괄하며, 경영노조관리회BGL가 이를 관리하도록 했다. 경영노조관리회는 법률상 '기업에서 모든 노동자, 사무직원, 지식 계급의 이익 대변자'로 규정되었다. 경영노조관리회는 매년 단체협약 체결 때 생산 계획의 범주에서 공장노동자들의 의무를 정한다거나, 공장 종업원의 노동보호와 사회·문화적 배려 등에 관한 기업의 성과를 평가하는 데 협력한다. 경영노조관리회는 단체협약에서 정한 수준 이상의 노동생산성 목표 달성을 위한 '사회주의적 경쟁 기구' 역할을 했으며, 또한 생산 계획과 감독에도 직접 참여해 새로운 투자나 기술혁신 등에 관여한다. 경영노조관리회가 관장하는 공장연구소는 공장의 교육 제도와 재교육 등에 직접 영향력을 행사하고, 경영노조관리회가 임명한 '분쟁조정위원회'는 노동 규율 준수 여부를 관찰한다.

동독에서 자유독일노동조합총연맹FDGB에 조직되어 있는 노동자들은 사업장 차원에서뿐만 아니라 사회적으로도 자유롭게 의사를 표현하거나, 공동결정권을 갖거나, 임금 및 노동조건에 영향력을 행사하거나, 파업과 같은 노동조합의 전통적인 투쟁 수단을 사용하기는 어려운 상황에 있었다. 특히 '사회주의적 노동 윤리'가 정치적으로나 이념적으로나 노동자들의 자율성과 독립성을 규제하는 데 큰 영향을 끼쳤다. 1958년 통일사회당 제5회 당대회에서 울브리히트는 노동 윤리가 사회주의사회의 모든 윤리 가운데 최고의 윤리라고 했다. 노동법전은 "모든 작업장은 작업인의 협력을 위한 원리로서 사회주의적 노동 규율을 준수할 의무가 있으며, 특히 사회주의 재산을 지키고 증대시킬 의무가 있다"고 명시했다(그레빙 1985, 274~277).

이와 같이 동독에서 전개된 노동운동은 사회주의 체제의 유지·발전을 위해 독자적인 자기 역할과 임무를 설정하게 되었고, 본래의 기능을 점점 상실했다. 그런 가운데 노동운동은 국가와 당의 직접 통제를 받아 사회주의 체제와 기업 내로 포섭되었다.

4. 이탈리아

중도 연립 정권의 우편향과 공산당의 구조개혁 노선

1953년 가스페리 정권은 중도 정치 유지를 위해 비례대표제와 다수결 제도를 한데 묶어 새로운 선거법을 입법화했다. 50퍼센트 넘게 득표하는 정당에게 의석 3분의 2를 배정하는 방식을 채택한 선거법이었다. 그러나 기독교민주당PDC과 연합한 3당, 즉 이탈리아자유당PLI, 이탈리아공화당PRI, 이탈리아민주사회당PSDI(이전의 노동자사회당) 소수파가 반대해 중도 정치는 좌초 위기를 맞았다. 같은 해 여름에 실시된 선거에서 중도 연립 세력은 49.8퍼센트 밖에 득표하지 못했다. 선거 후 가스페리는 조각을 시도했으나 신임을 얻지 못하고 퇴진했다. 가스페리가 정권에서 물러남에 따라 기독교민주당 주도의 중도 정치도 우편향의 변화를 겪게 되었다(森田鐵郎 외 1977, 291).

기독교민주당이 주도한 4당 연립 정권은 대단히 불안정한 구조였다. 정당들 간 여러 형태의 대립이 타협되지 못한 채로 두드러졌다. 첫째는 기독교민주당 좌파와 이탈리아민주사회당 혁신 진영, 그리고 기독교민주당 우파와 이탈리아자유당 보수 진영 사이의 대립이었다. 둘째는 기독교민주당의 종교적 경향과 다른 3당의 '세속적' 경향 사이의 대립이었다. 셋째는 기독교민주당의 관직 독점과 다른 3당의 반발에 따른 대립이었다.

이와 같은 정치권력 구조를 배경으로 하여 1953년부터 1960년까지는 우파 경향이 모든 영역에서 위력을 발휘했다. 1957년 분익소작제[7] 계약 개정이 문제되었을 때, 이탈리아자유당과 기독교민주당 우파의 압력을 받은 안토니오 세니 정부는 소작인에게 극히 불리한 법률안을 상정해 이탈리아 공화당의 강한 반대를 무릅쓰고 왕당파와 네오파시스트 당인 이탈리아사회운동MSI의 지지를 얻어 그 법률안을 가결했다. 네오파시즘을 용인하는 이와 같은 정부의 반동적 경향은 지난날의 레지스탕스 정신과는 정면으로 배치되는 것이었다.

1954년 이후 이탈리아공업총연맹도 좌파와 중도파에 대한 반격을 강화하는 한편, 종래의 기독교민주당 중심의 재정 원조 방침을 방기하고 차츰 이탈리아자유당 지지로 돌아섰다(森田鐵郎 외 1977, 298~299).

가톨릭교회는 좌파에 대한 전쟁을 선포함과 동시에 근대 문화를 비난하는 방식으로 정부를 최대한 도왔다. 교회는 공산주의자, 유물론자, 반反가톨릭 교리주의자들을 축출했고, 가톨릭 신도 운동은 '붉은 위협'에 맞서기 위해 영화나 순례, 또는 집회와 같은 가능한 모든 수단을 이용했다. 교회는 나이트클럽, 재즈, 현대 생활의 여러 양상들을 음탕한 행위라며 비난했다. 또 성모 마리아에 대한 숭배를 새롭게 강조함으로써 가족과 성생활에 대한 교회의 가르침을 효과적으로 설파했다(듀건 2001, 374).

가스페리 퇴진 이후 이탈리아 정치 정세는 전반적으로 우경화되었지만, 이와 동시에 이탈리아공산당PCI과 이탈리아사회당PSI의 노선 변화와 세력 재편이 진행되었다. 1956년 소련공산당 제20회 대회에서 행한 흐루쇼프의 스탈린 비판과 '1956 헝가리혁명'은 이탈리아공산당과 이탈리아사회당에 큰 충격을 안겨 주었다. 이탈리아공산당보다 훨씬 더 소련과 가까웠던 이탈

7_정액소작제와 달리 분익소작제(sharecropping)는 지주와 소작인이 일정한 비율로 수확물을 나누어 갖기로 계약하고 농사를 짓는 제도이다.

리아사회당 지도자 피에트로 넨니는 소련의 헝가리 침공을 강력하게 비판했으며, 스탈린의 개인숭배를 가능하게 했던 소련 체제의 결함을 지적했다. 이탈리아공산당 지도자 팔미로 톨리아티는 대단히 신중하면서도 복잡한 태도를 취했다. 그도 넨니와 마찬가지로 체제 결함에 주목했으나 의문을 제기하는 데 그쳤다.

이탈리아공산당은 1956년 12월 8일부터 14일 사이에 로마에서 제8회 대회를 열고 이른바 '사회주의에 이르는 이탈리아의 길'을 채택했다. 이것은 혁명 방식으로는 '민주주의·사회주의 혁명'을, 행동 노선으로는 '구조 개혁'을 골간으로 했다. 이탈리아의 길은 독자 노선을 의미하며, 소비에트 모델을 기계적으로 채용하지 않았다. 그것은 또 노동자와 농민의 민주적 정부, 새로운 유형의 국가 건설을 목표로 한 혁명 방식의 추구였으며 그것을 옹호하는 투쟁 형태의 탐색이었다. 헌법 해석과 옹호를 기본 바탕으로 하는 민주화 투쟁의 여러 형태와 평화적 이행 등 당시로서는 새로운 구상들이 제기되었다(山崎功 1970, 414).

한편 이탈리아사회당은 이탈리아공산당과 맺은 행동통일 협정을 파기하고, 사회민주당과의 정치 연대 방침을 1957년 2월 베네치아 대회와 1959년 1월 나폴리 대회에서 점점 구체화했다. 그런데도 이탈리아사회당과 이탈리아공산당 당원들은 이탈리아노동총연맹CGIL 내에서나 많은 혁신 자치체 내에서 협력 관계를 유지했다(森田鐵郎 외 1977, 302~303).

같은 시기에 기독교민주당 내부에서도 세력 관계에서 일정한 변화가 일어났다. 1954년 6월 기독교민주당 대회에서 중도좌파를 지향하는 '민주창의' 그룹이 다수파로 등장했으며, 이 그룹의 지도자 아민토레 판파니가 서기장으로 선출되었다. 판파니는 넨니파 사회주의자들을 포함한 중도좌파 세력과 일시적인 협력을 추구했다. 1955년에는 기독교민주당 좌파 지도자

조반니 그론치가 이탈리아사회당과 이탈리아공산당 의원들의 지지를 얻어 대통령에 당선되었다.

중도좌파 정권은 중도 정권을 구성한 4개 정당 가운데 이탈리아자유당을 이탈리아사회당으로 대체한 데 지나지 않았으나 이탈리아사회당이 대표하는 사회 계층을 고려한다면, 이것은 단순한 정당 교체만이 아니었다. 실제로 1958년 선거 후 조각한 판파니는 국회 연설에서 노동자 대중과 중간층이야말로 앞으로 정책 결정에 직접 참여해야 한다고 주장했으며, 국가와 대중의 화해를 추구하는 자세를 보였다. 그러나 중도좌파 정권을 지향한 그의 정치적 시도는 자본가와 교회 압력, 당내 반발 때문에 성공하지 못했다.

그 뒤를 이은 알도 모로가 기독교민주당·공화당·민주사회당으로 조각에 착수했을 때 공업총연맹과 가톨릭 행동단, 고급 성직자 등의 완강한 반대에 부딪쳤다. 난항 끝에 1960년 3월 간신히 성립한 페르난도 탐브로니 정부는 이탈리아사회운동MSI을 포함한 극우 정당의 지지를 받아 가까스로 원내 다수를 확보했다.

탐브로니 정부는 노동자들이 벌이는 파업과 시위를 탄압하는 한편, 레지스탕스 운동의 명예로운 역사를 지닌 이탈리아사회운동이 제노바에서 대회를 열 수 있도록 허가했다. 기독교민주당과 이탈리아사회운동의 동맹을 공식적으로 드러낸 이 결정은 노동자계급과 민주적인 지식인, 남부 빈농의 완강한 항의에 부딪쳤다. 6월 말부터 시작된 이탈리아사회운동에 대한 항의는 반란 양상을 나타냈다. 탐브로니 정권은 시위 진압을 위해 경찰대를 투입했다. 경찰은 시위대를 향해 총격을 가했으며, 이 과정에서 레조넬에밀리아를 비롯한 몇몇 도시에서 13명이 사망했다. 이 민간인 사살 사건은 대중의 분노를 폭발시켰으며, 각지에서 벌어진 인민 행동은 경찰에 대항하는 시가전으로 확대되었다. 정부는 어쩔 수 없이 이탈리아사회운동 대회 허가를 취소했다. 이 사건은 반파시즘 의식이 대중 사이에 뿌리 깊게 존재하고 있음을 보여 주었으며, 기독교민주당이 균형을 잡지 않는 한 반동과 파시즘으로 전락할 위험이 있음을 여지없이 드러냈다(The USSR Academy of Sciences 1987, 300~301).

1960년 7월 17일, 탐브로니 정부가 실각했다. 이 당시 하원의 의석은 기독교민주당 273석, 이탈리아공산당 140석, 이탈리아사회당 84석, 극우 성향의 이탈리아자유당을 포함한 우파 64석, 온건파 성향의이탈리아민주사회당과 이탈리아공화당이 30석을 차지하고 있었다. 기독교민주당과 온건파 두 당으로 구성되는 민주 연립 정권은 과반수는 겨우 확보했지만, 안정적인 정권으로 보기는 어려웠다. 탐브로니의 뒤를 이은 판파니는 기독교민주당 단독 정권으로 출발했으나, 전망은 그다지 밝지 못했다.

1960년 9월 판파니 정부는 지방자치체 선거에서 사회주의자들과 연합해 일정한 성과를 거두었으나, 이러한 연합에 대해 고위 성직자와 가톨릭행동단은 강하게 반발했다.

1962년 1월, 나폴리에서 열린 기독교민주당 제8회 대회는 이탈리아사회당의 각외關外 협력을 구하는 판파니의 제안을 압도적 다수로 가결했다. 다음 달 기독교민주당은 이탈리아민주사회당·이탈리아공화당과 연립한 제4차 판파니 내각을 이탈리아사회당의 각외 협력으로 구성했다. 이 정권을 중도좌파 정권으로 규정하는 것은 사회주의자가 각외에서나마 협력했을 뿐만 아니라 중도 좌파 프로그램 제작에도 참가했기 때문이다. 전국에 걸친 주 정부 설치, 공공행정 개혁, 학제 개혁, 분익소작제 폐지, 새로운 도시계획을 포함한 경제계획 실시, 전력 국유화, 북대서양조약기구NATO 지지 등 7개 항을 담은 프로그램이었다.

경제 기적의 고도성장

이와 같은 정치 정세 변화가 진행되는 가운데 이탈리아는 1950년대 말부터 1960년 초에 이르는 시기에 '기적'이라 표현될 정도의 경제적 고도성장을 이룩했다. 특히 1958년부터 1963년까지 연평균 8퍼센트를 상회하는 경제성장을 이룩했고, 제조업 부문에 대한 투자는 연평균 14퍼센트 증가했으며, 수출은 연평균 14.4퍼센트 증가했다. 이러한 경제 기적은 한국전쟁을 비롯해 특별히 이탈리아에게 유리하게 조성된 국제적 경제 환경에서 가능했던 것이며, 특히 1958년 1월에 발족한 유럽경제공동체EEC는 이탈리아의 고도 경제성장에 결정적인 요소로 작용했다.

또한 이탈리아는 이 시기에 값싸고 새로운 에너지원도 확보했다. 1944년 포강 유역에서는 대규모 천연가스 매장지가, 시칠리아에서는 품질은 떨어지지만 약간의 석유가 발견되었다. 1953년에 등장한 국영석유회사 이탈리아탄화수소공사ENI가 다른 석유 생산업자들과 유리한 계약을 체결하면서 이탈리아의 산업은 서유럽에서 가장 값싼 에너지를 확보할 수 있었다. 이탈리아탄화수소공사는 이탈리아 산업에서 정부 측 사업체의 역할을 증대시켰을 뿐만 아니라 민간 독점체를 억제하는 역할도 수행했다(듀건 2001, 371).

이탈리아는 1950년대에 경제성장의 기술적 전제가 되는 근대적 화학공업과 제강의 산업 기초를 확립했는데, 이러한 부문에서 산업재건기구IRI와 같은 공공사업체의 역할이 대단히 중요했다. 산업재건기구는 1948년 이후 빠르게 발전했으며, 이미 1952년에는 3대 은행을 지배하게 되었고, 철강 생산, 무기·탄약, 정밀기계와 전기에너지, 라디오 방송 사업 등의 분야에서 독점적 지위를 확보했다(森田鐵郎 외 1977, 293~294).

이탈리아의 경제 기적은 몇 가지 주요한 한계와 문제점을 드러냈다. 첫째, 경제 기적이 이탈리아 반도 북서부와 일부 북동부 지역, 그리고 중부 지역에 집중되었다. 이에 따라 지역 사이 격차가 더욱 확대되었다. 둘째, 소비재 산업 호황이 공공서비스 부문 발전을 유도하지 못했다. 셋째, 대부분 남부에서 이주한 수십만 명의 농민들이 북부 도시로 몰려들었는데, 이들의 주거와 노동환경은 열악하기 이를 데 없었다.

이탈리아 경제는 1963년 이후 정체 징후를 나타내기 시작했다. 국내외 수요 증대와 통화팽창 등 인플레이션 정책에 따라 물가가 급속하게 상승했다. 1963년 이후 원가 상승에 따른 수출 감소와 수입 증대, 신용 공황 발생, 자본의 해외 유출 현상이 생겨났다. 1950년대에 대체로 충실하게 운영되었던 국영기업도 여러 가지 어려움을 겪게 되었다. 산업재건기구의 경우에도 1963년부터 상황이 차츰 악화되었고, 이탈리아탄화수소공사조차도 1968년 이후 적자로 돌아섰다. 이탈리아 경제가 침체와 불황을 맞게 된 것이다(듀건 2001, 378).

기업·부문·전국 단위 단체협약 체결

이와 같은 정치 정세와 경제구조 변화가 진행되는 가운데 노동운동은 새로운 전략을 치열하게 모색하지 않을 수 없었다. 1950년대 후반기부터 1960년대 전반기에 걸친 이탈리아 노동운동은 방어적인 국면에서 공세적이면서 고양된 국면으로 전환되는 대단히 복잡한 과정을 거쳤다.

이 시기 파업 추이는 〈표 22-6〉에서 보는 바와 같다.

1950년대 후반기 노동운동을 방어적 침체 국면이었다고 한다면, 1960년대 전반기 노동운동은 공세적 고양 국면이었다고 할 수 있다. 1950년대 후반기의 대표적인 투쟁 사례는 1958~1959년 전국 차원의 단체협약 갱신 투쟁이었으며, 1960년대 전반기의 대표적인 사례는 1962~1963년과 1965

표 22-6 | 1956~1965년 이탈리아 파업 발생 추이

연도	파업 건수	파업 참가자 수	노동손실일수
1956	1,904	1,677,750	4,136,672
1957	1,731	1,226,787	4,618,796
1958	1,937	1,283,301	4,171,877
1959	1,925	1,900,321	9,190,360
1960	2,471	2,337,906	5,786,182
1961	3,502	2,697,770	9,890,856
1962	3,652	2,909,831	22,716,540
1963	4,145	3,693,715	11,394,635
1964	3,841	3,245,500	13,088,609
1965	3,191	2,309,980	6,992,856

자료: ILO 1972, *Yearbooks of Labour Statistics*.
주: 정치 파업과 파업에 간접적으로 영향을 받은 노동자는 제외함.

년의 금속노동조합 통일투쟁을 들 수 있다.

먼저 1958~1959년 전국 차원의 단체협약 갱신 투쟁부터 살펴본다. 민간 부문 사용자 단체 연합Confindustrial[8]은 공업생산 침체를 구실 삼아 임금 인상 억제를 주장했다. 이에 대해 이탈리아노동총연맹CGIL, 이탈리아노동조합총연맹CISL, 그리고 이탈리아노동연맹UIL은 기존 단체협약의 종료를 선언하고 갱신을 요구했다. 주요 요구 사항은 2~3년 이내 임금 15~20퍼센트 인상, 휴가 및 연장노동 규정 개정, 사내교육 및 훈련 개선 등이었다. 결국 1958~1959년 주요 산업 부문에서 노동자 400만 명 이상에게 적용되는 새로운 단체협약이 체결되었다. 이러한 노동조합 요구에 따라 5.5~8퍼센트의 임금 인상과 단체협약상의 여러 규정들이 개선되었다. 그리고 1959년 6월에 제정된 법률erga omnes은 노동조합이나 사용자 단체 가입 여부와 관계없이 당해 산업에 속하는 모든 노동자와 기업에 대한 단체협약 구속력을 확정

8_공공 부문 사용자 단체 연합(Intersind)은 1957년 분리되었다.

함으로써 단체협약 침해에 대한 노동조합의 대응력을 강화했다.

1958~1959년 단체협약 체결 운동은 총 1억 시간이 넘는 파업을 수반했다. 그런데도 투쟁 결과는 전통 영역에 대한 양적 개선에 머물렀으며, 그것조차도 노동조합의 애초 요구에는 훨씬 못 미치는 수준이었다. 그러나 두 해 동안의 노동자투쟁은 사용자 측의 자의적인 임금 결정을 저지함과 동시에 노동조합의 새로운 전략 수립 필요성을 깨닫게 해주었다. 그것은 '노동조합 재강화'의 계기가 되었다(정병기 2000, 142~143).

1960년에 전개된 노동운동의 특징은 노동조합이 기업별 교섭 파트너로 인정받기 위한 투쟁에서 하나의 전기를 마련했다는 사실이다. 1956년 2월에 열린 이탈리아노동총연맹 전국대회는 사업장 단위 개별 조직을 강화하고 현장 요구를 상당 부분 수용하기로 결정했다. 또 대회에서 결정된 이러한 방향 전환과 함께 가장 두드러진 전술 변화는 기업별 단체협약을 채택한 것이었다. 당시 전국 차원의 단체협약 체결을 우선시했던 이탈리아노동총연맹의 방침에 비추어서는 상당히 큰 변화라고 할 수 있다. 이것은 1960년대 이후 노동운동 전략의 근본적 방향 전환을 의미할 만큼 중대한 의의를 갖는다.

이탈리아노동총연맹은 단일 기업이나 사업장 내 요구 사항(대개의 경우 임금 인상)을 수용함과 동시에 전국 차원에서 노동조건의 일반적 요구 사항(노동조건 개선과 국가정책에 노동 관련 정책 반영 등)을 결합하는 전술만이 노동자계급의 정치·경제·사회적 권리를 보장할 수 있다고 판단했으며, 그것으로 운동 기조를 정했다(김종법 2004, 73).

이와 같은 전술에 따라 1960년부터 기업별 단체협약 체결 운동이 강화되었다. 1953년부터 1957년까지 종업원 총 40만 명, 기업 500개 이상에서 기업별 협약 약 700개가 체결된 데 비해 1960년 한 해 동안에만 종업원 70

만 명이 고용된 기업들에서 591개의 협약이 체결되었다. 1961년에 이르러서는 그 수가 더욱 늘어나 금속, 섬유, 건축 부문을 중심으로 노동자 130만 명을 대상으로 2,033개 협약이 체결되었다. 기업별 협약의 주요 내용은 생산 프리미엄과 각종 부가급여에 관한 것이었다. 임금 체계 개선이나 단체협약 내용 갱신, 노동시간 단축, 그 밖의 작업 조직에 직접 관련되는 조치들에 관한 단체협약은 극히 한정된 기능밖에 수행하지 못했다(정병기 2000, 145).

1962~1963년의 금속노동조합 단체협약 투쟁은 당시 노동운동 상황을 집약해서 드러낸다. 1962년 들어 금속산업 사용자들은 금속노조들과 신속하게 협약을 체결하고자 했으나, 노동조합 측에서는 사안별로 분리되는 협약 체결을 바라지 않았으며, 통일된 기업별·부문별 단체협약을 원칙상 인정할 것을 요구했다. 그러나 요구는 거부되었고, 그해 6월과 7월 금속산업 노동자 120만 명이 24시간 또는 72시간 시한부 파업에 돌입했다. 이 단체협약 체결 운동에는 피아트 노동자들도 참여했으며, 사용자들이 각종 위협 수단과 반파업 프리미엄을 동원해 파업을 저지했던 이른바 '고질적 기업들'Schwierige Betriebe에 소속된 노동자들도 참여했다.

같은 해 7월초, 피아트 사는 이탈리아노동연맹과 자사 '황색 기업노조'인 SIDA와 독자적인 단체협약을 체결함으로써 파업 전선을 분열시키고자 했다. 그러나 피아트 노동자들은 토리노 이탈리아노동연맹 본부 앞에서 대중시위를 벌였고, 그 인근 스타투토 광장Piazza Statuto에서 여러 날 동안 경찰과 대치하며 가두투쟁을 감행했다.

민간 부문과는 달리 공공 부문 사용자 단체 연합은 새로운 단체협약 체계에 관한 협상에 응하겠다고 선언했다. 그리하여 노동조합과 사용자 단체는 공동 협정서Protokoll를 작성해 단체협약 체계와 임금 체계, 생산 프리미엄 등을 기업별 교섭 대상으로 인정하고 단체협약 체결을 위한 구체적인 기준을 설정하는 데 합의했다(정병기 2000, 147).

이보다 앞서 1962년 2월에 피아트 노동자들은 임금 인상과 노동시간 단축을 요구해 파업에 들어갔다. 파업을 제기한 것은 '이탈리아노동총연맹 산하 금속노동조합연맹FIOM'이었다. 회사 측은 노동자의 불만을 누그러뜨리기 위해 기업 내 임금 인상에 동의하는 단체협약 체결을 제안했으나, '이탈리아노동연맹 산하 금속노동조합'UILM만이 동의했고, 금속노동조합연맹FIOM과 '이탈리아노동조합총연맹 산하 금속노동조합'FIM은 이를 거부했다. 그뿐만 아니라 금속노동조합연맹과 FIM은 공동으로 파업투쟁을 전개해 반격했다.

이에 대응해 회사 측은 보복 조치를 취했다. 금속노동조합연맹 활동가뿐만 아니라 FIM 활동가까지 포함해 약 100명을 해고했다. 해고 반대 파업 결행이 결정되었으며, UILM도 이 결정에 참가했다. 이러한 통일투쟁은 피아트에만 머무르지 않고 세 금속노조의 전국적인 공동 투쟁으로까지 발전했다.

1963년 2월 8일, 결국 세 금속노조의 공동 투쟁에 굴복해 사용자 단체 연합은 단체협약에 서명했다. 단체협약 체계를 변경하는 것 말고도 임금 인상 10~13퍼센트, 주간 노동시간 2시간 단축, 병가시 첫 사흘 동안 임금 계속 지급, 그 밖의 부차적 규정 개선 등이 결정되었다. 1962~1963년에는 총 3천여 개 기업별, 또는 분야별 단체협약이 각각 270만 노동자들과 250만 노동자들을 대상으로 체결되었다. 단체협약 내용에는 임금 인상을 비롯해 노동시간 단축, 임금체계 개선, 기업 내 노동조합 권한에 관한 사항들이 포함되었다.

1962~1963년 금속노동조합의 단체협약 투쟁은 전후 이탈리아에서 중요한 노동조합 투쟁의 하나로 평가되었다. 첫째, 8개월에 걸친 투쟁 기간에

16회에 걸친 전국 파업을 포함해 파업이 40회 일어났다. 이제 피아트 노동자들도 선두에 섰다. 파업투쟁 시작 첫날인 1962년 6월 23일 피아트 노동자들은 "우리는 다시 인간이 되었다"라는 슬로건을 내걸고 파업에 돌입했다. 둘째, 단체협약 투쟁은 세 개의 금속노동조합이 벌인 통일투쟁이었을 뿐만 아니라 세 조직 사이의 관계 개선에 결정적으로 기여했으며 상시적인 연대를 구축하기 위한 첫걸음이 되었다. 셋째, 이탈리아 금속 노동자는 단체협약 투쟁에서 새로운 유형의 단체협약을 쟁취했다. 바로 전반적 노동관계를 규정하는 전국 단계 단체협약, 노동시간이나 직능 등급 및 자격 지정 등에 관한 부문별 단계 단체협약, 성과급제나 보너스 그 밖의 여러 가지 사항에 관한 기업 단계 단체협약이라는 세 가지 단계에서 단체교섭을 인정하는 단체협약이었다(小林勇 1978, 104).

이탈리아 경제는 1963년을 정점으로 '기적'을 마감하고 경기 후퇴 국면에 접어들었다. 국가권력과 자본 측은 경제 위기 관리와 자본의 재편성을 서둘렀고, 노동운동에 대한 공격을 더욱 강화했다. 이와 같은 정세 속에서 노동조합운동은 효과적인 대응 방책을 강구하지 않을 수 없었다. 그 대표적인 사례가 1965년 금속노동조합의 통일 요구와 통일투쟁 전개였다.

1965년 가을, 금속노동조합연맹과 FIM, UILM은 1962~1963년 공동행동 경험을 살려 단체협약 갱신을 위한 통일 요구를 수립했다. ① 기업 단계 노동조합의 종합적 교섭권, ② 공장노동자와 사무직 종사자 사이의 균등 대우, ③ 노동조합 권리 보장, ④ 노동시간 단축, ⑤ 임금 인상이 그것이었다. 통일 요구에는 청년·여성·기술자·사무직 노동자 등의 독자적인 요구도 포함되었다. 이러한 요구 프로그램에 대해 광범위한 토론이 이루어졌으며, 투쟁 방법에 대해서도 하부 조직에 이르기까지 토의가 행해졌다.

1966년 1월 들어 단체교섭은 결렬되었고, 금속노동조합연맹·FIM·

UILM 세 금속노동조합은 다 같이 파업을 선언했다. 국영기업에서는 1월 18일에, 민간과 공공 기업에서는 2월 1일에 파업이 감행되었다. 파업 참가율은, 국영기업 부문은 90퍼센트이고 민간 및 공공 기업에서는 100퍼센트로 대단히 높은 편이었다. 토리노의 피아트 공장노동자 약 6만 명이 첫날인 2월 1일 파업에 참가했으며, 파업이 계속됨에 따라 더욱 많은 노동자들이 파업에 참가했다. 파업이 진행되는 동안, 세 금속노동조합 소속 노동자들은 통일 시위를 조직하기도 했다. 3월 3일 밀라노에서 거행된 시위에는 프랑스 노동총동맹CGT과 프랑스민주노동조합연맹CFDT 소속의 센 지역 금속 노동자 대표단도 공식적으로 참가해 연대 의사를 표명했다.

단체협약 투쟁은 중소기업연맹으로부터 큰 양보를 이끌어 냈다. 교섭권과 관련해서는 노동환경에 관한 교섭권, 직업훈련 계획에 대한 개입권, 새로운 기술 도입 및 생산 조직 변경시의 사전 협의에 관한 권리를 확보했다. 또 노동조합의 권리와 관련해서는 직장에서 집회를 열 권리와 노동조합 교육 참가 허가 기준 개선 등의 새로운 조항들이 신설되었다. 그리고 노동시간이나 임금률도 개선되었다.

세 금속노동조합이 전개한 통일투쟁은 공동행동을 추진함으로써 노동조합운동 분열을 극복하는 주요 계기를 창출했다는 점에서 주요한 의의를 찾을 수 있다(小林勇 1978, 107~109).

5. 미국

아이젠하워 정권의 덜레스 외교

1952년 11월에 실시된 미국 대통령 선거에서 제2차 세계대전 시기 유럽연합군 최고사령관이었고, 1945년 이후에는 미국 통합참모본부 육군참모총장을 역임한 공화당 후보 아이젠하워가 당선되었다. 1929년 허버트 후버이후 첫 공화당 대통령이었다. 아이젠하워는 선거전을 펼치면서 한국전쟁을 빠른 시일 안에 명예롭게 끝내겠다고 공약해, 전쟁에 진저리를 내고 있던 많은 국민들의 지지를 얻었다.

아이젠하워 정권은 대외적으로 덜레스 국무 장관 노선을 주축으로 하여 대외정책을 실행했다. 덜레스 외교의 기본은 공산주의 세력 확대를 저지하는 것이며, 이를 위해서는 북대서양조약기구NATO를 위시한 미국의 동맹 관계를 강화해 공산주의 위협에 대항해야 한다고 보았다. 덜레스는 민주당 정부의 '봉쇄 정책'containment policy을 통렬히 비판하면서 '롤백 정책'roll back policy을 주장했다. 미국의 수동적이며 소극적인 대공산권 정책은 결국 손해만 보게 되므로 소련 진영의 약점을 찾아내고, 적극적인 모든 수단을 동원해 반격을 가함으로써 냉전의 주도권을 소련으로부터 탈취해야 한다는 것이다.

한국전쟁이 종료된 다음 해인 1954년 1월, 덜레스는 이른바 '대량 보복정책'을 발표했다. 이것은 강력한 핵무기를 언제든지 보복에 사용할 수 있도록 정비해 그것으로 전쟁억지력을 키우겠다는 발상이다. 지상 병력에 대해서는 동맹국 군비를 강화하는 방식을 상정했다(齊藤眞 1976, 258~259).

나아가 아이젠하워 정부는 국방비 지출 축소를 위해 '뉴룩'new look방위전략을 수립했다. 이것은 원자폭탄과 수소폭탄[9]의 핵 억지력에 더욱 의존하면서 통상 병력 규모를 축소하려는 목적에서 나온 전략이다. 이에 따라

9_미국은 1952년 11월에 수소폭탄 실험에 성공했다.

공산주의 위협에 직면하게 될 미국 동맹국은 자력으로 방위를 하지 않으면 안 될 상황이었다. 뉴룩 정책의 핵심 내용은 다음과 같았다. 첫째, 해외 파견 미군을 줄이고 대외 원조를 줄이는 것. 이에 따라 주한미군은 한국전쟁 당시 32만 명에서 7만여 명으로 감축되었다. 둘째, 은밀한 작전을 통해 다른 나라 정치와 안보에 개입하는 것. 이때부터 중앙정보국CIA이 적극적으로 해외에서 활동하기 시작한다. 셋째, 재래식 무기를 감축하는 것. 넷째는 대외 원조 비용을 전가하는 것으로, 대외 원조 비용을 기업이나 주변 국가에 떠넘기는 방식이었다(Dockrill et al. 일본어판 2009, 83~84).

한국전쟁 휴전을 비롯해 중동 관련 아이젠하워 독트린, 인도차이나전쟁 휴전, 수에즈운하 문제 타결 등은 아이젠하워 정권 외교 노선이 관철된 것으로 해석할 수도 있다.

아이젠하워 정부 집권 기간인 1953~1960년은 경제성장이 지속된 번영의 시대였다. 1945년부터 1960년에 이르는 15년 동안 미국의 국민총생산은 무려 2배 반이나 증가했다. 경제성장 요인은 높은 수준에서 유지된 정부 재정지출과 개인 소비 증대였다(奧保喜 2009, 353).

이 기간에 산업구조와 계급 구성에서 산업노동자가 제조업의 기술혁신에 따라 감소하고, 사무직 노동자와 서비스 노동자가 증가했다. 또 기계 도입과 토지 집중으로 인해 농업 인구도 감소했다. 농업 부문의 기계화가 진전됨에 따라 새로운 작물의 대규모 생산이 이루어졌다.

경제성장은 소득 증대를 가져다준 한편, 기술혁신과 대량생산으로 자동차와 가정 전기제품 등 내구소비재 가격이 저하됨으로써 많은 사람들이 이들 상품을 구입하게 되어 이른바 '대중소비사회'가 출현했다. 교외에는 많은 주택이 건설되어 자가 소유 비율이 1945년의 45퍼센트에서 1960년에는 60퍼센트로 증가했다.

공민권 운동의 활발한 전개

1950년대에는 흑인들의 차별 철폐 운동이 맹렬하게 전개되었다. 공민권 운동이다. 1954년 대법원은 캔자스 주에 거주하는 흑인 소녀 브라운이 백인만 다니는 초등학교 입학을 거부당한 사건, 즉 '브라운 대對 교육위원회 사건'Brown vs Board of Education에서 초등학교 학생의 인종분리가 "열등감을 불러일으켜 …… 학생들의 머리와 가슴에 돌이킬 수 없는 나쁜 영향을 끼칠 수 있다"고 지적하면서 인종분리 교육을 위헌이라고 판결했다. 대법원은 공립학교에서 "'분리되지만 평등하다'separate but equal는 원칙은 이제 설 자리가 없다"고 판시했다(Zinn 2005, 450).

1955년에는 앨라배마 주의 몽고메리에서 백인과 흑인의 버스 좌석 구분에 반대해 흑인들이 버스 승차 거부 운동을 벌였다. 흑인들의 출근을 돕기 위해 자가용차 합승car pool이 조직되었고, 흑인들 대부분은 걸어 다녔다. 시당국은 승차 거부 운동 지도자 100명을 기소하고 그 가운데 다수를 구속하는 것으로 앙갚음했다. 백인 인종차별주의자들은 폭력을 사용했다. 흑인 교회 네 곳에서 폭탄이 터졌다. 승차 거부 운동 지도자 가운데 한 사람인 마틴 루터 킹 주니어의 집은 폭파당했다. 1956년 11월, 대법원은 현지 버스 노선의 인종분리가 불법이라고 판결했다(Zinn 2005, 451).

공민권 운동은 1960년대 들어 한층 더 열기를 더했다. 1960년 2월, 노스캐롤라이나 주 그린즈버러에 있는 농과대학 흑인 학생들은 울워스Woolworth's 백화점의 백인 전용 식당에 들어가 앉아 버티기를 감행했다. 식당 종업원은 주문도 받지 않았고, 학생들이 그대로 앉아 있자 아예 식당 문을 닫아 버렸다. 2주 후 '앉아있기 운동'sit-ins은 남부 5개 주 15개 도시로 확산되었다. 이후 12개월 동안 5만 명 이상(흑인이 대부분이었지만 백인도 일부 포함됨)이 100여 개 도시에서 이런저런 형태의 운동에 참가했고, 그 과정에서 3,500명이 투옥되었다. 그런 가운데 1960년 말에 이르러 그린즈버러를 비롯한 많은 곳에서 흑인들에게도 간이식당이 개방되었다.

1961년에는 인종차별에 반대하는 인종평등회의 소속 흑인들이 '자유승차단'Freedom Rides를 조직해 장거리 버스 백인 전용 좌석에 앉거나 버스 터미널 백인 전용 시설을 이용하면서 버스 여행을 이어 나갔다. 사우스캐롤라이나에서는 자유승차단원들이 주먹과 쇠몽둥이 세례를 받기도 했다. 이와 같이 인종차별 철폐를 목표로 한 공민권 운동은 케네디 정권 동안에도 계속되었다(奥保喜 2009, 356).

케네디 정권의 뉴 프런티어 정책

1960년에 실시된 대통령 선거에서는 민주당 후보 케네디가 미국 국방정책의 불충실과 '미사일 격차'missile gab 위험을 쟁점으로 내세워 선거전을 펼친 결과 대통령에 당선되었다. 케네디는 '뉴 프런티어'new frontier를 주창하면서 '다시 전진을 계속하기 위해'라는 대담한 슬로건을 내세웠다. 케네디 정부는 대외정책에서 국제주의적이고 반공주의적인 경향에서는 아이젠하워 정권과 다름이 없었으나, 이전 정권보다 훨씬 적극적이고 단호한 외교정책을 추구했다.

케네디 대통령은 포드 자동차회사 사장 출신 로버트 맥나마라를 국방장관으로 임명했으며, 핵병기와 통상병기를 늘리고 바꾸기 위한 국방비 지출을 대폭 늘렸다. 1960년의 군사 예산은 458억 달러로, 전체 예산의 49.7퍼센트였다. 케네디 행정부는 14개월 만에 방위비에 90억 달러를 추가 배정했다. 1962년에 이르자 미국은 소련의 군사력 증강에 관한 일련의 날조된 공포, 즉 거짓 '폭격기 격차'bomber gap와 거짓 '미사일 격차'missile gap에 기초해 핵무기 전력에 있어서 압도적인 우위를 확보했다(Zinn 2005, 437).

1962년 당시 미국은 지상발사형 대륙간탄도미사일ICBM 250기, 원자력 잠수함 9척에 탑재한 폴라리스 미사일polaris missile 144기, B52 폭격기 630 기를 보유하고 있었다. 같은 시기 소련이 보유하고 있었던 것은 지상발사형 대륙간탄도미사일 75기, 장거리 폭격기 120기였다(Dockrill et al. 일본어판 2009, 109).

미국은 이와 같은 군사적 우세를 바탕으로 대외정책에서 자신감을 갖고 언제나 공격 태세를 취했다. 1959년 쿠바에서 카스트로를 중심으로 한 혁명군이 바티스타 정권을 무너뜨리고 새로운 혁명 정권을 수립했을 때도 미국의 침공 작전은 어김없이 행해졌다. 미국은 이미 1961년 1월 1일 쿠바와 국교를 단절했고, 그 뒤로도 중앙정보국은 카스트로 암살 계획 또는 쿠바 혁명정부 전복 계획을 여러 차례 실행에 옮겼다. 그러다가 1961년 4월 17일에는 중앙정보국이 훈련시킨 반카스트로 망명 쿠바인 부대가 피그스만에 상륙했다. 카스트로 군대는 3일 만에 이들을 사살하거나 포로로 삼았다.

그다음 해에는 또 다른 사건이 발생했다. 1962년 10월14일, 미국 U2형 정찰 비행기는 소련제 중거리 탄도미사일을 실은 선박이 쿠바로 향하고 있음을 발견했다. 쿠바 내에 미사일 기지를 설치한다는 것은 미국에게는 결코 용인할 수 없는 일이었으므로, 미국은 미사일 철거를 강력히 요구하면서 쿠바 해안을 봉쇄했다. 아바나 항 가까이까지 접근한 미사일 운송 소련 선박에 대해 미국 해군과 공군은 임검臨檢을 실시하고 경우에 따라서는 이 선박을 귀국시키겠다고 선언했다. 소련은 해상 봉쇄에 항의해 국제법상의 임검 거부권을 주장했다. 그러나 10월 26일 흐루쇼프는 미국이 해상 봉쇄를 해제하고 쿠바를 침공하지 않겠다는 보증을 함과 아울러 터키 미국 기지로부터 미사일을 철거한다면 소련도 쿠바 미사일 기지를 철거하고 중거리탄도

미사일을 되돌리겠다고 밝혔다. 미국은 소련의 제안을 받아들였고, 그렇게 해서 쿠바 미사일 위기는 해소되었다.

쿠바 미사일 위기는 미국과 소련 사이의 관계 변화에 큰 계기가 되었다. 1963년 8월, 미국 백악관과 소련 크렘린 사이에 긴급 직통 전화hotline가 설치되는 것을 비롯해 상호 협조 관계가 모색되었다. 또 핵실험 금지에 관해 일정한 진전이 있었는데, 자본주의 체제 국가의 핵전략은 1950년대의 '대량 보복 전략'에서 1960년대의 '유연 반응 전략'으로 바뀌었다(Dockrill et al. 일본어판 2009, 109).

한편 케네디 정권이 들어선 뒤에도 공민권 운동은 더욱 조직적이고도 계획적으로 전개되었다. 1963년 5월에는 앨라배마 주 버밍햄을 중심으로 인종차별 반대 시위가 벌어졌다. 이때 경찰이 최루탄, 경찰견, 고압 소방호스를 사용해 시위를 해산시키는 광경이 텔레비전에 방영되었고, 이러한 장면은 미국 전역에 커다란 충격을 주었다. 법무부 집계에 따르면 1963년 3개월 동안 시위는 1,412건이나 발생했다.

이와 같은 사태에 대응하기 위해 케네디 정부는 같은 해 6월 새로운 공민권법을 제안했다. 주요 골자는 다음과 같다. ① 호텔, 레스토랑, 오락시설, 소매점 등을 포함해 모든 공공시설에서 차별금지, ② 공립학교에서 차별 대우 금지, ③ 취직 때 흑인에 대한 불리한 처우 금지, ④ 연방정부 원조로 시행하는 활동이나 사업에서 차별 금지 등이 그것이다. 같은 해 8월 마틴 루터 킹 목사는 이 법안의 빠른 제정을 요구하는 대규모 집회(워싱턴 대행진)를 열었다. 케네디 대통령은 법안 제정을 서둘렀으나 11월 남부 유세 도중 텍사스 주 댈러스에서 암살당했다.

케네디 사망 이후 대통령직을 승계한 존슨은 1964년 1월 연두교서에서 '빈곤에 대한 전쟁'을 선언했다. 7월에는 케네디가 제안했던 공민권법이 의회에서 통과되었다. 공민권법이 제정되어 시행되기 시작한 1964년과 1965년에 전국 곳곳에서 흑인들의 저항이 일어났다. 이와 같은 저항행동은 공민권법을 비롯한 민권법안들이 인종차별을 근본적으로 개선하지 못한 현실을 반영한 것이라 할 수 있다.

1964년 11월에 실시된 대통령 선거에서 당선된 존슨은 1965년 1월 연두교서에서 '위대한 사회 건설'을 제창했다. 위대한 사회란 모든 사람들이 풍요로움과 자유를 누리며, 빈곤과 인종 사이의 불평등이 폐절된 사회를 말한다. 존슨 정권은 경제기회법을 비롯해 노인의료보험법, 생활보호 수급자를 위한 의료보조법, 인종 사이의 불평등을 없애기 위한 정책의 일환으로 이민법 등을 제정했다. 그러나 전 국민을 대상으로 하는 건강보험제도는 도입되지 않았다(奧保喜 2009, 356~357).

미국노동총연맹-산업별조직회의의 출범과 반공주의 노선 채택

1950년대 말에서 1960년대 전반에 걸쳐 '뉴 룩' 시대, '뉴 프런티어' 시대, '위대한 사회' 시대를 거치는 동안 미국 노동자들의 노동·생활 조건은 전반적으로 향상되었으나 심각한 빈곤 문제는 미처 해결되지 않은 채 노동사계급의 불만과 요구가 증대되었다. 1960년대에 들어와서는 공민권 운동, 학원 투쟁, 여성 권익 운동, 베트남 반전 투쟁 등으로 사회가 들끓었다. 이 시기 미국 노동운동의 전개 과정을 조직 재편성과 노동운동 동향, 노동자투쟁 사례를 중심으로 살펴본다.

1955년 미국노동총연맹AFL과 산업별조직회의CIO가 통합해 미국노동총연맹-산업별조직회의AFL-CIO 단일 조직으로 개편되었으나 주도권을 둘러싼 내부 대립은 극복되지 않은 상태였다. 미국노동총연맹-산업별조직회의는

표 22-7 | 1956~1965년의 미국 파업 발생 추이

연도	파업 건수	파업 참가자 수	노동손실일수
1956	3,825	1,900,000	33,100,000
1957	3,673	1,390,000	16,500,000
1958	3,694	2,060,000	23,900,000
1959	3,708	1,880,000	69,000,000
1960	3,333	1,320,000	19,100,000
1961	3,367	1,450,000	16,300,000
1962	3,614	1,230,000	18,600,000
1963	3,362	941,000	16,100,000
1964	3,655	1,640,000	22,900,000
1965	3,963	1,550,000	23,300,000

자료: ILO 1966, *Yearbooks of Labour Statistics*.

주: 1955~1958년의 경우 알래스카 제외. 1955~1959년의 경우 하와이 제외. 노동자 6명 이상이 참가하지 않은 파업과 하루 노동일
또는 교대근무 시간 동안 지속되지 못한 파업은 제외함.

반공주의와 자본주의 체제 옹호를 운동 기조로 삼았다. 이에 따라 노동과 자본 관계에서는 '자본과 노동의 암묵적 합의'가 지속적으로 이루어졌다.

거대 노동조합 조직은 방대한 기구와 전문화된 간부들을 필요로 했고, 조직이 체계화되면서 자연히 관료화 문제가 제기되었다. 이와 동시에 노동조합 간부들의 부정·부패가 사회문제로 떠올랐다. 1957년에는 연방의회 상원에 노사관계 분야 부정 활동에 관한 특별위원회가 설치되었다. 몇몇 노동조합이 폭력 집단과 연관을 갖고 부정한 행위들을 저질렀음이 2년 반에 걸친 공청회를 통해 밝혀졌다. 미국노동총연맹-산업별조직회의도 조사를 실시해 트럭운전사노동조합을 조직에서 제명했다. 1959년에는 '랜드럼-그리핀 법'Landrum-Griffin Act, Labor Management Reporting and Disclosure Act, 즉 노동조합 운영 보고·공개법이 제정되었다.

노동조합운동의 내부 갈등과 모순, 부정·부패 행위 속에서 1950년대 후반에 파업은 1년에 3천 건 이상 발생했으며, 파업 규모도 상당한 정도였고 전국 본부 노동조합의 승인을 받지 않은 비공인 파업이 빈번하게 일어났다.

1956~1965년 사이의 미국 파업 발생 추이는 〈표 22-7〉에서 보는 바와 같다.

파업 건수는 매년 3천 건 이상을 기록했고, 파업 참가자 수는 1963년의 94만1천 명을 제외하면 매해 100만 명을 넘었으며 1958년의 경우는 파업 참가자 수가 206만 명을 기록했다. 파업에 따른 노동손실일수는 해마다 큰 폭으로 오르내렸는데, 1959년의 경우에는 6,900만 일에 이르렀다.

미국철강노동조합의 장기 파업

1950년대 후반에 발생한 파업투쟁 가운데 대표적인 사례는 미국철강노동조합USWA이 주도한 116일 동안의 장기파업이었다. 미국철강노동조합과 철강산업 사용자 단체가 1956년에 체결한 단체협약이 1959년 6월 30일로 유효기간 만료를 맞게 되었다. 이에 따라 미국철강노동조합은 협약 갱신을 앞두고 임금 인상과 노동시간 단축 등의 경제적 요구와, 연금보험료 회사 측 납부 및 보조실업보험 계획 개선 등의 사회적 요구를 제기했다. 노동조합의 이런 요구에 대해 사용자 단체는 아무런 답변도 제시하지 않은 채 오히려 파업 제기를 유도했다. 사용자 측은 노동자들의 파업으로 과잉 상태에 있는 재고 부담을 없애고 임금 인상을 구실 삼아 제품 가격을 인상함과 동시에 노동조합 조직을 국가독점자본주의 체제 내로 편입시키려는 의도를 갖고 있었다.

미국철강노동조합은 조합원 65만 명을 포괄한 거대 노동조합으로서 제2차 세계대전 이후 네 차례의 파업투쟁을 벌였다. 1946년 28일 파업, 1949년 2차례에 걸친 37일 파업, 1952년 55일 파업, 1956년의 43일 파업 등이었다. 철강 독점자본으로서는 이와 같은 노동조합의 투쟁력을 약화시킬 필요가 있었다.

사용자 측이 완강한 대응 자세를 취하자, 미국철강노동조합 지도부는 동요하는 기색을 감추지 못했다. 그러나 노동조합원들은 투지를 나타내면서 지도부가 파업을 철회할 경우 비공인 파업이라도 감행하겠다는 의지를 보였다. 그리하여 7월 15일 드디어 파업이 결행되었다. 파업이 3개월 정도 지속되었을 무렵 철강 재고도 거의 바닥을 드러냈고, 철강회사들은 압력을 느끼기 시작했다. 몇몇 중소기업들은 노동조합과 협정 체결을 서둘렀다. 그러나 그 무렵 정부 당국은 태프트-하틀리 법 규정을 적용해 파업을 제지하겠다고 위협했다.

맥도널드MacDonald 철강노조 위원장은 정부의 강경 방침에 대응해 "철강노동자는 법이 요구한다면 직장에 복귀할 것이다"라는 성명을 발표했다. 정부는 어김없이 태프트-하틀리 법을 발동했고, 이에 따라 철강노동자들은 116일 동안의 긴 파업을 끝냈다. 그러나 노동조합은 그 이후에도 강력한 교섭력을 발휘해 회사 측으로부터 중요한 양보를 받아낼 수 있었다(小林勇 1978, 126~128).

미국의 노동자투쟁은 1964년부터 다시 활기를 띠기 시작했다. 이를테면 1964년 파업 참가자 수는 164만 명이었는데, 이 수치는 전년도보다 70만 명이나 증가한 것이었다. 만일 철도노동자나 항만노동자 투쟁에 대해 철도노동법이나 태프트-하틀리 법 적용에 따른 탄압이 없었다면, 파업 참가자 수는 훨씬 늘어났을 것이다. 어쨌든 1964년 파업투쟁은 파업 건수, 파업 참가자 수, 파업에 따른 노동손실일수 면에서 1959년 이후 가장 높은 기록을 보였다. 1960년대 후반에는 파업투쟁이 전반기보다 훨씬 더 격렬한 양상을 보였다. 이처럼 노동자투쟁이 고양된 것은 자동화와 기계화 진전에 따른 해고와 고용 불안이 더욱 가중되었기 때문이었다.

1964년을 전후해 미국 노동운동에서는 지각변동이 일어났다. 미국섬유

노동조합을 비롯해 미국지방공무원노조, 통일교원연맹, 국제전기노동조합 등에서 보수적인 성향의 지도부가 물러나고 새로운 지도부가 들어섰다. 이와 같은 노동조합운동 지도부 개편은 노동조합원들의 노동조합운동에 대한 불만과 새로운 요구가 축적되었음이 표현된 것이었다.

한편, 미국노동총연맹-산업별조직회의는 전국 차원에서뿐만 아니라 주나 지방 노동조직을 통해 민주당과 연계를 강화했다. 몇몇 공업 지역에서는 노동단체와 민주당이 밀접한 협력 체제를 형성하기도 했다(小林勇 1978, 131~132).

활기를 찾은 공공 부문 노동조합운동

각 부문별 노동운동도 활기를 띠기 시작했다. 특히 공공 부문 노동조합운동이 그러했다. 먼저 1962년 1월 연방공무원들의 단결권과 단체교섭권을 인정한 케네디의 행정 명령이 공포됨에 따라 공무노동자의 노동조합 가입이 급증했으며, 이에 따라 공무원 노동조합이 성장했다. 공무원노동조합은 2개의 전국 조직으로 나뉘어 있었다. 그 하나는 미국주군자치도시피고용자연맹AFSCME이었다. 미국주군자치도시피고용자연맹은 1971년 당시에는 노동조합원 약 55만 명을 포괄했으며, 그 대부분은 육체노동자와 저소득 사무직원이었다. 다른 하나는 연방정부에 고용되어 있는 노동자들의 노동조합으로서 미국정부피고용자연맹AFGE이었다. 미국정부피고용자연맹은 1960년대에 조직 확대 운동을 벌여 1969년에는 48만 명을 포괄했다. 이 밖에 국제소방원조합IAFF도 활발한 활동을 전개했다.

공공노동자의 경우 교원이나 사무노동자와 같이 비교적 안정된 직업이나 직종 외에도 가로 청소원, 집배원, 쓰레기 청소원, 병원노동자, 건물 청소원 등과 같은 불숙련·반숙련 직종에 종사하는 노동자들도 노동조합에 가입해 있었다. 그들 가운데는 흑인들이 많았으며, 저임금 층이 대부분이었다. 이들은 법적인 제한이 있음에도 빈번하게 파업을 일으켰다.

공공노동자 파업 가운데 가장 잘 알려진 것은 1968년 멤피스 흑인 청소미화원 파업이었다. 그들은 임금 인상을 요구하며 "우리는 인간이다"라고 쓴 플래카드를 내걸고 투쟁을 벌였다. 마틴 루터 킹 목사는 이 파업에 대한 지원 활동을 벌이다 암살당했다.

교원 조직화는 미국교원연맹AFT을 중심으로 이루어졌는데, 1960년대와 1970년대에 걸쳐 두드러진 발전을 보였다. 교원 전문가 단체인 전국교육협회NEA는 1960년 들어 단체교섭 단체로 인정받게 되었고, 노동조합으로서의 본래 기능을 획득했다. 대학교수들의 조직화도 진전되어, 미국대학교수협회AAUP가 설립되었다. 1973년에 이르러서는 전국 288개 대학에 미국대학교수협회가 조직되었다(野村達明 2013, 259~261).

6. 일본

55년 체제의 성립과 고도 경제성장

1955년을 기점으로 일본 정치 지형에서 큰 변화가 일어났다. 이른바 '55년 체제'가 성립한 것이다. 먼저 1951년 강화 안보 문제를 둘러싸고 좌파사회당과 우파사회당으로 분열되어 각각 경쟁 상태에 있던 두 정치 세력이 1955년 10월 새로운 강령을 내세우고 통일을 이룩했다. 사회당은 통일대회에서 "우리는 공산주의를 극복해 민주적이고 평화적으로 사회주의혁명을 수행한다"고 선언했다(犬丸義一 외 1989, 182).

사회당의 통일은 보수 합동을 촉진하는 중요한 요인이 되었다. 1955년 12월에는 자유당과 민주당이 통합해 자유민주당이 창립되었다. 1955년 실시한 총선거에서 자유당이 크게 후퇴했고, 보수 양당 가운데 어느 한 정당만으로는 다수파를 형성할 수 없게 되었다. 이러한 조건에서 보수정당은 보수·혁신 '2대 정당제'를 내세우면서 사회당을 이러한 구도 안으로 끌어들이려 했다. 보수 합동은 경제단체연합회의 단일 보수정당 결성 요청을 수용한 측면도 크다.

사회당 합동과 보수 합동보다 앞서 일본공산당의 재통일이 이루어졌다. 한국전쟁 시기에 2개 분파로 분열되었던 일본공산당의 '주류파'와 '국제파'가 1955년 8월 통일을 이룩했다. 공산당은 같은 해 7월에 열린 제6회 전국협의회에서 1950년의 당 분열을 자기비판하고 좌익 분파주의나 극좌 모험주의 오류를 스스로 인정했으며, 노동자계급 통일과 단결을 위해 대중 속으로 들어가 헌신적인 활동을 전개하기로 결의했다. 그리고 당의 사상·조직적 강화를 통해 진정한 노동자 전위 정당으로서 역량을 갖추고 노동자를 중심으로 하는 모든 민주 세력의 통일전선을 결성하기 위한 활동 방침을 설정했다(塩庄兵衛 1985, 171).

1955년 사회당의 통일과 자유·민주 양당의 보수 합동을 바탕으로 '민주헌법 수호와 안보 반대'의 혁신과 '헌법 개정과 안보 옹호'의 대항이라는 이른바 55년 체제가 성립했다. 이로써 일본 헌정사상 장기의 보수 황금시대가 열렸고, 정당·경제계·관료의 일체화가 진행되었다. 그런 의미에서 보수합동은 현대 일본 정치사의 출발점이라고 볼 수 있다(藤村道生 1981, 332).

55년 체제가 성립된 시기, 즉 1955년 이후 일본 경제는 '고도 경제성장'이라 불릴 정도로 높은 성장을 이룩했다. 호황기의 실질성장률은 10퍼센트 전후를 기록했다. 단기간의 저성장률 시기를 거친 순환적인 경제 확대였으며, 1955년 12월 일본 정부의 '경제 자립 5개년 계획' 추진에 따른 것이었다. '경제 규모 확대와 고용 기회 증대'를 목표로 설정한 계획이었다. 일본 경제는 특히 한국전쟁에 따른 특수가 경제 확대 기반이 되었으며, 특수에 의존하지 않는 국제수지 균형을 실현하는 것이 경제 자립 달성 목표가 되었다.

5개년 계획 추진 과정에서 기간산업의 근대화·합리화가 이루어지고 석유화학공업이 육성되었으며 기계공업과 전자공업이 진흥되었다. 그리하여 많은 경제지표가 전쟁 이전 또는 전쟁 시기 수준을 상회했다. 일본 자본주의는 그 뒤로 급속한 성장을 실현해 1962년까지 7년에 걸쳐 실질국민총생산은 약 2배, 제조공업생산은 3배 가까이에 이르렀다. 1951년 샌프란시스코강화조약과 일본미국통상항해조약이 체결됨에 따라 외국 기술, 특히 미국의 선진 기술이 도입되었다. 철강에서는 스트립밀strip mill 혁명이라 일컬어지는 새로운 기술이 후지富±제철(지금의 니혼제철)에 도입되었고, 이어서 화학 분야에서는 나일론과 염화비닐이, 전기 분야에서는 트랜지스터가 도입되었다. 전력에서는 종래의 수력 위주에서 석탄 중심의 화력발전소가 이용되기 시작했다. 이 밖에도 건설 분야, 자동차 공업 등에서도 새로운 기술이 도입되거나 개발되었다.

한편 전쟁 이전의 10대 재벌은 전후에 점령군으로부터 해체 명령을 받았다. 그러나 한국전쟁 시기 일본을 다시 '극동의 공장'으로 삼는다는 미군의 방침에 따라 1951년 6월에는 '재벌 해체 완료 선언'이 발표되었으며, 지주회사정리위원회가 해산되어 다시 독점자본이 강화되는 확실한 계기가 만들어졌다(樋口篤三 1990, 213~214).

1960년 11월, 제2차 이케다池田 내각이 발표한 '국민소득 배증 계획'은 중화학공업화를 유도하고 사회자본을 충실히 쌓으며, 나아가 무역과 국제

경제 협력의 촉진을 강조해 계속적인 고도 축적 정책을 추진하고자 했다. 거액의 설비 투자가 중화학공업 쪽으로 집중되었으며, 석탄으로부터 수입 석유로 대체하는 에너지 정책 전환(1960년 9월, 석탄광업합리화사업단 발족)이 이루어지고 나아가 농업기본법(1961년 6월, 농업생산성의 선택적 확대, 구조 개선 등을 목표로 설정했다)이 공포되었다.

이러한 가운데 중화학공업의 내부 구성에 변화가 나타나기 시작했으며, 철강업에서는 제3차 합리화를 통해 대형고로大型高爐, 전로轉爐, 신예 압연 설비라는 신예 기술 체계가 철강생산의 주축을 차지했다. 자동차 산업과 석유 화학공업은 신기술 도입으로 괄목할 만한 성장을 보였다. 그리하여 신예 기술 체계를 갖춘 중화학공업을 기축으로 하여 전후 일본 자본주의는 '전후 중화학공업 단계'에 들어서게 되었다. 이와 같은 과정은 노동자와 하청기업에 대한 독점자본의 지배·통괄 양식의 개편을 가져왔다. 즉 신기술 체계의 도입과 더불어 생산과정에 컴퓨터 도입이 실현되었고, 종래의 수작업이나 구형 숙련이 대폭 사라지게 되었다(浜林正夫 외 1996, 상권, 230~232).

노동조합운동의 노선 전환과 춘투 전개

이와 같이 정치 정세의 변화와 경제구조의 재편이 급속하게 이루어지는 가운데 1950년대 후반에서 1960년대 전반에 이르는 기간에 노동운동은 대규모 투쟁 전개와 더불어 격동기를 맞게 되었다. 1956년부터 1965년까지의 파업 동향은 〈표 22-8〉에서 보는 바와 같다.

파업 건수는 1950년대 후반과 1960년대 전반 사이에 현격한 차이가 드러나고 있으며, 참가 인원수에서는 별로 차이가 없다. 1957~1959년 사이의 파업 참가 인원과 파업에 따른 노동손실일수가 많은 것은 1957년 춘투와

표 22-8 | 1956~1965년 일본 파업 발생 추이

연도	파업 건수	파업 참가자 수	노동손실일수
1956	646	1,098,326	4,561,890
1957	827	1,556,502	5,634,121
1958	903	1,279,434	6,052,331
1959	887	1,215,940	6,020,476
1960	1,063	918,094	4,912,187
1961	1,401	1,680,011	6,149,884
1962	1,299	1,517,844	5,400,363
1963	1,079	1,183,243	2,770,421
1964	1,234	1,050,115	3,165,264
1965	1,542	1,682,342	5,669,362

자료: ILO 1972, *Yearbooks of Labour Statistics.*
주: 파업에 간접적으로 영향을 받은 노동자들과 4시간 이상 지속되지 않은 파업은 제외함.

'근무 평정' 투쟁, 1958년의 '경찰관직무집행법' 개정 저지 투쟁 때문인 것으로 보인다. 안보 투쟁과 미이케 투쟁이 일어났던 1960년과 1961년의 경우에는 파업 건수나 노동손실일수가 다른 해보다 비교적 많은 편이었다.

55년 체제라는 정치 정세와 고도성장을 특징으로 하는 경제 정세가 전개되는 가운데 노동조합운동은 여기에 대응하기 위한 새로운 전환을 추구했다. 일본노동조합총평의회(총평)는 1955년에 개최한 제6회 대회에서 지도부가 다가노 미노루高野實 라인에서 민주화동맹 좌파 오다 가오루太田薰 의장, 이와이 쇼岩井章 사무국장의 이른바 오다-이와이 라인으로 교체되었다.

1955년에 산업별 통일투쟁과 임금 투쟁을 중시해 왔던 오다 가오루의 제창에 따라 1월에는 8개 단산單産(산업별단일노동조합) 공동 투쟁이 시작되었다. 8개 단산은 ① 탄노炭勞(일본탄광노동조합), ② 국노國鐵(국철노동조합), ③ 합화合化(합성화학산업노동조합연합), ④ 전산電産(일본전기산업노동조합), ⑤ 지紙파(전국지파르프산업노동조합연합회), ⑥ 전금全金(전국금속노동조합), ⑦ 화학동맹化學同盟(화학산업노동조합동맹), ⑧ 전기노련電氣勞聯(전일본전기기계노동조합연합회) 등이다. 이것이 '역년 춘투'歷年春鬪의 출발이다. 춘투 방식을 취한 임금 투쟁은 다음 해에 공무원과 공공 부문 노동조합이 참가함으로써 관민官民 통일 형태의 대규모 투쟁으로 발전했다.

관·공官公 노동조합들은 1956년 춘투의 통일 목표를 다음과 같이 결정했다. ① 임금 인상을 중심으로 한 생활 개선 투쟁을 전개한다. ② 모든 노동자와 공동 투쟁 조직을 강화해 통일 이익의 전진을 추진한다. ③ 재군비 예산을 타파해 반동 정책과 대결하고, 국회 내외의 투쟁을 강화해 정책전환을 위해 투쟁한다. ④ 부당 처우와 탄압에 맞서 철저하게 투쟁한다. 1953년에는 국노·전전통全電通(전국전기통신노동조합)·전전매全專賣(전전매노동조합) 세 공사, 전체全遞(전체신노동조합)·전임야全林野(전임야노동조합)·전인쇄全印刷(전국인쇄노동조합)·전조폐全造幣(전조폐노동조합)·알코르전매專賣(알코르전매노동조합) 다섯 현업에 국철기관차노동조합(뒤에 동노東勞로 바뀜)이 참가해 9개 조합으로 구성된 공공기업체등노동조합협의회(공노협)가 발족되었다. 1960년대에는 공노협이 춘투 중심 세력으로 등장했다.

이러한 새로운 춘투 방식에 대해 경영자 단체인 일본경영자단체연맹(일경련)은 "춘투는 일본 경제와 사회를 혼란 마비시키고 국민대중의 생활을 희생해 자신들의 정치적 야심과 혁명적 투쟁 야망을 채우려는 폭거이다"라는 성명을 발표했다. 그러나 총평이 추진한 춘투 방식은 현장노동자의 공감과 지지를 얻어 빠르게 전국으로 확산되었으며, 1959년부터는 중립노련(중립노동조합연락회의)도 함께 참가해 '춘투공동투쟁위원회'를 구성하여 공동행동을 전개했다(樋口篤三 1990, 216).

1955년 이후 노동조합운동의 통일행동이 점점 강화되는 가운데 진행된 1957년의 춘투는 '신무경기'[10]를 배경으로 대폭적인 임금 인상을 요구하며 통일 투쟁을 기조로 설정했다. 총평은 1952년에 채택한 '임금 강령'에 따라 처음으로 전국 일률 최저임금제 확립을 목표로 진국적 통일행동을 계획했다. 국노와 탄노를 주축으로 한 공노협은 봄부터 대규모 실력 행사를 전개했다. 국철은 이러한 실력 행사를 위법으로 규정해 대량 처분을 강행했다. 대량 처분에 항의해 공노협, 특히 국노는 실력 행사를 반복했고, 국철 측은 처분으로 맞서는 악순환이 되풀이되어 처분 반대 투쟁은 여름까지 계속되었다. 6월에는 국철 히로시마 실력 행사가 감행되었지만, 투쟁의 절정은 국철 니가타의 7월 투쟁이었다.

국철노조 니가타 지방본부(지본)는 일찍이 '정당 지지 자유'와 '조합민주주의' 원칙을 지키며 현장을 기초로 투쟁을 전개해 왔으며, 중앙본부의 지시를 뛰어넘을 정도로 대중투쟁을 발전시켜 왔다. 7월 투쟁은 노조 간부 2명을 해고 처분한 데 대한 항의에서 비롯되었다. 7월 9일부터 1주일 동안 조합원 1만3천 명이 352개소에서 근무시간 내 직장 집회를 열어 열차 운행을 정지시켰고, 국철은 큰 타격을 입었다. 정부 당국은 농협을 동원해 "야채와 수박이 썩고 있다"면서 시위를 벌이도록 했는데, 이런 가운데 총평 지도부와 국철노동조합 중앙투쟁본부는 이 투쟁을 지원하지 않았다. 니가타 투쟁은 정부 당국과 국철로부터 집중적인 공격을 받았고 결국 국철노조 본부의 투쟁 중지 지령에 따라 패배로 끝났다. 노동조합 간부 19명이 해고되었고, 형사 사건으로 재판에 회부된 사람도 10명에 이르렀다. 니가타 투쟁이 종결되고 나서 노동조합은 분열되어 제2노동조합이 새로 결성되었고, 노동자 9천여 명이 제2노동조합에 가입했으며 국철노동조합에는 조합원 2,500명만 남게 되었다.

10_1955년부터 진행된 일본의 고도 경제성장기를 말하는데, 신무천황 이래의 경기라는 의미이다.

나가타 투쟁을 둘러싸고 총평 주류파와 혁동파革同派 사이에 치열한 논쟁이 벌어지기도 했으나, 투쟁이 남긴 교훈도 있었다. 첫째, 탄압과 대결해 승리하기 위해서는 지역 공동 투쟁, 산업별 통일투쟁을 중시하고 이를 전국적 투쟁으로 발전시켜야 한다는 것이다. 둘째, 노동자의 통일행동을 토대로 국민 각 계층과 공동 투쟁을 전재해야 한다는 점이었다(犬丸義一 외 1989, 187~188).

1957~1958년 투쟁 가운데 중요한 사례는 일본교직원조합(일교조)의 근무평정勤務評定 투쟁과 노동조합과 정당 등으로 구성된 국민회의의 '경찰관 직무집행법' 개정 저지 투쟁이었다. 1957년 정부가 근무평정을 교원에 대해서도 적용해 전국적으로 실시하려는 계획을 표명하자, 민주 교육을 지키기 위한 투쟁이 전국 각지에서 전개되었다. 근평 투쟁(1957~1958년)은 학부모회PTA와 노동조합이 함께 구성한 지역 공동 투쟁 체제를 통해 추진되었고, 지역에 따라서는 차별철폐 투쟁의 역사적 경험을 가진 '부락해방동맹'과 함께함으로써 큰 힘을 발휘했다. 1958년 9월 15일, 일교조는 '전국 교원 일제 휴가'라는 파업 전술을 사용했다. 이를 완전히 실시한 곳은 18개 도·도·부·현都道府県에 지나지 않았으나, 근평 투쟁은 일본의 민주주의와 평화를 지키는 국민적 운동으로 평가되었다(樋口篤三 1990, 220~221).

근평 투쟁이 전개되는 가운데 기시 노부스케 내각은 1958년 10월 '경찰관직무집행법'(경직법) 개정안을 국회에 제출했다. 이것은 정부가 헌법 개정과 미일안보조약 개정을 준비하면서 대중운동에 대한 탄압을 강화하기 위한 목적으로 발의한 것이었다. 법안은 공공의 안전과 질서를 지킨다는 구실로 개별 경찰관 권한을 확대해 경찰관의 판단으로 대중 집회를 해산·금지시키고, 집회에 대한 사전 경고·제지·간섭을 할 수 있도록 규정했다. 법안은 개인의 기본 인권과 노동자의 단결권을 침해할 소지를 포함한 것으로 해석되었다. 10월 16일에 총평, 전노(전일본노동조합회의), 중립노련(중립노동조합연락회의), 사회당, 전일농(전일본농민조합연합회) 등 66개 단체가 결집해 '경직법개악반대국민회의'를 결성했다. 국민회의는 10월 25일 제1차 통일행동을 전개했는데, 여기에 전국적으로 60만 명이 참가했다. 10월 28일에 열린 통일행동에는 총평과 일교조가 경직법 반대와 근평 반대를 통일 요구로 내세워 투쟁에 참가했으며, 많은 민간 노동조합도 파업이나 직장 집회 형식으로 투쟁에 참가했다. 11월 5일의 통일행동에는 전국적으로 노동자 400만 명, 학생 40만 명이 파업·시위·집회 등에 참가했다.

경직법 반대 투쟁이 격렬해지면서 자민당은 내부 분열을 겪게 되었고, 사회당은 의회 일정을 거부했다. 12월 기시 수상은 결국 스즈키 모사부로 사회당 위원장과의 회담 끝에 경직법 개정안을 철회했다. 경직법 반대 투쟁은 전후 정치투쟁 가운데 노동자와 인민대중이 승리를 거둔 획기적인 사건이었다(犬丸義一 외 1989, 189~191).

안보조약 개정 반대 투쟁

1960년 노동운동은 안보조약개정 반대와 미이케 탄광 파업투쟁으로 특징지어진다.

먼저 안보조약 개정 반대 투쟁부터 살펴본다. 1951년 미일 군사동맹을 규정한 안보조약이 체결된 이후, 일본 독점자본주의 부활 강화와 아시아 정세의 격심한 변화, 핵무기 발달에 따른 미국의 전략 체제 변화 등으로 미국과 일본 사이에 안보조약 개정 필요성이 제기되었다. 안보조약 개정에 반대해 노동자계급을 중심으로 한 광범한 인민대중이 일본 역사상 유례없는 정치투쟁을 전개했다. 1년 반 동안에 걸쳐 통일행동이 감행되었다는 것은 일본 노동운동의 조직력과 고도의 강인함을 입증한 것이었다(塩庄兵衛 1985, 179).

안보조약 개정 저지 투쟁은 1959년 3월 28일 사회당, 공산당, 총평 등 134개 단체로 구성되는 '안보개정저지국민회의'가 경직법개악반대국민회의를 계승하는 형태로 구성되었다. 지역 공동 투쟁 조직이 도·도·부·현 단위에 걸쳐 2천여 개가 조직되었다. 1959년 4월 15일 제1차 통일행동으로 시작해, 같은 해 11월 27일에 제8차 통일행동이 전개되었다. 학습 서클 운동, 대량 선전 활동, 중소 집회, 안보 반대 파업, 시위, 대규모 집회, 시위 행진, 국회 청원 운동 등 여러 가지 형태로 투쟁이 이루어졌다.

이러한 정세에서 1960년 1월 19일 워싱턴에서 신안보조약과 신행정협정이 조인되었고, 신안보조약은 2월 5일 국회에 제출되었다. 안보조약 개정의 주요 내용은 크게 두 가지로 요약될 수 있다. 첫째, 상호방위 의무, 사전 협의, 조약 적용 범위 확대, 군비 확장 의무 등을 통해 '기지 제공'을 중심으로 한 구舊 안보조약을 사실상 일·미 군사동맹으로 바꾸고 일·미 공동 작전을 의무화하게 되었다. 둘째, 경제 관계에 있어서도 지금까지의 일방적인 '경제원조'를 수정해 일본 측의 대미 협력을 강화하고, 경제의 '자유화'에 따라 미국 자본·기술·상품의 대량 도입을 위한 길을 연다는 것이다. 신안보조약의 목표는 일본과 일본 국민을 미국에 군사·정치·경제적으로 종속시키는 것이라 할 수 있다(犬丸義一 외 1989, 197~198).

1960년 5월 19일 밤, 기시 내각은 경찰대 500명을 동원해 사회당 의원과 공산당 의원을 폭력으로 제지해 회기를 연장한 뒤, 다음 날 오전 0시 5분에 신안보조약과 신협정관계법안 비준을 자민당 단독으로 강행 체결했다. 신안보조약 반대 진영은 이를 두고 '5·19 파쇼적 폭거'라고 표현했다.

일본에서는 5월 19일 이후 35일 동안 연일 10~15만 명이 참가하는 시위

행진이 국회와 수상 관저를 둘러쌌으며, 35만 명이 넘는 대규모 시위로 발전하기도 했다. 신안보조약 반대 투쟁이 전면적으로 확대·고양되는 가운데, 6월 4일부터 정치파업을 포함한 노동조합의 통일행동이 시작되었다. 이른바 '6·4 정치파업'이다. 6월 4일에 결행된 파업 참가자는 총평 57개 단산 360만 명, 중립노련 19개 단산 100만 명, 그 밖의 노동자 50만 명, 민주 단체(학생 포함) 50만 명으로 합계 560만 명에 이르렀다. 6월 15일에는 580만 명, 6월 22일에는 600만 명이 파업에 참가했다. 파업의 중심을 국철노동자들이 담당했기 때문에 동해도선을 비롯해 여러 노선의 운행이 정지되었으며, 수많은 사업장에서 조업이 중단되었다.

신안보조약은 노동자를 비롯한 인민대중의 격렬한 반대 행동이 전개되고 있는 가운데서 6월 19일 '자연 성립'되었으며, 6월 23일에는 일본과 미국 양국 정부의 비준서가 교환되었다. 그 뒤 미국 아이젠하워 대통령의 일본 방문이 취소되어 국제적으로 큰 반향을 불러일으켰다. 결국 기시 내각도 퇴진했다(樋口篤三 1990, 235~236).

안보 대투쟁은 애초 목표인 안보조약 개정을 저지하지 못했으며, 기시 내각이 퇴진한 뒤에도 본질적으로 동일한 자민당의 이케다 내각이 들어섰다. 그래서 안보 투쟁을 패배로 평가하고 좌절감에 사로잡혀 '전위前衞 부재론'이나 기존 조직에 대한 청산주의적 비판을 가하는 경향마저 나타났다. 그러나 안보 투쟁은 독립·평화·민주·중립 노선에 따라 커다란 전진을 이룩했고, 일본 인민대중에게 미래에 대한 자신감과 전망을 열어 주었다는 점에서 중대한 성과와 교훈을 남겼다. 안보 투쟁의 주축이었던 노동운동은 투쟁을 통해 노동운동 발전에 대한 확고한 전망을 갖게 되었으며, 새로운 활동가들이 성장해 노동운동 발전을 위한 기반을 구축했다(塩庄兵衛 1985, 184).

그러나 한편으로는 안보 투쟁 과정에서 일본 노동운동이 안고 있는 한계와 모순점이 그대로 드러났다는 평가도 제기되었다. 기업 의식이 강한 민간 대기업 노동자 가운데는 정치투쟁의 의의를 인식하지 못하고 투쟁 참가를 꺼리는 경향이 있었다. 전노의 우파 간부들은 노동조합원이 안보 투쟁에 참가하는 것을 저지하는 경우도 있었다. 투쟁이 중대 국면으로 접어들었던 1960년 1월에는 사회당 우파 니시오 스에히로西尾末廣 일파는 사회당을 탈퇴해 민주사회당을 결성하고 전노와 결합했다. 또 농민들도 부분적으로만 참가했기 때문에 노동자와 농민의 정치동맹 결성이 불가능했다.

한편, 당시의 정세를 '혁명적 위기'로 규정해 '혁명투쟁'을 호소했던 극좌 모험주의 경향도 존재했다. 이와 유사한 경향으로서 당시 전학련(전일본학생자치회총연합) 지도부의 트로츠키주의자들은 '국회 돌입' 등 도발적인 행동을 취했다. 그리고 사회당은 국회 안팎에서 활동했지만 대중추수주의적인 자세를 취했고, 공산당은 인민들의 대중투쟁을 지도하기에는 그 세력이나 역량이 부족했다(犬丸義一 외 1989, 204~205; 塩庄兵衛 1985, 182~183).

미이케 탄광 파업투쟁

안보투쟁과 더불어 1959년 1월부터 1960년 11월까지 1년 10개월에 걸쳐 투쟁한 미쓰이 광산 미이케三池 탄광 합리화 반대 투쟁은 일본 노동운동사상 유례를 찾기 어려운 대투쟁이었다. 미국의 일본 에너지 산업 지배 정책에 따라 일본 독점자본이 일본의 에너지원을 석탄에서 석유로 전환하기 위해 석탄 광업 '합리화'를 추진하게 되었다. 일본 독점자본은 3년 동안 탄광 노동자 11만 명을 해고할 계획을 세우고, 그 돌파구로서 가장 전투적 노동조합이었던 미이케탄광노동조합을 집중 공격했다. 1959년 1월, 미쓰이 광산은 6개 산(미이케三池, 야마노山野, 다카와田川, 스나가와砂川, 아시베츠芦別, 비바이美唄)에 대해 희망 퇴직자를 모집했으며, 신청이 적은 미이케 탄광에 대해서는 12월에 지명 해고자 1,200명을 발표했다. 이 가운데는 '생산 저해자'라는 명목으로 노동조합 활동가 400명이 포함되어 있었다.

다음 해인 1960년 1월 25일 회사는 직장 폐쇄를 강행했으며, 미이케탄광노동조합은 무기한 파업을 선언했다. 이후 313일 동안(제1노동조합이 직장에 복귀한 12월 1일까지)의 장기에 걸친 전면 대결이 이어졌다. 당시 탄노 조합원은 약 17만 명이었고, 미쓰이광산노동조합연합회 조합원은 3만5천 명이었다. 미이케 노동자들은 직장 조직과 거주 조직을 거점으로 하여 강고한 투쟁을 벌였다. 총평은 투쟁 자금 융자와 모금을 통해 미이케를 지원했다. 미이케 탄광 파업을 지원하기 위해 연인원 37만 명이 전국에서 현지로 동원되었으며, 세계노동조합연맹WFTU과 프랑스 광산노동조합 등의 국제적인 지원을 포함해 20억 엔이 넘는 자금 캠페인이 이루어졌고, 전국 각지에서 '미이케를 지키는 모임'이 만들어졌다. '안보와 미이케를 함께 묶어 투쟁하자'는 슬로건이 전국에 홍보되었다.

미쓰이 자본은 미이케 노동조합을 분쇄하기 위해 여러 가지 방책을 강구했으며, 3월 17일에는 회사와 전노와 민주사회당이 합세해 제2노동조합을 결성했다. 전체 조합원 1만4,819명 가운데 약 4분의 1에 해당하는 3,600명이 제2노동조합에 가입했다. 정부 당국과 회사는 경찰과 폭력단, 해상보안청 등의 국가권력을 동원해 파업을 깨뜨리려 했다.

이러한 상황에서 미이케탄광노동조합은 지명 해고를 사실상 인정하는 중앙노동위원회의 2번에 걸친 중재를 거부했다. 미쓰이광산노동조합연합회의 다른 5개 산 노동조합은 공동 투쟁에서 이탈했다. 1960년 7월 들어서는 갱구저탄소坑口貯炭所를 둘러싼 국지적인 공방전이 벌어졌으며, 7월 18일에는 노동조합 측 인원 2만 명과 경찰기동대 1만 명의 첨예한 대결이 벌어지기도 했다. 7월 20일에는 중앙노동위원회가 정부의 권고를 기초로 하여 노동조합과 회사 측에 '백지 위임'을 요구했다. 결국 총평과 탄노는 이를 받아들였다.

중앙노동위원회가 8월에 내놓은 중재안은 1,200명의 지명 해고를 일방적으로 노동조합에 강요하는 내용이었다. 이 중재안을 둘러싸고 탄노 대회는 8월 18일부터 9월 6일까지 타협론과 투쟁론으로 의견이 갈려 결정을 못했다가 20일 동안의 별도 논의 끝에 다른 성과를 인정하면서 타결을 승인했다. 미이케탄광노동조합도 16시간의 토론 끝에 탄노의 방침에 따르기로 결정했다. 미이케 노동자들의 장기적이고 강고한 투쟁과 수많은 노동자들의 지원투쟁이 결행되었는데도 지명 해고 조치는 철회시키지 못한 채 투쟁은 패배로 끝났다(樋口篤三 1990, 242).

미이케 투쟁은 미국의 에너지 지배 전략과 자민당 정부의 대미 종속적 에너지 정책 시행에 따른 합리화 공격 반대 투쟁이었다. 기업 단위 노동조합의 힘만으로 투쟁에서 승리할 수는 없으며, 전국적 산업별 통일투쟁과 정치투쟁 결합이 필요불가결하게 요구된다는 사실이 특히 강조되었다(犬丸義一 외 1989, 208~209).

안보 투쟁으로 동요되었던 미국과 일본의 지배 세력은 고통스러운 경험에서 교훈을 얻어 전술을 바꾸었다. 무엇보다 공산당, 사회당, 총평을 중심으로 한 민주 세력의 통일전선을 분열시키고 공산당을 고립시킴과 동시에 노동조합운동 내부에 신안보조약에 기초한 미일 독점자본의 정책 수행을 지지하는 반공·친미·노자협조주의 조류를 조성하는 것을 기본 방침으로 설정했다. 1960년 7월에 출범한 이케다 내각의 '고도 경제성장' 정책과 케네디 미국 대통령의 에드윈 라이샤워 새 주일 미국 대사 임명, 이른바 '케네디-라이샤워 노선'은 그 구체적인 방책이었다.

당시 미국에서는 케네디가 새로 대통령에 취임해 '평화의 정책', '대화의 정책'을 주창했다. 이와 같은 미국 노선에 호응해 일본의 이케다 내각은 '관용과 인내의 정책', '저자세'라는 방식을 취했다. 이케다 내각은 1조1,500억 엔에 이르는 '제2차 방위력 정비 계획'(1962~1966년)에 따른 '경제의 군사화'를 지렛대로 하여 기술혁신과 생산성 향상을 위해 '사회자본의 확충', '공공투자'라는 명목으로 국민의 세금을 대기업에 투입했으며, 다른 한편으로 '근대화'라는 명목으로 중소기업의 정리·재편을 목표로 '자유화' 및 '농업구조개선 사업'을 추진해 농민의 60퍼센트를 축출했다. 농촌에서 밀려난 인력은 도시에서 값싼 노동력으로 고용되었다.

한편, 노사협조주의적 노동조합 간부가 육성되었다. 구체적으로는 1964년 5월 국제금속노련일본협의회IMF-JC[11]가 조직되었다. 그리하여 국내에서는 11월에 동맹회의, 일본노동조합총동맹, 전관노(관공노의 제2노동조합)가 합동으로 전일본노동총동맹(동맹)을 결성했으며, 국제자유노동조합연맹 ICFTU에 일괄 가맹했다(犬丸義一 외 1989, 214~216).

안보 투쟁 이후 우익적 조류가 확대되고 반공 섹트주의가 강화되는 가운데서도 안보·미이케 투쟁을 이어받은 계급·민주적 조류는 더욱 단련되었다. '통일전선으로 투쟁하자'라는 안보·미이케 투쟁의 교훈은 닛탄타카마츠日炭高松, 후루카와코렌샤카노古河鑛聯目尾의 '합리화' 반대 투쟁, 산쿄시키三協紙器, 니혼로루日本ロール의 중소기업쟁의단 투쟁으로 이어졌다. 닛탄타카마츠나 후루카와코렌샤카노의 합리화 반대 투쟁은 역량이 모자라 패배하기는 했으나, 통일전선을 통해 싸운다는 자세로 전개된 합리화 반대 투쟁으로서

11_ 뒤에 전일본금속산업노동조합협의회로 이름을 바꾸었다.

주목되었다. 산쿄시키와 니혼로루 등의 중소기업쟁의단의 투쟁은 장기화되었으며, 직장 폐쇄에 대응해 기업 측에 작업 재개를 요구한 노동쟁의였다. 그 뒤, 도쿄 도 내 100개 가까운 중소기업쟁의단을 결집한 도쿄지방쟁의단은 직장 폐쇄와 해고 반대 투쟁을 전개했다(犬丸義一 외 1989, 225~226).

한편 이케다 내각의 '고도 경제성장' 정책이 과잉생산과 새로운 불황을 초래한 가운데, 무역과 환율 자유화를 지렛대로 하여 전 산업에 걸친 합리화가 강행되었다. 이에 따라 노동자와 농민을 비롯한 근로인민의 생활이 한층 더 어려워진 상황에서 1964년 춘투가 진행되었다.

1964년 춘투

1964년 춘투는 '유럽 수준의 임금을'이라는 슬로건을 내걸고 그 수준에 접근하기 위해 25퍼센트의 대폭적인 임금 인상을 요구했던 투쟁이다. 이를 중심으로 오랜 기간의 현안이었던 전국 일률 최저임금제 확립, 국제노동기구ILO가 정한 87호 조약 비준, 파업권 탈환 등의 요구가 추가되었으며, 그 밖에도 일·한 회담 분쇄, 중일 국교 회복 등 정치적 의제도 제시했다.

그러나 정작 투쟁이 시작되면서 민간 기업들이 너무 빨리 굴복했고, 공공기업체 노동조합협의회만 남는 상황이 되었다. 화학산업노동조합동맹, 합성화학산업노동조합연합, 전국조선노동조합, 전국금속노동조합 등은 파업에 들어가기는 했지만 기간산업 노동조합 가운데 중추였던 철강노련이 경영자 측의 3,200엔 인상이라는 '일발 회답'을 받아들여 파업을 중지함으로써 춘투공동투쟁위원회 구상은 흐트러졌다.

이러한 가운데 1964년 4월 4일 국철노동조합, 전국전기통신노동조합, 전국체신노동조합을 중심으로 하는 공공기업체등노동조합협의회가 4월

17일 일제히 반나절 파업에 돌입할 것을 선언했다. 이와 같은 계획이 실행되면 노동자 450만 명이 파업에 참가하게 되고 여객 열차 2,800량이 멈추며, 전신전화·우편 등이 전면적으로 마비되는 대규모 파업투쟁이 전개될 것으로 예상되었다. 그러나 그러한 계획과 더불어 정부의 탄압 체제가 강화되는 한편, 공산당의 타협주의 방침이 실행되어 긴박한 상황이 조성되었다.

1964년 4월 8일, 일본공산당은 "전 민주 세력과 단결해 도발을 배격하고, 완강하고도 끈질기게 투쟁하자"는 성명을 발표했다. 이 성명은 "노동자 대중은 이 정도의 대투쟁을 전개하는 데 걸맞은 정치·사상·조직적 준비를 갖추지 못하고 있다"는 전제 위에서, 계획된 4·17 공공기업체노동조합협의회의 파업 계획에는 "분명히 도발의 조짐이 있으며, 노동자와 전 민주 세력의 통일을 파괴할 위험이 있다"고 지적하고 계획의 재검토를 호소했다.

그 결과, 국철노동조합과 전국전기통신노동조합 등의 하부 조직에서는 파업 방침의 재검토를 요구하는 결의가 행해지기도 했다. 실제로 4월 17일 예정된 파업은 공산당의 방침과는 관계없이, 회담을 가진 오다 총평 의장과 이케다 수상이 수습을 도모해 중지되었다. 그러나 대중이 바라고 노동조합이 몰두해 온 파업투쟁에 대해 그 실시 직전에 중지를 호소했던 것은 명백히 일본공산당의 잘못이었다. 이것은 노동조합 내부에 커다란 혼란을 야기했으며 심각한 후유증을 남겼다. 이것은 반공주의자들이 공산당 세력에 타격을 줄 수 있는 계기가 되었으며, 전전통·국철·전체 등에서는 파업 중지를 위해 활동한 수백 명의 노동조합 활동가들이 규율 위반 명목으로 제명되거나 권리가 정지되는 등의 통제 처분을 받았다(塩庄兵衛 1985, 195~197).

4·17 파업을 둘러싼 문제에 대해서는 다음과 같은 지적이 제기되고 있다. 첫째, 노동조합이라는 대중조직의 결정을 공산당 조직이 흐트러뜨렸다. 둘째, 정치 노선에서 강령으로부터 이탈해 반미 통일전선에 초점을 맞추었

다. 이것은 중국 마오쩌둥의 '반미 통일전선'으로 대표되는 것으로서, 미국과 소련을 제외한 '제2세계'에 속하는 자본주의국가의 경우 반미라는 점에서 그 나라의 독점자본은 일정한 진보성을 가지며 노동자계급은 독점자본가와 함께 반미 통일전선을 결성할 수 있다는 논거이다. 1964년 1월의 『인민일보』 주장에서 이 이론이 전개되었으며, 이후 영향력을 행사했다. 셋째, 공산주의자 추방red purge 이후 회복된 기업·경영 내의 공산당 조직을 이 파업에서 한꺼번에 잃게 될지도 모른다는 우려에서 조직 방위라는 관점이 작용했다(犬丸義一 외 1989, 229).

일본공산당은 같은 해 7월에 열린 제9회 중앙위원회 총회와 그 뒤 11월에 열린 제9회 당대회에서 4·17 파업 문제에 대해 일본공산당이 취했던 방침이 오류였다는 솔직한 자기비판을 수행했다. 반제·반독점의 통일전선을 목표로 하는 강령의 노선에서 이탈해 미국과의 투쟁이라는 하나의 측면에서만 파업 계획을 평가하고 독점자본에 대한 노동자 경제투쟁의 중요성을 경시하는 오류를 범했음을 인정했다. 자기비판 내용은 다음과 같았다. "일시적·부분적 오류이다. 그러나 그것이 노동운동이라는 중요한 분야에서, 전국적인 투쟁의 고양 과정에서 발생한 오류라는 점에서 그 영향은 극히 중대하다고 하지 않을 수 없다"(塩庄兵衛 1985, 197~198).

노동운동 내의 노선 대립

이 4·17 문제를 둘러싼 혼란은 이 시기 노동운동에 커다란 부정적 영향을 가져다주었던 불행한 사건이었다. 그러나 이러한 사태가 발생한 데에는 이제까지 서술해 왔던 것처럼 독점자본의 '고도 경제성장' 정책이 강행되고 '체계적 합리화' 공격이 노동자에게 가해졌던 상황이 존재했다. 여기에 노동자의 생활과 권리를 수호하기 위해 확고하게 투쟁하지 않는 우익·개량주의적인 조류, 즉 반공·친미·노사협조주의 노선으로 운동을 지배하려는 경향과 계급·전투적인 관점을 갖고 노동조합의 계급적·민주적 강화를 꾀하고 대중투쟁을 발전시키려는 조류 등 두 개 노선의 대립이 노동운동 속에 차츰 첨예하게 자리 잡아 표면화하게 되었다(塩庄兵衛 1985, 197~198).

1963년 9월, 안보공동투쟁체가 해체된 이후에도 계급·민주적 노선의 통일행동과 통일전선을 목표로 한 노력은 계속되었다. 1964년 11월, 미국 원자력 잠수함이 잇따라 일본에 기항했다. 여기에 대응해 '원자력잠수함저지전국실행위원회'(사회당, 총평, 중립노련 등)와 '미국원자력잠수함저지중앙실행위원회'(공산당, 일본민주청년동맹, 평화위원회, 통일전선을 목표로 한 노동조합 등)라는 두 중앙조직이 구성되었으며, 두 조직은 각각 반대 투쟁에 돌입했다. 그러나 사세보와 요코스카에서는 두 실행위원회가 현지 공동 투쟁을 전개했다.

한 걸음 더 나아가, 분열된 두 조직은 베트남 반전 문제에서 재통일을 위한 움직임마저 보였다. 1965년 6월 9일 하루 동안 공동 투쟁이 이루어졌다. 사회당과 총평계가 오전 중에 집회를 개최한 장소에서 오후에는 공산당, 일본민주청년동맹, 평화위원회 등이 베트남 반전 집회와 시위를 벌였다. 그리고 '한일조약' 분쇄를 위한 다섯 차례의 통일행동은 두 실행위원회의 공동 투쟁으로 전개되었다. 이러한 과정을 통해 부분적으로 사회당과 공산당의 공동 투쟁이 부활되었다(犬丸義一 외 1989, 230).

7. 에스파냐

냉전과 에스파냐

제2차 세계대전이 종료된 뒤 국제적 고립 상태에 놓여 있던 프랑코 정권은 냉전체제의 대두에 따라 미국의 적극적 지원으로 차츰 지위를 강화했다. 1950년 11월 4일, 국제연합UN은 1946년에 채택했던 에스파냐 배척 결의를 해제해 각국의 대에스파냐 외교 관계 수립을 허용했다. 1951년 3월에는 에스파냐와 미국 사이에 외교 관계가 부활되었고, 1953년 9월 26일에는 마드리드에서 미국에스파냐상호방위협정과 경제원조협정, 기지대여협정이 체결되었다. 이에 따라 에스파냐는 10년 동안 미국으로부터 군사·경제 원조를 받게 되었고, 그 대신 군사기지를 대여하도록 했다. 에스파냐는 1955년 12월 15일 국제연합에 가입했으며, 1958년 1월에는 유럽경제협력기구OEEC에 가맹했다. 이로서 에스파냐는 고립에서 벗어났다.

프랑코 정권은 내전 이후 경제개발을 중앙집권적 통제 방식으로 추진했다. 국립산업공사가 기업 육성을 관장했으며, 어용 기관인 신디카토Sindicato가 노동자를 관리했다. 공업·농업·서비스 등 23개 부문에서 신디카토가 조직되었으며, 단체교섭 및 노동쟁의와 관련해 노동자들을 통제했다.

프랑코 정권은 경제 위기 타개를 위해 유럽경제협력기구에 가입한 데 이어 1958년 5월에는 국제통화기금IMF과 국제부흥개발은행IBRD에 가입했다. 또 1959년 7월에는 '경제안정 4개년 계획'을 발표하고 경제 통제 철폐, 외국자본 도입 자유화, 페세타peseta화 절하 등을 통해 경제 재건을 추진했다. 특히 미국 자본원조와 서유럽 경제발전의 영향을 받아 괄목할 만한 공업 발전을 이룩할 수 있었다. 1961년부터 1972년까지 연평균 7.3퍼센트라는 유럽 최고의 경제성장률을 기록했다. 1960년대 에스파냐의 경제성장을 두고 이른바 '에스파냐 경제 기적'으로 표현하기도 한다(齊藤孝 외 1998, 194~195).

이러한 경제개발에 따라 도시화가 급진전되었는데, 1960년부터 1971년까지 인구 약 350만 명이 농촌에서 도시로 이동했다. 그리고 에스파냐로 여행하는 외국 관광객 수도 크게 증가했다. 1960년 한 해 동안 에스파냐를 방문하는 외국인 관광객은 611만 명이었고, 1963년에는 1천만 명을 넘었으며 1970년대에는 에스파냐 총인구에 필적하는 매년 3,400만 명에 이르렀다. 관광 수입도 1960년 3억 달러 정도였으나 1970년대 이후에는 300억 달러에 이르렀다.

도전에 직면한 프랑코 체제

경제개발과 문화의 변화는 기존 체제의 낡은 가치와 충돌할 수밖에 없었다. 또 사회구조 변화는 체제에 대한 저항을 불러일으켰다. 사회·문화적인 저항은 정치적인 성격을 띨 수밖에 없었다. 그 가운데 최대의 도전은 노동운동에서 시작되었다. 1940년대부터 노동자들의 절망적인 조건에 반대하는 투쟁이 끊임없이 전개되었다. 1962년부터 에스파냐를 휩쓴 파업의 물결은 부분적으로는 생산구조의 변화에서 비롯된 것이었다. 1958년에 도입된 단체교섭은 생산 현장과 사무실의 민주적 질서를 낳았고, 수직적 산업 관계 모델의 정통성을 훼손시켰다. 노동자투쟁은 지역연합과 같은 다른 운동에도 영향을 미쳤다. 이런 과정을 통해 시민권과 민주주의의 이상이 고양되었다(카 외 2006, 333~334).

프랑코 체제는 1950년대 이후 학생들과 지식인들의 새로운 도전에 직면했다. 1951년 3월, 바르셀로나에서 학생들이 격렬한 시위를 감행했으며, 바스크 지방 공업지대와 마드리드에서는 노동자 파업이 일어났다. 이와 같은 사회적 동요 속에서 같은 해 7월 프랑코는 내각을 개편했다. 특히 루이스 카레로 블랑코가 통령부 장관으로 임명되어 프랑코 다음의 실력자로 등장했다. 1956년 마드리드대학교에서 학생들의 저항행동이 일어나 정치 문제화되자, 그다음 해인 1957년 2월에 다시 내각을 개편했다. 이때 종교 결사체인 오푸스데이의 한 부류인 기술 관료들을 기용했다. 프랑코 체제의 중요한 변화였다. 오푸스데이는 '신의 위업'을 의미하는 가톨릭 단체로서 회원은 약 2만5천 명이고 지지자는 약 10만 명으로 추정되었다.

1958년 5월 17일, 프랑코는 '국민운동기본원칙법'을 공포하고 팔랑헤당 명칭을 '국민운동'으로 바꾸었다. 카레로 블랑코는 오푸스데이에 대해 호의적이었으며, 1960년대 들어서는 오푸스데이 각료를 주축으로 정권을 지탱하는 체제가 되었다. 1969년 10월에는 정부 각료 19명 가운데 10명이 오푸스데이 소속이거나 오푸스데이와 가까운 인사였다.

노동자위원회의 결성과 지도적 역할

1958년에 도입된 단체교섭 제도는 공장과 사무실의 민주적 구조를 발전시켰다. 에스파냐 전역의 작업장에 등장한 비밀 조직은 공산당 당원들이 주도한 노동자위원회였다. 노동자 시위는 연대운동의 형태로 작업장과 주변 지역으로 확산되었다. 그것은 또 지역 연합과 같은 다른 종류의 운동에도 영향을 미쳤다(카 2006, 334).

조직화된 노동운동이 본격적으로 전개된 것은 1962년부터이다. 1962년 1월에 발렌시아, 바르셀로나, 마드리드, 카르타헤나, 바스크 지방에서 대규모 파업이 일어났다. 4~6월에 걸쳐 두 번째 파업 물결이 아스투리아스의 탄

표 22-9 | 1956~1965년 에스파냐 파업 발생 추이

연도	파업 건수	파업 참가자 수	노동손실일수
1956	-	-	-
1957	-	-	-
1958	-	-	-
1959	-	-	-
1960	-	-	-
1961	-	-	-
1962	-	-	-
1963	169	38,572	124,598
1964	209	119,290	141,153
1965	183	58,591	189,548

자료: ILO 1972, *Yearbooks of Labour Statistics*.
주: 하루 8시간 노동을 기준으로 계산함.

광, 바스크 지방의 금속·화학·전자·조선 산업, 바르셀로나의 금속 공장으로 확산되었다. 이와 같은 파업의 여파는 리나레스, 푸에르토야노, 리오틴토의 탄광 지역과 마드리드의 일부 금속공업 지대에까지 파급되었다.

1963~1965년 사이의 파업 동향은 〈표 22-9〉에서 보는 바와 같이 연평균 187건으로서 파업 참가자 수는 7만2,151명이었으며, 파업에 따른 노동손실일수는 15만1,766일이었다.

이 파업들은 자본가계급에 부와 권력이 집중·독점화되는 측면과 노동자계급이 빈곤과 소외를 겪는 측면이 맞부딪치는 모순 속에서 노동자가 자발적이고 비정치적으로 대응한 것이었다. 노동자들의 요구가 경제적인 영역에만 한정되었으나, 이 파업에서 중요한 사실은 노동자들이 직접적인 투쟁의 결과를 인식하기 시작했다는 점이다. 노동자들의 단결된 행동이 끝도 없는 대화보다 더 성공적이라는 점, 투쟁 경험으로 연대와 조직화의 필요성을 깨달았다는 점, 아스투리아스의 경험이 다른 지역 및 경제 부문에서 좋은 사례가 되었다는 점, 지속적이고 조직적인 토대에서 노동자위원회가 설립되었다는 점 등이 그것이다(Ellwood 1976, 171~175; 이희원 1997, 18~19에서 재인용).

　노동자계급의 투쟁이 성장해 가는 과정에서 계급 조직의 새로운 형태를 구축하기 위한 노력이 행해졌다. 이전의 노동조합 전국 중앙 조직이었던 노동전국총동맹CNT과 노동총동맹UGT은 해산을 당해 이미 존재하지 않았다. 노동자 조직의 공백 상태에서 생겨난 것이 노동자위원회총동맹CCOO이었다. 노동자위원회는 투쟁 과정에서 자생적으로 형성되었고, 모든 분파주의를 배격했다. 이 조직은 대단히 유연했는데, 그 이유는 조직의 전술이 에스파냐 역사에서 깊은 뿌리를 가지고 있는 게릴라 투쟁의 그것과 유사했기 때문이다. 노동자위원회는 선언문에서 언제나 강조하듯이 정당도 아니고 노동조합도 아니었으며, 규약도 만들지 않았고 회비도 걷지 않았다. 이러한 조직 형태는 한편으로는 권위주의 체제에서 형사소추를 당할 때 합법적 방위를 할 수 있는 부차적인 가능성을 만들어 주었으며, 다른 한편으로는 아직도 아나르코 생디칼리즘 경향에 사로잡혀 있는 많은 노동자들을 노동자위원회로 이끌어 주었다(The USSR Academy of Sciences 1987, 308).

　노동자위원회가 제기한 요구들은 경제적인 것보다는 노동권 보장과 해고에 대비한 고용 보장, 사회보험제도 등이었다. 이것은 불가피하게 노동자위원회의 정치·정책적 성격을 강화했다. 노동자위원회는 1962~1963년의 노동자투쟁 기간에 각지에서 조직되었고, 당시 노동자 조직의 주요한, 그리고 사실상 유일한 형태였다. 노동자위원회 지도자들은 산업과 지역 차원에서, 전국적 차원에서 노동자위원회 사이의 결속을 확립할 수 있는 조직 형태를 모색했다.

　한편, 정부는 낡은 방법으로는 파업을 깨뜨리는 것이 불가능하다고 판단해 노동위원회를 체제 내로 끌어들여 전투성을 약화시키려 했다. 이러한 상황에서 노동자위원회는 1964년 말부터 1965년 초에 걸쳐 전국 규모의 상설 조직을 결성했다. 조직 체계를 갖추고 합법적 지위를 획득한 노동자위원회는 대규모 시위·집회·행진을 조직했으며, 광범한 노동자 대중으로부터 지지를 확보했다. 정부 당국은 끝내 노동자위원회를 체제 내로 포섭하는 데 실패했다. 정부는 1967년 노동자위원회를 비합법 단체로 규정했다. 그러나 노동자위원회는 이미 상당한 권위를 가지고 넓은 대중적 지지를 확보해 두었기 때문에 결코 정치권력이 조직을 해체할 수는 없었다. 노동자위원회는 갖가지 탄압 속에서도 세력을 키우고 새로운 지도자를 육성해 각 지역에 기반을 공고히 하면서 활동을 계속했다. 그리하여 노동운동은 프랑코 정권을 무너뜨리는 과정에서 중요한 역할을 수행할 수 있었다(The USSR Academy of Sciences 1987, 309~310).

3장

사회주의 블록 국가의 노동운동

관료제적 중앙집권제 아래서는
비록 공장에서 노동자평의회가 건설된다 하더라도
그것이 중앙기관에 종속된 상태로 남기 때문에 노
동자계급은 최소한의 통제권마저도 행사할 수 없다.
하지만 민주적 중앙집권제라면 오늘날 중앙 행정기관이라 불리는 기관이
노동자평의회 체계의 각급 단위들에 종속될 수밖에 없을 것이다.
따라서 지금 행해지는 여러 형태의 중앙 독재는
각 기업의 노동자 대표들로 구성되는 대표단이 대신할 것이며,
또 그 대표들은 일종의 전국노동자의회라 할 수 있는
상급 대표단을 지명할 것이다.
노동자평의회 체계는 노동자계급 독재의 실제적 내용을 채워 나감에 있어
중대한 일보 전진을 의미한다.
하지만 권력 체계의 여타 수준들에 존재하는 장애물이 제거되지 않는다면
그것은 일시적일 수밖에 없으며,
관료기구가 다시금 생겨나 강화되는 현상을 피할 수 없을 것이다.

(Borowska et al. 1957, 118; 하먼 1994, 166~167에서 재인용)

1. 소련

흐루쇼프 시대

1956년 '스탈린 격하 연설', 동유럽에서 일어난 소련 반대 운동, 그리고 당 중앙상임간부회 내 반흐루쇼프 세력이 흐루쇼프의 사임을 요구한 1957년 6월 위기 등의 큰일을 거쳐, 흐루쇼프는 권력 기반을 확고히 다지게 되었다. 흐루쇼프의 시대가 열린 것이다. 그 시대는 1964년까지 계속되었다.

흐루쇼프 정권이 추진한 일련의 정책과 계획은 소련 사회의 광범위한 개혁을 시도하는 것들이었다. 우선 국내 정책 관련 프로그램은 경제 우선순위의 재조정에 들어가, 소비재 공업을 앞세우고 생활수준의 전반적인 개선을 목표로 설정했다.

이러한 경제정책은 사회주의 계획경제의 기본 체계에 따른 것이었다. ① 시장에서 자유경쟁은 배제되고 중앙 계획 당국이 국민경제 전체를 계획하고 기업에 대해 업무 지시를 행하는 방식으로 경제를 운용한다. ② 기업(국유)이 창출한 이윤은 전체가 국가에 귀속되어 일단 중앙으로 모이며, 기업이 가진 돈의 처분에 대해서도 상세하게 상부에서 지시를 한다. ③ 특히 생산재에 관해서는 상품화가 배제된다. ④ 일반 상품 가격은 연방 또는 공화국의 가격위원회가 결정한다. ⑤ 기업·기관의 관리자에 대한 인사는 상부의 지명에 따른다. ⑥ 임금은 국가 단위에서 정한 직종별 임금표에 따라 결정되며, 일정한 임금 기금에서 지급된다. 이와 같은 사회주의 계획경제의 운용 방식은 당시 소련만이 아니라 유고슬라비아를 제외한 동유럽 국가들에서 실시되었다(奧保喜 2009, 384).

흐루쇼프는 자본주의 경제에 대한 사회주의 경제의 우위성을 확신하고는 있었지만, 소련 경제를 더욱 발전시키기 위해서는 개혁이 필요하다고 판단해 많은 반대를 무릅쓰고 경제개혁을 단행했다. 1956년 병기와 전력 등 몇몇 중요 분야를 제외하고는 기업 관할을 연방으로부터 공화국으로 이관했다. 또 1957년 5월에는 전국을 약 100개 경제 지역으로 나누었으며, 공업 기업은 부문별 기관의 지도를 받지 않고 당해 지역의 모든 공장에 대해 책임을 갖는 국민경제회의(지방청)의 지도를 받도록 결정했다. 이러한 개혁 조치는 지방 분권화를 의미하는 것으로 공화국·주 차원으로 권한을 이양하는 것이었다. 그 결과, 중앙 지령 경제 대신 지역 단위 지령 경제로 전환되었다.

농업 분야에 있어서는 스탈린 시대의 '공산주의적' 경제정책의 상징이던 농기구공급처Machine Tractor Station의 개혁 또는 폐지를 추진했다. 농기구공급처는 농기구들을 집단농장(콜호스)에 빌려주며 국가의 통제를 행사하는 기관이었으니, 1958년 이 기관을 해체한 것은 콜호스의 자주성을 확대하려 꾀한 것이었다.

소련공산당은 1959년 7개년 계획을 채택했다. 1965년까지 공업생산을 80퍼센트 늘려 1인당 생산고에서 영국을 앞지르고 농업에서는 생산을 70퍼센트 증가시켜 미국 생산고를 상회하도록 계획했다. 7개년 계획의 결과는 공업에서 전기, 석유, 석탄, 조강, 시멘트 등의 중요 기초 생산물에서는 예정했던 수준에 어느 정도 접근했다. 그러나 농업 부문은 1965년 3월에 열린 당 중앙위원회 총회에서 7개년 계획을 이행하지 못했음을 확인했다. 전체적으로 보면, 소련의 1960~1965년 총생산고의 연평균 성장률은 6.5퍼센트이며, 공업 성장률은 9.1퍼센트였다.

1965년 9월에 열린 당 중앙위원회 총회에서 알렉세이 코시긴 총리는 국민소득 성장률, 공업생산 성장률, 노동생산성 증가율이 둔화되고 있으며, 농업과 소비재 산업 성장이 지연되고 있고 자재 조달이 곤란한 상태에 있을 뿐만 아니라 기술 진보 속도가 지연되고 있는 문제를 지적했다. 이러한 문제의 해결을 위해서는 집단·계획적 관리가 기업과 노동자평의회의 경제적 주도성, 생산 증가를 위한 경제적 촉진책과 물질적 자극 등과 결합되지 않으면 안 된다고 역설했다. 이와 동시에 코시긴은 기업의 독립채산을 강화하고 이윤을 도입하는 개혁을 제창했다. 구체적으로는 ① 상부로부터 기업에 하달되는 의무 지표를 40~50개에서 8개로 삭감(제품 판매량, 주요 생산 품목별 수량, 노동임금 펀드, 이윤과 이윤율, 투자량 등), ② 기업 유보이윤 비율을 증가시키고 그 이윤을 재원으로 하여 종업원에 대한 보상 기금, 사회문화·주택 건설 기금, 생산 발전 기금 등 세 가지 장려기금을 만들 것, ③ 생산 기금의 유상화有償化,[1] ④ 3 기금 형성을 위한 이윤 확보와 경제계산제 강화를 위한 공업제품 도매가격 개정 등이 그것이었다(奧保喜 2009, 385).

평화공존 정책과 전진 정책

흐루쇼프 정권은 대외정책에서 자본주의 체제 국가들에 대해서는 '평화공존' 정책을 폈으며, 아시아·아프리카·라틴아메리카의 신생 국가들에 대해서는 적극적인 접근, 이른바 '전진前進 정책'을 시행했다.

흐루쇼프는 1956년 2월에 열린 제20차 당대회에서 스탈린 격하 연설을 함과 아울러 '현 국제 정세의 기본 문제'에 관한 보고를 했다. 여기서 흐루쇼

1_ 여기서 말하는 생산 기금이란 넓게는 생산수단(건물, 설비, 원료, 연료 등)을 가리키며 유동성에 따라 고정 기금과 유동 기금으로 구분된다. 종래에 소비에트 기업은 정부로부터 고정 설비를 무료로 제공받았는데, 이후로는 기업의 생산 기금에 대해 사용료를 지불해야 한다. 사용료에 대해서는 수년 동안의 장기에 걸친 기준이 설정된다. 이것을 통해 정부는 기업의 경영 이윤 의식을 높이려 했다(포노말료프 1992, 80).

프는 스탈린의 '자본주의 포위론'과 '전쟁불가피론'을 비판하면서 미국을 비롯한 자본주의 체제 국가들과의 평화공존론을 제창했다. 흐루쇼프의 주장에 따르면, 전쟁불가피론은 "제1차, 제2차 세계대전 당시처럼 제국주의가 전 세계를 독점하고 있으며, 전쟁을 증오하는 반제국주의 정치 세력이 취약하고 충분히 조직되지 못해 제국주의자들로 하여금 전쟁을 포기하도록 할 수 없었을 때에만" 적용된다는 것이다. 그러나 오늘날에는 소련과 그 동맹국들의 힘이 막강해졌으며, 이들을 중심으로 강력한 반제국주의적 평화애호 세력이 형성되어 있고, 이 세력은 전쟁을 방지할 수 있는 충분한 힘을 갖고 있다는 것이다.

흐루쇼프는 "공산주의 체제의 우월성이 날로 증가하고 있는 현 국제 관계의 입장에서 본다면, 공산주의 국가는 자본주의국가에 대한 무력간섭을 가함이 없이도, 곧 자본주의국가와 평화공존을 유지하면서도 전 세계적인 승리를 거둘 수 있다"고 주장했다(김학준 2005, 412~413). 또 그는 평화공존이 아니면 인류 역사상 일찍이 없었던 인류 파멸 전쟁이 있을 뿐이라고 했다.

이 보고에서 흐루쇼프는 마지막으로 "오늘의 인류에게는 소련식 폭력혁명에 호소하지 않고 평화적인 방법에 의해서도 시회주의로 이행할 수 있다"라며 '사회주의로 가는 평화로운 길'을 인정했다. 그는 현 시점에서는 사회주의 세력이 크게 성장했으며, '공산주의 체제의 탁월한 장점은 전 세계 노동자와 농민, 그리고 지식층을 매혹하기 때문에' 자본주의국가의 절대 다수 국민의 신임을 얻어 의회를 장악하고, 평화적 방법에 따라 생산수단의 사회화를 이룩할 수 있다고 주장했다.

또한 '한 역사의 시대 안에' 사회주의와 공산주의로 함께 들어갈 수 있다고 하면서 그 논거로서 사회주의국가 블록 형성과 계획경제, 상호원조 등을 들었다. 이것은 스탈린주의의 한 교리인 '자본주의 불균등 발전 법칙'의 수정을 의미한다. 앞으로는 사회주의적인 경제계획과 사회주의국가의 원조에 따라 후진국의 발전 속도도 빨라질 것이고, 발전 단계의 격차는 빠르게 좁아질 것이라는 논리이다. 이것이 흐루쇼프의 '사회주의 균등 발전 법칙'이다. 흐루쇼프의 전쟁가피론, 평화공존론, 사회주의로 가는 평화로운 길, 사회주의 균등 발전 법칙 등은 마르크스주의의 수정을 의미한다(김학준 2005, 414~415).

이러한 이론에 바탕을 두고 흐루쇼프 정권은 미국과의 관계 개선에 적극적인 노력을 기울였다. 소련이 1957년 8월에 미국을 앞질러 대륙간탄도미사일ICBM 실험에 성공하고 같은 해 10월에는 인공위성 스푸트니크Sputnik 외계 발사에 성공하자, 미국과의 협상을 한층 더 강력하게 추진했다. 1959년 9월에는 흐루쇼프의 역사적인 미국 방문이 이루어졌다. 아이젠하워와 흐루쇼프는 미국 대통령의 산장인 캠프 데이비드Camp David에서 정상회담을 갖고 '두 나라가 화해와 협력을 지향한다'는 '캠프 데이비드 정신'을 성립시켰다.

1962년 쿠바 미사일 위기 타결은 미국과 소련 사이의 관계 변화의 큰 계기가 되었다. 1963년 8월, 미국 백악관과 소련 크렘린 사이에 긴급 직통 전화가 설치되는 것을 비롯해 상호 협조 관계가 모색되었다. 또 핵실험 금지에 관해 일정한 진전이 있었는데, 자본주의 체제 국가의 핵전략은 1950년대의 '대량 보복 전략'에서 1960년대의 '유연 반응 전략'으로 바뀌었다(Dockrill et al. 일본어판 2009, 109).

흐루쇼프는 서유럽에 대해서도 긴장 완화 정책을 추진했다. 구체적으로 다음과 같은 사례를 들 수 있다. ① 스탈린이 터키에 대해 제기했던 영토분쟁 공식 포기(1953년 5월), ② 오스트리아 중립화를 전제로 오스트리아에 대한 4개국 공동 점령 종식을 공식화한 조약 체결(1955년 5월), ③ 군축을 포함한 국제분쟁 해결을 위한 제네바 4대국 정상회담 참석(1955년 7월), ④ 핀란드 포르칼라 해군기지 반환 결정(1955년 9월), ⑤ 흐루쇼프와 불가닌 영국 방문(1956년 4월)이 그것이다(김학준 2005, 423).

소련과 중국의 대립과 이념 논쟁

소련은 미국과 서유럽 관계에서 긴장 완화와 평화공존을 추구한 데 반해, 중국과는 이념 대립을 비롯해 일정한 대립 관계를 이어갔다. 1958년 이전에도 발전 단계의 차이에 따른 전략·전술과 정책 노선의 불일치 때문에 소련과 중국 사이의 대립은 잠재적인 형태로 존재하고 있었다. 그러다가 1958년 8월 중국이 '대약진' 운동을 추진하면서 인민공사 제도를 채택함으로써 중소 대립이 표면화되었다.

대약진 운동은 1958년 2월에 열린 제1기 전국인민대표대회 제5차 회담에서 확정한 정책으로 사회주의사회 건설과 이념 노선, 그리고 군사 전략에 이르는 모든 분야에 걸친 중국 독자 노선을 추구한 자력갱생 운동이었다. 마오쩌둥은 1958년 11월 '3면 홍기'의 기치 아래 대약진 운동, 사회주의 건설의 총노선, 인민공사 제도 등을 추진했다. 인민공사는 농업은 물론 공업·상업·교육·군사·행정·정당에 이르는 모든 활동을 총괄하는 농촌 조직으로서 그 기능을 농업생산 활동에만 국한한 소련의 집단농장제(콜호스)와는 근본적으로 다른 것이었다. 1958년 8월부터 12월 사이에 전국 농가의 99퍼센트가 인민공사로 조직되었다(김익도 외 1986, 21).

1958년 7월 흐루쇼프는 중국을 방문해 마오쩌둥과 회담을 가지면서 중국 측이 요구했던 경제·군사 원조에 대해서는 시종 냉담한 반응을 보이면서 대약진 정책과 인민공사에 대해서는 시기상조라면서 반대 의견을 표명했다. 더욱이 1959년 1월 12일 미국 연방 상원의원 휴버트 호레이쇼 험프리와 회담을 하면서 인민공사 제도를 두고 '반동적이고 시대착오적인 망동'이라고 비난함으로써 중국공산당 지도부의 분노를 불러일으켰다(김학준 2005, 425).

게다가 두 나라는 1957년 10월 15일 '국방의 신기술에 관한 협정'을 체결하고 소련이 중국의 핵병기 개발을 원조할 것을 약속했다가 2년 뒤인 1959년 6월 20일 소련이 일방적으로 그 협정을 파기한 사실이 있었다. 이에 따라 중국은 원자폭탄 견본과 핵병기 개발을 위한 기술 자료를 제공받지 못하게 되었고, 핵병기 보유를 둘러싼 양국의 날카로운 대립이 노골화되었다(尾上正男 1965, 2).

중소 대립은 이념 논쟁의 형태로까지 진전되었다. 1960년 4월 레닌 탄생 90주년을 기념해 중국공산당 지도층은 마르크스-레닌주의에 근거해 소련의 신新노선을 비판하면서 소련 지도부를 공산주의 기본 노선에서 벗어난 '현대 수정주의자'로 규정했다. 이에 대해 소련은 중국공산당을 '교조주의자'라고 비난했다.

이념 논쟁에서 제기된 주요 논점은 전쟁과 평화의 문제, 사회주의 발전을 위한 전략 문제, 당 강령 문제, 프롤레타리아독재의 문제, 스탈린 비판에 관한 문제 등이었다.

먼저 전쟁과 평화에 관한 문제부터 본다. 1961년 10월 31일 채택된 소련공산당 신강령은 현대의 기본 과제를 '전쟁과 평화 문제'로 규정했다. 소련공산당은 소련 외교정책의 주요 목표가 세계전쟁 방지를 통한 '사회주의 국가와 자본주의국가의 평화공존'이라고 표명했다.

흐루쇼프는 1962년 12월 12일에 열린 소련 소비에트 정기총회에서 평화공존의 필요성에 대해 다음과 같이 보고했다. "평화공존이냐 괴멸적 세계 전쟁이냐, 현대의 인류에게는 이 두 가지 길 밖에는 없다. 그러나 어느 나라 어느 국민도 군사적 파국을 필요로 하지 않는다. 선택할 길은 단 한 가지 평화공존인 것이다. 이것은 국제분쟁 해결 방법으로서 국가 간의 전쟁을 부인하는, 말하자면 말로서 해결을 보자는 뜻이다"(내외문제연구소 1963, 119).

흐루쇼프는 1963년 1월 16일에 열린 동독 공산당 제6차 대회에서 평화공존을 위한 기본 노선을 다음과 같이 밝혔다. "군비 경쟁은 계속되고 있을 뿐만 아니라 그것이 더욱 격화되고 있습니다. 그러므로 열핵전쟁을 방지하며 평화를 공고히 하려는 투쟁에서 사회주의 나라들, 공산당들, 국제 노동자계급, 신생독립국가들, 전체 평화애호 역량이 더욱 굳게 단결하는 것이 필요합니다. 사회주의 세계 체제에 대해서 말한다면 우리는 평화공존을 공고히 하여 두 체제 간의 평화적 경제 경쟁을 하며 분쟁 문제를 회담의 방법으로 조정할 것을 주장해 왔으며, 현재도 주장하고 있습니다"(내외문제연구소 1963, 214~215).

소련 측의 이와 같은 주장에 대해 중국공산당은 반대 관점에서 다음과 같은 논지를 폈다. 먼저 중국공산당은 『인민일보』 사설(1962년 11월 31일자)을 통해 "평화공존을 통해 전쟁 없는 세계에 도달할 수 있다고 하는 것은 더욱 어리석은 생각이다. 당면한 정세 속에서 전 세계의 평화애호 세력의 광범한 국제 반제 통일전선을 결성해 공동 투쟁을 한다면, 제국주의가 새로운 세계전쟁을 유발시키는 것을 저지할 수 있다"고 주장했다(내외문제연구소 1963, 165).

또 다른 사설(1962년 12월 15일자)에서는 "우리는 역사의 결정적인 역량은 인민대중이라고 확신한다. 오직 인민대중만이 인류 역사의 운명을 결정할 수 있다. 우리는 제국주의의 핵 공갈 정책을 단호히 반대한다. 우리는 또 사회주의국가들은 핵무기로 도륙당할 것을 근본적으로 느끼지 않으며, 그 것으로 사람을 공갈할 필요가 없다고 인정한다"고 지적했다(내외문제연구소 1963, 137).

다음으로 사회주의 발전 전략 문제에 관한 논쟁에 관해 살펴본다. 흐루 쇼프는 동독 공산당 제6차 대회에서 "현재 사태를 보면 평화를 위한 투쟁은 사회주의를 위한 투쟁에서 가장 중요한 조건으로 되었습니다. 노동자계급 의 혁명운동과 민족해방운동의 어느 한 문제도 지금은 평화를 위한 투쟁과 세계 열핵전쟁의 방지를 위한 투쟁을 관련시키지 않고서는 고찰할 수 없습 니다"라고 주장했다(내외문제연구소 1963, 221).

소련의 이러한 주장에 대해 중국공산당은 『홍기』(1962년 11월 제22호) 논설을 통해 다음과 같이 반박했다. "마르크스주의를 창조적으로 발전시킨 다는 명목하에 그들(수정주의자)은 부르주아적 이데올로기에 따라 마르크스 -레닌주의를 수정하며, 용납할 수 있는 부르주아 취미는 가능한 한 받아들 이려고 하고 있으며, 그 정책을 형성하는 데서 그 기준을 부르주아를 좋아 하도록 하는 데 두고 있다. 그들은 반제국주의 투쟁을 부르주아 평화주의에 로 대체하며, 프롤레타리아혁명을 개량주의로 대체하며, 프롤레타리아 국 제주의를 부르주아 민족주의로 대체시켜서 마르크스-레닌주의의 계급투쟁 이론을 인도주의로 대체하고 있다"(내외문제연구소 1963, 78).

또 중국공산당은 베이징인민방송(1963년 1월 16일)을 통해 제국주의에 대한 투쟁 노선을 다음과 같이 밝혔다. "우리는 전략 면에서 제국주의와 온 갖 반동분자들을 종이호랑이로 봅니다. 사실에 있어서 그들이 어떤가 하는 문제가 혁명 역량과 반동 세력을 평가하는 중대한 문제라고 간주합니다. 즉, 이것은 모든 혁명적 인민들이 투쟁에 궐기해 혁명을 완수하고 승리를 쟁취할 수 있는가 하는 데 관계되는 중대한 문제이며, 또 전 세계 인민들의 투쟁 전망과 그들의 역사적 운명에 관계되는 중대한 문제입니다. 마르크스-레닌주의자들과 혁명가는 결코 제국주의자들과 반동분자들을 두려워해서는 안 됩니다"(내외문제연구소 1963, 211~212).

이에 대해 소련 측은 『프라우다』 논설(1963년 1월 7일자)을 통해 다음과 같이 반박했다. "제국주의를 종이호랑이라고 하는 교조주의자들의 가공적 명제를 비판하면서 다음과 같이 지적했다. 종이호랑이라는 표현은 사실상 대중을 무장해제로 이끈다. 그것을 그렇게 표현하면 대중은 제국주의를 함락하기는 불가능하며, 따라서 이것은 신화에 불과한 듯이 생각하게 될 수도 있기 때문이다. 국제 공산주의 운동은 제국주의가 최초의 길을 걸어가고 있으며, 그의 시대가 물러가고 있는 것을 알고 있으나, 그와 동시에 미 제국주의는 원자 무기라는 이빨이 있으며, 이 무기를 사용할 수 있다는 것을 알고 있다. 공산주의자들은 이 사실을 망각해서는 안 되며, 현존하는 위험성은 대중들에게 솔직히 이해되어야 한다"(내외문제연구소 1963, 199).

사회주의로의 이행에 관한 논쟁은 어떠했는가를 요약해 본다. 앞에서 설명한 바 있거니와, 흐루쇼프는 "오늘의 인류에게는 소련식의 폭력혁명에 호소하지 않고 평화적인 방법에 의해서도 사회주의로 이행할 수 있다"고 주장해 사회주의로 이행하는 평화적인 경로를 인정했다.

이에 대해 중국공산당은 『인민일보』 사설(1962년 12월 31일자)을 통해 다음과 같은 주상을 폈다. "모스크바 선언과 모스크바 싱명이 지직하고 있는 바와 같이 사회주의혁명은 평화적인 방법 또는 비평화적인 방법을 통해 실현될 수 있다. 마르크스-레닌주의주의의 관점에서 보면, 만일 평화 이행이 실행될 수만 있다면 물론 그것은 프롤레타리아트와 인민 전체에 대해 유리한 것이다. 어떤 국가에서 만일 평화 이행의 가능성이 실현될 때는 공산당원은 이와 같은 가능성을 실현해야 한다. 그러나 가능성과 현실, 염원을 실현할 수 있는가 없는가의 여부는 전혀 별개의 문제이다. 현재에 이르기까지 역사상 아니 지금도 자본주의로부터 사회주의로 평화적인 이행을 한 전례는 없다."

"공산당원은 혁명을 승리로 이끌기 위해서 모든 희망을 평화 이행에 걸어서는 안 된다. 부르주아지가 종래 자발적으로 역사의 무대로부터 물러선 일은 없다. 이것은 계급투쟁의 보편적 법칙이다. 공산당원은 혁명을 위한 준비를 조금이라도 이완해서는 안 되며 반혁명의 습격을 반격할 준비를 갖추어야 하고, 프롤레타리아가 국가권력을 탈취하려는 긴급사태에서 부르주아지가 무력으로 혁명을 진압할 때는 무력으로 이를 타도하도록 준비하지 않으면 안 된다"(내외문제연구소 1963, 171~172).

이 밖에도 소련공산당이 신강령에서 규정한 '전 인민의 당'과 '전 인민의 국가'와 관련해 중국공산당은 1964년 7월 14일 '공개장 비판'으로 다음과 같이 대응했다. "흐루쇼프 수정주의 집단은 이른바 전 인민의 국가라는 간판을 걸고 프롤레타리아독재를 말소했고, 이른바 전 인민의 당이라는 간판을 걸고 공산당의 프롤레타리아적 성격을 개변했으며, 이른바 공산주의의 전면적 건설이라는 간판을 걸고 자본주의 부활의 길을 열었다"고 비판했다(김익도 외 1986, 31).

그리고 스탈린에 대해서도 흐루쇼프는 1956년 2월에 열린 제20차 당대회에서 '개인숭배와 그 결과들에 대해'라는 제목의 '스탈린 격하 연설'을 통해 공식적으로 비판했다. 이에 대해 중국공산당은 흐루쇼프의 스탈린 격하 연설을 '비열한 정치적 음모'라고 매도했으며, "스탈린은 과오보다 공적이 더 크기 때문에 재평가해야 한다"면서 스탈린의 복권을 주장했다(김익도 외 1986, 23).

이와 같은 이념 분쟁을 통해서 드러난 중국과 소련 사이의 첨예한 대립은 그 뒤로 중국과 소련 사이, 중국과 인도 사이의 국경 문제, 알바니아 문제, 쿠바 위기, 부분 핵 조약 체결 등을 둘러싸고 더욱 심화되어 1964년 양국은 단절 상태에 들어섰다.

1968년 들어 중국은 소련을 '사회주의의 기치를 내건 제국주의'라고 비난했다. 소련은 1965~1969년 사이에 일어난 중국 문화대혁명을 비판하면서 이것을 주도한 마오쩌둥을 '프티부르주아 극좌 기회주의', '정신주의', '민족주의'로 매도했다. 마오쩌둥 사망(1976년 9월) 이후 소련은 중국 비난을 한때 멈추었으나, 그 뒤로도 소련에 대한 중국의 비판이 계속되자 1977년 6월 이후 소련은 중국을 다시 비난하기 시작했다(倉持俊一 1980, 338).

이런 가운데서도 소련은 아시아와 아프리카, 라틴아메리카 등 '제3세계'에 대한 새로운 외교정책을 실시했다. 이른바 '전진 정책'이다. 제3세계 국가들에 대해 군사적인 지원을 비롯해 경제적 지원, 문화·선전 프로그램을 제공했다. 전진 정책은 제3세계 국가들의 지도자와 인민의 지지를 획득함으로써 서유럽의 동맹 체제와 국제경제 질서를 약화시키고, 소련의 영향 밖에 있던 이들 지역에 정치·경제적 진출의 발판을 확립하고자 한 것이다(김학준 2005, 428).

흐루쇼프의 정치·경제·외교 정책 프로그램이 진행되는 가운데, 1964년 10월 14일 소련공산당 중앙위원회 총회는 나이와 건강 악화를 이유로[2] 중앙위원회 제1서기와 중앙위원회 간부회 위원, 각료회의 의장 직무를 사임

2_분명 이것은 표면상의 이유에 지나지 않는다. 사실은 1964년 10월 13일 흐루쇼프는 소치의 별장에서 프랑스 정부 대표단과 회견하고 있었는데, 흐루쇼프가 모스크바를 떠나 있던 12일부터 중앙위원회 간부회의가 열렸고 그 자리에서 흐루쇼프의 내정과 외교에 관한 실정(失政)이 비판되었다. 다음 날 소치에서 모스크바로 돌아온 흐루쇼프는 간부회의 엄격한 책임 추궁을 받고 사임하지 않을 수 없었다. 14일 열린 중앙위원회 총회에서 간부회 결정이 추인되었다(포노말료프 1992, 68).

하고자 했던 흐루쇼프의 요청을 승인했다. 총회는 공산당 중앙위원회 제1서기에 레오니트 브레즈네프를 선출했으며, 최고회의 간부회는 코시긴을 각료회의 의장에 임명했다. 브레즈네프 시대(1964~1982년)가 열린 것이다(포노말료프 1992, 68).

공산주의적 노동운동

흐루쇼프 정권 시기 노동운동 상황을 살펴본다. 1959년 1월 27일부터 2월 5일까지 모스크바에서 열린 소련공산당 제21차 임시대회[3]는 소비에트 민주주의, 대중의 적극성과 자주적 활동을 발전시켜 국가적 과제를 해결하는 데서 사회단체의 기능을 확충하고 사회주의국가의 조직자 또는 교육자로서 당의 역할을 향상시켜야 한다는 점을 강조했다. 여기서 당의 이념 활동은 근로자, 특히 미성년 근로자가 공산주의자로 자각하도록 육성할 것, 근로정신과 집단주의, 소비에트 애국주의와 국제주의, 공동 책임 의식과 공산주의적 도덕 원칙을 지켜 내도록 교육할 것, 사람들의 의식에서 자본주의 잔재를 청산하도록 할 것, 부르주아 이데올로기 침투에 맞서 투쟁할 것 등의 목표를 가졌다. 또 대회는 당, 소비에트, 노동조합, 콤소몰 조직에 대해 7개년 계획을 완수하기 위해 노동생산성을 향상하고 국민경제의 모든 분야에서 기술을 발전시키고 생산 활동 혁신자의 경험을 보급하는 일을 더욱 널리 전개해야 한다고 호소했다.

3_이 대회는 국민경제 발전 7개년 계획(1959~1965년)을 심의하고 승인하는 것을 주된 목적으로 하여 열렸다. 브레즈네프는 여기서 스탈린주의자 '반당 그룹'을 공격하는 반스탈린 연설을 했다(포노말료프 1992, 31).

이러한 당의 결정에 따라 제21차 당대회 이전에 형성되었던 '공산주의 적 노동운동' 작업반과 돌격 작업반이 앞장섰다. 공산주의적 노동운동은 1958년 10월부터 11월까지 제21차 당대회를 기념하기 위해 조직된 새로운 생산 증강 경쟁의 한 형태이다. 이것은 '토요 노동'(1919년)의 단초 역할을 했던 모스크바 근교 기관차 창고 노동자의 호소에 따라 만들어졌다. 처음에 는 작업반 단위로 '공산주의 노동 집단'이라는 영예를 노리고 경쟁했지만, 1959년 2~3월에는 '공산주의 근로 돌격 작업 대원' 칭호를 걸고 개인 사이 에도 생산 경쟁이 전개되었다. 당시 공산주의적 노동운동에 참가한 사람 수 는 500만 명을 상회했는데, 1961년에는 2천만 명 이상이었다(포노말료프 1992, 35).

전연방노동조합중앙평의회AUCCTU는 1963년 10월 말부터 11월 초까지 제13차 대회를 열어 7개년 계획의 목표를 완수하기 위해 노력을 집중하기 로 결정했다. 이에 따라 공산주의적 노동운동은 직장, 작업 부서, 기업의 작 업 집단 운동으로 진전되었다. 1964년 중반 들어 3천만 명이 공산주의적 노 동운동에 참가했다. 돌격 작업 대원은 50만 명에 이르렀고, 기업 3,500개가 공산주의적 노동 집단 칭호를 받았다(포노말료프 1992, 58~59).

노동조합은 노동자들의 기술 향상을 위한 활동을 전개했다. 노동조합의 지도에 따라 과학기술협회[4]와 전 소련 발명가·생산합리화 운동자협회[5]의

---

[4]_과학 기술의 촉진과 보급 임무를 맡은 단체이다. 전연방노동조합중앙평의회 부설 전연방 과학기술협 회 평의회 산하에 생산 부문별 협회 21개가 활동하고 있었다. 1969년 당시 정회원 360만 명, 준회원 8만2 천 명이었다. 주요 사업으로는 연구 성과의 간행, 연구 장려금 보조 등이었다. 잡지 53종을 발행했고 '문 화 주택'을 28군데에 건설하였다.

[5]_발명과 합리화에 관한 연구와 보급 임무를 맡은 단체이다. 1958년 전연방노동조합중앙평의회의 결정 에 따라 지역 및 생산 단위 별로 설치되었다. 1968년 당시 지부 6만 개와 회원 500만 명을 확보하고 있었

하부조직이 기업 안에서 활동을 추진하고 있었다. 이 조직은 기술에 관한 교육·선전활동을 행하고, 기술과 과학 개량에 관해 조언을 하며, 발명과 생산 합리화 운동자의 제안을 생산에 도입했다. 국내 발명자와 생산 합리화 운동자는 1965년 당시 300만 명이었다(포노말료프 1992, 65).

이와 같이 흐루쇼프 정권 시기 소련의 노동운동은 경제계획 완수를 최대 목표로 설정하고 조직적인 노력을 쏟았으며, 생산 합리화와 생산 경쟁을 중심으로 활동을 전개했다. 노동자의 노동·생활 조건 개선과 정치·경제·사회적 지위 향상이나 세력화를 위한 노동운동의 본래적인 기능은 전혀 발휘되지 못했다. 더욱이 정치권력에 대한 비판·통제·대항 역할이 저지된 채, 정책마저 충실하게 추진되지 못했다.

2. 폴란드

10월의 봄

1956년 10월에 열린 폴란드통일노동자당PZPR[6] 중앙위원회 제8회 총회에서는 고무우카를 폴란드통일노동자당 서기장으로 선출하고 새로운 민주화 강령을 채택했다. 이른바 '10월 봄'이 도래한 것이다. 당 중앙위원회 제8회 총회 이후 민주화 운동은 국민운동으로 진전되었다. 그것은 당 하부에까지 영향을 미쳐 지난날의 잘못에 책임이 있는 많은 당 간부들이 추방되었다. 민주화 운동은 군대에까지 파급되어, 나토린파[7]의 정치 장교나 소련에서 파

으며, 1968년도에는 개량 안 308건을 내고, 발명 7,530건이 이루어졌다.

6_1948년 12월 폴란드노동자당과 사회당이 통합해 폴란드통일노동자당이 창립되었다.

견된 장교들이 잇따라 해임되었다. 10월 26일에는 고무우카의 측근인 마리안 스피할스키가 정치본부장에 복귀했으며, 11월에는 콘스탄틴 로코소프스키가 국방 장관직을 사임하고 소련 장교 32명과 함께 소련으로 귀국했다.

민주화 운동은 당의 '전도(傳導) 벨트' 역할을 해온 대중조직의 성격을 크게 변화시켰다. 청년동맹은 해산되었고, 새롭게 사회주의청년동맹ZMS과 농촌청년동맹ZMW이 설립되었다. 기업에서는 노동자평의회 운동이 전국 대공장에 파급되었고, 농촌에서는 고무우카의 집단화 정책 비판에 따라 집단농장 80퍼센트 정도가 해체되었다.

고무우카는 가톨릭교회에 대해 어느 정도 활동의 자유를 허용하고 관계 개선에 노력을 기울였다. 10월 28일 대주교 스테판 비신스키를 비롯한 모든 성직자들이 석방되었다. 11월 초에는 정부와 교회 지도자로 구성된 협의회가 설치되었으며, 교회 활동의 자유가 대폭 인정되었다.

의회 기능도 확대되었는데, 의회의 실질적 심의권이 어느 정도 인정되었으며 의회 선거 방식도 달라졌다. 단일 후보자 명부 방식이라는 점에는 변화가 없었으나, 의석수를 상회(1.56배)하는 후보자가 입후보해 선거인은 최소한의 선택권을 행사할 수 있게 되었다. 1957년 1월에 실시된 총선거에서는 의석 459석에 대해 국민통일전선[8](정부 블록) 후보 717명이 입후보했다. 선거는 투표율 94퍼센트를 기록했으며, 압도적 다수로 통일 리스트가 승인되었다. 의석 배분은 폴란드통일노동자당PZPR 52퍼센트, 통일농민당ZSL

7_나토린파는 민주화 중지, 소련과의 긴밀한 협력, 임금 인상, 유태인 지도자 추방, 고무우카의 정치국 복귀 등 대중의 인기를 끌 수 있는 슬로건을 내걸고 활동한 분파이다. 나토린파는 군과 지방 당기구에 많은 지지자를 확보하고 있었고, 당 밖에서는 피아세키가 주도하는 친정부계 가톨릭 조직 '파스크'의 지지를 받고 있었다.

8_이전의 '국민전선'은 해체되고 새롭게 국민통일전선이 설립되었다.

26퍼센트, 민주당SD 8퍼센트, 무소속 14퍼센트로 폴란드통일노동자당이 과반수를 차지했다(伊東孝之 1988, 232~234).

새로운 민주화 강령이 시행되는 가운데서도, 폴란드통일노동자당은 큰 혼란을 겪었다. 농촌 지역에서는 당 활동이 사실상 해체 상태였으며, 공장 노동자들 사이에서도 극히 저조한 양상을 보였다. 수정주의자와 교조주의자 사이의 대립이 극심해 분열을 우려하는 지경에까지 이르렀다. 그리하여 1957년 10월부터 당원의 충성 검사가 실시되고 좌 또는 우 편향으로 의심받은 사람들이 추방되고 많은 사람들이 탈당하는 사태가 벌어졌다. 당을 떠난 사람의 대다수는 노동자들이었다. 당원 수는 102만 명으로 1949년 이후 최저를 기록했다. 이러한 당내 혼란 때문에 1957년 3월로 예정되었던 제3회 당대회가 연기되어 1959년 3월에야 열렸다.

당 지도부와 정치국은 여전히 보수파가 장악하고 있었다. 노동조합과 사회주의 청년단체와 같은 대중조직도 점점 관료화되었으며, 당의 영향을 심하게 받았다. 그러나 매스컴, 대학, 연구소, 전문직, 창의적 지식인 사이에서는 개혁파의 영향력이 강했다. 1957년 5월부터 '수정주의'에 대한 비판이 시작되었고, 1957년 10월 개혁파 지식인('10월 좌파')의 기관지 역할을 했던『포 프로스투』Po Prostu가 폐간되었다.

이런 가운데서도 입법부 기능이 활성화되었으며, 사법부 독립성이 일정 수준 보장되었다. 1957년 국회 심의 일정은 그 이전 4년 동안의 전체 일정을 합친 일수보다 많았다. 국가평의회가 법령에 따라 입법을 행했던 관행은 거의 사라졌으며, 국회가 입법부 역할을 도맡게 되었다. 최고감찰원은 다시 국회에 복귀되었으며, 국회의 각종 위원회는 정부 부처에 대한 발언권을 강화했다. 사법제도에서도 정치 재판은 거의 찾아볼 수 없게 되었고, 검열 제도도 대폭 완화되었다(伊東孝之 1988, 236~237, 239).

경제개혁

1956년 말에는 저명한 마르크스주의 경제학자 오스카르 랑게를 위원장으로 하는 경제평의회가 설치되었다. 경제평의회는 경제개혁 문제를 심의했다. 랑게는 가격 메커니즘을 무시한 종래의 사회주의 계획을 비판하면서 기업과 소비자의 행동 유인을 가격으로 조정하는 자유시장과 유사한 시스템을 설정했다. 기업의 투자량 결정에 관해서도 일정한 발언권을 갖는 체계가 형성되었다. 이와 같은 랑게의 정책 구상은 마르크스-레닌주의 정치경제 시스템을 존중하는 체계이면서, 그것을 폴란드의 고유한 조건에 맞게 수정한다는 고무우카의 정책 의도와도 일부 합치했다. 고무우카는 경제정책 면에서 폴란드의 특수성을 충분히 고려했다. 농업에 종사하는 국민들에게 토지의 사적 소유권을 인정해 준 농업정책은 소련과 동유럽 여러 나라의 사회주의 방식과는 달랐다.

다음 해 5월 고무우카는 이윤 동기 도입, 기업 독립채산제, 노동자평의회의 공동결정권, 이자율·세율 등에 따른 간접 경제 통제 등의 대담한 경제개혁 안을 발표했다. 그러나 경제개혁을 결코 서둘러 실시하지는 않았다.

경제계획 자체가 갖는 문제점도 큰 편이었다. 경공업 제품의 수출을 통해 성장을 추진한 자본주의국가의 개발 방식과는 달리 중공업에 편중한 경제개발 정책은 소비재 생산을 희생함으로써 국민의 생활수준을 향상시키지 못했다. 이에 따라 국민들의 불만이 커질 수밖에 없었다(猪木武德 2009, 176~178).

폴란드는 몇 차례에 걸친 계획 경제를 실시해 공업화의 기본 과제를 실현했다. 국민 총생산에서 차지하는 공업생산 비율은 1938년의 37퍼센트에서 1968년 64퍼센트로 증가했다. 그러나 1960년대에 들어 경제성장은 침체 국면에 접어들었다. 공업 성장률이 그때까지 10퍼센트대를 유지해 오다

1963년에는 5퍼센트대로 떨어졌다. 국민소득 증가율도 1951~1955년의 연평균 8.6퍼센트에서 1961~1965년의 6.2퍼센트로 차츰 감소하는 추세를 나타냈다. 이것은 폴란드 경제가 새로운 단계로 접어들었음을 말해 주는 것이었다. 즉 노동력 위주의 생산력 성장에서 기술주도형 성장으로, 자본재 생산 편중에서 균형 있는 성장으로, 집권적 형태에서 분권적 형태로 전환해야하는 시기에 접어든 것이다. 그러나 경제 운용의 경직성, 노동력 공급 과잉, 기술 후진성 등은 이러한 전환을 어렵게 했다. 1964~1965년에는 새로이 기업 경영과 투자 계획에서 부분적으로 자율성을 인정하는 경제정책이 실시되었으나, 투자 결정권에 대한 자율성 인정을 유보했기 때문에 그 효과가 크게 감소했다. 이에 따라 실질임금 상승률은 1959~1965년에 연평균 1.5퍼센트, 1966~1970년에 1.9퍼센트라는 낮은 수준에 머물렀다.

더욱이 농업 부문의 성장 부진이 경제적 곤란을 한층 더 가중시켰다. 농업은 개인농을 중심으로 하는 폴란드 특유 형태가 유지되었지만, 생산력 증가세가 완만했다. 일찍이 농산물 수출국이었던 폴란드는 1960년대 들어 수입국으로 바뀌었다. 식량 위기를 타개하기 위해 1965년 농산물 징수 정책이 강화되었고, 이런 정책 때문에 농민의 실질소득이 현저하게 저하되었다 (이정희 2005, 496~497).

고무우카 체제의 동요

이와 같은 경제 정세의 악화와 더불어 정치적으로도 불안 요소들이 증대되었다. 그것은 먼저 고무우카가 당내에서 갖는 지도력 약화로 나타났다. 1960년대에 폴란드통일노동자당 안에 '파르티잔파'로 부르는 새로운 분파가 형성되었다. 이 분파는 제2차 세계대전 기간에 국내에서 파르티잔 활동을 수행했으며, 전후 스탈린주의 시대에 박해를 받았던 사람들로 구성된 정치 세력이었다. 파르티잔파는 그 지도자 미에츠와프 모차르의 이름을 따서 '모차르파'라고도 불렸다. 모차르는 우크라이나인 가정에서 태어나 전쟁 시기 공산당 파르티잔 지휘관으로 활동했으며, 1959년에는 내무부 차관에, 1964년에는 내무부 장관에 임명되었다. 모차르를 비롯한 파르티잔파에 속한 많은 사람들은 나토린파 출신들이었다. 파르티잔파는 1956년 '10월 봄' 이후 저항운동 참가자 단체였던 '자유와 민주주의 투사 동맹', 친정부계 가톨릭 '파스크파', 그리고 내무부 등을 거점으로 세력을 키웠으며, '모스크바파'와 날카롭게 대립했다.

파르티잔파의 정치적 경향은 반지성주의·반합리주의적이었으며, 반독일·반유대·반유럽의 민족주의 경향을 드러냈다. 파르티잔파는 구체적인 정치·경제적인 강령은 내세우지 않았으며, 치안 정책을 중시했다. 파르티잔파는 군대식 규율을 강조했으며, 전통과 고유 문화를 예찬했고 법과 질서를 강령처럼 존중했다.

당 최고 지도부를 형성하고 있는 고무우카와 그의 협력자들은 파르티잔파였지만, 실제 정치에서는 어느 분파에도 속하지 않는 중립적인 위치를 고수했다. 이에 따라 고무우카는 지식인 중심의 '수정주의자'와 스탈린주의적 견해를 가진 '교조주의자'로부터 비판을 받았다. 이러한 상황에서 고무우카 체제는 1960년대 초부터 점점 권위주의 경향을 짙게 드러냈고, 파르티잔파의 대두와 더불어 그 경향은 더욱 강화되었다. 이로써 '소강상태'는 종말에 이르렀다(伊東孝之 1988, 247~248).

고무우카 체제에 맨 먼저 저항한 것은 지식인들이었다. 1962년 과학아카데미 회장 코타루빈스키와 철학자 아담 샤프는 지식인 서클 '쿠시베-고외' 집회에서 공공연히 정부의 언론 정책을 비판했다. 1964년 3월, 작가와 대학교수 등 지식인 34명이 당 중앙위원회에 언론 통제에 항의하는 서한을 보냈다. 1966년에는 바르샤바대학교 강사인 야체크 쿠론과 카롤 모젤레프스키가 당 관료주의를 비판하는 공개 서한을 발표했다. 자유주의파 철학자 레셰크 코와코프스키는 같은 해 당에서 제명되었고, 3년 뒤에는 사실상 망명 생활에 들어갔다(이정희 2005, 499).

노동자평의회에 대한 통제와 자주관리회의 설립

1950년대 후반에서 1960년대 전반에 이르는 시기의 폴란드 노동운동 상황에 대해 살펴본다. 이 시기 폴란드 노동조합의 주요 과제는 노동자의 노동·생활 조건 개선이나 권리 보장이 아니라 생산 목표를 달성하는 것이었다. 노동자평의회는 고무우카의 정권 복귀에 큰 역할을 했다. 1956년 노동자평의회는 법적 지위를 인정받았으며, 다음 해 말에는 4,600곳에 조직되었다. 기업 재산 및 경영 참여에 대한 권리 등이 보장되었다. 1958년 4월에 열린 폴란드노동조합총평의회CCPTU 전국대회에서는 노동자자주관리회의KSR의 설립이 제안되었다. 노동자자주관리회의는 노동자평의회와 노동조합, 공장 당위원회의 세 주체로 구성되는 조직으로서, 노동자평의회의 기능을 축소하고 사실상 당의 영향력을 증대시킬 목적으로 구상된 것이었다. 노동자자주관리회의는 같은 해 노동자자주관리법 제정에 따라 법적 기구가 되었다(伊東孝之 1988, 241).

폴란드공산당 지도부가 노동자평의회의 발전을 반대했다는 사실은 쿠론과 모젤레프스키의 서한을 통해서도 확인된다. "공장에서 이루어진 노동자평의회 건설은 기정사실로 생각되었고 또 인정되기도 했지만, 노동자들에게는 아무런 실제적 권리도 주어지지 않았다. 새로운 지도부(폴란드공산당

PUWP)는 처음에는 은밀하게 그리고 나중에는 공개적으로 노동자평의회 발전을 반대했다"(Kuron·Modzelewski 1968, 45; 하먼 1994, 158에서 재인용).

정부와 당은 노동자평의회의 발전을 반대하는 데만 머물지 않고, 노동자평의회를 정부와 당의 통제 아래 두고자 했다. 고무우카는 초기에 '노동자 자주관리'를 강조하면서 노동자평의회를 지지한 것처럼 보였으나 시간이 지남에 따라 그는 노동자평의회의 역할이 제한되어야 한다는 사실을 분명히 했다. 더 나아가 관료들은 노동자평의회에 신뢰할 만한 당원들을 들여보내 노동자 자주기관이었던 노동자평의회를 일종의 '전동 벨트'로 변질시킴으로써 노동자들에 대한 정부 통제를 강화하고자 했다. 또 관료들은 각 공장과 작업장에서 노동자평의회가 세부 행정 사항에 대해 의문을 제기할 수 있는 권리를 제한하려 했다.

그렇다면 노동자들에게 노동자평의회는 어떤 존재였는가. 여기에 대해서는 S. 헬스토프스키와 W. 고덱이 『포 프로스투』(1957년 1월 30일자)에 발표한 글에서 잘 드러나고 있다. "노동자들은 아직까지 그들이 선출한 노동자평의회에 희망을 걸고 있다. 우리는 노동자들과 대화를 나누면서 그들이 자신들의 이익을 지지하는 권력기관을 갖고 있다는 인식에서 나온 것이었다. 그들에게 노동자평의회는 10월 변혁의 상징, 즉 마침내 생산수단의 공동 소유자가 됨으로써 전체 인민에 속하고 사회 전체의 부(富)인 재화를 마음 놓고 사용할 수 있는 완전한 권리를 획득했다는 구체적인 증거의 의미를 갖는 것이다. …… 그러나 중앙집권적 경영 체제가 확립된 현실에서 노동자평의회 역할은 시작부터 제한되어 있다. 만일 가까운 장래에 산업 전반의 경영 체계가 근본적으로 변화되지 않는다면, 노동자평의회는 하나의 새로운 스탈린주의적 허구일 뿐이며 대중이 통치를 행하고 있다는 환상을 불러일으킬 뿐이다"(Chelstowski·Godek 1957, 128; 하먼 1994, 167에서 재인용).

고무우카 정권은 노동조합에 대해서도 통제를 실시했다. 노동조합은 '10월 봄'에 관련되지 않았다. 노동조합 지도자인 클로시에비츠는 나토린파에 속해 있었다. 신중하게 선출된 대표단 120명이 새 지도자를 선출하기 위해 모였는데, 그들은 각 공장에서 뽑힌 노동자 약 1천 명이 회의장을 선점하고 있는 것을 보고 깜짝 놀랐다. 그들은 낡은 지도부를 축출하자는 결의를 통과시키는 데 그치지 않고, 공장에서 노동조합이 행하는 민주적 통제제, 국가나 경영진으로부터의 노동조합 독립, 의회에 독자적 대표를 보낼 권리, 정부와 고위 경영진의 특권 폐지 등을 결의했다. 그러나 그러한 결의는 실행에 옮겨지지 못했다. 오히려 정부는 교묘한 속임수를 사용해 노동조합에 당원들을 들여보내 노동조합에 대한 통제권을 장악했다. 그리하여 '폴란드의 10월'은 사실상 끝나가고 있었다(하먼 1994, 164).

3. 체코슬로바키아

노보트니 체제

1957년 체코슬로바키아 대통령 자포토츠키가 사망하자, 당 서기장 노보트니가 대통령직을 겸임하면서 강력한 지위를 구축했다. 노보트니는 1953년 이래 중단했던 농업 집단화를 재개했으며, 그 결과 1963년까지 농업생산의 93.9퍼센트가 국유화 또는 협동화되었다. 그리하여 1960년에는 노보트니 정권이 자본주의로부터 사회주의로 이행하기 위한 기본 문제가 이미 해결되었다고 선언하면서 새로운 사회주의 헌법을 채택했으며, 나라 이름도 '체코슬로바키아사회주의공화국'으로 바꾸었다. 신헌법은 삼권분립제를 폐지하고 대통령의 강력한 권한을 유지했다. 신헌법은 공산당의 지도적 역할을 명확히 하는 한편, 국민전선 말고는 다른 여러 정치 세력의 자율성을 억눌렀다. '슬로바키아위원회'는 폐지했고, 슬로바키아국민위원회는 중앙 정부의 직속기구로 편입했다. 슬로바키아국민평의회는 존속시켰으나 권한은 부여하지 않았다(이정희 2005, 511~512).

소련에서 스탈린 비판이 일기 시작한 시기에 체코슬로바키아에서는 반대로 노보트니가 스탈린주의자로서 자기의 지위를 오히려 강화했다. 이와 같은 비논리적인 관계를 설명하기 위해서는 소련과 동유럽에서 진행된 '비스탈린화'의 의미가 다르다는 사실을 이해할 필요가 있다. 소련에서 진행된 비스탈린화는 스탈린에 대한 개인숭배 청산을 의미하지만, 동유럽 국가들에서 추진되는 비스탈린화는 스탈린에 대한 개인숭배 청산으로 끝나는 것이 아니라 각국에서 군림하고 있는 '작은' 스탈린 숭배 청산, 나아가서는 이런 작은 스탈린과 소련의 유착 관계, 즉 스탈린 방식의 위성국 지배에 대한 비판에까지 이르게 된 것이다. 그래서 동유럽 국가에서 행해지는 비스탈린화는 대소련 관계에서의 자주성 회복으로 귀결되지 않을 수 없었다. 이러한 이유 때문에 소련의 비스탈린주의 지도자들은 소련에 대해 자주성을 강력히 요구하는 비스탈린주의자보다는 오히려 소련과 유착 관계를 유지하는 작은 스탈린을 신뢰하게 되었다(矢田俊隆 2002, 296~297).

1960년대 들어 체코슬로바키아는 여러 가지 곤란에 부딪쳤다. 1961년부터 체코슬로바키아 경제는 위기 징후를 나타내기 시작했다. 공업성장률은 1958~1961년 사이 연평균 11퍼센트에서 8.9퍼센트로 낮아졌고, 1962년에는 2퍼센트, 1963년에는 마이너스 0.4퍼센트를 기록했다. 이에 따라 1962년에는 제3차 5개년 계획(1961~1965년)이 중단되었다. 다음으로 노보트니는 비스탈린화나 사회주의적 민주화 실시에 대단히 소극적이었기 때문에 지식인이나 청년층은 당에 대한 매력을 잃었고 민주화를 요구하게 되었으며, 자치를 무시당한 슬로바키아인들 사이에는 체코인에 대한 불만이 커졌다.

1961년 11월 소련에서는 제2차 스탈린 비판 대회라 할 수 있는 소련공산당 제22회 대회가 열렸고, 여기서 행해진 비스탈린화의 영향이 체코슬로바키아에까지 파급되었다. 당 지도부에 대한 비판과 1950년대 초두의 숙청에 대한 비판이 거세게 제기되었으며, 정치 재판에 대한 재심을 요구하는 목소리가 높아졌다. 노보트니는 자기 자신이 숙청 책임을 추궁당할까 두려워 1962년 6월에 일찍이 숙청재판조사위원회를 주재했던 전 내무부 장관 바라크를 체포하고 새로운 재심위원회를 발족시켰다.

1962년 12월, 체코슬로바키아공산당 제12회 당대회는 과거의 정치 재판 재심사와 그것에 따른 복권 작업의 필요를 공식으로 인정했으며, 개인숭배 잔재를 청산하기로 결정했다. 노보트니는 스탈린주의 시대의 오류를 인정하고 고故 고트발트를 비판했으나, 그 책임의 대부분은 슬란스키에게 돌렸다.

그러나 이 무렵 지식인들의 정부에 대한 비판이 차츰 대담하고 활발해지면서 이제는 단순한 미봉책으로는 수습할 수 없는 상황으로까지 변했다. 그리하여 1963년 4월, 당 중앙위원회 총회는 지금까지의 숙청에 대해 책임이 있는 슬로바키아 당 제1서기 칼러 바칠레크를 파면하고, 후임에 알렉산데르 두브체크를 선출했다. 그러나 개혁파 지식인들은 메데Mede 집회, 작가동맹 대회, 언론인 대회 등에서 더욱 철저한 탈스탈린주의를 요구했고, 빌리암 시로키 수상을 지목해 공격했다. 이런 가운데 공산당은 8월에 전 외상 클레멘티스의 완전한 명예 회복과 전 당 서기장 슬란스키의 부분적 명예 회복을 발표했다. 9월에는 수상을 교체했는데, 후임에는 슬로바키아 국민평의회 의장 요제프 레나르트가 선임되었다. 12월에는 후사크도 명예를 회복하게 되었다(이정희 2005, 512~513).

신경제정책 실시

이와 같은 정치 정세의 변화가 진행되는 가운데, 노보트니 정권은 침체에 빠진 경제문제를 해결하지 않으면 안 되었다. 1960년 들어 나타나기 시작한 경제 위기 상황이 계속되면서 국민의 생활수준도 저하되었다. 이러한 사태에 직면해 1962년에 열린 체코슬로바키아공산당 제12회 대회는 국민경제의 심각한 문제를 인정하고 새로운 경제계획 수립을 지시했다. 1963년에는 체코슬로바키아 경제를 파국으로 이끈 근본 원인이 '계획경제'라는 경제 전문가들의 비판이 일기 시작했다. 그 뒤로도 당의 교조주의적 경제 운영에 대한 비판이 제기되었다.

1964년 9월, 오타 시크를 중심으로 한 경제 전문가 그룹이 시장경제 원리를 도입함과 동시에 기업 활동을 중앙에서 지시한 목표를 달성했느냐에 따라서가 아니라, 수익성에 따라 평가하는 개혁 방침을 정부와 당에 제시했다. 이와 같은 '신新원칙 제안'은 1965년 1월에 열린 당 중앙위원회 총회에서 승인되었고, 이 청사진을 바탕으로 상세한 실시 계획이 수립되어 1967년 1월부터 '신경제정책'이 실시되었다.

신경제정책의 의의를 어떻게 보아야 할 것인가. 요약하면 다음과 같이 설명할 수 있다. 신경제정책은 사회주의 경제의 기본 원칙인 생산수단을 사회화하고 다른 사람의 노동을 착취하지 않는다는 원칙은 준수하면서, 자본주의적 경제 방식의 이점, 즉 기업의 독립채산 자유 경쟁, 이윤 또는 이자 도입, 보상금 부활 등을 채용했다. 이 밖에도 중앙집권적 계획과 운영 분산화를 촉진함과 동시에 기업 자주성을 확보하도록 했다. 이와 같은 경제개혁은 지식인들과 전문가들의 활동을 활발하게 촉진했으며 뿌리 깊게 남아 있는 스탈린주의 극복을 위한 움직임이기도 했다(矢田俊隆 2002, 303~304).

노동자계급의 곤궁과 노동운동의 위축

체코슬로바키아에서 실시된 경제개혁으로 전문적 능력이 아닌 이념과 당에 대한 충성으로 지위를 얻은 그룹은 많은 것을 잃게 되리란 우려에 빠졌다. 노동자들도 실업 증대와 임금격차 확대 가능성을 경계했다. 실제로 대다수 노동자의 경우, 임금동결이나 심지어는 일시적 삭감을 경험해야만 했다. 당시의 잠재적 실업자는 30~50만 명이나 되었다(하먼 1994, 261).

1950년대 말에서 1960년대 전반에 이르는 기간에 체코슬로바키아는 정치적으로나 경제적으로 큰 변화를 겪었다. 이런 가운데서 노동조합운동은 정치·경제·사회적 역할을 활발하게 수행하지 못했다. 이는 전반적인 개혁이 갖는 뚜렷한 한계라고 볼 수 있다.

4. 헝가리

카다르 정권의 신노선

1956년 헝가리혁명 이후 그해 11월 소련군으로부터 정권을 넘겨받은 카다르는 많은 어려운 과제를 안은 채 불안정하게 출발했다. 카다르는 정권의 정통성을 확보하기 위해 노력했고, 개혁정책을 통해 정부에 대한 국민의 불신을 해소하는 데 일정한 성과를 이룩했다.

이러한 과정에서 카다르는 두 가지 제약 조건에 직면했다. 그 하나는 소런의 동향이었는데, 애초부터 카다르 정권은 소련의 권위에 의존하느라 자율성을 제한받았다. 헝가리는 외교정책에서 소련에 보조를 맞추어야 했다. 국내 정치에서는 어느 정도 재량권을 발휘할 수 있었다. 이러한 관용적인 소련의 정책은 카다르 정권을 적극적으로 후원한 흐루쇼프가 실각한 이후에도 지속되었다.

또 다른 제약 조건은 당내 보수파의 움직임이었다. 헝가리사회주의노동자당MSM의 당원 수는 1962년 말 51만2천 명에서 1970년 말 66만2천 명으로 증가했으나, 당의 주축을 이룬 세력은 여전히 라코시 정권 이후 자리를 유지해 온 충실한 당 관료들이었다. 이들은 개혁정책 실시에 강력하게 저항했다. 개혁 지향의 당 지도부는 당 바깥의 전문가와 신망 있는 인사의 협력으로 또 때로는 소련의 지지를 이용해 이들 당내 보수파에 대항했다. 그러나 정권의 존립 기반이 당 기구의 권력에 있는 한, 이와 같은 전략은 한계를 가질 수밖에 없었다(이정희 2005, 530~531).

이와 같은 상황에서 카다르 정권은 정권의 안정과 국민의 지지를 확보하기 위해 일정한 범위 안에서 국민들에게 민주화와 자유를 보장하는 정책을 채택할 수밖에 없었다. 이와 같은 상황을 배경으로 하여 고안된 것이 이른바 '신노선'이다. 신노선의 실시는 소련 정치 동향과 깊은 관계가 있다.

1961년 10월 소련에서는 제2 스탈린 비판 대회라 일컬어지는 소련공산당 제22회 당대회가 열렸으며, 동유럽 국가들에서도 다시 비스탈린화가 진행되었다. 이 시기 헝가리 국내 질서도 어느 정도 회복된 상태여서, 카다르는 신노선을 시행하기 시작했다. 그 기본 목표는 카다르 자신이 지금까지 반혁명 세력이라 낙인찍었던 많은 국민들과 화해하는 것이었다. 1961년 12월, 카다르는 "우리들에게 반대하지 않는 사람은 우리 편이다"라고 밝히면서 정책 전환에 착수했다.

카다르의 신노선 정책 실시에 따라 공산당 당원이 아닌 전문가들이 정부와 기업의 책임 있는 자리에 등용되었다. 이러한 사실을 두고 당은 '프롤레타리아독재의 대중적 기반을 확대하는 길'이라고 했다. 카다르는 또 당내에 남아 있는 스탈린주의자들을 제거하기 위해 1962년 8월 당 상층부의 대이동을 단행했는데, 라코시와 게뢰 등을 포함해 25명의 당적을 박탈했다. 1963년 3월에는 사면령을 발표해 1956년 헝가리혁명 때 유죄 선고를 받은 사람들을 포함해 정치범 3천 명을 석방했다. 나아가 치안경찰의 활동은 제한되었고, 언론 통제나 출판물 검열도 완화되었으며, 유럽 여러 나라의 방송 방해도 해제되었다. 1964년에는 부다페스트에서 '국제 펜클럽' 집행위원회가 열렸으며, 외국 여행 제한도 대폭 완화되었다. 1964년 9월에는 카다르 정부와 로마 교황청의 교섭으로 협정이 체결되어 종교 정책이 유연화되었다. 헝가리에서는 농민층에 대한 가톨릭교회의 영향력이 강해서 농민들 사이에 집단화에 대한 저항감이 뿌리 깊게 잔존하고 있기 때문에 정부가 이를 해소하기 위해 취한 조치였다(矢田俊隆 2002, 253~255).

1961년 이후 카다르 정권이 추진한 신노선 가운데서 경제정책이 중요했는데, 1961년에 시작된 제2차 5개년 계획은 중공업에 대한 투자보다는 국민생활을 우선시했다. 경제상의 규준 완화와 공정 가격 유지, 소비생활 개선에 중점을 두는 계획이었다. 제2차 5개년 계획 기간에 공업생산은 48퍼센트나 증가했으나, 그것은 주로 노동력 증대에 따른 것으로서 생산성 향상은 29퍼센트에 지나지 않았다. 무역도 총액으로는 64퍼센트 신장되었으나 수지 내용은 크게 개선되지 않은 채 적자가 누적되었다. 국민소득은 24퍼센트 증가했으나 매년 재고가 국민소득의 10퍼센트 이상 증가했다. 이러한 상황에서 외국자본 도입, 이윤분배제 확대, 공장위원회 기능 확대 등의 조치가 취해졌다.

그 당시까지 기업은 국고로부터 무이자로 자본을 대부받았으나, 1965년 1월 이후부터 정부는 기업의 고정자본과 유동자본에 5퍼센트의 이자를 부과했다. 이러한 방침에 따라 투자는 이전에 비해 합리적으로 행해졌으며, 생산 원료를 쌓아 두는 경우도 없어지게 되었다. 천연자원이 부족하고 공업 원료의 60퍼센트를 수입해야 하는 헝가리로서는 이러한 정책이 비능률을 개선하기 위한 효과적인 수단이 되었다. 이와 같은 경제 자유화의 궁극 목표는 외국무역시장에서 헝가리의 경쟁력을 높이고, 특히 서유럽 국가들의 외화를 획득하는 것이었다(矢田俊隆 2002, 255~256).

노동운동을 주도한 노동자평의회

이처럼 정치 정세와 경제 상황이 격변하는 가운데 헝가리 노동조합운동은 자기 기능과 역할을 충실하게 수행하지 못했다. 다만 헝가리혁명 기간에 노동운동을 주도한 조직체인 노동자평의회의 운동이 당시 헝가리 노동운동의 단면을 드러내 보여 준다. 노동자평의회는 노동조합이나 노동자위원회와는 달리 봉기 과정에서 자발적으로 구성된 조직으로 혁명의 방향과 목적, 행동 방침 등을 논의·결정했다. 노동자평의회 대표자들은 갖가지 정치적 배경을 지니고 있었다. 다수는 옛 사회민주당과 노동조합 투사 출신들이었고, 일부는 공산당 출신이었다. 각 공장과 지역에서 조직된 노동자평의회의 결의 내용은 거의 같았다. 헝가리에서의 소련군 철수, 자유선거, 다당제, 산업의 사회적 소유, 민주 노동조합 복구와 함께 파업 및 집회의 자유 확보, 언론과 종교의 자유 확보 등이었다.

1956년 11월 14일, 중앙노동자평의회[9]가 설립되었고, 11월 21일에는 각 공장, 지방, 군 평의회에 호소문을 보냈다. 호소문 내용은 다음과 같았다. "노동자 동지들! 주지하는 바와 같이 대★부다페스트 중앙노동자평의회는 11월 14일, 공장노동자평의회들의 활동을 조정하고 우리의 공통된 요구를 표현하기 위해 대규모 산업체들의 발의로 설립되었다. …… 우리는 노동자계급의 위임을 받았으며, 맡은 임무에 따라 우리의 공장을 지키고 우리 조국을 위해 필요하다면 목숨까지 바치면서 자본가와 봉건적 복고로부터 지켜내겠다는 주장을 다시금 편다"(하먼 1994, 230).

중앙노동자평의회는 더욱 큰 힘을 기르고 공통된 조치를 취할 수 있는 공동의 기반을 갖추기 위한 목표를 다음과 같이 설정했다.

① 아직 지역 또는 지방 평의회가 설립되지 않은 곳에서는 곧바로 아래로부터 민주적 절차에 따라 평의회 조직을 건설해야 한다.

② 각 지역과 지방 평의회는 중앙노동자평의회에 연락을 취해야 한다.

③ 공장평의회가 직면한 한 가지 중대한 과제는 작업의 편성을 별도로 하고, 상임 노동자평의회를 위한 선거를 실시하는 일이다.

④ 새 공장위원회 선거를 노동자계급의 진정한 의지를 대표하는 노동자평의회가 맡아서 치러야 한다. 노동자들은 스스로의 힘으로 투쟁해 노동자평의회를 쟁취한 것이다. 이 과정에서 노동조합은 도움은커녕 때로는 노동자평의회 투쟁을 방해까지 했다. 우리는 새로 구성된 '자유 노동조합'이 노동자평의회를 단순히 경제적 조직으로 간주하는 태도에 반대한다. 우리는 오늘날 헝가리에서 노동자평의회가 노동자계급의 실제적 이익을 대표하고, 현재로서는 노동자평의회보다 더 강력한 정치권력은 존재하지 않으며, 우리는 우리의 모든 힘을 노동자계급의 권력 강화를 위해 집중해야 한다고 선

9_ 명칭은 대(大)부다페스트 중앙노동자평의회였다.

언한다.

⑤ 지역과 지방 평의회는 곧바로 적십자 배급 센터에 연락을 취하고, 대표들을 본부에 파견해 배급이 사회적 기준에서 이루어지는지를 확인해야 한다.

⑥ 지역과 지방 평의회는 사회 통제 조직을 구성해 시장과 상점의 가격을 조사하고 감시해야 한다.

⑦ 지역과 지방 평의회는 모든 노력을 기울여 대중의 의견을 수렴해야 하며, 지역 신문의 지면을 요구해 가능한 한 수시로 공장들과 다른 산업체 노동자들에게 실제 상황을 알려야 한다.

호소문은 "우리 노동자평의회는 서로 긴밀한 유대를 유지해 통일된 힘으로 우리의 목표, 즉 민족적 특성에 맞는 자주적이고 민주적인 사회주의 헝가리 건설을 위해 진정한 혁명적 경계심을 갖고 투쟁하자"고 끝맺고 있다 (하먼 1994, 232~235).

중앙노동자평의회는 총파업을 진행하는 과정에서도 사회적으로 필요불가결한 서비스는 계속 제공될 수 있도록 했으며, 카다르 정부에 여러 차례 협상을 제안했다. 카다르는 협상에 응할 것처럼 했으나 결코 협상에 나서지는 않았으며, 그 대신 노동자들의 불만을 누그러뜨리기 위해 총파업 기간 중의 임금까지 지급하면서 1957년 1월 임금을 전년도 같은 기간보다 22퍼센트의 인상하기로 결정했다. 그러나 카다르는 국가기구의 독점적 권력을 약화시킬 만한 것에 대해서는 한 치도 양보하지 않았다.

노동자평의회는 사실상의 정치조직으로 계속해서 활동했다. 정부는 연말 들어 부다페스트와 각 지방 노동자평의회 간부들에 대한 구속 방침을 결정했다. 중앙평의회는 비밀회의를 열어 12월 11일과 12일 이틀에 걸쳐 전국 48시간 총파업을 계획했다. 정부는 총파업을 막기 위해 모든 노력을 다했다. 12월 9일(소련군 개입 5주 뒤) 정부는 중앙평의회 지도자 다수를 체포하고 공장 단위 이외의 모든 평의회를 해체하라고 명령했다. 정부는 "중앙평의회 지도부가 국가의 행정기구에 대항하는 새로운 정권을 설립하기 위해 오직 정치적 문제들에만 전념했다"고 주장했다(Marie·Nagy 1966, 96; 하먼 1994, 243에서 재인용).

12월 15일부터 파업 선동 행위에 대해서는 사형이 적용되었다. 미슈콜츠의 야노시 솔테스와 부다페스트의 료제프 두다시가 5주 전 투쟁에 대해 책임이 있다는 혐의를 받아 처형되었다. 그러나 파업은 12월을 넘겨 1월까지 계속되었다. 1월 이후 각 공장을 비롯해 지역·지방 노동자평의회는 대부분 해산했다. 1957년 11월 25일, 헝가리 정부는 잔존하는 모든 노동자평의회 해체를 명령하는 법령을 공포했다. 이제 남아 있는 노동자 조직은 노동조합뿐이었다. 노동조합은 "노동자평의회는 반혁명 기간 중에 노동자계급의 권력을 탈취하기 위한 무기로서 생겨났다"고 비난했다(하먼 1994, 247).

5. 유고슬라비아

유고슬라비아의 위상 회복과 신헌법 채택

1956년 스탈린 비판 이후 소련과 유고슬라비아 사이의 관계가 크게 개선되었다. 그 이전에도 1955년 5~6월 사이에 흐루쇼프와 불가닌 등의 소련 대표단이 유고슬라비아를 방문했고, 양국 공동선언에는 주권·독립·영토불가침·평등 원칙 등이 명시되었다. 그뿐만 아니라 사회주의 발전의 구체적 형태는 각국의 국민이 결정한다는 사실을 확인했다. 동유럽 '이단자'의 명예회복은 동유럽 국가들에 큰 충격을 안겼다. 1956년 이후 루마니아를 비롯해 폴란드, 헝가리, 불가리아 지도자들이 잇따라 유고슬라비아를 방문했으며 동유럽 국가들에서 유고슬라비아 위상이 차츰 회복되었다(木戶蕎 1977, 352~353).

그러나 헝가리 봉기와 이에 대한 소련의 군사 개입 이후 동유럽 국가들의 유고슬라비아에 대한 태도가 크게 표변했다. 1958년 3월에 발표된 '유고슬라비아공산주의자동맹 강령 초안'에 대해 소련을 비롯한 동유럽 여러 국가들의 비판이 유고슬라비아와의 관계를 악화시킨 또 하나의 요인으로 작용했다. 이 강령에서 유고슬라비아공산당은 국제 관계에서 비동맹과 평화 공존을 강조했으며, 국내에서는 분권화 원칙과 코뮌이나 노동자위원회를 통한 정부 조직 참여 원칙을 천명했다. 또 공산당의 특권과 지도력에 대해 어느 정도 제한을 둔다고 천명했으며, 그리고 중요한 사실로서 국내 공산주의 정책에서 외부, 특히 소련으로부터 독립할 것을 역설했다.

유고슬라비아와 소련의 관계는 중소 분쟁 이후 비로소 호전되었다. 그러나 티토는 러시아에 종속되지 않기 위해 신중한 자세를 취했다. 1958~1966년 사이에 티토는 여러 아시아, 아프리카, 라틴아메리카 국가들을 방문해 많은 지지 세력을 확보했다. 그 가운데 중요한 성과로 지적할 수 있는 것은 이집트의 나세르, 인도의 네루와 밀접한 관계를 맺은 일이었다. 티토는 이러한 관계 형성을 통해 비동맹 국가들로 구성된 2개의 국제회의를 조직했다. 1961년에는 베오그라드 회의에 아시아·아프리카에 속한 23개 국가가 참가했고, 1964년 쿠리오 회의에는 47개 국가가 참가했다. 티토는 그 이후에도 핵무장 감축과 베트남 평화를 위한 탈냉전 운동에서나 중국의 국제연합UN 가입 운동에서 큰 영향력을 행사했다.

1963년 4월 7일, 유고슬라비아는 신헌법을 채택했다. 신헌법은 나라 이름을 '유고슬라비아연방인민공화국'에서 '유고사회주의연방공화국'으로 바꾸고, 노동자 자치와 주민 자치를 기축으로 하는 정치제도에 강력한 법적 장치를 마련했다. 이에 따라 자주관리는 양보할 수 없는 권리로 선언되었고, 사회 영역의 모든 노동 현장을 지배하는 조직 원리로 정착되었다. 또한 신헌법은 당시까지 2원제(연방 의회와 생산자 의회)로 구성되었던 연방의회를 5원제(연방의회, 경제 의회, 교육·문화 의회, 사회·복지·보건 의회, 정치·행정 의회)로 재편했고, 정치 기관의 경우 재선이나 3선을 금지했으며 교대제 원칙을 도입했다. 이와 같은 신체제는 관료주의를 배척하고 정치적 분권과 사회적 자치를 시도한, 대담한 개혁의 결과로 볼 수 있다(이정희 2005, 561~562).

그러나 1960년대 전반까지는 기업 자치에 대한 행정 개입은 일반적인 현상이었으며, 세르비아의 당 관료를 중심으로 한 보수파가 신제도 그 자체에 저항하고 있었기 때문에 노동자 자주관리는 실제로는 충분하게 기능하지는 못했다(木戸蓊 1977, 367~368).

경제개혁과 노동자 자주관리

1965년 7월에 유고슬라비아가 도입한 경제개혁은 신제도를 현실 경제생활에 수용한 획기적인 조치였다. 이와 같은 개혁은 그 당시까지 절반 이상이 국가에 흡수되었던 기업 수익을 70퍼센트까지 기업에 유보해 재정 능력을 확보함과 동시에 기업 자치를 더욱 충실하게 보장했다. 개혁은 또 관세·수출조성금을 비롯한 대외 장벽을 폐지하고 개별 기업으로 하여금 내외 시장의 경기에 직접 대처하게 하며 기업 스스로 책임지고 생산원가 인하와 생산품 품질 개량을 실시하게 했다. 이러한 개혁 조치는 다른 개혁과 맞물려 '시장사회주의'로 불리는 신제도를 실제로 가동하게 만들었다(이정희 2005, 563).

한편 경제개혁(자유화)에 따라 기업 경영은 거의 전면적으로 자주관리를

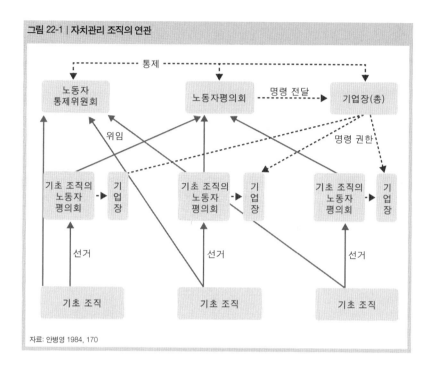

그림 22-1 | 자치관리 조직의 연관

통제

노동자
통제위원회

노동자평의회

명령 전달

기업장(총)

위임

명령 권한

기초 조직의
노동자
평의회

기
업
장

기초 조직의
노동자
평의회

기
업
장

기초 조직의
노동자
평의회

기
업
장

선거

선거

선거

기초 조직

기초 조직

기초 조직

자료: 안병영 1984, 170

시행하게 되었다. 노동자 자주관리 제도의 시행에 따라 각 기업은 국영기업
의 경우와 마찬가지로 제조, 구입, 판매, 가격 결정, 수출입, 임금에 대한 결
정권을 갖게 되었다. 노동자 집단은 노동자평의회·경영위원회·기업장으로
구성되는 조직으로서 기업 경영을 담당하며, 노동자평의회 위원과 경영위
원회 위원은 기업 노동자 전원의 무기명·직접 투표로 선출되었다. 종업원 5
명 이하 영세기업은 사적 소유가 인정되며, 노동자 자주관리 제도의 적용
대상에서 제외되었다. 이 시스템은 공업 부문뿐만 아니라 상업이나 운수 부
문 등의 제3차 산업, 대학이나 병원 등에서도 시행되었다.

이와 같은 경영 관리와 분권화에 따라 기업 경영은 크게 변화되었다. 기

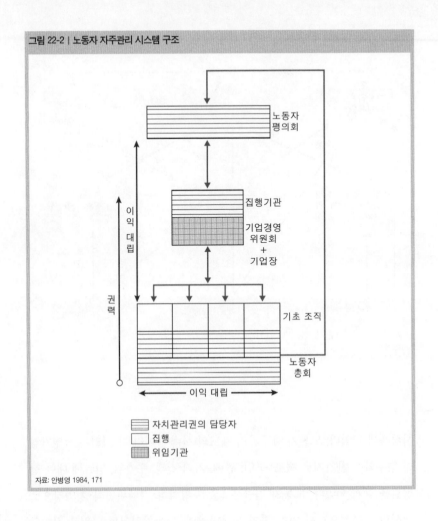

그림 22-2 | 노동자 자주관리 시스템 구조

노동자
평의회

집행기관

기업경영
위원회
+
기업장

기초 조직

노동자
총회

이익 대립

권력

이익 대립

자치관리권의 담당자
집행
위임기관

자료: 안병영 1984, 171

업의 비용 절감이나 판매 촉진을 위한 동인이 커졌고, 경영 능률화 및 경쟁 의욕이 높아졌다. 이와 같은 시스템의 시행 과정에도 도산이나 실업 가능성은 존재하기 마련이어서 이론상으로는 시장경제와 동일한 자기책임 원칙이 관철되지 않을 수 없었다. 그러나 도산이나 실업이 일시적으로 일어난다 하더라도 기업 자체는 국유가 아닌 사회유(사회 전체의 소유)이기 때문에 노동자나 기업장의 책임은 '일시적으로 직을 잃는다'는 불명예를 안은 데 지나지 않게 된다. 1963년 이후는 자주관리 사회주의의 제3단계라고 할 수 있다(猪木武德 2009, 185~186).

그런데 1961년부터 실시된 5개년 계획은 무역 적자, 임금·물가 상승, 농업 부진, 실업 발생에 따라 순조롭게 진행되지 못했으며, 그 뒤로 과잉투자나 시장의 불안정 때문에 어려움을 겪게 되었고 많은 시행착오를 거듭했다.

특히 투자 수준 결정에서 많은 문제점이 드러났는데, 이는 사회주의 경제의 공통된 양상이었다. 투자를 위한 예산 배분이 경쟁적인 상태에서 이루어지지 않았기 때문이었다. 1965년 투자를 분권화하고 은행도 민영화했으며, 당시까지 국가의 투자를 조달하기 위해 사용되었던 기업세마저 폐지했다. 정치 정세와 더불어 이와 같은 경제 상황에서 노동자 자주관리나 경제개혁의 성공을 약속할 수는 없는 일이었다(猪木武德 2009, 186~187).

파업 발생의 주요 특징

유고슬라비아에서 신제도가 도입되고 경제개혁이 시행되는 가운데서도 많은 사회 갈등이 존재했고, 그러한 갈등의 표현으로서 파업이 제기되었다. 1958년 슬로베니아의 한 광산에서 파업이 일어난 이후 계속 파업 건수가 늘어났으며, 1964년에는 공식 발표된 파업만도 271건에 이르렀다.

이 시기에 일어난 파업은 몇 가지 주요한 특징을 드러낸다. 파업은 단기간(하루 또는 몇 시간)에 그쳤으며, 경제체제나 노동자 자주관리에 반대해 발생하지는 않았고 노동 현장의 실제적인 문제 해결을 요구 조건으로 내세웠다. 파업은 제도화된 절차에 따라 진행되지는 않았지만, 그렇다고 노동조직의 외적 요인에 따르지도 않았다. 파업의 58.7퍼센트는 노동자의 요구 관철로 끝났으며, 17.9퍼센트가 부분적으로 요구를 성취했다. 23.4퍼센트는 아무런 성과 없이 마무리되었다.

파업의 원인과 직접적인 계기를 보면, 파업의 약 90퍼센트는 거시적 경제체제에서 노동조직이 놓여 있는 불리한 조건으로 인한 것이었다. 이를테면 노동자 자신의 성과나 기대를 보장하지 못하는 시장 조건이 파업의 주요 원인이 되었다. 즉 개인 소득에 대한 불만과 그 원인으로 작용하는 외적 요인을 극복할 수 없다는 좌절감 등이 축적되어 직접 행동으로 나타나는 것이었다(안병영 1984, 197~198).

노동자들이 파업을 제기하는 경우, 갈등을 빚는 대상은 경영 관리자가 70.1퍼센트, 행정기관이 17.1퍼센트였고, 관리자와 행정기관 모두라는 대답은 10.8퍼센트, 그 밖의 대상은 2.0퍼센트였다(Jovanov 1973, 372~382; 안병영 1984, 198에서 재인용). 특히 노동자들의 불만이 관리자들에 집중된 데에는 노동자들의 사회적 불안정을 비롯해 여러 가지 원인이 있겠으나, 자주관리 조직 구성에서 생산노동자의 비율이 계속 저하되었다는 사실과도 관련을 갖는다(안병영 1984, 198).

이와 같은 특징들에 비추어 볼 때, 이 시기 유고슬라비아에서 발생한 파업은 노동조합이나 노동자평의회가 주도한 것이 아니었고, 단체교섭 진행 과정의 교섭 결렬에 따른 것도 아니었다. 쟁점도 임금이나 노동조건, 정책이나 제도 개선을 목표로 한 것이라기보다는 현장 단위의 불만을 표출한 것이었다. 파업의 양태도 극히 단기간에 한정되었고, 규모도 노동 현장에 국한되어 소규모에 지나지 않았던 것으로 보인다. 그런 점에서는 자본주의국가들에서 일어나는 파업과는 구별되는, 일종의 적극적 형태의 불만처리 절차와 유사한 것으로 해석된다.

6. 루마니아

루마니아의 자주 노선

1956년 6월, 루마니아노동당PMR 중앙위원회에서 게오르기우-데지 당 제1
서기는 루마니아 개인숭배 풍조를 만든 책임자로 아나 파우케르를 지목했
고, 개인숭배를 조장했다는 이유로 이오시프 키시네프스키와 미롱 콘스탄
티네스쿠를 당 정치국에서 추방했다(이정희 2005, 539).

이 시기 혼돈된 정세에서 1960년대 루마니아가 '자주 노선'을 채택하는
데 중대한 영향을 끼친 요인은 두 가지였다. 그 하나는 소련이 헝가리에 대
해 군사개입을 한 뒤로 소련과 끈질긴 교섭을 벌여 1958년 5월 소련군의 철
수를 실현했다는 것이었다. 원래 소련군은 헝가리와 루마니아와의 관계에
서는 1947년 강화조약에 따라 오스트리아 주둔 소련군 병참선 확보를 위해
주둔을 인정받았으나, 1955년 오스트리아 국가 조약 체결 이후 그 주둔 구
실이 소멸되었다. 헝가리혁명 이후 소련은 폴란드(1956년 12월), 동독(1957
년 3월), 루마니아(1957년 4월), 헝가리(1957년 5월)와 주둔군에 관한 협정을
체결했는데, 루마니아만이 소련과 교섭을 벌여 소련군 철수를 이루어 냈다.
이것은 루마니아의 대외정책에 결정적 영향을 끼쳤다.

다른 하나는 동유럽 여러 나라 가운데 가장 야심 찬 공업화 계획을 다시
금 채택했다는 사실이다. 1958년 11월 당 중앙위원회는 제2차 5개년 계획
의 최종 연한을 마무리하고, 1960년부터 공업생산 연간 성장률 13퍼센트를
목표로 한 새로운 6개년 계획의 실행을 결정했다. 1960년 6월에 열린 당대
회에서 계획이 채택되었으며, 이러한 공업화 노선에 대한 간섭을 거부하는
것이 자주 노선 결정의 주요 동기가 되었다(木戸蓊 1977, 353~354).

이와 같은 독자적인 공업화 노선은 1958년의 유럽경제공동체EEC 발족에

자극을 받아 착수된 동유럽권의 국제분업 체제 계획으로서 공산권 경제상호원조회의COMECON의 통합 계획과 정면으로 충돌했다. 경제상호원조회의의 분업 체제 계획에서는 공산권 전체의 생산 효율을 위해 루마니아를 비롯한 후진국은 농업이나 원료 생산을 더욱 중요시하기로 예정되어 있었기 때문이다.

1961년 소련공산당 제22차 대회 이후, 게오르기우-데지 정권은 흐루쇼프 노선에 따라 개인숭배 비판을 행하면서 모든 도로와 공원에서 스탈린의 이름을 없애고 1962년 3월에는 부쿠레슈티 시에 있던 스탈린 거상을 철거했다. 이와 동시에 1963년에 러시아어 필수 교육 폐지, 러시아 언어·문학 대학 격하 등의 조치를 통해 교묘하게 탈소련화를 실시했다. 이러한 조치를 배경으로 1963년 3월에 열린 당 확대 중앙위원회는 경제상호원조회의의 초국가기관 창설 계획에 반대하는 결정을 했다.

1964년 4월, '국제 공산주의 운동과 노동운동 문제에 관한 루마니아노동자당 견해에 관한 성명'이 발표되었다. 성명은 "사회주의국가 사이의 관계에서 기본 바탕이 되는 원칙은 완전한 평등권, 국가 주권과 이익 존중, 상호 이익과 동지적 협조이다"는 견해를 표명했다(이정희 2005, 540).

1963년 공개 논쟁으로 발전한 중소 대립에서도 루마니아는 중립적인 태도를 취했다. 1964년 3월에는 대표단을 중국에 보내 중국과 소련 사이의 화해와 논쟁 중지를 위해 노력을 기울였다. 1964년 4월에는 중국과 통상협정을 맺었고, 이보다 앞서 1964년 3월에는 알바니아와도 통상협정을 맺었다.

한편 1964년 5월 가스통 마린 국가계획위원회 의장을 단장으로 하는 사절단이 미국을 방문했으며, 7월에는 마우레르 수상이 프랑스를 방문한 이후, 루마니아는 자본주의 체제 국가들과도 정치·경제 관계를 긴밀하게 이끌었다(木戸蓊 1977, 362).

체아우셰스쿠 노선

1965년 3월, 게오르기우-데지가 죽고 당 제1 서기 후임으로 체아우셰스쿠가, 국가평의회 의장 후임에는 키부 스토이카가 각각 취임했다. 체아우셰스쿠는 독자적 경제 건설, 민족주의 견지, 신중한 민주화라는 '게오르기우-데지 노선'을 견지하면서 당내와 외교 두 측면에서 이 노선을 더욱 발전시켜 체아우셰스쿠 노선을 확립했다. 같은 해 7월에 열린 루마니아노동당PMR 제14차 대회는 당명을 루마니아공산당PCR으로 바꾸고, 당 제1서기 직명을 서기장으로 복원했다. 체아우셰스쿠는 "공업화야말로 독립과 국가 주권을 보증하는 결정적 요소이다"라고 주장했다. 대회에서 채택된 신헌법은 국명을 루마니아인민공화국에서 루마니아사회주의공화국으로 바꾸었다. 이와 함께 전후 해방 시기에 소련의 역할을 강조한 헌법 전문을 모두 삭제하고, 1964년 당 성명 기조를 받아들였다. 신헌법은 같은 해 8월 20일 의회에서 통과되어 공포되었다. 또 대회는 국민총생산 연평균 10.5퍼센트 성장을 목표로 한 신新5개년 계획(1966~1970)을 채택했다(이정희 2005, 541~542).

이와 같은 정치 정세 급변과 독자적 경제개발 계획 추진 과정에서 노동조합운동의 두드러진 역할과 기능은 명확히 드러나지 않았다.

7. 불가리아

불가리아의 친소 노선

1956년 4월에 열린 당 중앙위원회에서는 개인숭배를 장려한 체르벤코프 수상에 대한 심한 비판이 제기되었다. 같은 달 14일에는 코스토프가 '과실 없음'이라는 판결에 따라 명예를 회복했으며, 같은 달 17일에는 체르벤코프가 수상 자리를 안톤 유고프에게 넘겼다. 체르벤코프는 부수상이 되었으며, 당 정치국원의 자리는 보유하면서 유고슬라비아와의 관계 개선 방침을 세웠다.

불가리아는 헝가리처럼 큰 혼란을 겪지 않았다. 숙청된 사람들의 명예가 일찌감치 회복되었다는 사실 말고도 인민의 사회적 불만이 그다지 심각하지 않았다는 점, 행동하는 지식인이 상대적으로 적었다는 점, 반소 분위기가 심각할 정도는 아니었다는 점 등이 그 원인으로 작용했다. 그러나 비스탈린화가 진행되는 가운데 작가·언론인·지식인 그리고 소피아의 당 조직 일부가 민주화 요구를 제기하자, 정부는 지나친 개인숭배 비판에 대해서는 통제를 가하기 시작했다(木戸蓊 1977, 355).

헝가리 봉기가 일어난 뒤 불가리아에도 강경 노선이 실행되었다. 1957년 7월에는 이른바 국내파였던 게오르기 찬코프, 도브리 텔페세프, 욘코 파노프가 당 중앙기관에서 해임되었다. 1958년 6월에 열린 제7차 당대회에 흐루쇼프가 참석해 불가리아 당의 성과를 높이 평가했다. 여기에 고무된 지브코프 제1서기는 소련과 '영원한 우정'을 서약했으며, '부르주아 이데올로기와 대결 투쟁'할 것을 선언했다. 대회에서 채택된 제3차 5개년 계획(1958~1962년)은 같은 해 가을에 더욱 야심 찬 계획으로 바뀌고, 중국에서 시행된 대약진 정책이 공공연하게 채택되었다. 1960년에는 농촌 경지면적의 98.9퍼센트가 사회주의적 집단농장으로 전환되었다(이정희 2005, 548).

1950년대 말부터 불가리아도 대담한 공업화 정책을 추진했다. 이러한 정책이 경제상호원조회의나 소련의 이해관계와 충돌하지 않은 것은 전통적인 친소 감정, 천연자원 부족 때문에 귀결된 대소련 의존도 증대, 그리고 민족주의파 또는 국내파가 세력을 상실했다는 점, 나아가 소련과 경제상호원조회의가 발칸에 남아 있는 유일한 거점에 전례 없는 원조를 제공하게 되었다는 점 때문이다(木戸蓊 1977, 365).

1961년 소련공산당 제22차 대회에서 제2차 스탈린 비판이 이루어진 뒤, 불가리아에서도 12월에 체르벤코프가 당 정치국에서 물러났으며, 1962년 제8차 당대회에서 제명되었다. 또 이 대회에서 유고프 수상이 체르벤코프에 동조했다고 하여 해임되었고, 지브코프 당 제1서기가 수상을 겸임하게 되었다. 유고슬라비아와의 관계도 개선되었다. 이러한 동향은 모두 흐루쇼프 정책에 순응한 결과였으며, 정책 측면에서 독자적인 발전을 수행한 것은 아니었다.

지브코프 노선은 소련 노선에 맞추어 1961년에는 알바니아를 비판했으며, 반중국 노선을 명백히 하는 한편 다시금 유고슬라비아와의 관계 개선을 추진했다. 1965년 4월 반정부 음모 사건, 이른바 '4월 사건'이 발생했다. 5월에 지브코프 당 제1서기 겸 수상이 발표한 바에 따르면, 외무부 아시아 국장 크루시데프와 수도 소피아 지구의 군사령관 아네프 장군, 그리고 여러 명의 당과 군 고관이 체포되었다. 정부는 음모가 친중국 성격을 띠고 있음을 암시했으나, 서방 측은 실제로는 전년도 10월 흐루쇼프 실각 이후 흐루쇼프와 밀착해 온 지브코프에 대해 불만을 가지고 자주 노선을 요구하는 그룹이 음모를 계획했을 것으로 추정했다. 이 사건 뒤, 소련에서 소련공산당 중앙위원회 정치국원 겸 서기이며 최고회의 연방회의 외교위원장이었던 미하일 수슬로프가 소피아를 방문해 불가리아를 두고 '배타적 애국주의'chauvinism라고 비난하는 연설을 했으며, 지브코프는 소련과 견고한 결합을 유지하겠다고 밝혔다(이정희 2005, 548~549).

생산위원회 설치

지브코프 정권은 이 사건 뒤, 국내에서 일고 있는 불만을 누그러뜨리기 위해 한층 더 유연한 정책을 펴 나가면서 1965년 12월에는 생산위원회라는 노동자 대표기관 설치를 특징으로 하는 신경제 제도를 전면적으로 실시할 것을 결정했다. 1966년에는 의회의 역할을 확대하는 방향으로 법이 개정되었고, 지방선거에서 비밀투표가 도입되는 등의 조치가 이루어졌다. 문화 면에서도 자유주의적인 자가로프가 작가동맹 대표로, 마노프가 부대표로 선출되었다. 그러나 1968년 이후 이데올로기 투쟁을 강화하는 캠페인이 다시 전개되었다(木戸蓊 1977, 366).

8. 알바니아

알바니아와 중국

1956년 2월 스탈린 비판 이후, 알바니아에서 일어난 정치적 동요가 더욱 확대되었고, 4월에 열린 티라나 당 회의와 5월에 열린 노동당 대회에서 당 제1서기 호자에 대한 비판이 공공연하게 행해졌다. 당대회에 출석한 소련 대표는 부수상을 역임했다. 처형당한 조제의 명예 회복이 요청되었으나 호자는 이러한 요청을 거부하고 조제의 처형 및 야코바와 스파히우 추방의 정당성을 대회에서 확인함과 동시에 친유고슬라비아 경향을 지닌 파나요트 플라쿠 장군을 새롭게 당에서 추방했다. 또 같은 해 11월 말에는 반反호자 음모를 기도했던 파르티잔 시대의 여성 투사 자유 게가와 그의 남편 달리 은드레우를 체포, 처형했다.

　1958년 소련과 동유럽 국가들이 유고슬라비아 강령 비판 캠페인을 전개하자, 알바니아는 열성을 가지고 참가했으나 가장 격렬한 반티토 논조를 띤 중국 견해에 동조했다. 중국과 알바니아는 1958부터 1959년에 걸쳐 국방 장관의 상호 방문과 경제 관계 확대 등 친밀한 관계를 이어갔다.

한편 알바니아와 공동보조를 취하기 위한 노력의 일환으로서 1959년 6월 알바니아를 방문한 흐루쇼프는 알바니아의 농업생산 증강과 소련 해군 기지 증설 등을 요청했는데, 호자는 이와 같은 요청을 거부했다(木戶蕃 1977, 357).

알바니아의 이러한 노선 전환은 1961년 들어 소련과의 외교·이념적 단절을 불러왔다. 알바니아가 국제무대에서 소련의 영향권으로부터 벗어난 데에는 중소 대립의 표면화와 중국과 긴밀한 관계 형성이라는 배경이 있었다.

1961년부터 1964년에 이르는 기간에 알바니아의 가장 심각한 과제는 소련의 경제원조 계획이 두절된 뒤, 그것에 따른 경제 위기를 타개하는 것이었다. 1964년부터 중국이 경제원조를 본격화하게 됨으로써 알바니아의 경제 상황은 어느 정도 안정을 되찾았다. 1961년 중국이 알바니아와 무역 협정을 체결해 1억1,200만 달러의 차관을 제공하고 그 밖에도 광범위한 기술 원조를 실시했다. 1960년부터 1962년까지 3년에 걸쳐 대소련 무역액은 각각 35억 루블, 22억 루블, 130만 루블로 감소한 데 비해 대중국 무역액은 4억 루블, 11억 루블, 27억 루블로 증가했다.

1961년 10월, 소련공산당 제22차 대회에서 흐루쇼프는 알바니아 지도 자들이 국제 공산주의 운동의 공동 노선에서 이탈해 개인숭배를 존속시키고 있을 뿐만 아니라 국내에서 우수한 당원들을 잔혹하게 탄압하고 있다고 비판했다. 이러한 비판에 대해 알바니아노동당은 성명을 발표해 흐루쇼프가 알바니아를 중상·압력·협박하고 있으며, 국제 공산주의 운동의 단결을 파괴하고 있다고 주장했다. 이와 함께 호자 지도부를 지지하는 대중 집회가 전국적으로 조직되었다.

　결국 1961년 11월 소련이 알바니아와 단교한 데 이어 12월부터는 다른 동유럽 나라들도 소련의 움직임에 발맞추어 잇따라 단교를 했다. 이에 대응해 알바니아는 1962년 6월부터 경제상호원조회의와 바르샤바조약기구WTO 회의 참가를 거부했다(木戸蓊 1977, 359).

4장

아시아 국가의 노동운동

인도네시아가 반(半)식민지·반(半)봉건국가로부터

독립·민주·선진적 국가로 변화하는 데서 제기되는

그 가장 기본적인 문제는

봉건지주와 매판 정부를 인민의 정부,

즉 인민민주의 정부로 바꾸는 일이다.

인민정부는 과거 역대 정부와는 달리 완전히 새로운 정부이며,

인민대중이 이끄는 정부이고 완전한 민족독립을 실현하는 정부이며,

노동자계급의 지도 아래 노농동맹을 기초로 하는 민족통일전선 정부이며,

우리나라 경제의 후진성에 비추어

이 정부는 프롤레타리아독재 정부가 아니라

인민독재 정부라고 할 수 있다.

_1954년 3월 인도네시아공산당 제5회 대회 강령
(谷川榮彦 1971, 40)

1. 중국

백가쟁명과 반우파 투쟁

중국에서는 '과도기 총노선'이 내걸었던 농업과 상공업에 대한 사회주의적 개조가 1956년 거의 일단락되었다. 이러한 성과와 스탈린 비판이 겹치는 정세에서 1956년 9월, 중국공산당은 제8회 당대회(정식 명칭은 중국공산당 제8회 전국대표대회)를 열었다. 대회가 채택한 '정치 보고에 대한 결의' 내용을 간추리면 다음과 같다. 사회주의 개조가 결정적 승리를 거두었으며, 프롤레타리아트와 부르주아지 사이의 모순은 기본적으로 해결되었다. 또 현재의 주요한 모순은 선진적인 사회주의 제도를 확립하는 데서 생산력 수준이 뒤처져 있다는 사실이다. 따라서 당과 전국 인민의 중대한 임무는 우리나라를 낙후된 농업국가로부터 선진적인 공업국가로 변환하는 일이다. 여기서는 생산의 발전이 대단히 중요하기 때문에 지금까지와 같은 인민대중 동원을 통한 투쟁으로서가 아니라, 인민의 민주 확대와 법제 확립이 필요하다. 다만 경제발전은 여러 가지 객관적 제약을 고려해 지나치게 빠른 속도로 매듭 짓는 것과 같은 모험주의의 오류를 범해서는 안 된다.

당 규약을 개정하면서는 개인숭배 반대 방침에 따라 '마오쩌둥 사상을 당의 모든 활동 지침으로 삼는다'는 구절이 삭제되었다. 대회에서는 중앙위원 170명이 선출되었고, 대회 바로 뒤에 열린 새로운 중앙위원회 총회에서는 마오쩌둥이 중앙위원회 주석으로 다시 선출되었다. 류샤오치, 저우언라이, 주더, 천윈이 부주석에, 덩샤오핑이 총서기에 선출되었고, 이 6인으로 정치국 상무위원회가 구성되었다.

마오쩌둥 사상이란 마르크스-레닌주의와 중국혁명 실천을 통일한 중국의 공산주의를 의미하는 것으로, '주관 능동성', '대중 노선', '인민을 위한 봉사'를 주요 내용으로 한다. 주관 능동성이란 사람이 객관적 세계를 인식하고 개조하는 주관의 능동적 작용을 말하며, 마오쩌둥은 사회 개조에서 이 주관성이 갖는 힘을 강조했다. 여기서 말하는 대중 노선이란 대중의 주관능동성을 중요시하는 관점에 기초해 혁명 과정에서 대중의 이익과 처지에 서서 대중을 위해 행동하는 것, 즉 '대중 속에서 대중 속으로'를 방침으로 정한 당의 노선이다. 그리고 인민을 위한 봉사란, 당원은 인민을 위해 봉사하는 존재가 되지 않으면 안 된다는 원칙에 따라 당원은 모름지기 높은 도덕성을 갖추어야만 한다는 것이다(奧保喜 2009, 238).

제8회 당대회에 앞서 1956년 4월에 열린 당 지도부 회의와 5월 초에 열린 정부 관계자 회의에서 마오쩌둥이 행한 '10대 관계론'이라 부르는 보고는 국내 정책 전반을 총괄하는 문서였다. 경제 면에서는 공업과 농업, 중공업과 경공업, 군수산업과 민수산업, 국영 또는 집단경영과 개인경영, 연해와 내륙, 중앙과 지방 등 서로 다른 경제 요소의 균형을 중요시한 비교적 온건한 사회주의 노선을 취했으며, 여기서 제시된 방향성은 제8회 당대회에서 채택되었다.

한편 마오쩌둥은 중국공산당과 '민주당파들' 사이의 장기 공존과 상호 감독을 강조하고, 지식인과 언론의 자유를 인정하는 가운데 '백화제방百花齊放·백가쟁명百家爭鳴', 즉 쌍백을 제창했다. 이것은 '온갖 꽃이 함께 피어나고 많은 사람들이 제각기 주장을 편다'는 의미이다. 이러한 방침은 학술·문화의 발전을 촉진하고 당 바깥에 있는 사람들의 여러 가지 제언이나 비판을 수용함과 동시에 사람들의 불만을 해소하게 만드는 방책의 하나였다. 문학에서는 당시 중국 현실을 비판하는 소설이 발표되기도 했고, 경제학에서도 마르크스주의 경제학 이외 학파의 연구 방법을 배우기도 했다(구보 도루 2013, 104~105).

1957년 3월에 열린 당 전국공작회의에서 마오쩌둥은 공산당에도 결점이 있음을 지적하고, 비판을 결코 두려워해서는 안 된다고 주장했다. 또 여러 가지 견해차에 따른 논쟁이나 상호 비판을 활발히 전개하도록 하며, 잘못된 견해에 대해서는 윽박질러 따르게 할 것이 아니라 설득하고 도리를 설명해 따르게 해야 한다고 역설했다. 이와 같은 방침에 따라 같은 해 4월 당 지도부는 중국공산당의 관료주의, 분파주의, 주관주의를 극복하기 위한 '정풍 운동'을 실행하라는 지시를 내렸다. 한 걸음 더 나아가 4월 말 마오쩌둥은 민주 경향 당파들의 지도자와 무당파 지식인들을 초청해 간담회를 갖고 당이 추진하는 '정풍'에 대한 원조를 요청했다.

이렇게 해서 겨우 당 외 지식인들이 5월부터 발언을 하기 시작해, 백화제방·백가쟁명이 일어나게 되었다. 정풍 운동이 전개되는 가운데 민주 당파나 지식인들이 공산당에 대해 격한 비판을 행했다. 비판은 당의 결점을 지적하는 데 그치지 않고, 공산당의 지도적 역할(권력 독점)이나 사회주의 그 자체를 부정하는 의견들도 표명되었다. 예상을 뛰어넘는 비판의 확산에 놀란 공산당 지도부는 다시 정치사상 통제를 강화했다.

1957년 6월 마오쩌둥과 공산당 지도부는 공산당의 지도권을 부정하는 '우파 분자'는 허용하지 않겠다고 선언하고, 8월까지 '반우파 투쟁'이라 부르는 맹렬한 정치운동을 전개했으며 운동은 1958년 전반까지 계속되었다. 이 과정에서 당을 비판했던 수많은 사람들이 심한 박해를 받았다.

마오쩌둥은 소유의 면에서는 사회주의화가 이루어졌으나, 이데올로기 면에서는 사회주의와 자본주의 사이의 판가름이 끝나지 않았다면서 계급투쟁을 지속할 것을 강조했다. 반우파 투쟁은 계급투쟁의 일환이라는 논리이다. 마오쩌둥은 중국의 지식인은 구 소유 제도, 즉 제국주의·봉건주의·관료주의·민족주의 및 소생산자적 소유 제도에 얽매여 있으며, 부르주아지에 속하는 지식 분자이므로 프롤레타리아트 지식 분자로 개조할 필요가 있다고 주장했다. 같은 시기에 국가에 대한 당의 지도도 한층 더 강화되었다. 모든 행정 기관이 당 위원회의 직접 지시에 따르는 체제가 이루어졌다. 1958년 6월 당 중앙은 중앙정치국과 서기처 직속의 재정·경제, 정치·법률, 외교, 과학, 문교의 5개의 소위원회를 구성하고, 각 위원회가 관할 정부 부문을 직접 지도한다고 통고했다(奧保喜 2009, 240).

중국과 소련의 대립 격화

중화인민공화국은 건국 초부터 '강국'強國을 지향했으며, 미국의 공격을 억지할 정도의 군사력 배양을 목표로 삼았다. 그리하여 1950년대 후반에는 중국과 소련의 대립이 시작되었는데, 그 요인의 하나가 군사 강국을 목표로 한 중국의 핵무장 문제였다. 중소 대립의 다른 큰 원인은 노선 불일치였고, 그것은 1956년 2월 소련공산당 제20회 대회에서 드러났다. 제20회 대회에서는 '평화공존론', '세계전쟁가피론', '사회주의 이행 다양성'을 내세워 스탈린 비판을 행했다. 중국공산당은 이러한 노선에 동조하지 않았다.

1956년 들어 중국공산당 지도부는 원자폭탄과 전략 미사일 개발을 '국방 근대화'의 주요 사업으로 설정하고, 8월에는 소련에 대해 미사일 기술 원조를 요청했다. 다음 해인 1957년 10월, 중국은 소련과 '국방 신기술에 관한 협정'을 비밀리에 체결했다. 소련이 원자폭탄과 미사일 샘플, 관련 기술 제공을 약속한 협정이었다.

한편 1957년 11월에는 러시아 10월 혁명 40주년 기념축전을 맞아 모스크바에서 '제1회 세계공산당회의'(모스크바 회의)가 열렸다. 이 회의에 중국 대표단을 인솔해 참가한 마오쩌둥은 세계정세는 '동풍이 서풍을 압도하고 있다'고 주장하면서 사회주의의 힘이 제국주의의 힘에 비해 압도적으로 우위에 있다고 밝혔다. 미국 제국주의는 '종이호랑이'로 표현했다. 그리고 마오쩌둥은 핵전쟁은 인류의 진보를 결코 막을 수 없을 것이라고 주장했다. 마오쩌둥의 이와 같은 발언은 소련과 흐루쇼프의 '평화공존' 노선과 정면으로 배치되는 것이었다.

모스크바 회의에서는 의견 대립이 있었으나 타협이 이루어져, 모스크바 선언이 채택되었다. 선언은 '전쟁은 불가피하지는 않다'는 표현을 담았지만, "제국주의가 존재하는 한 전쟁 위험은 존재하고, 제국주의가 전쟁을 도발한다면 파괴되는 것은 제국주의뿐일 것이다"라고 지적했다(奧保喜 2009, 244).

이 무렵, 중국에서는 중국 경제의 급속한 발전을 목표로 한 계획이 구체화되기 시작했다. 1957년 10월 중국공산당은 '8기3중전회'(제8기 중앙위원회 제3회 전체회의)를 열고 신속한 사회주의 경제 발전에 관한 방침을 채택했다. 대약진 운동의 사실상의 시작이었다. 그리하여 1957년 겨울부터 다음 해인 1958년 봄까지 농촌에서는 댐 건설을 중심으로 한 수리 건설 운동과 농업 부문에 필요한 기술 개량 운동이 전개되었다. 또 8기3중전회에서 마오쩌둥은 프롤레타리아트와 부르주아지 사이의 모순, 사회주의로 향하는 길과 자본주의로 향하는 길 사이의 모순을 중국 사회의 주요 모순으로 규정했다.

이러한 정세 속에서 1959년 6월 20일, 소련은 1년 8개월 전에 체결한 '국방 신기술에 관한 협정'을 파기하는 내용의 서한을 중국에 보냈다. 같은 해 9월에는 흐루쇼프가 미국을 방문해 아이젠하워 대통령과 회담을 마치고 귀국하는 길에 중화인민공화국 건국 10주년 기념식전에 참석했다. 흐루쇼프는 베이징에서 마오쩌둥과 회담을 갖고 소련의 군사 협력과 자본주의국 가들과의 평화공존을 설득했으나, 회담은 아무런 성과도 이룩하지 못했다. 결국 중국과 소련 관계는 첨예한 상태로 악화되었다. 이러한 상황에서 중소 대립은 이념 논쟁으로까지 이어졌다. 중소 이념 논쟁에 대해서는 앞에서도 (제22부 3장) 설명한 바 있거니와, 여기서는 중국 측 관점에서 좀 더 덧붙여 살펴본다.

1960년 4월 중국공산당은 당 이론지 『홍기』에 "레닌주의 만세"라는 제목의 글을 게재했다. 유고슬라비아 공산당을 비판하는 형식으로 소련공산당을 비판한 논문이었다. 논문은 소련의 평화공존 정책과 사회주의로 가는 평화적 이행을 비판하면서, 현대 수정주의자들이 레닌주의를 부정하고 있다고 규정했다. 이와 같은 비판에 대해 소련공산당은 중국공산당을 직접 지목하지는 않았지만, 반론을 제기하면서 전쟁이 숙명적으로 불가피한 것은 아니라고 주장했다. 이로써 중소 논쟁이 사실상 본격화되었다. 이와 같이 중소 이념 논쟁이 진행되는 가운데 소련은 같은 해 7월 중국에 대한 경제원조를 중지하고 중국에 파견했던 소련인 기술자들을 불러들였다(奧保喜 2009, 250~251).

1962년 10월 쿠바 위기가 조성되었을 때, 중국은 다른 나라의 주권을 희생시키는 방법으로 제국주의와 타협하는 것은 단호히 반대한다는 주장을 폈으며, 같은 해 12월의 중국-인도 국경 분쟁 때는 시시비비를 가리지 않고 중립을 지킨 소련의 외교정책을 비난했다.

1963년 7월, 중국공산당과 소련공산당의 회담이 열렸다. 회담에 앞서 중국공산당은 '국제 공산주의 운동의 총노선에 관한 제안'이라는 제목의 서한을 소련공산당에 보냈다. 이 서한에서 중국공산당은 소련 노선을 전면에 걸쳐 비판했다. 이러한 비판에 대해 소련공산당은 회담이 진행되는 가운데 '당 조직들, 전 당원에 보내는 공개장' 발표를 통해 반론을 제기했다. 회담은 결렬되었고, 이후 중소 대립을 더욱 심화시킨 사건이 일어났다. 같은 해 8월 소련이 미국과, 그리고 영국과 '부분적 핵실험 금지 조약'을 맺은 것이었

다. 중국은 3국이 이 조약으로 핵을 독점해 중국의 국방 강화를 견제하게
될 것이라고 비난했다.

같은 해 9월부터 약 1년 동안 중국공산당은 '공개장'이나 '서한', 신문·기
관지의 사설 또는 논설을 통해 소련공산당을 공공연하게 비판했다. 상대방
에 대한 비타협적인 비판을 전개했다. 중국공산당은 1964년 7월 마지막 비
판 논문 "흐루쇼프 사이비공산주의자와 그 세계사적 교훈"에서 소련의 지
배권은 특권 계층이 장악하고 있으며, 프롤레타리아독재 국가가 흐루쇼프
수정주의 집단의 독재국가로 변하고 있다고 주장했다.

중소 논쟁의 주요 쟁점은 다섯 가지로 요약될 수 있다. ① 평화공존과 전
쟁이다. 소련공산당은 전쟁은 결코 불가피한 것이 아니며, 핵 시대의 세계
전쟁은 인류의 존속에 치명적이기 때문에 저지되지 않으면 안 되고 이를 위
해 평화공존이 무엇보다 중요하다고 했다. 중국공산당은 세계대전도 다시
발발할 수 있기 때문에 여기에 대비할 필요가 있으며, 세계전쟁을 피한다는
구실로 미 제국주의와 타협해서는 안 된다고 주장했다. ② 스탈린 비판이
다. 소련공산당은 스탈린을 거의 전면적으로 부정했으나, 중국공산당은 스
탈린은 과오도 범했지만 위대한 혁명가라고 평가했다. ③ 자본주의국가들
의 혁명 문제이다. 소련공산당은 평화적인 혁명의 가능성을 인정하지만, 중
국공산당은 평화 혁명의 가능성은 부정하고 폭력 혁명에 대한 견해를 고집
했다. ④ 사회주의국가 문제이다. 소련공산당은 소련을 전인민의 국가로 규
정했지만, 중국공산당은 공산주의에 이르기까지 장기간에 걸친 계급투쟁이
존재한다고 주장했다. ⑤ 사회주의국가들의 상호 관계이다. 소련공산당은
단결과 상호 협력을 강조한 반면, 중국공산당은 경제협력이라는 명목으로
소련이 대국주의를 견지하고 있다고 비판하면서 '자력갱생'을 강조했다(奥
保喜 2009, 251~252).

중국-인도 국경 분쟁과 중간지대론

이와 같이 중소 대립이 지속되는 가운데, 중국은 '중간지대론'이라 부르는 독자 노선을 표명했다. 여기서 말하는 중간지대란 미국과 사회주의 진영 사이의 지역을 말한다. 중간지대 가운데 신구新舊 식민지와 개발도상국을 '제1중간지대'로 규정하고, 서유럽·캐나다·오스트레일리아·일본을 '제2중간지대'로 지칭했다. 중간지대론의 핵심은 제1중간지대를 중심으로 제2중간지대를 끌어들여 주적인 미 제국주의의 고립을 꾀하는 것이다. 말하자면 미 제국주의에 반대하는 국제 통일전선을 형성하는 것이 목표이다. 중국은 중간지대론을 내세워 세계 각지의 반제국주의 민족투쟁에 적극적으로 참가하고, 아시아·아프리카·라틴아메리카 국가들에서 전개되는 민족운동에서 주도권을 행사하고자 했다. 중소 대립이 격화되는 가운데 구상된 중국의 반미 국제 통일전선은 소련 배제를 전제한 것이었다(구보 도루 2013, 150~152).

한편 중국과 인도는 1954년 4월에 체결한 '티베트에 관한 중국-인도 조약'에 따라 국경선을 존중하고 영토 주권의 상호 존중, 상호 불가침, 평화공존 등의 평화 5원칙을 준수했다. 그러다가 1959년에 발생한 '티베트 반란'에 대해 중국이 강경하게 대처하느라 인도 영토로 간주되는 지역으로 중국군이 진출하는 바람에 중국과 인도의 관계가 악화되었다. 1959년 9월에는 국경 부근에서 중국과 인도 양국 사이에 무력 충돌이 발생했으며, 10월부터 시작된 국경 교섭도 암초에 부딪쳤다.

1961년 12월, 인도 정부는 국민의 지지를 다지려는 의도로 고아에 진주했다. 이러한 움직임에 대응해 중국은 1962년 7월부터 네팔과 부탄 사이 국경지대에 대한 경계 조치를 강화했다. 결국 10월 20일부터 11월 하순까지에 걸쳐 중국군과 인도군 사이에 대규모 군사 충돌이 일어났다. 고아 일대에 인도가 군사 거점을 구축한 것에 대항한 '자위 반격전'이었다는 것이 중국 쪽 주장이었다. 거의 사람이 살지 않는 해발 4천 미터급 산악지대에서 벌어진 군사 충돌이었다. 여기서 인도군을 압도한 중국은 일방적으로 정전을 선언하고는, 서부 국경지대는 계속 점령하면서 동부에서는 인도가 국경이라고 주장한 맥마흔 라인McMahon Line[1] 북쪽으로 철병하여 두 나라 사이의 국경 분쟁은 진정되었다.

중국과 인도의 국경 분쟁에는 중국과 소련의 대립 문제도 얽혀 있었다. 신흥 독립국이자 남아시아의 대국이기도 한 인도를 자국의 영향 아래 두고자 했던 소련은 미국의 원조 정책에 대응해 1950년대부터 적극적으로 경제·군사 원조를 해 왔다. 그러한 이유 때문에 중국과 인도 사이에 분쟁이 일어났을 때에도 소련은 중국 쪽 주장을 인정하지 않았으며, 대화를 통한 해결을 촉구하면서 인도에 대한 원조를 멈추지 않았던 것이다. 이러한 소련의 움직임에 대해 중국은 크게 반발했다(구보 도루 2013, 153~155).

대약진 운동

1958년 5월에 열린 중국공산당 제8회 당대회 제2회 회의는 '사회주의 건설의 총노선'을 결정하고, '대약진 운동'을 당의 노선으로 설정했다. 이 총노선은 인민대중의 적극성을 동원하는 것, 집단소유제를 발전시키는 것, 중공업의 우선적 발전을 전제로 농업과 공업을 동시에 발전시키는 것, 중앙 공업과 지방 공업을 동시에 발전시키는 것 등을 주요 목표로 설정했다. 이와 같은 목표를 실현해 가능한 한 빨리 근대적인 농업·공업·과학·문화를 갖춘

1_1914년 티베트 정부와 영국령 인도제국 사이에 체결된 국경으로 영국 전권대사 헨리 맥마흔의 이름을 딴 것이다.

사회주의국가를 건설하는 것이 대약진 운동이다.

대약진 운동에서 추진한 생산 증대 계획은 철강과 식량을 중심으로 진행되었다. 1958년 8월에 열린 당 중앙위원회 정치국 확대회의는 1956년의 제2차 5개년 계획에서 620만 톤으로 설정했던 1958년의 철강 생산 계획량을 1,070만 톤으로 늘렸으며(1957년의 실적은 535만 톤), 1959년의 목표를 2,700만 톤으로 설정했다. 식량은 1958년에는 전년 대비 60~90퍼센트 늘어난 3억5천만 톤을 상정했고(1957년 실적은 1억9,500만 톤) 1959년 목표는 4억~5억 톤으로 늘려 잡았다(奧保喜 2009, 247).

이러한 대약진 정책과 더불어 추진된 것이 인민공사 정책이었다. 당 중앙위원회 정치국 확대회의는 합작사를 통합하는 대규모 집단화를 통해 '인민공사'를 조직하기로 결정했다. 하나의 인민공사는 통상 하나의 향鄕으로 구성되며, 규모는 2천 호로 정했다. 인민공사는 모든 생산수단을 소유하고 채산 단위가 되는데, 그것은 단순한 제1차 산업의 단위가 아니라 말단 행정 기구이며 상공업·교육·군사(민병) 기능까지 갖는다. 인민공사는 사회주의를 완성하고 공산주의로 이행하는 데서 가장 적합한 조직으로 규정되었다.

1958년 이후 철강 생산과 농지 수리 건설, 인민공사화 운동이 전국에서 추진되었다. 철강 증산 목표를 달성하기 위해 기존 철강 공장에 대한 설비 투자가 시행되는 한편, 전통적인 방법의 소형 제철로인 토법로土法爐를 만들어 철강 생산을 촉진하는 운동이 전국으로 확대되었다. 농지 수리 건설 운동에는 하루에 1억 명이 참가할 정도로 수많은 인원이 동원되었다.

인민공사의 경우, 전국 74만 개에 이르는 고급 합작사가 1958년 말까지 인민공사 2만6천 개로 개편되었으며, 그 평균 규모는 4,600호였다. 인민공사는 공사, 생산대대, 생산대라는 세 차원의 조직으로 구성되었다. 생산대와 생산대대는 1950년대 집단화 시기의 초급 합작사와 고급 합작사[2]에서 개편된 것이었다. 고급 합작사 소유의 토지, 역축役畜, 대형 농기구뿐만 아니라 농가 사유의 소형 농기구나 가축까지도 인민공사 소유로 되었다. 또 농가가 자주적으로 경영하는 농지는 폐지되고 집단경영 체제로 바뀌었다. 수확한 것은 각 개인 노동의 양과 질에 관계없이 인민공사 전체 인원에게 균등하게 분배되었다. 인민공사 구성원들은 일하는 날에는 아이들을 공동 보육소에 맡겼다. 식사는 각자의 가정에서가 아니라 마을의 공동식당에서 함께 했다. 인민공사는 학교와 양로원도 운영했다. 인민공사는 국가권력이나 당 권력이 농촌 곳곳에 들어가는 데 매우 유리한 조직이었다. 인민공사는 공동 소유와 공동 노동, 한 걸음 더 나아가 큰 지역의 공동 운영이나 식생활 등 사생활의 공동화라는 공동체주의를 실현했다(奧保喜 2009, 248).

이와 같은 대약진 운동의 주요한 사업들은 계획한 대로 성공을 거두지는 못했다. '100만 기의 용광로를 6천만 인민이 건설한다'는 슬로건은 조악한 품질의 공업제품을 산더미처럼 생산하는 결과만 낳았다. 작업장, 공산당 조직, 협동조합, 가계 등이 뒤엉킨 복잡한 경영구조에서는 일관된 경제활동을 위한 관리조직governance이 확립되기 어려울 수밖에 없었다. 농업 부문에서는 많은 농민들이 인민공사 제도의 분배 평균주의와 공동 식당에 대해 강력히 반발했으며, 생산 의욕의 저하와 사보타주가 일어났다. 더욱이 철강 생산 운동 때문에 농촌에서 노동력 부족 사태가 빚어지기도 했다(猪木武德 2009, 160).

2_토지개혁과 더불어 농업 합작화 정책이 시행되었는데, 구 중국에서 시행되어 왔던 공동 작업을 위한 자발적인 협력 형태에 기초해 각자의 소유권은 유지하면서 평균 5~8호로 구성되는 호조대가 시행되었으며, 개인 소유권은 인정되지만 합작사의 공동 관리에 위임하는 반(半)사회주의적인 형태인 초급 합작사가 구성되기 시작했다. 이와 함께 가옥, 텃밭, 소규모의 농기구에 대한 사유는 인정되지만 생산과 노동, 분배가 사회주의 원칙에 따라 이루어지는 고급 합작사가 조직되었다.

그리하여 대약진 운동이 당초에 상정했던 목표는 달성되지 못하고 대폭 하향 조정되었다. 1960년 들어 자연재해까지 겹쳐 곡물 생산은 40퍼센트 감소했으며, 중국은 20세기 최대의 대기근을 맞았다. 1960년 1년 동안 1천만 명이 굶어 죽었으며, 1959~1961년 3년 동안 1600만~2,700만 명이 아사한 것으로 추산되었다(Lin 1990, 98; 猪木武德 2009, 160에서 재인용). 1958년까지 경제성장률이 6퍼센트 정도로 추정되었던 중국 경제는 정체기에 접어들었다. 1960년대 초두 중국 경제는 위기 상황을 맞이했고, 이 위기를 더욱 심화시킨 것이 소련과의 대립이었다. 결국 대약진 운동은 인민공사라는 조직만 남겨둔 채 실패로 끝났다.

중화전국총공회는 대약진 운동을 다음과 같이 평가했다. "강철 생산에 자극받아 일부 기초 공업도 비교적 큰 폭으로 성장했다. 국가의 물질·기술적 기초도 일부 강화되었다. 그러나 이러한 성과는 매우 큰 대가를 지불했다. 즉 매우 많은 인력, 물력, 그리고 재력이 투입되었고, 경제 효율은 매우 낮았다. 대중의 적극성도 심각하게 손상을 입었다. 공업·농업 생산과 전체 국민경제의 하락이 야기되었고 국민경제는 심각하게 균형을 잃었으며, 기업 관리는 혼란에 빠졌다. 종합하건대 대약진은 얻은 것보다 잃은 것이 더 많았다. 1960년에 이르러 국민경제는 매우 어려운 상태에 빠졌고, 당은 할 수 없이 대약진을 종결하고 국민경제의 조정 시기로 전환할 수밖에 없었다"(중화전국총공회 1999, 517).

국가정책과 당의 지시 이행에 치중한 노동조합운동

이 시기 중국에서 전개된 노동조합운동은 일관되게 국가정책을 수행하고 당의 지시를 이행하기 위한 다양한 형태의 운동과 활동을 벌였다. 이 과정에서 많은 오류가 지적되기도 했다.

대약진 운동의 실패에 따른 국민경제의 조정 시기에 중화전국총공회는 증산 절약 운동과 기술혁신·기술혁명 운동을 추진했다. 1959년 4월, 전국 인민대표대회 제2기 1차 회의는 전국 인민의 증산 절약 운동 전개를 호소 했고, 같은 해 8월 공산당 제8기 8중전회(중앙위원회 제8회 전체회의)는 '증산 절약 운동의 전개에 관한 결의'를 채택했다. 이러한 결정에 따라 노동조합 은 증산 절약 운동을 펼쳤다. 그러나 대약진이 끼친 악영향으로 각종 공급· 수요 관계가 균형을 상실했고 공업·광업 부문 기업의 원자재 부족을 비롯 한 여러 가지 원인으로 인해 노동자 대중의 생산에 대한 적극성은 효과적으 로 발휘되지 못했고, 증산 절약 운동 전개도 제한적이었다는 지적이다(중화 전국총공회 1999, 519~520).

1958년부터는 노동자들이 당 중앙위원회 호소에 따라 조작 기술 개선, 설비 개량, 생산품 설계 개선, 설비의 합리적 이용, 새로운 제품 설계와 생 산 등을 주요 내용으로 하는 기술혁신과 기술혁명 운동을 벌였다. 1960년 상반기에는 기계화와 반기계화, 자동화와 반자동화를 중심으로 하는 기술 혁신과 기술혁명 운동이 전국적으로 전개되었다. 그러나 이러한 운동은 '좌 경적 오류가 지배적인 상황'에서 추진되었기 때문에 여러 가지 한계와 문제 점들을 안고 있었다. 이를테면 여러 지역과 부문에서 제출한 지표나 구호가 현실에서 벗어나 과장과 형식주의를 내포하고 있었고, 객관적 조건을 고려 하지 않고 이른바 선진 기술을 맹목적으로 보급해 많은 물력·인력·재력을 낭비했다(중화전국총공회 1999, 521).

이와 함께 1958년부터 '기술혁신과 문화혁명을 향해 진군하자!'라는 당 중앙위원회의 호소에 따라 노동조합은 노동자들의 적극적인 문화·기술 학 습을 실시했다. 1959년 7월, 중화전국총공회는 노동자 교육의 일상 업무를 책임지고 처리하기 위해 교육부를 설치해 교육 사업에 대한 지도를 강화했다. 그러나 노동자 교육 사업을 진행하는 데서 과도하게 높은 목표 설정, 맹목적인 지도, 과장, 형식주의의 폐해가 존재했다. 또 기초 이론과 기초지식 학습이 소홀했을 뿐만 아니라 교과 과정과 내용이 단순화되고 학습 진도도 지나치게 빨라 학습의 질이 떨어지고 충실하지 못해 노동자들의 학습에 대한 적극성이 떨어졌다는 평가도 나왔다(중화전국총공회 1999, 524).

대약진 운동 기간에 노동조합운동은 '노조 소멸'과 같은 심각한 좌절을 겪었다. 1958년 3월, 당 중앙위원회는 '조직 문제에 관한 의견'을 통과시켰다. 그 내용은 이러했다. "노조의 업무를 간편하게 하고 기구를 간소화하며 사회주의 건설에서 노조의 적극적인 기능을 더욱 잘 발휘하게 하기 위해서, 각급 노조들은 반드시 동급 당 위원회의 지도를 위주로 하고 상급 노조의 지도를 받아야 한다. 각 성省급 노조 연합회는 성급 단위 총공회로 전환하는 개조를 고려할 수 있다. 산업별노조의 조직도 적절히 조정되어야 한다. 즉, 어떤 것은 남겨두고 어떤 것은 적당히 병합할 수 있으며, 어떤 것은 이름을 남겨두되 실제로는 각급 노동조합의 한 부분이 될 수 있으며, 어떤 것은 폐지될 수 있다"(중화전국총공회 1999, 527).

1958년 5월 26일부터 8월 15일까지 75일에 걸쳐 중화전국총공회 당조 제3차 확대회의가 열렸다. 이 회의에는 중화전국총공회의 각 부문, 각 산업별노조, 각 성급 단위 노조, 소수의 대규모 기층 노조, 전구專區와 현縣 노조 책임자 370명이 참가했다. 회의에서는 '중화전국총공회 당조 제3차 확대회의 결의'가 통과되었다. 이 결의에서는 전 중화전국총공회 주석 라이뤄위와 전 서기처 서기 동신董昕 등의 '오류'가 지적되었으며, 전국의 노조 간부들은 "반드시 우경 기회주의와 종파주의 오류의 영향을 철저하게 제거하고 당과 노조의 관계를 올바로 처리하며, 노조를 당의 지도 아래 두어야 한다"는 내용이 포함되었다. 또 결의는 "노조의 각급 조직은 실질적으로는 각급 당 위원회의 노조 사업 부서이며, 노조는 반드시 정치·조직·업무 등에서 완전히 당의 통일 영도에 복종해야 한다"고 했다(중화전국총공회 1999, 529).

이와 같은 결정에 따라 노조 사업은 크게 위축되었고, 이에 대한 비판이 여러 측면에서 제기되었다. "노조와 당의 관계와 관련해서는 노조에 대한 당의 지도와 노조 조직의 고유한 기능 발휘가 서로 대립적으로 파악되었다. 그 결과, 단지 노조는 반드시 당의 지도에 복종해야 한다는 것만 강조되었고, 노조의 대중성과 조직상 가져야 할 독립성은 제기되지 않았다. 노조와 대중의 관계에 대해서는 노조가 대중을 동원해 생산을 발전시키고 국가 이익을 보호하는 임무와 역할만이 강조되었고, 노조가 노동자 대중을 대표해 노동자들의 직접적인 이익을 보호하는 임무와 역할은 제기되지 않았다. 노조와 기업 행정 부문 관계에 대해서는 단지 노조가 행정 부문과 일치단결할 것만 강조되었고, 노조가 노동자들의 물질적 이익과 민주적 권리를 보호하고 관료주의와 위법, 그리고 기율 문란 현상에 대해 투쟁해야 한다는 것은 제기되지 않았다. 그 결과, 노조 간부들의 사상에 큰 혼란이 야기되었다"(중화전국총공회 1999, 530). 이 밖에도 산업별노조의 기능과 역할이 지나치게 약화되고 지역 노조의 적극성이 강조된 사실도 비판 대상이 되었다.

한편 1958년 전국에 걸쳐 강철 생산과 인민공사 운동이 한창 고조되었을 때, 여러 현에서 노조 조직이 폐지되거나 노조 명맥은 유지되더라도 실제로는 기능을 상실하게 되었다. 1958년 말 당시 11개 성과 자치구 588개 현에 대한 조사 통계에 따르면, 노조를 철폐한 현은 전체의 39.1퍼센트인 230개였다. 공식적으로는 노조가 폐지되지 않았다 하더라도 간부들이 다른 부서로 배치되거나 기구들이 합병됨으로써 노조 활동이 사실상 중단된 현의 수도 170개로 전체의 28.9퍼센트에 이르렀다. 나머지 현들의 경우에도 노조 소멸을 기다리고 있는 형세였다. 더욱이 도시 인민공사가 설립됨에 따라 중화전국총공회에서부터 각급 성 단위 총공회와 일부 대도시의 지방노조에 이르기까지 많은 노조 간부들이 차출되어 인민공사 사업에 종사하게 됨으로써 지도 역량은 인민공사에 치중하게 되고 노조 활동은 크게 침체되었다(중화전국총공회 1999, 533).

이와 같은 상황에서 1959년 6월 중화전국총공회는 성·시·자치구 노조 주석회의(주석단 확대회의)를 소집해 노조 소멸 문제와 그것과 관련한 사상과 인식의 문제를 논의했다. 회의에서는 노조가 조직 기능을 충실하게 발휘해 노동자 교육 사업, 대중 생활 사업, 노동보호 사업, 노조 조직 사업, 여성 노동자 가족 사업, 문화·체육 사업 등을 실시할 것에 대한 요구가 제기되었다. 회의는 노조 사업의 회복과 개선을 강조했다.

회의 이후 각급 노조들 사이의 연계도 차츰 강화되었고, 노조의 각종 활동도 활기를 띠었다. 그러나 노조 간부들의 사상은 여전히 속박받고 있어 그들의 적극성은 충분히 동원되지 못했다. 그에 따라 많은 노조 조직들은 제대로 기능을 발휘할 수 없었다(중화전국총공회 1999, 538).

1960년대 초두, 중국 경제는 위기 상황을 맞았다. 이 위기를 타개하기 위해 1961년 1월 당 중앙위원회 제8기 9중전회는 국민경제 운용에서 '조정·공고·충실·제고 방침'을 승인했다. 중앙위원회는 조정 시기에 농업의 대대적인 강화, 노동자 감축, 소도시 인구 축소, 기본 건설 축소, 중공업 발전 속도 조정 등 일련의 주요 정책을 결정하고 과감한 조치를 시행했다. 이 과정에서 노조 조직은 당 중앙위원회가 제시한 조정 임무와 요구를 실현하기 위해 노력을 기울였으며, 노동자들의 어려운 생활조건을 개선하기 위해 많은 지원 사업을 벌였다. 또 각급 노조는 노동자들의 사상·정치 사업과 문화·기술교육 사업을 전개했다. 이 밖에도 기층 노조 사업과 현 노조 사업을 강화하는 한편, 노조 사업 개선 활동을 추진했다. 중화전국총공회는 노조 사업 개선을 위한 다섯 가지 지침을 제시했다. 첫째, 노조 간부의 정책 사상 수준을 높인다. 둘째, 노조의 일상 사업을 착실하게 수행한다. 셋째, 민주집중제를 성실하게 관철 및 실시하고, 당의 대중 노선과 실사구시 태도를 고수한다. 넷째, 기층 노조 조직 건설을 강화한다. 다섯째, 노조의 의료·휴양 사업과 문화 사업, 재무 사업을 정비한다(중화전국총공회 1999, 557~558).

2. 인도

인도형 민주주의 체제

인도는 독립 국가 수립에 따라 새로운 정치 단계에 들어섰으며, 1950년대 동안에 인도형 민주주의 체제의 기초를 공고히 했다. 이러한 정치체제를 뒷받침한 것은 1950년의 인도 헌법 제정과 연방·주州 실현, 1956년의 언어별 주 재편, 그리고 1951년부터 추진된 5개년 계획이라 할 수 있다.

앞에서도(제21부 3장) 살펴본 바 있거니와, 1950년 1월 26일 인도공화국 헌법이 공포되었다. 인도 헌법은 국민이 소유한 주권, 연방제, 보통선거에 기초한 의회민주주의 등 민주주의 원칙을 고수했다. 이와 동시에 힌두교를 국교로 삼지 않고 정치와 종교의 분리주의를 채택했으며, 불가촉천민제를 폐지했다. 헌법 제정에 이어 총선거가 실시되어 상원Rajya Sabha과 하원Lok Sabha의 양원제 의회와 내각이 구성되었으며, 사법권이 독립되었다.

초대 수상 자와할랄 네루는 인도 독립 때부터 1964년까지 18년 동안 집권했다. 그는 1948년에 죽은 마하트마 간디의 실질적인 계승자로서 권위를 갖고 나라 안 많은 사람의 지지를 받았다. 그는 1952년 중앙·주 최초의 총선거와, 1957년과 1962년의 총선거에서 인도국민회의의 승리를 이끌었다. 이 시기 다른 정당들은 규모가 작았을 뿐만 아니라 지역 기반도 구축하지 못하고 있었다. 독립 달성 이후 인도국민회의는 정권 정당임에도 당원 공통의 이데올로기나 정책을 갖추지 못한 채 파벌로 나뉘어 다양한 이해를 대표했다. 그리하여 네루는 충분한 권력 기반을 장악하고 있었는데도 독재자가 되지 않았으며, 권력을 기반으로 한 부패 행위도 저지르지 않았다(Grenville 1994, 660; 奥保喜 2009, 316에서 재인용). 인도의 민주적 의회제도는 거의 단절 없이 유지되었는데, 이와 관련해서는 네루의 공적이 깊다고 평가할 수 있을 것이다.

이 시기 주요 정치적 과제의 하나였던 언어별 주 재편성이 이루어졌다. 이 과제는 독립을 이룩한 지 약 10년 뒤인 1956년 11월에야 비로소 실현되었다. 이 실현 과정에는 많은 우여곡절이 있었으며, 다민족 통일과 민족자결이라는 관점에서 본다면 언어별 주 재편성의 실현은 단지 제1보를 내디딘 데 지나지 않았다.

식민지 인도에는 크게 두 가지 형태의 행정조직이 있었다. 그 하나는 영국이 지배한 주였고, 다른 하나는 500개에 이르는 크고 작은 봉건적 토호국[3](번왕국藩王國)들이었다. 식민지 인도의 행정조직을 그대로 계승한 인도 공화국은 헌법 시행 이후 세 개로 분리된 행정구역, 즉 구 영국령 주, 구 토호국, 구 정청政廳 직할지를 개편하지 않을 수 없었다. 여기서 토호국의 처우가 분리 독립 문제에서 최대의 현안으로 떠올랐다. 분리 독립 때까지 대부

3_영국 식민지 시대 인도의 토후국(土侯國)을 말한다. 이들은 후기 무굴 시대부터 독립 또는 반독립 상태로 각지에 할거했으나, 영국이 인도 지배를 확립한 뒤에는 영지 병합(領地倂合) 또는 실권(失權)의 원리를 적용해 그 수를 줄였다.

분의 토호국들은 인도 자치령에 통합되었다. 남아 있던 구 토호국들은 대통령이 임명한 주지사의 방침에 따르지 않고 뒤에 언어별로 주가 재편성됨에 따라 폐지되었다.

언어별 주 재편성으로 인해 이와 같이 복합적인 구성을 가진 주 조직이 크게 변화하게 되었는데, 언어의 공통성을 기준으로 14개 주 6개 연방령으로 재편되었다. 언어별 주 재편성이 중요시된 이유는 역사적으로 인도에는 많은 민족과 많은 언어가 존재하고 있었기 때문이다. 언어별 주 재편성을 통해 주의 자치 기능을 높이고 그것을 통해 연방제 활성화를 촉진하려 했다. 그리하여 인도는 연방의회와 복수의 주 의회를 갖는 연방제 국가로서 새롭게 출범했다. 언어 주, 즉 언어를 같이 사용하는 사람들이 같은 주를 구성하는 것은 인도 인민의 오랜 요구였다(浜林正夫 외 1996, 126~127).

헌법 제343조는 힌디어를 인도 연방의 공용어로 설정했고, 헌법 시행 시점부터 15년 동안은 영어를 병용하는 것으로 규정했다. 또 345조는 주 공용어가 없을 경우에는 힌디어를 사용해야 하고, 동시에 영어를 사용하는 것을 인정했다.

그러나 인도 여당인 국민회의는 언어 주에 대한 요구는 충분히 이해하고 있었지만, 언어 주 재편에 대해서는 소극적이었으며 부정적 자세마저 취했다. 그 이유는 언어 주에 대한 인민의 요구가 독립을 전후해 격렬하게 제기되었고, 특히 남인도에 집중되었으며 언어 주 요구 운동을 공산당이 주도했기 때문이었다. 그러나 국민회의 정권은 1951년부터 공업화와 토지개혁을 목표로 5개년 계획을 추진하는 과정에서 주 재편성을 실시할 필요성을 절감하게 되었다. 경제개발의 계획적이고 효과적인 추진을 위해서는 주 행정의 일원화가 필수적이었기 때문이다.

이와 같은 과정을 거쳐 1956년 11월 주 재편성이 사용 언어를 규준으로 하여 실시되었다. 그리하여 새롭게 14개 주와 6개 연방 직할지라는 두 가지 범주로서 인도연방이 구성되었다. 인도는 다민족 국가이므로 언어 주 도입은 다민족 통일의 불가결한 전제였다. 그런 점에서 언어 주 실시는 독립 후 인도 정치에서 중요한 전환점을 이루었으나 여기에는 두 가지 문제가 있었다. 먼저 언어 주의 실현이 민족자치 주 또는 민족자결 주의 탄생을 반드시 의미하지는 않았다는 점이다. 인도가 형식상 연방제 국가이기는 하지만 극히 중앙집권적인 국가이고, 주 자결은 있지만 주 자치가 정치·경제적으로 많은 규제를 받고 있었기 때문이다. 다음으로 언어별 주 재편성이 실시되었는데도 봄베이 주나 편자브 주와 같이 두 언어 지역이 전과 다름없이 잔존하고 있었다는 점이다. 이를테면 봄베이 주의 경우 구자라티어 지역과 마라티어 지역으로 이루어져 있다. 두 주에서는 계속해서 단일 언어 주 수립에 대한 요구 운동이 계속 강하게 전개되었다(中村平治 1993, 210~211).

5개년 계획과 중공업화

1950년대 민주주의 체제를 뒷받침한 세 번째 기둥은 제1차 5개년 계획이다. 제1차 5개년 계획의 핵심 정책은 토지개혁과 공업화이다. 인도에는 독립 이후에도 강고한 지주제가 존속하고 있었다. 지주제 폐지 운동은 이미 식민지 시대에서부터 전개되어 왔는데, 독립을 계기로 토지개혁을 요구하는 운동이 한꺼번에 인도 전역에서 표면화되었다. 남인도의 텔랑가나에서는 농민들이 지주들의 토지를 차지해 해방구를 만들었으며, 정부가 군대를 출동시켜 이를 진압하는 사태까지 벌어졌다. 국민회의도 공업화·근대화를 추진하기 위해서는 부재지주나 기생지주를 없애고 중농이나 부농층을 강화해 농업생산을 증대시킬 필요성을 인정했다. 그리하여 1950년대 들어 북인도의 우타르프라데시 주를 시작으로 각 주의 전관專管 사항으로서 토지개혁이 착수되었다. 부재지주나 기생지주 폐지는 상당한 정도의 성과를 올렸으나, 많은 한계를 노정해 오늘날에 이르기까지 반봉건적인 토지소유 관계가 잔존하게 되었다.

5개년 계획의 핵심 정책의 하나인 공업화는 연방정부의 전관 사항으로 추진되었다. 공업화 계획에서 가장 중시된 내용은 정부 공기업 부문의 강화였다. 철강, 비료를 비롯한 화학, 전력 등 기간산업 부문을 정부 공기업 섹터로 육성하고 집중적으로 자본과 외국의 원조를 투입해 공업화 계획을 전면적으로 추진한다는 계획이었다. 이와 같이 정부 공기업 섹터를 중심으로 한 중화학공업화는 상당한 성과를 이룩했다. 그 배경으로 인도에서는 이미 식민지 시대부터 면업, 철강업, 제당업 등이 발달했다는 경제적 조건이 있었다. 5개년 계획은 정부 공기업 부문의 강화를 기본 축으로 하면서 동시에 식량·원료의 증산과 발전·운수 부문 등의 사회적 자본 강화도 함께 추진했다. 5개년 계획은 목표를 상회하는 성과를 이루었으며, 그런 성과는 제2차 5개년 계획을 위한 밑바탕이 되었다(浜林正夫 외 1996, 129~130).

제1차 5개년 계획에 이어 1956년부터 1960년대 중반까지 이르는 시기에 제2차, 제3차 5개년 계획이 시행되었다. 제2차 계획의 시작과 더불어 국민회의 정부는 1956년 4월 개정된 산업 정책 결의를 채택하고, 정책의 기본 구상을 명확히 설정했다. 신산업 정책 결의의 특징은 공기업 부문과 사기업 부문이 담당할 산업 분야를 구체화했다는 점이다. 중앙 정부에는 병기·원자력·철도운수 외에 광업·제조업·항공·전력이 지정되었다. 또 확대해야 할 분야로 알루미늄·공작기계·광물·운수가 지정되었다. 사기업 부문의 활동 분야도 명확하게 지정되었다. 나아가 1956년 결의는 산업 국유화를 전반에 걸쳐 보류했으며, 사기업이 최대한 자유롭게 발전을 추구할 수 있도록 규정했다. 사기업의 활동이 5개년 계획 목표와 일치하는 한 정부는 어떤 제약도 하지 않을 방침을 분명히 했다(中村平治 1993, 212~213).

경제계획의 특징으로서는 먼저 공기업 부문이 두드러지게 확대되었다는 사실을 들 수 있다. 제1차 5개년 계획 기간에는 공기업 부문 투자 총액이 156억 루피였고, 사기업 부문 총액은 180억 루피로서 사기업 부문이 공기업 부문을 상회했다. 그러나 제2차 계획 기간에는 공기업 부문 투자가 급속히 증가해 사기업 부문을 능가했다. 공기업 부문 투자 총액은 373억1천만 루피였고 사기업 부문은 310억 루피였다.

경제계획의 두 번째 특징은 중공업화 전략을 실현하기 위한 많은 액수의 자금을 외국 원조를 통해 조달하기로 했다는 사실이다. 그리하여 1950년대 후반부터 인도는 자본주의 진영과 사회주의 진영 양쪽으로부터 경제원조를 받아들였다. 마치 자본 투하의 경기장과도 같은 양상이었다. 제2차 계획과 제3차 계획 기간의 원조 이용액은 각각 144억 루피와 287억 루피였다. 제3차 계획 말년(1965년)까지의 원조 승인액을 나라별로 보면, 제1위인 미국의 원조 총액은 294억 루피로서 전체의 51퍼센트에 이르렀고, 제2위는 세계은행과 제2세계은행[4]이었다. 또 사회주의국가들의 원조 승인액은 전체의 11퍼센트였다. 1958년 8월에는 워싱턴에서 세계은행 주최 제1회 컨소시엄, 즉 대인도채권국(미국·영국·캐나다·서독·일본) 회의가 열렸으며, 그 뒤로 프랑스가 가담해 오늘날에 이르기까지 인도에 대한 원조를 이어가고 있다.

4_국제개발협회(IDA)는 1959년 국제통화기금(IMF)과 국제부흥개발은행(IBRD)의 연차 총회에서 신(新)국제 공여기관으로 설립이 승인되었다. 1960년 9월 설립해 11월부터 업무를 개시했다. 저개발 가맹국의 경제개발을 위한 장기 무이자 차관을 공여하는 것을 목적으로 한다. 이는 국제부흥개발은행의 활동을 보완하는 것이다.

한편 소련의 대인도 원조는 공기업 부문에 집중되었으며, 특히 제철 부문의 원조를 강화했다. 1955년 이후 소련은 인도 석유자원 개발을 위해 유전지대 탐지, 정유소 건설, 석유 판매망 설치에 크게 기여했다. 한 걸음 더 나아가 소련은 소련과 인도 사이의 통상 결제를 루피 통화로 할 수 있도록 승인해 주었다(中村平治 1993, 214).

그런데 제2차와 제3차 계획을 추진하는 과정에서 농업생산의 부진이 부정할 수 없는 사실로서 드러났다. 이에 따라 공업생산물 시장 확대는 만족스러울 정도로 기대하기 어렵게 되었으며, 1950년대 말부터 1960년대 초에 걸친 이른바 제2차 토지개혁도 소작인을 중심으로 한 농민 대중의 요구에 부응하기 어려웠다. 이에 따라 식량 수입이 다시 중요한 사항으로 떠올랐고, 1956년 8월에 국민회의 정부는 미국과 미국 공법 480호(약칭 PL480)에 기초한 '잉여농산물원조협정'에 조인했다. 이것은 미국산 밀 수입을 목적으로 한 것으로서, 대금은 루피 통화로 지불하고 이 돈은 미국 정부 명의로 인도은행에 적립되었다. 이 누적된 통화는 계속 증대되어 미국과 인도 사이의 정치 문제가 되기도 했다. 1973년 미국 정부는 인도에 대한 정치적 의사 표시로서 총액 300억 루피 가운데 약 절반 이상을 인출했고 나머지를 '문화 활동' 비용으로 충당했다.

이 시기에 인도는 중공업화 단계를 지향하면서 재생산 구조를 확립했지만, 자금과 식량의 대외 의존, 특히 대미 의존이 강화되었다(中村平治 1993, 214).

중국-인도 국경 분쟁

1959년 3월 10일, 티베트 라싸에서 반중국 폭동이 봉건 귀족의 지도 아래 발생했다. 티베트의 정신적 지도자 달라이 라마는 라싸에서 탈출해 동부 국경을 넘어 인도에 망명했다. 중국 정부는 티베트 폭동을 곧바로 진압했다.

티베트 반란과 달라이 라마의 인도 망명은 중국-인도 관계를 새로운 국면으로 이끌었다. 1954년 이후 중국과 인도 사이에는 국경 충돌 사건이 단속적으로 발생했다. 달라이 라마 망명 이후 국경지대에는 일련의 충돌 사건이 발생했고, 1960년에는 중국·인도 양국 정부가 몇 차례에 걸쳐 회담을 열고 현상 타개를 위해 노력했으나 결실을 얻지는 못했다.

1962년 10월 20일, 중국 측은 인도군이 중국 영토에 들어온 것을 구실로 삼아 전체 국경지대에 군대를 파견하고, 동부 지구(마그마혼, 라인지구)와 서부 지구(라다크 지방)로 일제히 진격했다. 중국은 이러한 진격이 중국 영토를 침입한 것에 대한 자위로서의 반격 행동이었다고 통보했다. 그리고 중국은 인도 측에 세 가지 사항을 제안했다. 인도가 실제 지배 선에서 20킬로미터 후퇴한다면 중국군도 인도 동의하에 맥마혼 이북으로 후퇴할 것이며, 그런 뒤 두 나라 수상의 회담을 개최하자는 것이었다. 인도는 이런 제안을 묵살했으며, 그런 가운데 인도군은 각 지역에서 패배를 거듭했다.

이런 상황에서 같은 해 11월 21일 중국 측은 국경 전체에서 자주적 정전과 철퇴에 관한 성명을 발표하면서 종전의 제안을 되풀이함과 동시에, 제안 촉진을 위해 세 가지 조치를 강구할 것을 선언했다. 첫째, 11월 21일 오전 0시부터 중국 변경 수비대는 중국-인도 국경 전체에 걸쳐 정전한다. 둘째, 12월 1일부터 수비대는 1959년 11월 7일 시점의 중국-인도 쌍방 사이의 실제 지배 선에서 20킬로미터 후방 위치로 철퇴한다. 셋째, 실제 지배선 내에 검문소를 설치해 민간 경찰을 배치한다.

중국 측의 이런 제안에 그다음 날인 11월 22일 네루는 의회에서 중국 측 정전을 확인했으며, 중국 정부 대변인도 성명을 통해 정전에 들어갔다고 발표했다. 11월 말, 저우언라이는 네루 앞으로 보낸 서한에서 정전을 계기로 문제 해결의 시발점을 찾자는 요지의 제안을 했으며, 실제로 국경에서 철퇴를 시작했다고 발표했다. 그러나 네루는 저우언라이 앞으로 보낸 서한에서 쌍방이 1962년 9월 8일 선으로 복귀할 것을 주장함으로써 다시 중국과 인도는 평행선을 걷게 되었다.

주장이 불일치한 데에는 그만한 까닭이 있었다. 중국 측은 서부 지구에 전통적인 국경선을 유지하고 있는 상태였고, 전체 라다크 지구는 인도령으로 되어 있으나 국경선이 확정되지 않았으며, 아커사이친 지방은 중국령이라고 주장했다. 1957년 중국은 티베트와 신장新疆 성을 잇는 아커사이친 지방의 자동차 도로를 완성했는데, 인도 측은 이 도로가 인도령 내에 부당하게 건설되었다고 주장했다. 또 인도가 동부 지구에서 맥마흔 라인을 국경선이라고 주장하는 데 대해, 중국 측은 1914년의 시무라조약 회담에 중국 정부 대표가 참가하기는 했으나 조약 자체에 서명을 하지는 않았다는 이유를 들어 이 같은 사실을 인정하지 않았으며, 국경은 정식으로 획정된 바 없다고 주장했다. 또 중국 측은 전통적 국경선은 브라흐마푸트라강 북쪽 연안이라고 주장했다.

중국-인도 국경 분쟁에 따른 인도 측 손해는 전사자 1,383명, 행방불명자 1,696명, 포로 3,986명이었으며, 중국 측 전사자는 인도 측 추정으로는 300~400명이었다(中村平治 1993, 223~225). 중국과 인도의 국경 분쟁은 인도의 정치·경제, 특히 비동맹 정치외교에 결정적인 영향을 미쳤다. 또 소련이 국경 분쟁에서 인도 옹호 정책을 일관되게 취함으로써 중소 대립의 한 가지 요인으로 작용하기도 했다.

인도-파키스탄 전쟁

독립 직후에 일어난 인도-파키스탄 전쟁은 카슈미르의 귀속을 둘러싸고 발발했지만, 국제연합UN의 중재로 카슈미르는 분할 상태로 남게 되었으며 독립 후 인도 정치의 불확정 요인으로 존속해 왔다. 이런 상황에서 아유브 칸은 쿠데타로 정권을 장악해 파키스탄 군사령관에서 일약 수상이 되었다. 파키스탄은 서방 진영에 가담해 중앙조약기구CENTO와 동남아시아조약기구 SEATO의 일원으로서 미국 정부로부터 군사·경제적 지원을 받았다. 아유브 칸은 파키스탄의 성능 좋은 신무기가 병력의 수적 열세를 보전할 수 있다고 확신했다.

한편 네루는 카슈미르 문제를 결정짓는 국민투표를 거부해 왔으며, 타협점을 모색하려는 미국과 영국, 국제연합 조정자들의 노력을 외면하고 카슈미르를 인도에 통합한다고 선포했다. 그동안 카슈미르에서는 휴전 위반 사건이 빈번하게 일어났으며, 드디어는 1965년 9월 6일 제2차 인도-파키스탄 전쟁이 선전포고도 없이 일어났다. 아유브 칸의 확신에 찬 기대와는 달리 전쟁으로 파키스탄 영토의 몇 개 지역이 인도군에 의해 점령되었다. 국제연합은 곧바로 행동을 개시했으며, 9월 20일 안전보장이사회가 정전 결의를 채택했다. 인도와 파키스탄 쌍방은 정전에 동의했다(조길태 2000, 565).

전쟁 시기와 그 후, 인도 국내의 힌두 지상주의자들은 인도의 무슬림에 대해 파키스탄의 스파이라고 공공연하게 비난했으며, 전쟁은 종결되었지만 무슬림 집단에 대한 일방적 제재나 약탈·방화·살인 사건이 끊이지 않았다. 국민회의가 내세운 비종교주의는 중대한 위기를 맞았다.

아유브 칸은 군사적 모험을 종용했던 외무부 장관 줄피카르 알리 부토를 해임하고 실추된 지도력을 만회하려 했다. 1967년 부토는 파키스탄인민당PPP을 창설해 야당 지도자로 다시 등장했다. 그는 국내에서는 사회주의

표 22-10 | 인도 노동조합 조직 현황

연도	노동자 수	등록 노조 수	결산보고서 제출 노조 수	결산보고서 제출 노조 조합원 수
1954~55		6,658	3,545	2,170,000
1955~56		8,095	4,007	2,275,000
1957~58		10,045	5,520	3,015,000
1958~59		10,228	6,040	3,647,000
1959~60		10,811	6,588	3,923,000
1960~61		11,312	6,813	4,013,000
1961~62	188,680,000*	11,614	7,087	3,977,000
1962~63		11,827	7,251	3,682,000
1963~64		11,984	7,250	3,977,000
1964~65		13,023	7,543	4,446,000

자료: *Indian Labour Yearbook*을 인용한 ILO 1999, *Organized Labour and Economic Liberalization India*에서 재인용.

주: * 노동자 수는 각각 1961년 수치임.

를, 대외적으로는 카슈미르의 자유와 중국·파키스탄의 협조를 슬로건으로 내세웠다. 다음 해에 부토는 대중을 선동했다는 이유로 구속되었다.

노동조합 조직 실태

1950년대 후반기부터 1960년대 전반에 이르는 기간에 진행된 정치적 격변 및 경제개발과 더불어 노동운동도 여러 과정을 거치면서 발전을 추구했다. 먼저 노동조합 조직 실태부터 살펴본다.

〈표 22-10〉에서 보는 바와 같이 1954~1955년의 등록 노조 수는 6,658 개이고 결산보고서 제출 노조 수는 3,545개이며, 결산보고서 제출 노조의 조합원 수는 217만 명이다. 1961~1962년의 경우, 노조 수 1만1,614개, 결산보고서 제출 노조 수는 7,087개이고 결산보고서 제출 노조 조합원수는 397만7천 명이다. 조직률은 2.1퍼센트에 지나지 않아 대단히 저조한 편이다. 1964~1965년의 경우 등록 노조 수는 1만3,023개이고 결산보고서 제출

표 22-11 | 인도 노동조합 전국 중앙 조직 현황

약칭	공식 명칭	출범일	국제 관계	조합원 수 (2002년 현재)	조합원 수 (1953년 현재)
AITUC	All India Trade Union Congress	1920.10.31.	세계노동조합연맹 창립 조직	3,360,213	758,314
	정치 성향	인도공산당(CPI)과 연계.			
TUCC	Trade Union Coordination Committee	1939년		732,760	
	정치 성향	인도국민회의에서 분리된 그룹이 1939년 창당한 전인도전진블록(All India Forward Bloc, 좌익 민족주의 성향)과 연계			
INTUC	Indian National Trade Union Congress	1947.5.3.	국제자유노동조합연맹 창립 조직	3,945,012	1,548,568
	정치 성향	인도국민회의와 연계			
HMS	Hind Mazdoor Sabha	1948.12.29.	국제자유노동조합연맹 창립 조직	3,338,491	804,337
	정치 성향	비공산당(비국민회의), 사회주의 성향			
UTUC	United Trade Union Congress	1949.5.1.		606,935	384,962
	정치 성향	1940년 창당한 혁명사회주의당(RSP)과 연계			
BMS	Bharatiya Mazdoor Sanh	1955.7.23.		6,215,797	
	정치 성향	인도국민당과 연계.			
AIUTUC (UTUC-LS)	All India United Trade Union Centre(United Trade Union Centre-Lanin Sarani는 2008년 3월까지의 이름)	1958.4.27.		1,373,268	
	정치 성향	UTUC에서 분리			
CITU	Centre of Indian Trade Unions	1970년	세계노동조합연맹 가입	2,678,473 11개 연맹 (홈페이지)	
	정치 성향	1964년 공산당에서 분리된 공산당(마르크스주의), 마르크스주의 공산당과 연계			
SEWA	Self-Employed Women's Association of India	1972년		966,139 (1998년 현재)	
	정치 성향	1920년 출범한 노조인 섬유노동협회(TLA)를 기반으로 한 조직			
AICCTU	All India Central Council of Trade Unions	1989년		639 962	
	정치 성향	공산당(마르크스주의)에서 1967년 분리된 그룹이 만든 인도ML해방공산당(CPI-ML Liberation)과 연계			
LPF	Labour Progressive Federation	1970.5.1.		611,506	
	정치 성향	인도 남부 타밀 나두에 기반한 노총 1949년 창당한 남부 지역 정당인 DMK(Dravida Munnetra Kazhagam)와 연계			
NTUI	New Trade Union Initiative	2006년		창립 시 300개 노조	
	정치 성향	좌파 성향, 정당과 연계는 없음			

자료: 인도 고용노동부(http://Labour.nic.in/welcome.html).

주: 정부가 인정한 노조 전국중앙 조직임.

노조 수는 7,543개이고 결산보고서 제출 노조의 조합원 수는 444만6천 명이다. 결산보고서 제출 노조 수가 등록 노조 수의 약 절반 정도임을 고려하면, 실제 조합원 수는 결산보고서 제출 노조 조합원 수의 약 2배가 될 것으로 추정된다.

노동조합 전국 중앙 조직은 앞에서(제21부 3장)도 기술한 바 있거니와, 〈표 22-11〉에서 보는 바와 같이 1955년까지는 전인도노동조합회의AITUC를 비롯해 노동조합통합회의TUCC, 인도전국노동조합회의INTUC, 전국노동조합센터HMS, 통일노동조합회의UTUC, 그리고 인도노동자단체BMS가 결성되어 있었다. 그 뒤로 전인도통일노동조합센터AIUTUC, 인도노동조합센터CITU, 인도여성노동자연합SEWA, 전인도노동조합중앙회의AICCTU, 노동진보연맹LPF, 신노동조합회의NTUI가 차례로 조직되어 2006년 기준으로 전국 중앙 조직은 12개로 나뉘어 있다.

인도 노동조합 전국 중앙 조직은 대부분 정당들과 연계되어 있어 완전한 형태의 정치적 독자성과 자율성은 확보하지 못한 상태였다. 이러한 노동 정치 구조에서 1957년 2월 24일 실시된 제2차 총선거에서는 노동조합 간부들이 연방 국회의원과 주 의회 의원으로 선출되는 기회를 얻었다. 전인도 노동조합회의는 노동조합 간부 출신 국회의원 9명과 주 의회 의원 32명을 냈다. 인도전국노동조합회의는 상원 의원 6명과 하원의원 14명, 주 의회 의원 32명을 당선시켰다. 전국노동조합센터와 통일노동조합회의도 국회와 주 의회에 의원을 진출시킬 수 있었다. 또 인도전국노동조합회의 소속 두 명이 연방 노동고용부 장관과 차관으로 지명되었다. 의회에 진출한 노동조합 리더들은 노동자들의 이해관계를 대변할 뿐만 아니라 조합원의 이해 범위를 뛰어넘어 전 국민적인 요구를 수렴하고자 했으며, 때로는 노동자의 관점에서 정부 정책을 신랄하게 비판했다(Sharma 1982, 135).

파업 발생 동향과 주요 투쟁 사례

다음으로 연도별 파업 발생 추이를 통해서 노동자투쟁 동향을 살펴본다.

표 22-12 | 1956~1965년 인도 파업 발생 추이

연도	파업 건수	파업 참가자 수	노동손실일수
1956	1,203	715,130	6,992,000
1957	1,630	889,371	6,429,000
1958	1,524	928,566	7,798,000
1959	1,531	693,616	5,633,000
1960	1,583	986,268	6,537,000
1961	1,357	511,860	4,919,000
1962	1,491	705,059	6,120,576
1963	1,471	563,121	3,268,524
1964	2,151	1,002,955	4,772,469
1965	1,910	1,028,609	6,903,523

자료: ILO 1972, *Yearbook of Labour Statistics*.

1956~1965년 사이의 연평균 파업 건수는 1,585건이었고, 파업 참가자 수는 1965년이 102만8,609명으로 가장 많았고, 1961년이 51만1,860명으로 가장 적었다. 파업에 따른 노동손실일수는 1958년이 779만8천 일로 가장 많았고, 1961년이 491만9천 일로 가장 적었다(〈표 22-12〉 참조).

이 시기 주요 투쟁 사례를 통해 노동운동의 전개 과정을 개괄한다.

전반적 불만과 노동자계급의 저항

1950년대 들어 물가 상승에 따른 노동자계급의 불만과 저항이 전반적으로 증대했다. 소비자 물가지수는 1951년을 100으로 했을 때 1957년 105.7, 1958년 110.5로 나타났다. 생계비 상승에 따른 임금 인상 요구가 전국적으로 제기되었다. 먼저 중앙정부 공무원들이 봉급 인상을 위한 운동을 조직했다. 공무원노동조합총연맹CGE은 파업까지 예고했다. 전국우편전신노동조합연맹NFPTE은 봉급위원회가 노동자의 급료 인상과 노동조건 향상에 대한 결정을 하지 않을 경우, 1957년 8월 8일부터 파업에 돌입하기로 결정했다. 봄베이(현재의 뭄바이)에서도 우체국 노동자들이 임금 인상에 대한 자신들의 요구가 실현되지 않으면 1957년 7월 12일부터 총파업을 벌이겠다고 선언했다. 이 밖에도 많은 부문과 산업의 노동자들이 임금 인상을 요구하면서 투쟁을 전개할 움직임을 보였다.

정부 당국은 인도전국노동조합회의INTUC를 제외한 노동조합 전국 중앙 조직의 지원을 받고 있는 우편·전신 노동자와 공무원의 파업 움직임에 위협을 느낀 나머지 몇 가지 조치를 취하기 시작했다. 정부는 공무원 행동 규범을 개정했다. 이와 동시에 정부는 전국우편전신노동조합연맹 지도부와 협상을 벌였다. 정부가 봉급위원회 개최에 동의함으로써 노동조합은 파업을 유보했다. 정부는 1957년 8월 21일 제2차 봉급위원회 위원을 임명하고 신속하게 임시 조치를 취할 임무를 부과했다. 봄베이항만우편노동조합 BDPWU과 정부 사이에 임금 인상 합의가 이루어져 봄베이 항만노동자와 우편노동자의 파업은 피할 수 있었다. 탄광노동자들이 예고했던 총파업도 광업주들이 임금 인상을 받아들여 타결되었다. 괄목할 만한 사실은 제15회 인도노동회의ILC가 실질임금 인상을 목표로 채택한 임금 정책을 임금위원회의 결정을 통해 실현하게 되었다는 점이다(Sharma 1982, 136).

한편 거대 기업들이 언론 산업에 진출함에 따라 언론 사주들과 언론인들 사이에 경제적 대립과 갈등이 발생했다. 이에 따라 언론인들 사이에서도 노동조합에 대한 의식이 커졌다. 1950년 11월에는 전국노동언론인대회가 열렸으며, 거기서 인도노동언론인연맹IFWJ이 결성되었다. 그 뒤로 이 조직은 급속하게 세력을 키웠으며, 그리하여 거의 모든 주에 걸쳐 조합원을 모으고 활동할 수 있었다. 연맹은 정치 노선에 따라 활동을 펴지는 않았으며, 노동조합 전국 중앙 조직 어디에도 가맹하지 않았다.

인도노동언론인연맹은 결성 초기에 사용자 측으로부터 정면 공격을 받았다. 이런 상황에서 언론노동자들은 1947년 제정된 '산업분쟁법' 상의 노동자 지위를 인정받기 위한 투쟁을 벌였다. 그 결과 1955년 4월에는 법 개정이 이루어져 언론노동자들도 산업분쟁법의 적용 대상이 되었다. 인도노동언론인연맹이 이룩한 또 하나의 투쟁 성과는 정부기관으로서 '보도위원회'를 설치하도록 만들었다는 사실이다. 1955년에는 이 위원회의 권고에 기초해 '노동언론인법'이 채택되었다. 뒤이어 임금위원회는 노동언론인을 위원회 위원으로 임명하기도 했다(Sharma 1982, 134).

노동조합 승인 문제

1947년 개정된 노동조합법은 노동조합에 대한 강제적인 승인을 보장했으나, 노동조합의 대표성을 확인하기 위한 아무런 절차도 명시하지 않았다. 1958년 5월 나이니탈에서 열린 제16차 인도노동회의는 정부 및 사용자 측은 노동조합 승인에 관한 협약이나 준칙을 채택하라고 촉구했다. 전국회의 National Conference는 봄베이 프리미어 자동차회사 노동자 5천여 명이 노조 승인을 요구하며 벌인 101일 동안의 파업을 주도했다. 이 파업은 7월 25일 총파업에 참가한 봄베이 노동자들의 전폭적인 지지를 받았다.

인도노동회의는 노조 인정을 위한 준칙 설정과 관련해 다음과 같은 사항을 입안했다. ① 복수의 노조가 존재할 경우, 한 노조가 최소한 1년 동안 기능을 발휘했다면 그 노조는 승인을 받아야 한다. ② 노조는 당해 사업장 노동자의 15퍼센트 이상을 조직해야 승인 받는다. ③ 한 지역의 한 산업을 대표하는 노조로 승인 받으려면, 그 지역 그 산업에 종사하는 노동자 25퍼센트를 포괄해야 한다. ④ 한 노조가 승인받았을 경우, 2년 동안 소재지를 변경하지 않아야 한다. ⑤ 한 산업이나 한 사업장에 복수 노조가 존재할 경우, 가장 많은 조합원을 포괄한 노조가 대표성을 승인받는다. ⑥ 한 지역에서 한 산업을 대표하는 노조는 전국에 산재한 모든 사업장에 종사하는 노동자를 대표할 권리를 갖는다. ⑦ 이러한 규칙을 준수하는 노조만이 합법성을 승인받게 된다.

이와 같은 노조 승인 준칙은 제16차 3자 구성 회의에서 노조 중앙 조직들에 의해 수용되었다. 그러나 노조 지도자들이 어떻게 실행에 옮길 것인지는 의문스러웠다. 이 준칙을 충실하게 이행하는 데는 여러 가지 어려움이 따를 것으로 예상되었기 때문이다(Sharma 1982, 137~138).

중앙정부 공무원 파업

1959년 12월 첫째 주에 제2차 봉급위원회[5] 보고서(1957~1959년 중앙정부 노동자의 급료 및 노동조건에 관한 조사)가 발표되었다. 보고서는 중앙정부 노동자 약 200만 명의 노동조건에 직접 영향을 끼칠 공산이 컸다. 여기서 주요한 문제로 제기된 것은 급료의 구조와 노동조건, 결사의 권리 등이었다.

봉급위원회 보고서가 나오자마자, 노동자들의 분노가 쏟아져 나왔다. 재정부는 제15회 인도노동회의의 최저임금에 관한 결정에 구애받지 않겠다고 밝혔다. 임금위원회의 권고는 중앙정부 공무원들이 장기적으로 누려온 특혜를 '깎아 먹는' 선에 머물렀다. 권고에는 은퇴자에 대한 부과급부와 노사분쟁 조정 기구 설치에 관한 사항도 들어 있었다. 봉급위원회는 공동협의 기구와 강제 중재 조항 설치를 권고했다. 정부는 위원회 권고 가운데 어떤 것은 받아들이거나 수정하겠으며, 어떤 것은 받아들일 수 없다고 표명했다. 또한 위원회 권고 실행을 위해서는 막대한 재정 지출이 필요하다고 밝

5_ 제1차 봉급위원회(1946~1947년)는 중앙정부 노동자의 급료를 심의하고 조정했다.

했다.

중앙정부 노동자들은 봉급위원회 권고는 무시하고 조합원들을 선동하기 시작했다. 인도전국노동조합회의를 제외한 노조 중앙 조직이 중앙정부 노동자들을 지지하고 나섰다. 전인도철도노동조합연맹AIRMF이 1960년 2월에 투쟁 결의를 통과시킴으로써 행동에 돌입했다. 1960년 4월, 전인도철도노동조합연맹, 전국우편전신노동조합연맹NFPTE, 전인도방위노동조합연맹AIDEF, 중앙정부노동조합총연맹CCGM 대표로 구성되는 합동행동회의JCA가 설치되었으며, 회의는 인도 정부 부문에 종사하는 거의 모든 노동자들을 포괄했다. 합동행동회의는 1960년 5월 15일 일곱 가지 요구 조건을 입안 및 결정했다. 요구 조건이 관철되지 않을 경우, 1960년 6월 19일 자정부터 파업에 들어가기로 결정했다. 그 뒤 파업 일정은 7월 11일로 연기되었다. 일곱 가지 요구 조건은 다음과 같다. ① 제1회 봉급위원회 권고에 기초한 급여 지급, ② 제15회 인도노동회의 권고에 따른 전국 차원의 최저임금 지급, ③ 봉급, 근무조건 등에 관련된 분쟁을 해결하기 위해 임금위원회 구성에서 노동 측 대표권의 동수 보장과 중립적 의장 임명, ④ 기존의 대우·권리·특혜 수준 저하 금지, ⑤ 노사 어느 일방이 제기할 수 있는 노사분쟁의 중재 회부, ⑥ 해마다 시행되는 노조원 투표를 통한 대표적 노조의 결정에 따라 1산업 1노조 승인, ⑦ 계약 근무기간에 관한 모든 규칙 조항 철폐 등이 그것이었다(Sharma 1982, 140~141).

이와 같은 요구 조건을 정부 측이 거부하자, 합동행동회의는 파업 준비에 들어갔다. 6월 8일, 대통령은 필수 부문에 대한 파업 금지 권한을 정부에 부여하는 내용의 조례를 공표했다. 노동자들은 이 조례를 노동자 파업권에 대한 도전으로 간주하고 1960년 7월 11일 자정부터 파업에 들어갔다. 파업은 5일 동안 계속되었다. 이 기간에 중앙정부 노동자 1,780명과 노조 간부

2,359명이 체포되었다. 파업은 큰 성과 없이 종료되었다. 그러나 중앙정부 노동자들의 파업은 중요한 의의를 갖는 투쟁이었다. 첫째, 이 파업은 인도 3대 전국 중앙 조직이 주도한 최초의 중앙정부 노동자 통일행동이었다. 둘째, 5일 동안 2만 명 가까운 사람이 연행되었다는 사실은 노동자들의 불만이 깊게 쌓여 있었음을 나타내는 것이었다. 셋째, 경쟁하는 노조 전국 중앙 조직들은 정치적인 경향이 달랐음에도 파업이라는 공동 목표에 이르기까지 서로 간섭하지 않았다. 넷째, 정부가 왜 산업분쟁법의 중재 재정裁定에 따르지 않고 조례로서 파업을 막으려 했는가 하는 의문을 제기하게 했다.

의의는 뚜렷했으나 조직적 지도, 밑으로부터의 효과적 통일이 결여되었다는 한계 또한 분명했다. 또 국민의 지지도 확보하지 못했다. 앞으로 정부가 파업을 인정한다 하더라도 파업이 국민들에게 어려움을 안겨 주게 된다는 사실을 깊이 고려해야만 했다(Sharma 1982, 141~142).

3. 베트남

제네바협정의 폐기

제네바협정은 1955년 7월 20일부터 베트남공화국(남베트남)과 베트남민주공화국(북베트남)이 협상을 벌여 1956년 7월 전국에 걸친 선거를 실시해 전국토를 통일한다는 내용을 담은 것이었다. 1955년 2월, 북베트남 정부는 남북 양 지역 사이에 우편·왕래·영업·문화·스포츠 등의 교류를 제안했다. 그러나 본래 제네바협정 최종 선언에 서명하기를 완강하게 거부했던 남베트남 당국은 이러한 제안을 묵살했다. 같은 해 7월, 북베트남은 다시 제네바협정 최종 선언에 기초한 협상 회의 개최를 제안했다. 그러나 남베트남 정부는 북베트남의 전체주의 아래에서는 자유로운 선거 실시 가능성이 없다는 이유를 들어 이 제안을 거부했다.

1956년 5월, 영국과 소련 두 나라 외무부 장관은 제네바회의 의장국으로서 남·북 베트남 협상이 이루어지지 않은 데 대해 강한 유감을 표명했다. 남베트남 당국은 그해 7월 26일 북베트남이 공산주의 체제에 참가하고 있다는 사실이 통일 실현에서 최대의 장애 요인이라고 밝혔다. 1958년 4월 남베트남 정부는 북베트남의 거듭되는 요구에 대해 하노이 정부는 중국과 소련의 위성국이며 '베트콩'Viet Cong[6]을 동원해 남부 치안의 혼란을 조성하고 있다는 이유를 내세워 통일선거 실시를 끝내 거부했다. 그리하여 제네바협정은 그 공허한 실체를 드러내게 되었고, 응오딘지엠 정권의 자의에 따라 폐기되고 말았다.

제네바협정 이행을 거부한 응오딘지엠 정권은 미국 원조에 의존하면서 군대와 공안 장악을 통해 공포 정치를 행했다. 1956년 1월, 응오딘지엠 정권은 '위험 분자'로 지목한 사람을 감옥이나 일정 지역에 강제 이주시키는 치안 명령을 발동했다. 같은 해 2월에는 공산주의·반국가 활동을 했다고 간주되는 신문·출판물을 모두 금지시키고 관계자를 처벌하는 정령政令 제13호를 시행했다. 북베트남 측은 1959년까지 남베트남에서 체포된 사람은 18만 명이고, 테러를 당해 죽거나 부상당한 사람은 1만5천 명에 이른다고 추정했다.

반정부 인사들에 대한 탄압이 고조되는 가운데, 1958년 12월 푸로이 수용소 안에서 대량 학살 사건이 발생했다. 푸로이 수용소는 정치 재교육 센

6_정식 이름은 Viet Nam Cong San(Vietnamese Communists)이다. 일반적인 명칭은 남베트남민족해방전선이다.

터로서 반정부 인사 수천 명을 수용하고 있었는데, 12월 1일 저녁 식사 후 억류자 다수가 복통과 설사를 호소했다. 다음 날 아침 1천 명이 죽고, 4천 명이 중태에 빠졌다. 1959년 5월 6일, 남베트남 정부는 파괴 행동 참가자를 특별군사법정에 회부해 처형할 수 있는 이른바 '10·59 법령'을 공포했다. 1960년 3월까지 이 법률에 따라 남부 9개 성에서 20명이 사형을 당했고, 중노동형에 처해진 사람은 27명이었다. 응오딘지엠 집권 초기 6년 동안 탄압을 받고 희생된 사람은 9만 명, 부상자는 19만 명, 구류당한 사람은 80만 명에 이르렀다(桜井由躬雄 외 1995, 237~238).

응오딘지엠 정권의 파쇼화에 대항해 투쟁해 온 반대 세력은 지하로 들어가거나 밀림지대로 숨어들어 저항운동을 조직하기 시작했다. 당시 게릴라 활동 중심지는 차우독과 미토였다. 베트남노동당[7]은 이미 1955년 프랑스에 대한 저항 전쟁 당시 남베트남에서 베트민[8]의 지도자였던 레둑토를 중심으로 '남부를 위한 특별위원회'를 설치해 두었다. 그러다가 응오딘지엠 정권이 통일 선거를 거부했던 1956년 5월 이후 남부에서 게릴라 활동이 점점 활발하게 진행됨에 따라 남부 지방 출신 간부들을 위한 특별 양성 기관을 설립했다.

이 시기 베트남 남부에서 일어난 반정부 운동의 주요 기반은 전체 인구의 약 80퍼센트를 차지하는 농민들이었다. 농민 투쟁은 정부의 토지개혁에 대한 저항에서 비롯되었다. 토지개혁 과정에서 응오딘지엠은 중부 지역 빈

---

[7]_1976년 베트남공산당으로 명칭이 바뀌었다.

[8]_제2차 세계대전 중 일본군에 저항하기 위해 결성된 통일전선체로서 정식 명칭은 Viet Nam Doc Lap Dong Minh Hoi로, 베트남독립동맹이라는 의미이다. 베트민(Viet Minh)은 '모든 계급의 혁명 세력을 총집결해 프랑스 식민주의자와 일본 파시스트들과 투쟁하는 것'을 목표로 1941년 5월 결성되었다. 베트민은 프랑스에 격렬하게 저항하며 1946년부터 1954년까지 독립을 위한 전쟁을 벌였다.

농의 최후 생활 거점이었던 공전公田을 경매할 계획을 세웠다. 이에 대해 1956년 3월 사이공에서 열린 '소작인회의'는 공전 경매 철회를 요구했으며, 같은 해 5월 1일 메이데이 때는 많은 농민들이 공전 경매에 항의해 노동자 시위에 합류했다. 응오딘지엠 정권은 1959년 7월 농민의 저항운동을 억누르기 위한 목적으로 껀터 시에 '번영구'繁榮區를 만들어 주위 15개 촌락 주민 5만 명을 수용하도록 했다. 여기에 집결한 농민들은 정부군이나 민병의 감시를 받으며 수용소에서 각자의 농지로 나가 경작을 해야 했다. 이 계획은 중부와 서부 메콩 델타에서도 실행되었다. 이는 베트남 농민의 생활 기반이었던 촌락을 허무는 일이었다. 번영구 정책에 대한 저항이 각지에서 일어났다.

남베트남민족해방전선 결성

응오딘지엠 정권에 대한 반대 분위기가 고조되고 게릴라 세력이 커지는 가운데, 1960년 1월 17일 벤체 성에서 무장봉기가 일어나 응오딘지엠 정권의 민병 진지를 함락시켰다. 이 봉기를 지도한 사람은 프랑스 제국주의에 대항해 전쟁을 벌이던 시기에 무기 획득 운동으로 유명해진 응우옌티딘이었다. 이 봉기를 계기로 남부 여기저기서 공공연하게 무장봉기가 감행되었다. 벤체에서는 인민위원회가 조직되었고, 최초의 인민해방군 소대가 편성되었다. 무장 해방구가 생긴 것이다. 2월 말에는 타이닌의 농민들이 정부군을 습격해 많은 양의 무기를 탈취했으며, 최초의 농민 무장 조직을 만들었다 (眞保潤一郎 1986, 171).

1960년 12월 20일, 남베트남민족해방전선NLF이 결성되었다. 30여 개 애국적 정당·사회단체들이 참가해 출범한 남베트남민족해방전선은 다음과 같은 10대 강령을 발표했다. ① 미국의 기만적 식민지 제도와 미국의 대리

인 응오딘지엠 독재 정권을 타도하고 민족민주 연합 정부를 수립한다. ②
폭넓은 진보적 민주주의를 실현한다. ③ 독립과 자주경제의 기초를 건설하
고 민생의 개선을 실현한다. ④ 감세를 실현하고 경작자가 토지를 확보하도
록 토지 문제의 해결을 추진하다. ⑤ 민족·민주적 교육과 문화의 기초를 건
설한다. ⑥ 조국과 인민을 보위하는 군대를 건설한다. ⑦ 민족동등권·남녀
평등권을 실현하고, 베트남에 거류하는 외국인과 외국에 거류하는 동포의
정당한 권리를 보호한다. ⑧ 평화·중립의 외교정책을 실현한다. ⑨ 남·북
두 지역 사이의 관계를 정상화하고 조국의 평화적 통일을 달성한다. ⑩ 침
략 전쟁에 반대하고, 세계평화를 적극적으로 옹호한다. 1967년 8월 남베트
남민족해방전선은 이 10대강령을 더욱 발전시킨 4대 정강을 발표했는데,
그 내용은 다음과 같다. 첫째, 전체 인민은 단결해 미 제국주의 침략자들과
싸워 나라를 구원한다. 둘째, 독립되고 민주주의적이며 평화롭고 중립적이
고 번영하는 남베트남을 건설한다. 셋째, 북베트남과 남베트남 사이의 정상
적 관계를 회복하고 조국의 평화적 재통일을 이룩한다. 넷째, 평화적이고
중립적인 대외정책을 실시한다(眞保潤一郞 1986, 226~229).

1960년 1월 벤체에서 일어난 무장봉기를 필두로 1975년 4월 사이공을
함락하기까지 제2차 인도차이나전쟁, 즉 항미抗美 전면전쟁 15년은 대략 다
음과 같은 네 시기로 구분된다.

제1기(1960~1965년): '특수전쟁'과 대결 시기.

제2기(1965~1968년): '유연 반응 전략' 저지 시기.

제3기(1969~1972년): '베트남화'를 저지했던 시기.

제4기(1973~1975년): 파리 휴전협정을 거쳐 총반격·승리 시기(眞保潤一
郞 1986, 173).

항미 전면전쟁 제1기는 무장봉기가 시작된 1960년 1월부터 1964년 8월

통킹만 사건을 거쳐, 미군의 본격적인 북쪽 폭격이 시작된 1965년 2월까지이다. 이 시기 전쟁을 미군은 '특수전쟁'[9]이라 불렀다. 이 장에서는 제1기와 제2기까지만 살펴본다. 제3기와 제4기는 제23부에서 다룬다.

특수전쟁

1961년 1월, 새로 미국 대통령에 취임한 케네디는 남베트남을 강력한 반공 거점으로 구축하려는 목적에서 본격적인 치안 확보를 위한 군사적 결정을 결의를 했다. 케네디는 특수부대 요원 400명을 파견하기로 결정했다. 훗날 공개된 미 국방부의 비밀문서에 따르면, 이때 북베트남에 대한 내부교란 공작도 함께 계획되었다. 부통령 존슨은 응오딘지엠과 연명으로 공동 성명을 발표해 경제·군사 원조 확대를 약속했다. 미국은 먼저 남베트남 정부군을 확충하고 각 부대를 미군 장교의 지휘를 받게 하는 특수전쟁 방식을 택했다.

　1962년 2월 9일, 폴 하킨스를 사령관으로 하는 재在베트남군사원조사령부가 설치되었다. 파견 병력은 잇따라 증강되어, 1962년 말에는 1만1천 명, 군사원조는 6억 달러에 이르렀다. 정부 정규군은 15만 명에서 20만 명으로 늘었으며, 그 밖에도 민병 8만 명, 보안대 10만 명이 보강되었다. 미국과 정부군의 공격은 연 2만 회에 이르렀으며, 민족해방전선 전사 3만 명을 살상한 것으로 발표되었다(桜井由躬雄 외 1995, 241~242).

9_'특수전쟁'은 선전포고 없이 수행하는 대(對)게릴라전이라는 의미에서 '특수한' 것이며, 케네디 미국 대통령 군사 고문으로 유연 반응 전략 창시자인 맥스웰 테일러가 경제학자 유진 스텔리가 입안했던 18개월 이내의 남베트남 평정 계획과 함께 구체화한 것이다(眞保潤一郎 1986, 173).

1962년 봄, 미군은 응오딘지엠 정부군을 지휘해 게릴라 지구의 주민들을 집단으로 거주하게 하여 군과 공안의 감시를 받게 하는 '전략촌'Strategic Hamlet 구상을 실시했다. 응오딘지엠은 이 계획에 대단한 열성을 기울였고, 그 결과 1년 후인 1963년 봄에는 3,225개 전략촌이 건설되었다. 그러나 전략촌 계획은 현실적으로 큰 문제점을 안고 있었다. 우선 농민들의 민족해방전선에 대한 동조는 두려움에서 비롯된 것이 아니라 응오딘지엠 정권에 대한 반발 때문이었다는 점, 농민들 대다수가 거의 반강제적으로 이주한 데다가 새로운 촌락에서 자력으로 집을 지어야 하는 부담을 안고 있었다는 점 등이 그러했다. 그리하여 남베트남 정부 발표와는 달리 대부분의 전략촌은 자기 기능을 다하지 못했다. 오히려 민족해방전선은 남부 베트남의 44개 성 가운데 42개 성의 상당수 촌락에서 공공연히 세금을 징수할 정도로 세력을 확대했다(유인선 2002, 405).

1962년 2월에 열린 민족해방전선 제1회 대회를 거치면서 민족해방전선 지배 지역은 급속하게 확대되었다. 1962년 말까지 남부의 1만7천 개 촌락 가운데 4,400개가 해방되었고, 9천 개 가까운 촌락의 행정기구가 무력화되었다(桜井由躬雄 외 1995, 241~243).

1963년 1월, 사이공 서남쪽 60킬로미터 지점에 위치한 업박Ấp Bắc이라는 촌락에서 미군의 지휘를 받는 남베트남 정부군과 민족해방전선 사이에 최초의 대규모 총격전이 벌어졌다. 정부군은 병력과 화력 면에서 절대적인 우세를 보였음에도 민족해방전선의 공격을 받아 헬리콥터 6대를 포함한 손해를 입고 패퇴했다. 이로써 1962년의 작전은 실패했다.

응오딘지엠 정권의 붕괴

1963년에 일어난 일련의 사태로 케네디 행정부는 더 이상 응오딘지엠 정권을 옹호하는 일이 무의미하다는 판단을 내렸다. 먼저 들 수 있는 것이 불교 탄압이었다. 1963년 5월 8일 후에에서 부처님 오신 날을 경축하는 불교도들의 시가행진이 정부 당국에 의해 저지당하자, 평화 행진이 반정부 시위로 바뀌었다. 응오딘지엠은 군대를 투입해 진압하려 했으나 질서를 회복하기는커녕 오히려 폭력을 유발해 결과적으로 불교도 17명이 정부군의 발포로 사망했다. 종교의 자유와 탄압자의 처벌을 요구하는 불교도의 저항은 계속되었다. 6월 11일에 일어난 틱꽝득 스님의 분신 자결은 인민의 분노를 촉발했으며, 거의 대부분의 도시에서 저항행동이 일어났다. 같은 해 8월에는 응오딘지엠의 탄압이 재개되었다. 같은 달 21일에는 전국에 계엄령이 선포되었고, 베트남 특수부대가 일제히 전국 사원을 급습해 불교도 수천 명을 체포했다.

민족해방 세력의 증대와 도시의 반응오딘지엠 세력 확대에 따라 크게 위협을 느낀 미국은 응오딘지엠이 이미 국내 통치 능력을 상실했다고 판단하고 새로운 반공 정부 수립을 계획했다. 1963년 11월 1일, 미국의 사주를 받은 군 장성들이 쿠데타를 감행했다. 그다음 날 응오딘지엠은 살해되었다. 쿠데타를 성사시킨 주역들은 군사혁명위원회를 조직하고 의장에 즈엉반민 장군을 추대했다. 그로부터 3주 뒤인 11월 22일 케네디 대통령이 암살당했다.

다음 해인 1964년 1월 30일, 응우옌칸 장군이 재차 쿠데타를 일으켜 같은 해 2월 7일 민 장군을 국가원수로 추대한 신정부를 수립하고 자신은 수상이 되었다. 신정부는 그 성립 과정에서부터 미국 중앙정보국CIA과 깊은 관련을 맺었다는 점에서 반공 군사 정권의 성격을 탈피하기는 어려웠다(유인선 2002, 408~409).

이와 같은 정치 정세의 변화가 진행되는 가운데, 민족해방전선은 1963
년 10월 로구닌 공격과 정부 구원 부대에 대한 공격을 성공적으로 수행함
으로써 그 세력을 확장했다. 1963년 말에는 전략촌의 80퍼센트를 파괴했
고, 정부군 8만 명을 살상했다. 1964년 3월 18일, 전날 행한 미국 정부의 전
면적 지원 성명에 동조해 칸 정부는 군사 동원을 발표했다. 같은 해 4월, 윌
리엄 웨스트모얼랜드 장군이 미국군사원조사령부 사령관에 임명되었다. 민
병 8만 명을 추가한 정부군 30만 명과 1964년도 미국 원조 8억3,500만 달
러, 같은 해 6월에 파견된 미군 1만6천 명이 동원된 새로운 평정 작전이 시
작되었다(桜井由躬雄 외 1995, 246).

남베트남의 사태 추이를 지켜보고 있던 북베트남 정부는 1963년 12월
중대 결정을 내렸다. 베트남노동당 중앙위원회는 남베트남에서 벌어지고
있는 전쟁을 적극 지원할 시기가 도래했다고 보고, 북베트남 정부군의 남부
파견과 미군에 대한 직접 공격 등을 의결했다.

베트남전쟁

1963년 말부터 미국 정부는 이미 북베트남에 대한 위협 공격을 계획했다.
북베트남에 대한 정찰 비행, 시민 유괴, 철도 및 교량 파괴 공작, 북부 연안
포격 등을 포함한 34A 작전이 1964년 2월에 발령되었다. 또 같은 해 6월 이
후 라오스 공군과 미군기가 북부 국경지대에 대한 폭격을 시작했다. 그러나
미군기가 북부를 직접 폭격하는 데는 의회의 결의가 필요했기 때문에 임시
방편으로 34A 작전이 활용되었다.

8월 2일, 미국 신문들은 베트남 연안에서 정박 중이던 미국 구축함 매덕

스 호가 북베트남 어뢰정의 공격을 받았다고 보도했다. 이 보도에 대한 진실 논란도 제기되었다. 결국 미국 해군은 북베트남의 공격에 적극적으로 대응했고, 미 해군의 공격으로 북베트남 어뢰정 3척이 파괴되고 베트남인 사상자 10여 명이 발생했다. 이것이 이른바 '제1차 통킹만 사건'이다.

뒤이어 8월 3일 밤에는 남베트남 해군이 북부 연안을 포격했다. 그동안 라오스에서 이동해 온 T28 전투폭격대가 북부 촌락을 계속 폭격하고 있었다. 8월 4일 미국 국방 장관 맥나마라는 북베트남 해군이 매덕스 호를 비롯한 제7함대 일부에 대해 제2차 공격을 가했다고 발표했다. 이어 곧바로 미 공군 폭격대가 보복이라면서 북베트남 함대를 폭격했으며, 주변의 빈 저유貯油 시설을 파괴했다. 민족해방전선 군대도 비행기 한 대를 격추했다. '제2차 통킹만 사건'이 발생한 것이다(桜井由躬雄 외 1995, 246~247).

제2차 통킹만 사건의 발단이 된 8월 4일 북베트남 해군의 매덕스 호 공격은 그 진위에 대한 논란이 많았다. 이러한 논란은 2005년 10월 『뉴욕타임스』에 국토안보국 소속 역사 담당관 로버트 하뇩의 보고서 일부가 보도됨으로써 일단락되었다. 이 보고서는 1차 공격은 존재했을 가능성이 있지만 의회 결정의 주요 계기가 된 2차 공격은 명백히 없었노라고 결론 내렸다(『한겨레』 2014년 8월 9일자, '박태균의 베트남전쟁'). 존슨 미국 대통령은 같은 해 8월 7일 의회에 베트남 군사 문제에 관한 백지위임장을 요청했고, 미국 의회는 거의 전원 일치로 이를 승인했다. 베트남에 대한 미국 직접 개입의 길이 열린 것이다.

항미 전면전쟁 제2기는 1963년 3월 미 지상군 해병대의 다낭 상륙을 계기로 기존 방침을 버리고 직접 개입을 시작했던 시기로부터, 1967년 말 이후 민족해방전선의 케산 포위, 그다음 해의 테트 공세, 미국 대통령 존슨의 북폭 부분 정지와 대통령 선거 불출마를 거쳐 1969년 1월의 4자(베트민, 민속해방전선, 미국, 티에우 정권)가 참가한 파리확대회담 시작 직전까지의 시기이다. 이 시기 전쟁은 미 국방 장관 맥나마라의 '유연 반응 전략'과 그것을 파산으로 몰고 간 민족해방전선의 대기동전으로 전개되었다.

여기서 말하는 유연 반응 전략이란 대게릴라 전쟁(특수전쟁)을 출발점으로 하여 국지 제한 전쟁→통상 전쟁→전술적 핵전쟁→전략적 핵전쟁→전면적 핵전쟁에 이르는 전쟁의 단계적 발전과 그 반대 방향의 단계적 축소를 기축으로, 어떤 단계의 전쟁 형식에도 대응할 수 있는 군사력을 상비 보유한다는 것이다. 미국식 실용주의에 기초해 경영학 개념을 적용하여 비용과 효과를 산출하고 컴퓨터로 연산해 각 단계를 설정했다(眞保潤一郎 1986, 175~176).

1964년 11월에 실시된 대통령 선거에서 압도적 지지를 받아 대통령에 당선된 존슨은 통킹만 사건 이전부터 구상했던 북베트남 폭격을 시행할 계획을 세웠다. 북폭만이 미군의 대규모 지상군 병력을 투입하지 않고 전쟁을 수행할 수 있는 유일한 방법이라고 판단했던 것이다. 북폭의 목적은 북베트남의 지원 루트를 차단하고, 북베트남 정부가 남부 지원을 계속할 경우 전 국토가 잿더미로 변할 수 있다고 경고함과 동시에 19도 선 이북의 모든 군사 및 생산 시설을 파괴하고 항만시설을 봉쇄해 군사·경제적으로 굴복시키는 데 있었다.

1965년 2월 7일, 민족해방전선이 중부지방의 플레이꾸에 있는 공군기지와 미 군사고문단 관사를 공격해 미군 8명을 사살하고 126명에 부상을 입혔으며 공군기 10대를 파괴한 사건이 벌어졌다. 존슨은 즉각 휴전선 북쪽 지역에 대한 보복 공격을 명령했다. 그다음 날 제7함대 항공모함으로부터 발진한 A4 스카이호크를 비롯한 전투기가 17도선 북방 동허이 시를 습격해 많은 주민을 죽이고 부상을 입혔다. 2월 10일 꾸이넌의 사병 막사가 다시 민족해방전선의 습격을 받자, 존슨은 즉시 '롤링 선더'Rolling Thunder라는 작전에 서명해 3월 초 다시 북폭에 들어갔다.

북베트남 측은 폭격에도 아랑곳하지 않고, 북폭이 중단되지 않는 한 어떠한 경우에도 협상을 할 수 없다고 분명하게 주장했다. 민족해방전선의 무력 공세는 점점 강화되었고, 남베트남 정부군은 그런 공세 앞에 속수무책인 채 무력함만 드러냈다. 이런 상황에서 미군 총사령관 웨스트모얼랜드 장군은 본국 정부에 지상군 파병을 요청했고, 합동참모본부는 이 요청을 받아들였다(유인선 2002, 412).

1965년 3월 8일, 미 해병대 제3사단 병력 3,500명이 다낭에 상륙했다. 4월에는 미 해병 2개 대대가 증원되었으며, 그 임무도 단순한 방어만이 아니라 공격에도 직접 참가하는 것으로 바뀌었다. 5월 3일에는 강하降下 여단 3,500명이, 7일에는 해병대 6천 명과 미군 전투부대가 투입되었다. 한편 미군의 단독 침략임을 은폐하기 위해 국제적인 반공 십자군이 편성되었다. 같은 해 3월 15일 한국군 600명, 오스트레일리아군 2개 대대, 뉴질랜드군 1개 대대가 도착했으며, 4월 2일에는 사이공에 국제군사사령 조직이 설치되었다. 그리하여 1965년 말에는 미 원정군 18만4천 명, 한국군 1만8천 명, 오스트레일리아·뉴질랜드군 2천 명, 남베트남 정부군·민병대 약 60만 명으로 남쪽 병력은 모두 합쳐 약 80만 명에 이르렀다. 이 밖에도 오키나와·필리핀·타이·괌의 미 공군과 제7함대가 여기에 가세했다. 8월 이후에는 미군 주력 부대와 민족해방전선 사이에 치열한 전투가 시작되었다(桜井由躬雄 외 1995, 249).

전세는 결코 미군 측에 유리하지만은 않았다. 미군이 대규모 병력과 근대 병기를 구사하고 있는데도, 중부에서는 꽝남·꽝응아이, 남부에서는 사이공 북방의 D지구를 중심으로 민족해방전선군이 대복待伏 공격을 감행했으며, 때로는 기지와 요새까지 공격했다. 미군의 사상자 수는 병력 증가에 따라 급속히 늘어났다. 1965년 7~9월에는 3개월간의 사상자 수가 5,076명이었으나 12월이 되자 사상자가 한 달 동안 5,300명 발생했다. 1965년의 사상자 수는 1만9,170명에 이르렀다.

미군 총사령관 웨스트모얼랜드는 1965년도 전세의 불리함을 반전시키기 위해 미군의 대량 증파를 요청했다. 1966년 12월까지 실제 파견된 미군 병력은 37만1천 명, 남베트남 정부군 62만1천 명, 다른 참전국가 파견 병력은 5만3,360명으로, 모두 합쳐 100만 명을 넘어서는 대군이었다. 1965년 말부터 다음 해 4월까지 미군과 남베트남 정부군은 제1차 건기乾期 대공세를 시작했다. 70만 명에 이르는 대규모 병력이 17도선에서부터 사이공에 이르는 지역에 투입되었다. 이어서 1966년에는 10월부터 제2차 건기 대공세가 행해졌다. 그러나 남베트남 전역 전장에 배치된 미군·베트남 정부군은 각 지역에 분산·고립되었으며, 오히려 수세에 몰렸다. 1966년 당시 미군의 추정에 따르면, 민족해방전선군 병력은 28만3천이었고, 지지 세력은 157만 정도였다.

1967년 7월 세 번째 건기에 대비해 미군 병력은 더 증가되어 47만2천 명으로 늘어났고, 10월부터 제3차 건기 대공세가 시작되었다. 미군과 남베트남 정부군은 메콩 델타와 중부 전장에서 패퇴했으며, 처음 2주 동안 4만명에 이르는 병력이 희생되었다. 미군과 남베트남 정부군의 대공세는 이것이 마지막이었다(桜井由躬雄 외 1995, 250~251).

남베트남의 정세 변화

1963년 11월 응오딘지엠 암살 이후 1965년 6월까지 20개월 동안, 남베트남 정부에서는 13번의 정변이 일어났으며, 아홉 차례의 내각 경질이 있었다. 응오딘지엠 정권을 퇴진시킨 반대 세력은 다양한 집단들이었다. 크게 세 부문으로 나누면 다음과 같다. 첫째, 불교도·학생을 포함한 도시 지식인 층으로서, 이들은 민족·민주적 정부 수립과 평화 회복을 요구했다. 이들은 뒤에 제3세력으로 불리는 중간 세력을 형성했다. 둘째, 칸을 비롯한 군인 그룹으로서 즈엉 반 민을 포함해 뒤에 대두하는 응우옌반티에우와 응우옌 카오키 등 젊은 장교들이 중심이었는데, 이들은 친미파로서 민족해방전선 소탕을 주장했다. 셋째, 응오딘지엠 정권에 협력한 고급관리·정치가·도시 부르주아 층으로서, 이들은 때로는 군벌 권력에 영합함으로써 문민정부라는 남베트남 정부의 표면상 얼굴을 대표했다. 미국은 둘째 그룹에 정권을 맡겨 그 정권을 감독함으로서 베트남 전략을 원활하게 실현하려 했다.

1964년 1월, 수상에 취임한 칸은 8월에 다시 쿠데타를 일으켜 민을 추방하고 자신이 대통령에 취임해 통수권과 행정을 모두 장악했다. 대통령의 군사독재에 반대하는 불교도와 학생들은 곧바로 후에와 사이공에서 시위를 조직했다. 도시 민중의 반미 운동을 우려한 미국 대사 테일러는 칸에게 정권 양보를 권고했다. 복잡한 과정을 거친 끝에, 같은 해 10월 팜칵수를 국가 주석에, 짠반혼을 수상으로 하는 문민 내각이 구성되었다. 그러나 칸이 국군 총사령관으로서 내각을 실질에서 지배했다. 1964년 11월 혼에 반대하는 시위가 일어났고, 1965년 1월에는 시위가 더욱 격렬해졌으며, 시위대 일부는 미 대사관에까지 난입했다.

칸은 그 뒤로도 몇 차례 쿠데타를 반복했으며, 그때마다 정권이 교체되었다. 군 내부의 권력 관계도 군의 일원화를 겨냥한 미국의 의도에 따라 자주 바뀌었다. 이런 가운데 1966년 4월부터 6월까지 반정부·반미 운동이 여러 도시에서 일어났다. 4월에는 다낭에 병력을 파견한 제1군관구를 시위대가 점령했으며, 6월에는 후에에 진주한 현지 군과 시가선을 벌였나. 같은 해 9월에는 선거가 실시되어 제헌의회가 성립되었다. 1967년 8월, 4월에 제정된 신헌법에 따라 대통령 선거가 실시되었는데, 득표율 30퍼센트를 획득한 응우옌반티에우가 대통령에, 응우옌카오키가 부통령에, 짠반혼이 수상에 취임했다(桜井由躬雄 외 1995, 258~259).

이와 같은 정세 변화 속에서 남베트남에는 광대한 해방구가 생겨났으며, 해방구에는 민족해방전선위원회와 인민의 자치위원회가 설립되었다. 민족해방전선위원회는 저항운동의 전반적인 지도를 담당하고, 자치위원회는 해방구의 자위, 경제·재정, 선전·교육, 건강·의료 등 행정 일반을 담당했다. 행정 면에서 특히 중점 사업으로 채택된 것은 농지개혁이었다. 농민들에게 토지를 보상하기 위해 먼저 지대 인하와 적대 분자의 토지 몰수 및 분배가 이루어졌다. 1965년까지 분배된 토지 면적은 157만200헥타르이고, 새로 개간된 토지는 32만1,800헥타르였다. 이것은 남베트남 전체 경작 면적 320만 헥타르 가운데 59퍼센트를 차지했다.

또 수백만 톤에 이르는 폭탄 및 로켓탄 투하와 고엽제 살포 등으로 농작물 피해가 막대한 상황이었으므로 식량생산과 관개시설의 정비가 주요 사업으로 제기되었다. 의약품·무기 등 부족한 물자는 피점령 지역으로부터 미국과 정부군 봉쇄를 돌파해 해방지구로 유입되었다. 여기에 필요한 통화는 해방구 주민으로부터 세금이나 기부금 형식으로 징수했다. 해방구 주민은 피점령 지역 주민과 고기·야채·쌀·계란·과일 등을 교환함으로써 이러한 통화를 획득했다. 민족해방전선은 자립경제 기반 구축, 북베트남의 원조, 사회주의국가들의 원조, 세계 반전 세력의 지원에 따라 차츰 총반격을 위한 준비를 갖추었다. 1966년 당시 미국조차 남베트남 영토의 4분의 3이 민족해방전선 지배 아래 있다고 인정했다(桜井由躬雄 외 1995, 251~252).

북폭 상태의 북베트남 정세 변화

다음으로 북폭 상태의 북베트남 정세 변화를 살펴본다. 북베트남에 대한 미군의 북폭은 실로 엄청난 규모였다. 1965년 말까지 연 5만5천 기機가 북폭에 동원되었고, 1966년에는 6월 29일부터 하노이·하이퐁에도 폭탄이 투하되었으며 매월 1만2천 기의 공습이 통상적으로 행해졌다. 미국 국방성 발표에 따르면, 1965년과 1966년 2년 동안 북베트남에 투하된 폭탄의 양은 16만1천 톤에 달했다.

이와 같은 공격에 대해 베트남 인민들은 소총을 비롯해 고성능지대공미사일에 이르기까지 모든 무기를 구사해 대항했다. 1967년 6월까지 미군기 2천 기를 격추했으며, 파괴된 기체와 승무원의 훈련비까지 환산한다면 1966년과 1967년 2년 동안에만 60억 달러의 손해를 미국에 안겨 주었다. 국민의 생명과 재산을 지키기 위한 여러 가지 방책이 강구되었다. 공중 폭격이 계속된 하띤 성에서는 주민 40만 명을 위해 뜰에 판 참호 3만5천 개, 도로 옆 참호 19만 개, 주거 내의 지하 호 15만 개, 집단용 호 16만5천 개, 연락호 연장 2천 킬로미터에 이르렀다. 주민들은 공습경보가 나면 가장 가까운 지하호에 들어가 참호들을 잇는 대피호로 이동할 수가 있었다.

북베트남 정부는 미군의 북폭이 진행되는 가운데서 1961년부터 1965까지의 제1차 5개년 계획을 실시했다. 계획에서 가장 중심이 되는 사업은 공업화의 추진이었다. 투자 총액의 48퍼센트가 공업 부문에 투입되었고, 총생산액 가운데 공업 비율은 1955년의 17퍼센트에서 1964년의 55퍼센트로 늘어났다. 반면 식량생산은 자급할 정도에 이르지 못했으며, 기계 제품의 소비량은 적은 편이었다.

농업 부문에서는 농업의 협동화가 5개년 계획 기간에 두드러지게 발전했고, 1966년 말에는 전 농가의 85퍼센트가 고급 합작사에 참가했다. 물자의 유통에는 국영 상업 조직이 효과적으로 기능했다. 2년 동안의 항전 시기에도 북베트남 내국 경제는 인민의 노력으로 활발한 기운을 잃지 않고 명맥을 유지했다(桜井由躬雄 외 1995, 254~256).

노동운동의 전개

이른바 '특수전쟁'이라는 베트남전쟁이 발발해 진행되는 동안, 북베트남의 경우 사회주의 체제 지향이 갖는 조건과 북폭이라는 특수 상황에서 본래적인 의미의 노동운동 발전을 기대하기는 어려웠다. 남베트남의 경우에도 미국의 군사개입과 특수전쟁 상황, 군사독재 등으로 노동운동의 정상적인 발전은 불가능한 상태였다. 다만 여기서는 남베트남 노동운동의 단편적 상황을 살펴본다.

1950년대 후반 들어 지식인층이 정치투쟁을 전개하는 동안 대공장과 플랜테이션에서 일하는 노동자들은 경제투쟁의 측면에서 저항했다. 제네바회의 이후 노동자들은 평화협정 체결을 환영했고, 임금 인상을 요구하는 파업을 계속했다. 1956년 3월 말에 일어난 사이공 수력발전소 노동자 파업은 사이공 시내 전기를 며칠 동안 정전시키는 사태까지 야기했다. 1958년 5월 1일에는 베트남노동총연맹VGCL의 호소에 따라 사이공에서 노동자 40만 명이 참가해 노동자 생활 상태 개선, 정부의 민주화, 평화적 재통일을 요구하는 시위를 벌였다(桜井由躬雄 외 1995, 239).

1960년 들어 남베트남의 노동운동에 대한 탄압이 더욱 가중되는 가운데서도 노동자와 인민의 투쟁은 확고하게 유지되었으며, 갈수록 발전했다. 1960년 12월 20일 남베트남민족해방전선이 결성된 데 이어 1961년 4월 27일에는 '해방을 위한 남베트남노동조합연맹'이 설립되었다. 노동조합운동

표 22-13 | 1956~1965년의 베트남(남베트남) 파업 발생 추이

	파업 건수	파업 참가자 수	노동손실일수
1956	25	24,231	64,767
1957	20	2,059	7,904
1958	19	15,450	49,541
1959	27	11,752	56,095
1960	21	7,231	34,047
1961	44	8,881	55,340
1962	19	5,497	44,817
1963	26	8,064	47,324
1964	45	33,681	223,002
1965	28	12,267	17,243

자료: ILO 1972, *Yearbook of Labour Statistics*.

은 노동자들의 권리와 이해관계를 실현을 위한 경제적 투쟁 이외에도 자체 게릴라 부대를 구성하는 일을 돕기도 했으며, 거의 모든 도시와 지역들에서 자체 방위 조직과 특공대를 꾸렸다(Foreign Languages Publishing House 1988, 16~17).

다음으로 1955~1964년 사이의 파업 발생 추이를 살펴본다. 국제노동기구ILO의 통계 자체도 각국의 통계 보고에 기초하고 있기 때문에 어느 정도로 정확한지는 확인하기 어려우나, 일단 여기서는 국제노동기구의 통계 자료를 기초로 파업 동향을 파악할 수밖에 없다.

〈표 22-13〉에서 보는 바와 같이 1956~1965년 사이의 파업 건수는 전체 274건으로서 연평균 27건인데, 다른 나라에 비해서는 비교될 수 없을 정도로 적은 편이다. 파업 참가자 수에서는 1964년이 3만3,681명으로 가장 많았으며, 노동손실일수에서도 1964년이 22만3,002일로 가장 많았다. 이와 같은 파업 발생 추이는 앞에서 지적한 조건과 상황에 따른 결과라고 할 수 있다.

4. 인도네시아

의회민주주의의 시행과 군사반란

1955년 8월, 대단히 복합적이고 불확실한 정치 정세에서 마슈미당의 부하
누딘 하라합이 인도네시아국민당PNI과 나흐다툴울라마NU(이슬람선교사연맹)
당의 지지를 받아 내각(1955년 8월~1956년 3월)을 구성했다. 선거가 임박함
에 따라 자카르타의 정치 상황은 더욱 불투명해졌고, 곳곳에서 날카로운 대
립과 긴장이 표출되었다. 같은 해 9월 29일 제1회 국회 총선거가 실시되었
다. 투표율은 대단히 높았는데, 등록된 총 투표자 수의 91.5퍼센트인 3,900
만 명이 투표에 참가했다.

선거 결과는 당시 인도네시아 정당 정치의 난맥상을 그대로 반영했다.
국민당이 22.3퍼센트 득표율로 57석, 마슈미당이 20.9퍼센트로 역시 57석,
나흐다툴울라마당 18.4퍼센트로 45석, 인도네시아공산당PKI 16.4퍼센트로
39석, 그리고 인도네시아이슬람연합당PSII과 기독교당이 각각 2.9퍼센트와
2.6퍼센트의 지지로 8석의 의석을 확보했다. 2석 이상 의석을 획득한 정당
은 가톨릭당PK 6석, 인도네시아사회당PSI 5석, 무르바당PM 2석이었다. 이 밖
의 군소정당은 총 12퍼센트의 득표율로 30석을 차지했다(양승윤 2005, 445).

인도네시아 정당 정치 구도는 국민당·마슈미당·나흐다툴울라마당·공
산당 중심으로 편성되었고, 사회당이 낮은 지지밖에 획득하지 못해 군소 정
당으로 전락했다. 이슬람 정당인 마슈미당과 나흐다툴울라마당, 비이슬람
당인 국민당과 공산당 지지층이 지역에 따라 크게 두 권역으로 나뉘었다.
28개나 되는 정당의 난립과 지지 기반의 분열은 불안정한 정치 구조를 형
성했다.

이와 같은 정당 구조에서 1956년 1월 나흐다툴울라마당이 연립내각 탈

퇴 선언을 함으로써 하라합 내각은 총사퇴했다. 그 뒤를 이어 알리 사스트로아미조요가 다시 내각(1956년 3월~1957년 3월)을 구성했다. 제2차 알리 내각은 국민당·마슈미당·나흐다툴울라마당으로 구성되는 연립내각이었으나, 정당 사이의 분열로 제대로 기능을 발휘하지 못했다. 1956년 3월 26일 국회가 소집되었으나 새로운 국회는 어떠한 권위나 능력도 갖지 못한 채 국민의 기대를 충족시키지 못했다.

이런 가운데 1956년 수카르노 대통령은 미국에 이어 소련과 동유럽 국가들, 그리고 중국을 방문하는 등 친사회주의 경향을 드러냈으며, 비동맹 외교정책을 폈다. 수카르노 대통령에 대해 비판적이었던 하타 부통령이 같은 해 12월 사임했다. 하타의 퇴진은 친네덜란드 세력, 특히 마슈미당과 군 내부 반수카르노파의 수카르노에 대한 강한 비판을 부추겼다.

1956년 12월, 수마트라에서 심볼론Simbolon 중령을 중심으로 한 군 장교들이 반란을 일으켜 군사평의회를 설치했다. 인도네시아 정부는 정부군을 파견해 수마트라 반란을 진압했다. 1957년 3월에는 남부 술라웨시에서 동인도네시아 군사령관 벤테 사무엘 중령이 계엄령을 선포하고 자신의 관할 구역을 장악했다. 육군 참모총장 나수티온은 수카르노 대통령에게 계엄령 선포를 건의했으며, 나수티온의 건의가 받아들여져 1957년 3월 14일 알리 내각은 물러나고 수카르노 대통령이 계엄령을 선포했다.

1957년 4월 비상사태 선포 아래서 수카르노 대통령 자신이 조각자가 되어 무소속 주안다를 수상으로 하는 내각을 구성했다. 주안다 내각은 강령으로서 다음과 같은 5개 항목을 제시했다. ① 각 지방의 정당·군, 그 밖의 유력 인사들로 구성되는 국민협의회를 만든다. ② 국내 정상화를 추진한다. ③ 네덜란드와 체결한 협정 파기를 추진한다. ④ 서西이리안 반환 투쟁을 전개한다. ⑤ 건설을 추진한다(和田久德 외 1999, 266).

수카르노는 군인들의 지방 반란을 제압하는 한편, 구 네덜란드령 동인도 일부였던 서부 뉴기니아(인도네시아 측은 '서이리안'으로 부른다)의 주권을 네덜란드로부터 되돌려 받는 것을 목표로 네덜란드와 대립했다. 인도네시아는 1956년 2월 하라합 정권이 네덜란드-인도네시아 연방제를 일방적으로 폐기한다고 선언했으며, 같은 해 8월 알리 정권은 대네덜란드 채무 지불을 거부한다고 발표했다. 1957년 11월 국제연합UN이 인도네시아 서이리안 병합 요구를 불인정하자, 다음달 12월 3일 정부는 네덜란드에 항의하는 24시간 파업 지령을 내렸다. 이에 전인도네시아중앙노동자조직SOBSI은 네덜란드인 소유 해운회사·은행·상사·기업농원 등을 접수했으며, 접수된 기업은 정부와 군의 관리로 이관되었다. 또 인도네시아 정부가 네덜란드인이 경영하는 농원에 대한 접수령을 발표하고 농원 약 500개를 접수했다. 1958년 12월 인도네시아 정부는 네덜란드계기업국유화법을 공포해 농원과 광공업 부문 기업 약 80개를 비롯해 내덜란드인 소유 기업을 국유화했다(奧保喜 2009, 302).

수카르노는 1954년 이후 네덜란드 기업 접수를 목표로 하여 서이리안 반환을 끈질기게 요구한 공산당 정책을 수용함과 동시에, 탈출구를 필요로 하는 군부의 에너지를 국내가 아닌 국외로 향하게 만드는 대네덜란드 정책을 펴면서 이른바 '교도민주주의'를 강력하게 추구했다.

수카르노의 교도민주주의

1959년 4월, 수카르노는 1955년 선출된 제헌의회에 대통령에게 큰 권한을 부여한 1945년 헌법으로 복귀할 것과 자유민주주의 폐지 등을 제안했다. 국민당과 공산당은 수카르노의 제안에 찬성했으나, 이슬람계 정당의 반대로 부결되었다. 같은 해 7월 5일 수카르노는 강권을 발동해 ① 제헌의회 해산, ② 1950년의 잠정헌법 정지, ③ 1945년 인도네시아공화국 헌법으로 복귀, ④ 1945년 헌법에 기초한 잠정국민협의회와 최고자문회의 설치 등을 중심으로 하는 포고를 발표했다. 곧이어 7월 9일 수카르노는 1945년 헌법 규정에 따라 자신을 수상으로 하고 주안다를 선임 장관에, 나수티온을 국방부 장관에, 독립선언 발표 때 활약한 케룰 살레를 건설부 장관에 앉힌 내각을 출범시켰다.

이와 같은 새로운 정치체제에 대해 수카르노는 8월 17일 독립기념일 연설, 즉 "우리 혁명의 재발견: 인도네시아공화국 정치 선언"에서 '1945년 헌법 복귀'를 실행함으로써 1950년부터 유지되어 온 반혁명의 흐름을 청산해 민족혁명을 발전시킬 수 있게 되었다는 이론적 근거를 제시했다(和田久德 외 1999, 271~272).

국정 목표를 나타내는 머리글자 'USDEK'를 합친 이 정치 선언Manipol; Manifesto Politik, 즉 'Manipol-USDEK'이 인도네시아의 국가 이념이 되었다. 여기서 'USDEK'이란 1945년 헌법UUD-45, 인도네시아 사회주의Sosialisme Indonesia, 교도민주주의Demokrasi Terpimpin, 계획경제Ekonomi Terpimpin, 인도네시아 주체성Kepribadian Indonesia을 말한다(양승윤 2005, 475).

1959년 12월 1일, 대통령령으로 정당법이 시행되었다. 정당은 '국가 체제'라는 민족단결 범주 안에서만 활동할 수 있으며, 특별한 경우에는 대통령의 감독을 받도록 규정되었다. 1960년 3월 수카르노는 국회를 해산했으며, 법안 심의·협찬권을 갖는 상호협력국민대표회의를 구성했다. 상호협력국민대표회의는 정당 대표 130명과 군·노동자·농민·기업인 등 사회직능 대표 153명을 임명해 의회 형태로 발족했다.

1960년 9월, 정당에 대한 규제가 단행되었다. 수카르노는 수마트라 반란에 관련되었다는 이유를 들어 마슈미당과 사회당을 해산시켰다. 나아가 정당법에 따른 정당 간소화 조치로 소수 정당들도 해산시켰다. 그리하여 국민당·인도네시아당·무르바당의 4개 민족주의 정당, 나흐다툴울라마당·가톨릭당 등 5개 종교 정당, 그리고 공산당을 합쳐 10개 정당만이 존립하게 되었다. 이에 민족주의Nasional, 종교Agama, 공산주의Komunis의 연합체, 이른바 나사콤NASAKOM이라 불리는 정치 세력이 균형을 이루게 된 것이다. 이러한 정치체제는 수카르노가 제창한 '교도민주주의'에 바탕을 둔 것으로서 이러한 정치 노선에 따라 수카르노는 독재적인 권한을 행사했다(奧保喜 2009, 302~303).

서이리안 반환 투쟁

교도민주주의 체제에 기반을 둔 수카르노 정부는 동·서 양 진영의 대인도네시아 유화 정책을 교묘하게 이용해 이리안 해방 투쟁을 전개했다. 네덜란드 측은 처음부터 이리안을 인도네시아에 양여할 의사가 없었으며, 시간을 끌면서 상당한 지지 기반을 다진 뒤 이 지역에 친네덜란드 독립 정부를 세우려 했다.

이에 대해 인도네시아는 주안다 정권 시절에 이미 '서이리안해방민족전선'을 결성해 나수티온을 그 위원장으로 임명했으며, 이 전선 산하에 거의 모든 대중 단체를 노동자군협력회·농민군협력회·여성군협력회·청년군협력회로 편성했다.

인도네시아와 네덜란드의 대립 관계는 1960년 8월에 절정에 이르렀으며, 마침내 외교 관계의 단절로까지 이어졌다. 1961년 12월 인도네시아는 이리안 해방투쟁을 위한 최고 작전사령부를 설치하고 수카르노를 사령관으로, 나수티온을 부사령관으로 결정했다. 1962년 1월 초, 대통령령으로 이리 안 작전의 모든 권한을 부여받은 만달라Mandala 부대가 창설되었다. 그리하 여 인도네시아군의 침투 작전이 시작되었으며 일정한 성공을 거두었다. 이 런 상황에서 네덜란드는 이리안 분쟁의 종결을 위해 협상을 벌일 준비를 하 고 있었다.

인도네시아군이 소련의 군사 원조를 받아 가며 이리안 해방 투쟁을 성 공적으로 전개하고 있는 가운데, 미국은 인도네시아의 친소 가능성 증대를 우려한 나머지 1962년 2월부터 적극적인 중재에 나섰다. 미국의 계속된 중 재 노력으로 인도네시아와 네덜란드 사이의 협상이 잇따라 전개되었으며, 그 결과 1962년 8월 15일 이른바 '뉴욕협정'이 체결되었다.

네덜란드 정부는 1962년 10월 1일부터 이 지역을 임시로 국제연합의 관 할 아래 맡겼다가, 1963년 5월 1일 인도네시아에 반환한다는 데 동의했다. 이리안 분쟁은 1963년 5월 1일 네덜란드가 이리안 통치권을 인도네시아에 양도함으로써 끝을 보게 되었다. 이리안 해방투쟁은 나사콤 체제에서 수카 르노의 국내외 위상을 강화하는 한편, 교도민주주의의 정당성을 입증한 셈 이었다(양승윤 2005, 487~488).

인도네시아공산당의 세력 증대

수카르노가 추진한 나사콤 체제에서 실제로 정치 지형을 결정한 세력은 수 카르노 자신과 육군과 공산당이었다. 육군은 1963년까지 계속된 계엄령의 집행기관이었으며, 지역 군관구가 지방 행정과 치안 유지를 도맡았다. 또 정부는 반란을 진압한 군부에 대해서는 1959년 지방자치체 수장을 임명제 로 전환해 다수의 수장 자리에 군인을 임명하는 것으로 보답했다. 국유화된 네덜란드계 기업은 육군이 관리하도록 했으며, 기업의 관리직에도 군인들이 임명되었다. 게다가 육군참모본부는 정부의 예산과는 별도로 풍부한 자금을 활용할 수 있었다. 1957~1959년에 자와섬에서 격렬한 반화교 운동이 일어났을 때 많은 화교들이 인도네시아 국적을 취득했으며, 화교계 기업은 군인 관료를 명의상의 관리자로 하여 경영을 맡겼다. 이렇게 하여 육군은 지방 행정과 경제계에 널리 진출하게 되었다. 중앙 정치계에서도 큰 역할을 행사하게 되었는데, 1964년에는 군이 주도해 직능대표 의원으로 구성되는 직능그룹Golkar이라는 정치단체가 만들어지기도 했다.

한편, 인도네시아공산당은 수카르노의 이리안 해방투쟁을 비롯한 반식민지주의 정책을 적극 지지했다. 인도네시아공산당은 수카르노의 민족주의 투쟁에 동조해 대중을 동원했으며, 그런 가운데 산하의 노동조합과 농민조합 등을 통한 대중조직화에 성공해 빠르게 세력을 확대했다. 1964년 당시 인도네시아공산당은 당원 300만 명을 포괄하고 있다고 발표했다(奧保喜 2009, 303~304).

'교도 경제'의 실시

이와 같은 나사콤 체제에서 추진된 교도민주주의에 대응해 경제정책에서는 이른바 '교도 경제'라는 강한 통제 경제정책이 시행되었다. 수카르노는 1959년에 행한 '우리 혁명의 재발견'이라는 연설에서 "국가에 있어 중요한 생산 부문과 국민 대다수의 생활필수품을 지배하는 부문은 국가의 통제를 받으며, 이미 민간 기업의 활동은 허용하지 않게 되었음을 단언한다. 또 네덜란드 이외의 외국자본에 대해서는 공화국이 정한 조건에 맞지 않으면 안 된다는 것을 분명히 밝힌다"고 말했다(和田久德 외 1999, 274~275).

수카르노는 국내 경제를 통제함과 동시에 네덜란드 자본을 추방하는 대신 다른 나라 자본에 대해서는 인도네시아가 정한 조건에 부합하도록 엄격히 요구했다. 이에 대해 서유럽 각국의 자본주의적 기업이 이윤의 본국 송환 자유, 수익을 수입을 위해 사용할 자유 등의 경제적 자유와 권리를 주장하는 것은 당연한 일이었다.

서유럽 자본과 '교도 경제' 사이에 충돌이 일어나는 가운데, 수카르노는 서유럽 자본주의국가들과 사회주의국가들로부터 동시에 원조를 받아들일 요량으로 1959년에는 외자를 보증하는 '외자도입법'을 채택했다. 1960년에 작성한 종합 8개년 계획에서 필요 경비의 50퍼센트에 해당하는 22억 달러를 외화 원조로 충당하기로 결정했다. 즉, 정부는 국영기업을 중심으로 국내 개발을 추진하기 위해 그 개발 비용을 외국 원조에 의존하게 된 것이다. 국가가 접수한 기업이나 그 밖에 국가의 자본을 이용하는 기업은 이와 같은 해외 원조를 필요로 했으며, 그러지 않고서는 기능을 하지 못했다.

1960년 시점에서도 원조를 제공해 줄 수 있는 국가는 미국으로서, 미국의 원조액은 이미 총액 기준으로 6억 달러를 넘었다. 교도 경제가 시행되는 가운데서도 미국의 기업, 특히 석유 기업은 그 원조 덕분에 경제적 이익을 챙기는 대 성공했다.

1960년 정부 규제를 통해 국유화가 진행되었으나, 1962년 11월 인도네시아를 방문한 미국 경제사절단은 3억9천 달러를 상회하는 5개년 원조 계획 가운데 2억3,300억 달러를 미국이 분담한다는 보고서를 발표했다. 이것을 바탕으로 미국은 칼텍스Caltex·스탠백Stanvac·셸Shell 3사에 채굴을 맡기고 그 실수입을 인도네시아 정부 60퍼센트와 회사 측 40퍼센트 비율로 나누든가, 인도네시아 정부가 원유 총생산량의 20퍼센트를 취하든가 선택하라는 내용을 담은 계약을 체결했다. 이른바 '청부 계약'이다.

인도네시아와 일본의 경세 관계가 시작된 것은 1958년 인도네시아·일본 양국 정부 사이의 평화조약과 배상협정이 체결되고부터였다. 배상협정에서 일본은 앞으로 12년 동안 2억2,300만 달러를 공여하고, 이후 20년 동안 투자와 차관 형태로 4억 달러를 인도네시아에 제공하기로 했다. 1960년에는 일본계의 북수마트라석유개발협력회사가 수마트라 지역의 유전 복구에 협력했다. 청부 계약이 아닌 생산 분여 계약에 따른 해역 유전 개발에도 일본 자본이 투입되었다. 인도네시아석유자원개발회사와 큐슈九州석유개발회사가 설립되어 인도네시아 석유 개발에서 서로밀접한 관계를 유지했다. 배상협정이 실시됨에 따라 인도네시아와 일본 경제계 사이에 물자·기술, 그 밖의 부문에서 협력이 이루어졌다(和田久德 외 1999, 275~276).

수카르노는 1960년 8월 17일 "우리 혁명의 전개"라는 제목의 독립기념일 연설에서 1961~1966년에 걸친 종합개발계획을 발표했다. 거기서 수카르노는 계획의 핵심인 농지개혁이야말로 인도네시아혁명에 있어서 중요하고도 불가결한 과제라고 강조했다. 인도네시아 농촌 실정에 비추어 종합개발계획은 너무도 당연한 정책 구상이었다. 인도네시아의 전체 농민 가운데 3퍼센트에 불과한 부농이 거의 대부분의 토지를 차지하고 있고, 외국인 소유주로부터 접수한 대농원은 운영과 생산기술 부족으로 심각한 생산량 감퇴를 나타냈다. 그리하여 매년 양곡 100만 톤 이상을 수입해야 하는 실정이었다(양승윤 2005, 505).

1960년 11월 국민협의회임시특별총회MPRS는 다음의 원칙을 근간으로 한 종합개발 8개년 계획을 승인했다. ① 각 지역에서 인구 밀도에 따라 토지소유의 상한을 정한다. ② 국가가 매수한 토지의 지주에 대해서는 정부가 정한 보상을 하지만, 제국주의자가 지배한 토지와 혁명에 반대한 자의 소유지는 몰수한다. ③ 재분배에 있어서는 당해 경작지의 소작인을 우선 배정한다. 1962년 서부 자와 카라왕Karawang의 한 마을에서 많은 농민들이 지켜보는 가운데 최초의 과잉지 재분배 증서 수여식이 열렸는데, 농민 24인이 평균 0.76헥타르의 토지를 분배받았다. 농지 재분배는 그 이후에도 계속되어 동부 자와, 서부 자와, 북수마트라, 무나 섬, 파탄 등에서 행해졌으나 1963년 당시로서는 3만3,576헥타르 밖에 재분배되지 않았다. 1964년 8월, 수카르노는 독립기념 연설에서 농지개혁이 제대로 추진되지 않은 데 대해 불만을 나타냈다. 수카르노는 농지개혁의 제1차 실시 지구에서는 1964년 중에, 제2차 실시 지구에서는 그다음 해에 개혁을 완료할 것을 지시했다.

그러나 농지개혁을 실시함에 있어서는 농촌 상황에서 제기되는 여러 가지 장해 요인이 도사리고 있었다. 공산당은 1958년의 농촌 실태 조사에 이어 1964년부터 다시 농촌 실태 조사를 실시했다. 이러한 상황에서 농민들은 지주들이 '대화조차 거부한다', '농지개혁을 회피한다'면서 '일방적으로 토지를 점유하자'는 운동을 벌였다. 그리하여 농민들이 실력으로 토지를 분배하기 시작했으며, 이와 같은 형태의 실력행사는 마디운 지역을 비롯한 여러 곳으로 확대되었다. 이에 대해 정부는 '농민의 일방적 행동'을 대통령령으로 금지했다(和田久德 외 1999, 279~280).

수카르노 정권은 이와 같은 경제정책을 시행하는 한편, 대외정책에서는 독자 노선을 추구하면서 외국자본에 대한 '혁명적 조치'를 취했다. 수카르노는 1963년 이리안 해방투쟁을 성공으로 이끈 뒤, 말라야·싱가포르·브루나이를 결합하는 영국의 말레이시아연방 움직임을 '아직 끝나지 않은 인도네시아혁명을 위협하는 영국의 신식민 정책'으로 간주해 이에 대한 대결 태세를 취했다. 이와 동시에 영국 기업 접수 투쟁도 전개했다. 1965년 1월에는 국제연합을 탈퇴했으며, 8월에는 국제통화기금IMF과 국제부흥개발은행IBRD, 경찰공조체제Interpol 등에서 탈퇴함으로써 자본주의 체제와의 관계를 단절했다.

1965년 3월, 인도네시아는 외국자본과 중요 프로젝트에 대해서도 이른
바 혁명적 조치를 취했다. 정부가 외국 석유회사의 조업을 감독하며, 전 판
매 자산의 97퍼센트를 접수해 인도네시아국영석유공사pertamina 관리 아래
두는 조치였다. 셸과 스탠백의 나머지 시설도 8월 말까지 인도네시아의 관
리를 받게 된다고 발표했다. 수카르노는 8월 17일 독립기념 연설에서 '자신
의 발로 서자'고 호소하면서, 노동자·농민의 무장을 통한 '제5군'[10] 창설을
발표했다. 9월 들어서는 연일 미국을 반대하는 시위가 조직되었다. 사태가
여기에 이르자, 군부는 사회주의 건설 쪽으로 질주하는 수카르노의 정책을
견제해야 한다고 판단하기에 이르렀다.

1965년 7월과 8월 사이에 수카르노는 우파 인사들을 당과 정부에서 축
출했고, 9월 들어 무르바당을 해산시켰다. 수카르노의 이러한 일련의 조치
는 민족주의 정당 지도자와 군부 지도층의 반발을 불러일으킨 주요한 요인
으로 작용했다. 이와 함께 인도네시아 국민경제 역시 대단히 어려운 상황에
놓이게 되었다. 1965년 이전까지 미화 1달러당 49루피였던 공정 환율이
1965년 후반에는 2만 루피로 크게 하락했으며, 물가도 불과 3개월 사이에
5배로 뛰었다. 이에 따라 식량 파동이 벌어지고 각종 시위가 매일처럼 벌어
졌고 심각한 사회 불안이 조성되는 가운데 장군평의회의 쿠데타설이 난무
했다.

10_제5군은 육·해·공·경찰군 편제에 추가해 노동자·농민을 무장시켜 다섯 번째 군을 창설하자는 공산
당의 제안을 말한다. 인도네시아공산당의 이 제안은 농민을 무장시켜 토지개혁을 적극적으로 추진해 공
산당에 대한 농민의 지지를 확고히 하고, 격렬한 사회 대립 속에서 군부와 그 밖의 반공 진영으로부터 가
해지는 공격에 대비해 공산당을 지키려는 의도에서 나온 구상이다. 이를 수카르노가 받아들인 것이다(谷
川榮彦 1971, 47).

9·30 사태의 발생과 공산당의 붕괴

이와 같은 사회·정치적 불안과 혼돈 속에서 이른바 '9·30 사태'가 발생했다. 이는 '9·30 운동' 또는 '10·1 사건'으로 불리기도 하는데, 대통령 친위대 대대장 운퉁Untung이 일부 좌경 장교와 이들 휘하의 군부대를 동원해 쿠데타를 일으킨 사건이다. 1965년 9월 30일 오전 7시 20분, 쿠데타를 알리는 첫 방송이 라디오를 통해 발표되었다. 이 군사혁명은 미국 중앙정보국CIA의 후원으로 진행되고 있던 장군평의회 쿠데타 시도를 미리 막기 위한 선제 행동으로 이루어진 것이라고 밝혔다. 쿠데타 주동 세력은 사후에 '인도네시아 혁명평의회'가 수도 자카르타에 설치될 것이며, 9·30 운동을 적극적으로 지지하는 민간인과 군인으로 혁명평의회가 구성될 것이라고 발표했다. 이들은 자신들의 모든 행동은 수카르노 대통령이 최종적으로 재가한 것이라는 점을 강조했다. 또 인도네시아 외교정책에는 아무런 변동이 없을 것이며, 여전히 자유와 반식민주의·반제국주의를 고수할 것이라고 했다. 쿠데타군은 아크마드 야니 장군을 비롯한 장군 6명을 살해했다(양승윤 2005, 507).

쿠데타를 알리는 중앙방송 전파를 듣고 군사행동에 대해 알게 된 육군 전략예비군 사령관 수하르토 장군은 자신의 지휘 아래에 있던 레인저 부대를 동원해 방송국·우체국·전기통신공사를 탈환함으로써 24시간 이내에 쿠데타를 진압했다. 이어서 수하르토는 10월 2일 3시에 레인저 부대를 주력으로 하는 부대를 하림 공군기지에 파견해 6시 20분에 기지를 장악했다.

9·30 운동에 대한 수하르토나 반공 세력의 해석에 따르면, 이 사태는 공산당이 계획하고 실행한 것이었다. 그러나 여러 가지 정황을 따져 이러한 주장을 부정하는 견해도 있다. 이를테면 캘리포니아대학교의 대니얼 레비 교수의 견해가 그렇다. 인도네시아공산당이 사건의 배후에 있다는 확고한 증거가 나오지 않는 한, 9·30 운동은 어떤 원조라도 이용하고자 한 장교 그

룹의 전통적 폭거임이 분명하다는 것이다(谷川榮彦 1971, 48).

사실상 9·30 운동을 계획하고 실행한 세력의 중심은 중부 자와에 주둔한 육군 제7사단 부대 내의 불만을 가진 하급 장교와 그 지휘를 받고 있는 군대, 그리고 일부 공군 장교들이었다. 그들은 군 최고 간부들의 오직汚職이나 사치스러운 생활, 그리고 말라야와의 대결에서 드러낸 우유부단한 태도에 불만을 품고, 이와 같은 해악을 인도네시아혁명을 통해 제거하고자 결의했다. 사건에 연루된 하급 장교들은 모두가 공산주의자는 아니었으며, 그 가운데는 반공 경력을 가진 사람도 있었다.

청년 장교들의 쿠데타 계획은 우익 장군의 장군평의회를 없애고 수카르노와 공산당 지도자 아이디트 등 유력한 정치 지도자들을 자기들 진영으로 받아들이며, 국가권력 기관을 장악해 혁명평의회를 수립한다는 것이었다. 예상되는 권력의 성격은 수카르노를 정점으로 하는 더욱 좌경화된 나사콤 체제로서, 공산당의 비중을 크게 설정한 것은 결코 아니었다.

그러나 공산당 일부 지도자나 당원이 직접·간접으로 관련된 것은 부인할 수 없다. 이를테면 제5군 요원으로서 하림 공군기지에서 군사훈련을 받고 있던 공산당계 인민청년단이 쿠데타 보조 부대로서 동원되었다는 점, 쿠데타 발생에 호응해 공산당 계열의 인민청년단이나 여성협회가 자카르타 시내에서 9·30 운동 지지 시위를 했다는 점, 아이디트가 쿠데타 근거지인 하림 공군기지에 나타났다는 점, 공산당 기관지 『하리안 라얏트』가 10월 2일자에 쿠데타를 '애국적 행동'이라며 지지하는 성명을 실었다는 점 등이 그러했다(谷川榮彦 1971, 50).

쿠데타가 실패로 끝나자, 수하르토와 나수티온이 이끄는 군부·반공 세력은 공산주의자들을 집중 공격했다. 공산당 지도부는 이에 적극적으로 저항하려 하지 않고 단지 공산주의의 운명을 수카르노 대통령의 권력에 의지하면서 일반 당원들에게는 경거망동을 삼갈 것을 호소했다. 그러나 공격의 기회를 잡은 군부는 장군 살해 사건과 이슬람교의 반공 의식을 교묘하게 결합해 일대 반공 캠페인을 전개했으며, 이슬람 세력과 함께 약 3~4개월 동안 50만 명이 넘는 공산주의자와 그 동조자들을 무참히 살해했다.

이와 같은 대량 살육의 배경에는 사회·정치·사상적인 요인들이 작용했으나, 살해에 가담한 빈민들 가운데는 화교 상인의 착취에 분노한 나머지 화교·중국·인도네시아공산당을 동일시해 학살에 참가한 사람도 있었다. 그런가 하면, 이슬람 세력 지도층은 지주와 부농층으로서 토지개혁 문제를 둘러싸고 공산당을 증오했다.

인도네시아공산당은 당원 300만 명과 동조자 1천여만 명을 포괄한, 자본주의 세계에서 최대의 공산당이라 자처해 왔으나, 반공 테러를 당해 수많은 당원과 혁명가들을 잃은 끝에 붕괴되었다. 아이디트는 10월 22일 소로의 삼베니 마을에서 군대의 공격을 받아 체포되어 사살되었다.

그 뒤 재건된 공산당 정치국은 1966년 9월에 통렬한 자기비판서를 발표했다. 그 내용을 간추리면 다음과 같다. ① 당은 프티부르주아 사상과 현대 수정주의 오류를 범해 올바른 프롤레타리아혁명 사상을 갖추지 못했다. ② 인민민주주의 혁명의 주요 투쟁 수단을 확정하지 않고 평화혁명 방식과 무장혁명 방식 사이에서 동요했으며, '비평화로 가는 길' 준비를 태만히 했고 9·30 운동 실패 이후 반혁명 세력의 공격에 대비하지 못한 채 큰 타격을 입었다. ③ 국가론에 관한 기회주의에 빠졌다. 아이디트 지도부가 제창한 국가권력의 '두 측면론', 즉 국가권력은 수카르노를 중심으로 하는 '인민적 측면'과 지주·매판의 '반인민적 측면'으로 나누어지며, 인민적 측면이 지도권을 장악하고 있다는 이론은 마르크스-레닌주의 원칙을 무시한 것이며 국가의 본질이 계급적 독재라는 사실을 간과했다. ④ 공산당은 민족통일전선 정책에 대해서도 오류를 범했으며, 통일전선의 지도권을 수카르노를 중심으로 하는 민족부르주아지에게 넘겨 주고 독자성을 상실했다. ⑤ 조직 면에서도 우익 편향에 빠졌으며, 단지 조직의 양적 확대주의와 반혁명에 대한 무경계주의에 빠져 있었다. ⑥ 조직에 있어서 민주집중제의 원칙이 깨지고 당 간부의 개인지도나 독단 전횡이 발생하고, 더구나 중앙·지방 관직에 취임한 당 지도층의 생활과 일반 당원이나 대중의 생활 사이에 큰 간극이 생겼다(谷川榮彦 1971, 52~53).

교도민주주의와 노동운동

1950년대 말부터 1960년대 전반기에 이르는 기간은 수카르노의 교도민주주의 추진과 그것에 따른 경제·사회·군사·외교 전반에 걸친 격변이 진행된 시기라고 할 수 있다. 이러한 상황에서 노동운동도 여러 가지 큰 변화들을 겪게 되었다.

먼저 노동조합운동 동향부터 살펴본다. 여기서는 아무래도 전체 조직노동자의 절반 이상을 포괄하고 있고, 수카르노 정권 및 인도네시아공산당과 우호·협력 관계를 유지해 온 전인도네시아중앙노동자조직이 중심이 될 수밖에 없다.

1958년 당시 인도네시아에는 노동조합 전국 중앙 조직이 13개 있었고, 전인도네시아중앙노동자조직이 전체 조합원의 절반(273만3천 명)을 포괄했다(노동자운동연구소 국제팀 2012, 21). 교도민주주의 도입과 더불어 수카르노 대통령은 노동자 대표 조직으로서 전인도네시아중앙노동자조직을 점점 신뢰하게 되었다. 전인도네시아중앙노동자조직은 여러 레벨에서 대표성을 갖는 '직능 그룹'으로서 지위를 획득했다. 수카르노는 1957년 7월 12일 전인도네시아중앙노동자조직이 추천한 45명을 상호협력국민대표회의 위원으로 지명했으며, 전인도네시아중앙노동자조직 대표 한 사람을 입각시켰다.

1957년 9월 당시에는 부문과 지역에 전국 조직 31개가 설립되어 있었으며, 지역 본부 8개와 지부 150개가 조직되어 있었다. 1959년 7월 전인도네시아중앙노동자조직 대표들은 수카르노의 지명에 따라 민족전선 전국위원회와 인민자문회의, 지방위원회에 참가하고 있었으며, 같은 해 8월에는 전국자문위원회와 전국계획위원회에도 한 사람씩 참가했다. 전인도네시아중앙노동자조직은 1960년 9~10월에 제3회 전국 대회를 열었으며, 당시 노동조합원 수를 273만 2,909명이라고 발표했다.

정부가 네덜란드인 소유 기업을 국유화하는 과정에서 전인도네시아중앙노동자조직과 군대 사이에 갈등이 빚어졌다. 많은 경우 네덜란드 소유 재산은 전인도네시아중앙노동자조직이 접수했고, 뒤에 그 관리는 군대가 맡았다. 많은 상급 장교들이 국유화된 회사의 경영진에 포함되었고, 이들은 국유기업에 대한 전인도네시아중앙노동자조직의 영향력에 대해 적대적이었다. 전인도네시아중앙노동자조직과 경쟁 관계에 있는 대부분의 노동조합 조직들은 전인도네시아중앙노동자조직의 우월성에 도전해 군대와 제휴했다. 전인도네시아중앙노동자조직은 국유화된 기업들에 대해 노동자평의회를 통한 자주 관리를 실현하려 했는데, 이러한 운동 기조는 군부를 통해 국영기업을 통제하려 했던 정부 방침과 정면으로 부딪혔다.

1957년에는 노동군부협력기구BKS-BUMIL가 출범했고, 전인도네시아중앙노동자조직을 비롯해 14개 노조가 여기에 참여했다. 공식적인 노동분쟁조정위원회는 뒷전으로 밀려나고, 노동군부협력기구가 노동쟁의 해결 장치 역할을 하게 되면서 노동조합으로부터 지지를 받았다. 그러나 노동군부협력기구를 통한 전인도네시아중앙노동자조직 통제가 쉽지 않자, 정부와 군부는 인도네시아사회주의종업원중앙기구SOKSI를 만들었다. 인도네시아사회주의종업원중앙기구는 국영기업에 기반을 마련했고, 사무직 노동자들의 지지를 받았다. 인도네시아사회주의종업원중앙기구는 노사화합 이념을 설파하면서 계급투쟁을 주장한 전인도네시아중앙노동자조직에 대항했다. 'SOKSI'와 'SOBSI'의 명칭상 차이인 K, 즉 Karyawan(까르야완, 종업원)과 B, 즉 Buruh(부루, 노동)의 차이는 노동조합이 종업원 조직이냐 아니면 노동자 조직이냐 하는 문제와 연관되었다(Hadiz 1997, 53~55).

인도네시아사회주의종업원중앙기구는 군부의 후원을 등에 업고 빠르게 성장했다. 1963년 핵심활동가 1,800명을 훈련시켜 60개 전국 조직, 24개 지역 조직, 48개 시·군 조직에 파견했다. 인도네시아사회주의종업원중앙기구는 1963년 초 노동조합원 161만5,800명이라고 주장했고, 그해 말에는 노동조합에 더해 청년·여성·농민·지식인 조직을 통틀어 회원 수가 750만이라고 발표했다. 이와 같은 조직력을 동원해 군부는 노동운동에 대한 통제를 한층 더 강화했다. 노동조합을 통합해 단일 국가 후원 단체인 인도네시아노동자협회기구OPPI를 결성하려 계획했다. 전인도네시아중앙노동자조직은 반대했지만, '모든 노동자의 단결'KBSI, 인도네시아인민주의노동조합KBKI, 인도네시아무슬림노동자연합SARBUMUSI 등의 다른 노동조합들과 노동군부협력기구는 국가권력의 후원을 받는 단일 조직의 출범을 지지했다.

한편 정부는 상급 단위에서의 통제 노력과 더불어 사업장 단위의 통제를 위해 기업평의회를 조직해 노동자의 경영 참여를 보장하려 했다. 그러나 노동자 대표 선정 과정에 정부가 지나치게 개입함으로써 실질적 의미의 노동자 참여는 이루어지지 못했다. 1963년 말까지 656개 기업에서 기업평의회가 조직되었고, 21개 산업 단위 평의회가 존재했다. 기업평의회는 대부분 플랜테이션 농장에 설치되었다. 그러나 상당수 기업평의회는 전인도네시아

중앙노동자조직의 영향력 아래 있었고, 군부의 입장에서는 전인도네시아중앙노동자조직은 전국 수준은 물론 사업장 단위에서도 노사협력주의의 장애물로 보였다. 군부의 노동문제 관여와 산업평화 강조로 1957년 계엄령 선포 이후 파업은 줄어들었고, 국가권력은 더욱 군부에 집중되었으며, 군부가 후원하는 노동자 조직들의 힘이 강화되었다(Hadiz 1997, 55-58).

군부독재 파시즘과 1001 활동

외국자본과 화교 자본이 주축을 이루고 군부가 정치·경제의 핵심을 장악하고 있는 체제를 전인도네시아중앙노동자조직은 '군부독재 파시즘'으로 규정하고, 노동자의 민주적 권리를 지키기 위해 독자적 활동을 펴 나가기로 했다. 파업이 금지된 1960년에는 '1001 활동'이라 부르는 행동에 나섰는데, 이는 노동자가 기업주에게 5월에 내리는 장맛비처럼 집단 진정을 행하는 것을 말한다. 1961년에는 이 1001 활동을 통한 파업으로 노동조합이 임금 인상 요구를 실현했다. 경과는 이러했다. 영국·미국·프랑스·벨기에 기업으로 구성된 북수마트라농기업연합에 대해 전인도네시아중앙노동자조직 산하 인도네시아공화국농원노동조합이 임금 인상을 요구했으나 거부당했다. 국민당계 인도네시아인민주의노동조합KBKI은 전인도네시아중앙노동자조직 계열 노동조합의 요구에 반대했으나, 정부가 결국 인정함으로써 이들의 요구는 실현되었다.

또 동東자와 부수키에 있는 국영기업 아삼바구스에서 임금 인상 투쟁이 장기화했는데, 회사가 노동자 1천 명의 해고를 발표했으나 노동자 측 요구는 달성되고 해고는 무효화되었으며 군인 사장은 해임되었다(和田久德 외 1999, 277~278).

군대와 노동부는 전인도네시아중앙노동자조직을 해체하고 유일한 노동조합 연맹을 설립할 계획을 세웠다. 그러나 전인도네시아중앙노동자조직은 그와 같은 계획을 백지화시켰다. 국유기업에서 이루어지는 군대의 전인도네시아중앙노동자조직 공격에 대해 공산당은 '관료주의적 자본주의'라고 비난했다. 전인도네시아중앙노동자조직은 1960년 들어 관료주의적 자본주의에 대한 적극적인 반대 행동을 시작했으며, 국유기업 내에서 제공되는 여러 가지 식민지 시대의 이득을 폐기하기 위해 노력했다.

1961년 1월 1일, 전인도네시아중앙노동자조직은 조직·교육·문화에 대한 의욕적인 3개년 행동 계획을 발표했다. 특히 농업 부문과 운수 부문에 대한 조직 강화를 추진했다. 캠페인은 일정한 성과를 달성해 2년 동안 조합원 50만 명을 포괄하게 되었다. 이 동안에 노동교육 교사 5,278명과 활동가 3만703명이 훈련 과정을 마쳤다. 1962년에는 노동자 1만9,964명이 기초과정을 마쳤다. 그리고 스포츠 팀 145개와 합창단 11개가 만들어졌다. 당시 전인도네시아중앙노동자조직은 전체 조직노동자의 거의 절반을 포괄했다.

1963년 12월, 미국은 제7함대 작전 지역을 인도양으로까지 확대하기로 결정했다. 공산당과 전인도네시아중앙노동자조직은 이러한 결정을 인도네시아에 대한 위협으로 간주했으며, 이에 대한 대응으로서 인도네시아에 있는 미국 기업의 국유화를 요구했다.

1960년 중반 들어 전인도네시아중앙노동자조직은 정당의 영향력에서 벗어나기 시작하여, 차츰 민족의 이해관계를 계급 이해관계보다 앞세우는 데 대해 불만을 나타냈다. 공산당 지도자 아이디트는 이러한 경향을 '노동조합주의'라고 비판했다.

1965년 쿠데타가 발발함에 따라 전인도네시아중앙노동자조직과 가맹조직 62개가 파괴되었다. 같은 해 10월 10일, 전인도네시아중앙노동자조직

표 22-14 | 1956~1965년 인도네시아 파업 발생 추이

연도	파업 건수	파업 참가자 수	노동손실일수
1956	505	340,203	1,079,987
1957	152	1,092,107	1,154,563
1958	55	12,578	98,060
1959	70	26,626	31,320
1960	64	14,577	43,780
1961	86	63,111	105,553
1962	34	12,225	23,551
1963	54	25,080	56,425
1964	21	15,641	24,565
1965	4	470	1,046

자료: ILO 1972, *Yearbook of Labour Statistics*.

사무실은 군대의 습격을 받았다. 중앙 자와의 솔로를 비롯한 몇몇 도시들에서는 철도노동자들이 쿠데타 군대의 진출을 막기 위해 파업을 벌였다. 파업은 파업 노동자에 대한 군인의 총격으로 끝났다. 전인도네시아중앙노동자조직의 주장에 따르면, 수마트라와 북술라웨시에서도 파업이 조직되었다. 결국 1965년 11월 3일, 전인도네시아중앙노동자조직의 활동이 중지된다는 정부 발표가 나왔다. 많은 노동조합원들이 죽거나 감옥에 갇혔으며, 부루섬에 수용되기도 했다.

1956~1965년 사이의 파업 건수는 총 1,045건으로 연평균 105건 발생했다. 1956년과 1957년에는 각각 505건과 152건을 기록했다. 그 뒤 1958년부터 파업 건수는 크게 감소했다. 1956년에는 하라합 정권이 네덜란드-인도네시아 연방제를 일방적으로 폐기한다고 선언한 바 있고, 같은 해 8월 알리 정권은 대네덜란드 채무 지불을 거부한다고 발표하여 네덜란드에 대한 노동자 항의 투쟁이 고조되었다. 1957년에는 노동쟁의조정법이 개정되어 파업에 대한 규제가 더욱 강화되었고, 주요 기업에서의 파업 금지에 관한 국방부 장관의 명령이 발표되었다. 이에 대한 노동조합의 반발이 일기는 했

으나 그 이후로 파업은 급격하게 줄어들었다. 파업 참가자 수나 파업에 따른 노동손실일수도 1958년 이후 현저하게 감소했다. 특히 군사 쿠데타가 일어난 1965년 파업 건수는 불과 4건에 지나지 않았으며, 파업 참가자 수도 470명이었고 노동손실일수도 1,046일에 불과했다(〈표 22-14〉 참고).

5. 필리핀

마카파갈의 '평화와 번영의 새로운 시대'

민중정치를 추구해 왔던 라몬 막사이사이가 1956년 5월 9일 비행기 추락 사고로 사망하고, 뒤를 이어 부통령 카를로스 가르시아가 대통령직을 승계했다.

가르시아 대통령은 그다음 해인 1957년 12월 실시한 대통령 선거에서 당선되었다. 가르시아는 필리핀 역사상 최초로 야당 소속 부통령인 디오스다도 마카파갈과 함께 국정을 이끌었다. 가르시아가 추진한 중심 정책은 언론·출판·종교의 자유를 보장하고, 자유선거를 포함해 필리핀에서 민주주의를 발전시키는 일이었다. 그는 또 문화적 부흥을 추진하고 경제 분야에서 '필리핀인 우선주의'를 채택했다. 나아가 가르시아는 필리핀인들이 대표적인 민족주의자로 추앙하는 호세 리잘[11] 사망 100주년 기념식을 성대하게

11_호세 리잘은(1861~1896)은 루손섬 칼람바에서 출생해 아테네오데마닐라대학교와 산토토마스대학교에서 공부했다. 1882년 에스파냐 마드리드대학교에 유학해 의학을 공부하는 한편, 필리핀 식민지 개혁을 요구하는 언론 활동에 참여했다. 1886년 발표한 첫 소설 『나에게 손대지 말라』(*Noli me tangere*)와 1891년의 『체제전복』(*El filibusterismo*)으로 개혁 운동 대변자로서 위치를 굳혔다. 그의 문필 활동과 실천은 필리핀혁명(1896~1902)과 필리핀 민족주의의 사상적인 기반이 되었다. 1892년 마닐라에서 필리핀

거행하는가 하면, 일본·미국·베트남·말라야 등을 방문해 국제적인 우호와 선린 관계를 두텁게 하고자 했다(양승윤 외 2007, 69).

가르시아 정권을 두고는 부정부패에 대한 비판이 끊이지 않았다. 가르시아는 결국 1961년에 시행된 대통령선거에서 당시 부통령이었던 자유당LP 소속 마카파갈과의 대결에서 패배해 정권을 넘겨주어야 했다. 1961년 12월 30일, 필리핀공화국 제5대 대통령으로 취임한 마카파갈은 '평화와 번영의 새로운 시대'New Era를 주창하고 나섰다.

마카파갈은 1963년 8월 새로 농지개혁법을 제정했다. 법 제정의 배경에는 베트남 정세가 필리핀에 끼치는 영향을 우려한 필리핀 정부 및 미국의 고려와, 1950년대 이후 겨우 형성되기 시작한 필리핀 공업 기업가 층과 중간계층의 정부에 대한 지지가 있었다. 대부분의 공업 기업가 층과 중간계층은 토지소유자이기는 했지만, 그들은 어느 정도의 농업개혁에 따른 국내시장 개발과 국민경제 발전을 바라고 있었다. 마카파갈의 농지개혁법은 카사마 제도kasama system[12]를 다음과 같은 두 가지 방법으로 폐지하고자 한 것이었다. 제1단계는 분익소작농을 정액소작농으로 바꾸는 것이고, 제2단계는 이 정액소작농을 자작농으로 바꾸는 것이었다.

이 농지개혁법에도 많은 허점이 있었다. 실시 대상이 특정한 정부 선정 지구에 한정된 것이라든지, 그 가운데서도 쌀과 옥수수를 경작하는 토지에

민족동맹을 조직하여 사회 개혁 운동을 전개하다 체포된 뒤 다피탄 섬으로 유형당했다. 1896년 민족주의 비밀결사 단체인 카티푸난이 일으킨 폭동에 연루되었다는 혐의를 받아 체포되어 12월 마닐라에서 공개 처형되었다.

12_에스파냐 식민지 시대에서부터 유지되어 온 제도로서, 식민지 대토지소유는 기본적으로 카사마제도라는 분익소작제로 경영되었다. 카사마는 분익소작농으로서 대체로 생산물의 절반을 지주에게 납부하고 그 외에도 각종 노역과 부담을 지고 있었다.

한정한 것 등이 그러했다. 마카파갈 정권과 그 뒤를 이은 국민당의 페르디난드 마르코스 정권이 1972년까지 실시한 것은 이 농지개혁법의 제1단계에 지나지 않았다. 그 결과도 실로 보잘것없어, 1971년 9월까지 규정 절차를 완료해 완전 정액소작농으로 전환된 것은 토지개혁 지정 지구 쌀·옥수수 분익소작농의 약 6퍼센트에 불과했다. 전국으로 치면 쌀·옥수수 분익소작농의 2퍼센트에 지나지 않았다. 지주 정권이 위에서부터 농지개혁을 추진한 필리핀의 경우 토지소유권의 실제 이전은 기대하기 어려운 과제였다 (池端雪浦 외 1977, 153~154).

마카파갈 정권은 대외적으로 국가의 자주성 확립을 위해 노력을 기울였다. 우선 1947년 3월 미국과 체결한 "99년 동안 미국에 군사기지를 제공한다"는 내용의 협정이 국민들의 원성을 사고 있음을 고려해 대여 기간을 25년으로 단축하는 교섭을 전개해 결국 미국의 동의를 이끌어 냈다. 또 독립기념일을 미국으로부터 독립한 7월 4일에서 에스파냐 지배로부터 자주독립을 선포했던 1898년 6월 12일을 기념해 6월 12일로 바꿈으로써 대미 자주권 확립을 시도했다. 1962년 6월에는 사바Sabah에 대한 필리핀 영유권을 공식적으로 주장했으며, 1963년 8월 5일에는 마닐라에서 말라야·필리핀·인도네시아 3국 연합체인 마필인도MAPHILINDO를 결성했다.

그러나 1950년대 후반 들어 필리핀에서는 막사이사이가 구상했던 개혁노선은 결실을 맺지 못한 채, 대지주와 독점자본 지배의 정치구조가 그대로 유지되었다. 뒷날 필리핀 역사상 최고의 독재자로 불린 마르코스는 당시 하원 원내총무를 맡고 있었으며, 그 뒤 1959년 11월 실시된 중간선거에서 상원의원에 당선되어 차츰 권력의 정점을 향해 나아가고 있었다.

마르코스 독재 정권의 등장

드디어 마르코스는 1965년 11월 9일 실시한 대통령 선거에서 마카파갈을 누르고 당선되었다. 1965년 대통령 선거에서 마카파갈이 패배한 데는 몇 가지 이유가 있었다. 마카파갈이 주창했던 '새로운 시대'가 구체적으로 실행되지 않았고, 마카파갈은 대통령 재선을 하지 않겠다던 약속을 지키지 않았으며, 정부 안에 만연한 부정부패 진상 조사도 철저하게 시행하지 않았다. 이 때문에 국민당이 다시 집권하게 되었고, 국민들은 "우리나라는 다시 한 번 위대해질 수 있다"는 마르코스의 외침에 귀 기울였다(양승윤 외 2007, 70).

이 시기 필리핀 정부의 경제정책을 살펴본다. 1950년대 정부의 보호 정책에 따라 추진된 수입대체 공업화는 1950년대 말부터 1960년대에 걸쳐 급속한 정체를 겪었다. 최종 단계에서 수입 부품을 조립하는 형태의 수입대체 공업화는 인위적인 페소화 절상으로 공업용품의 수입을 증가시켜 무역 적자를 늘렸다. 더욱이 상품의 판로가 한정된 상황에서 페소화 가치의 상승은 수출에 악영향을 미쳤다. 이에 따라 필리핀 제조업 성장률은 1955~1960년의 7퍼센트에서 1960~1965년에는 4.5퍼센트로 저하되었다.

이런 가운데 미국 자본은 민족주의적 입법 적용 제외를 요구함과 동시에, 필리핀을 '공업의 길'보다는 '농업의 길'을 따라 발전시킬 의도를 가지고 농원형 농산물 가공 공업 발전에 힘을 쏟았다. 제2차 세계대전 직전인 1940년 미국의 대필리핀 투자는 약 9천만 달러였는데 1956년에는 약 5억 달러로 늘어났으며, 1968년에는 약 10억 달러로 크게 증가되었다. 이러한 자본은 전쟁 이전부터 존재했던 기업 외에 새롭게 정유, 화학, 철강, 통조림 제조, 농원, 유리 제조, 제약, 그리고 각종 공장 설비 등에 투자되었다(谷川榮彦 1971, 212~213).

농민 비중이 압도적으로 큰 필리핀 인구는 1948년 1,900만 명에서 1961

년에는 2,741만 명으로 급격히 증가했다. 일자리를 찾아 농촌에서 도시로 인구가 몰려들자, 실업 문제가 심각하게 제기되었다. 이는 필리핀의 주식인 쌀 소비를 증가시켜 쌀값 폭등을 가져왔다.

이에 대해 마카파갈 정부는 1960년대 들어 페소화의 단계적 평가절하를 단행했다. 필리핀의 수출품 경쟁력은 강화되었지만, 수입품과 쌀을 중심으로 한 국내 상품 가격이 인상되었다. 또 페소화 가치하락이 수입 부품의 가격 상승을 불러일으켜 수입대체 공업화 추진에 걸림돌로 작용했다. 결국 경쟁 품목에 높은 관세를 부과해 이들 상품을 보호하는 비효율적인 공업화가 전개되었다. 마카파갈이 시행한 경제정책은 결국 실패로 돌아갔고, 국민의 불만은 점점 커졌다. 이처럼 정치와 경제가 중대 시련을 겪는 가운데 치러진 대통령 선거에서 마카파갈은 패배하고 말았다(이마가와 에이치 2011, 하권, 219).

반미 민족운동의 고양

이와 같은 정치·경제적 변화가 진행되는 가운데, 반미 민족운동이 체제 내에서 고조되었다. 민족주의 경향의 부르주아지는 미국의 신식민지주의에 반대하는 운동을 벌였다. 그들은 특히 자신들의 경제적 이익을 제약하는 '필리핀-미국 평등 조항'의 즉시 폐지와 통상협정 종결을 요구했으며, 군사협정을 포함하여 필리핀과 미국 관계를 전면적으로 개선해야 한다고 주장했다. 그들은 또 노동자 및 학생들과 더불어 제국주의 정책에 반대하는 대중 시위를 조직하기도 했다(谷川榮彦 1971, 213).

후크발라합이 괴멸 상태에 들어간 1950년대 전반, 대중운동의 명맥을 유지하려는 듯 체제 내 엘리트들도 반미 민족주의 운동에 합류했다. 그 선두에 선 사람은 전후 필리핀 정치에 독특한 족적을 남긴 클라로 렉토였다. 렉토는 1949년 상원의원에 당선되었으며, 독립국가의 주권과 민족 이익을 지킨다는 관점에서 필리핀에 있는 미군기지, 미국과의 상호방위조약, 필리핀통상법에 반대하는 운동을 전개했다. 전후 2기에 해당하는 자유당 정권 시기에는 미국의 영향력이 워낙 강대해 렉토의 주장이 정치계에서 받아들여지지 않았으나 1953년 말 국민당 집권 이후에는 어느 정도 외교정책에 반영되었다. 1955년 9월 '필리핀통상법'을 개정해 성립된 '로렐-랭글리 협정'이 그중 하나이다.

로렐-랭글리 협정에 따라 필리핀은 통상법 적용으로 상실했던 평등성과 주권 일부를 회복했으며, 1955년부터 시행되어 온 부과관세 체증률을 필리핀 측에 유리하게 개정할 수 있었다. 그러나 그 반대급부로 미국은 모든 종류의 기업 활동에 미국인이 필리핀인과 동등한 자격으로 참가할 수 있도록 하는 권리를 요구했다. 그리하여 로렐-랭글리 협정은 결과적으로 민족자본의 발전을 저해하게 되었다.

기지 문제에 대해서도 요구가 강하게 제기되었다. 미국은 1953년 이후 필리핀에 있는 미군기지의 완전한 소유권을 요구해 렉토의 격렬한 항의를 받았으며, 1956년 7월 필리핀 측의 주장을 받아들여 기지에 대한 필리핀 측 주권을 인정했다. 그러나 그 뒤로 같은 해 8~12월에 열린 기지 문제를 둘러싼 필리핀과 미국의 정식 협의와, 그다음 해의 비공식 협의는 문제 해결을 위한 유효한 성과를 내지 못했다. 필리핀-미국 사이의 기지 문제 교섭은 가르시아 정권 시기에도 계속되었고, 1958년부터 1959년까지의 교섭을 통해 일련의 합의서가 만들어졌다. 그러나 그 내용은 부분적인 합의에 그쳤다. 그 뒤에 실현된 합의서의 한 가지 조항은 기지 대여 기간의 단축과 관련된 것이었다. 1966년 9월의 협정으로 종래의 99년에서 25년으로 기지 대여 기간이 단축되었다(池端雪浦 외 1977, 155~156).

한편 1956년 렉토를 비롯한 민족주의 정치가들이 주도해 '리잘법'이 제정되었다. 전국의 모든 학교와 대학에서 의무적으로 리잘의 생애와 그의 저작을 학습하는 리잘 과정을 꾸려야 한다는 내용의 법이었다. 리잘법 제정을 가톨릭교회와 수도회가 맹렬히 반대했는데, 그 이유는 리잘이 교회를 모독한 이단자이기 때문에 그의 저작에 대한 교육을 강제하는 것은 가톨릭교도들에게는 종교의 자유를 해치는 일이라는 것이었다. 그러나 진정한 반대 이유는 리잘의 온건한 민족주의가 급진적인 민족주의로 전화하지 않으리라는 보증을 할 수 없다는 데 있었다. 이 시기 가톨릭교회와 수도회는 필리핀 내 반공주의의 아성이었으며, 식민주의의 옹호자였다.

렉토를 비롯한 민족주의 엘리트들은 보수 양당 체제를 무너뜨리고 새로운 민족주의를 발전시키기 위해 1957년 '민족주의시민당'을 결성해 대통령 선거에 출마했다. 결과는 가르시아의 승리로 끝났다. 이와 같이 렉토를 대표하는 체제 엘리트의 민족주의는 1950년대를 통해 상당한 전진을 성취할 수 있었다.

그러나 필리핀 정치 기조가 반공주의에 바탕을 두고 있음은 부인할 수 없는 일이었다. 1957년 6월, '파괴활동방지법'이 제정되었으며, 필리핀공산당PKP과 인민해방군HMB이 비합법화되었다. 1961년에는 국립필리핀대학교 교수 L.Y. 야베스가 『필리핀대학 문리학부 기요紀要』에 무기명 논문 "필리핀에서 일어난 농민전쟁"을 수록한 일 때문에 파괴활동방지법 위반 혐의로 국회에 소환되었다. 정부의 이런 조치가 내려지자 필리핀대학교에서는 혁신 교수와 학생들이 '학문의 자유를 지키자'는 대중운동을 조직했고, 그리하여 학생운동 결성의 계기가 만들어졌다. 학문의 자유라는 부르주아적 표어 속에 대중의 정치적 자유에 대한 희구가 담겨져 있었다. 체제 엘리트의 민족주의는 대중적 민족주의로 전환되는 시기를 맞고 있었다(池端雪浦 외 1977, 157).

'쌀과 생선' 기능의 노동조합주의

이와 같은 정치·경제적 변화가 진행되는 가운데 노동운동은 노동조합 조직의 확대와 더불어 단체교섭 활동에 집중되었다. 노동조합운동은 '쌀과 생선' 기능(경제적 노동조합주의)을 그 특징으로 했다. 노동조합운동의 주된 활동은 임금 인상, 노동시간 단축, 노동조건 개선 등을 위한 단체교섭 위주로 이루어졌다. 노동조합 수는 1953년부터 1956년 사이 약 3배 증가했으며, 단체협약 적용 대상도 약 4배 늘어났다. 1953년부터 1966년 사이 등록된 노동조합 수는 836개에서 2,522개로 약 3배 증가했다(Sibal 2004, 36).

1954년 5월, 필리핀과 아시아의 단체교섭 시스템을 지원하기 위해 필리핀대학교에 아시아노동교육센터ALEC가 설립되었다. 1959년에는 분열된 노동조합운동을 통합하기 위해 카티푸낭망가가왕Katipunang Manggagawang이 설립되었으나 성공을 거두지는 못했다. 1963년 농지개혁법의 시행과 더불어 노동조합운동은 농업노동자 조직화에 노력을 집중했다. 그 결과 조직된 농업노동자들은 산업노동자들과 마찬가지로 최저임금, 8시간 노동, 사회보장, 일자리 보장 등의 권리를 확보하게 되었다. 이 시기 노동조합운동은 분열되어 통합된 역량을 구축하지 못했다. 이와 같은 요인은 노동조합운동의 전반적인 약화로 이어졌으며, 노동자계급의 이해관계도 제대로 실현하지 못하는 결과를 가져왔다(Sibal 2004, 37).

그러나 1960년대 들어 노동운동은 물가 폭등과 생활조건 악화, 민족주의 부르주아지 대두 등을 배경으로 다시 활성화되었다. 전국노동조합연합

표 22-15 | 1956~1965년 필리핀 파업 발생 추이

연도	파업 건수	파업 참가자 수	노동손실일수
1956	81	22,678	994,697
1957	59	19,706	218,120
1958	59	16,634	374,566
1959	59	26,693	456,967
1960	43	15,048	277,354
1961	67	29,283	522,933
1962	80	44,597	537,345
1963	89	47,520	1,454,937
1964	101	64,624	842,342
1965	107	54,944	794,185

자료:ILO 1972, *Yearbook of Labour Statistics*.
주: 6명 이상이 관련되지 않은 파업과 하루 노동시간 또는 교대근무 시간 동안 지속되지 못한 파업은 제외함.

NATU이나 필리핀자유노동조합연합PAFLU 등이 1963년 5월부터 거의 반년 동안 계속된 마닐라 항만 파업을 비롯해 잇따라 파업을 주도한 데서도 확인된다.

1963년, 노동조합운동은 노동당 창립에도 적극성을 발휘했다. 노동당은 결성 당시 공업화, 토지개혁, 시민의 자유 확대, 미 군사기지 철거, 필리핀-미국 불평등조약 폐기 등을 포함한 반제국주의적 강령을 내걸었다.

한편 농민과 농업노동자의 생활조건 악화에 따라 농민운동도 새로운 활기를 띠게 되었다. 이와 같은 정세에서 후크발라합은 중부 루손 농업지대에서 합법·비합법 조직 및 투쟁을 다시 일으켜 세웠다. 후크발라합은 민족주의 운동과 반제국주의 투쟁 발전을 근거로 정부의 탄압 정책에 대응해 지하에서 무장투쟁을 이어 갔다.

이 시기 필리핀의 파업 발생 추이를 통해 노동운동 동향을 살펴본다.

〈표 22-15〉에서 보는 바와 같이 1956~1965년의 필리핀 파업 발생 건수나 참가자 수는 다른 나라에 비해 상대적으로 저조한 편이었다. 연 평균 파

업 발생 건수는 75건이며 파업 참가자 수는 1964년이 6만4,624명으로 가장 많았고, 파업에 따른 노동손실일수는 1963년이 145만4,937일로 가장 많았다. 대체로 1960년대 들어 그 이전에 비해 파업 건수나 파업 참가자 수, 노동손실일수가 점점 증가했다. 이 시기는 마카파갈 대통령 집권 기간이었고, 경제정책의 실패로 큰 시련을 겪게 됨에 따라 국민의 불만이 크게 고조된 상황이었다. 1960년대 초반 파업 동향은 노동조합운동이 차츰 활기를 되찾기 시작했음을 보여 주고 있다.

6. 말레이시아

말레이시아연방의 형성

1957년 8월 31일, 말라야연방은 영국령에서 완전한 독립국이 되었다. 영국은 당시까지 싱가포르와 북보르네오(사바), 사라왁, 브루나이로 이루어지는 보르네오섬 북반부를 여전히 식민지로 영유하고 있었다.

말라야연방에서는 1959년 8월 최초의 하원 의원 선거가 실시되었다. 등록 유권자 225만 명 가운데 56.6퍼센트가 믈라유인이었고, 35.6퍼센트가 중국인이었으며 7.4퍼센트가 인도인이었다. 의석 104석 가운데 동맹당AP이 74석, 범말라야이슬람당PMIP이 13석을 획득했다(池端雪浦 외 1977, 332).

1961년 5월, 말라야연방의 라만 수상은 말라야연방과 영국령 식민지 지역을 통합해 말레이시아연방을 창설한다는 계획을 영국에 제안했고, 영국은 이를 지지했다. 라만 정권은 말라야연방과 싱가포르만 통합할 경우 화교 수가 믈라유인 수를 상회하기 때문에 보르네오섬 북반부도 연방에 편입되어야 한다고 판단했다. 영국으로서는 말레이시아연방은 구 영국령 동남아시아 지역의 통합체로서 공산주의 세력과 민족주의 세력 확대에 대한 방어벽이 될 가능성이 있고, 영국의 이해관계 측면에서도 유리하다고 보았다.

그러나 인접국인 필리핀과 인도네시아는 말레이시아연방 안에 반대했다. 사바는 필리핀 남부 수루 지방의 토후가 1878년 영국에 대여한 곳이기 때문에 역사적으로 필리핀령이라며 필리핀은 영유권을 주장했다. 인도네시아는 말레이시아 구상은 보르네오 북부 주민의 민족자결과 독립운동을 압살하는 영국과 말라야의 신식민주의라고 비난했다.

이런 상황에서 1961년 11월, 말라야연방 정부와 영국 정부는 말라야·싱가포르·북보르네오·사라왁·브루나이 통합으로 이루어지는 말레이시아 연방 결성에 합의했다. 드디어 1963년 9월 16일, 연방에 참가하지 않기로 결정한 브루나이(1984년 독립)를 제외하고 말레이시아연방이 수립되었다.

그러자 필리핀은 말레이시아연방과의 국교 단절을 선언했고, 인도네시아는 말레이시아 분쇄를 슬로건으로 내걸고 보르네오 북부에 대한 게릴라 공격을 시작했다. 미국은 영국의 말레이시아 구상을 지지했으며, 중국은 인도네시아에 강한 지지를 보냈다. 1965년 1월 말레이시아는 국제연합UN 안전보장이사회 비상임이사국이 되었으며, 인도네시아는 국제연합을 탈퇴했다(奧保喜 2009, 307).

싱가포르에서는 집권당인 인민행동당PAP이 '말레이시아인의 말레이시아'를 슬로건으로 내세우고 민족 사이의 평등을 주장했다. 그 때문에 싱가포르 정권과 믈라유인 정당인 통일말라야국민조직UMNO을 중심으로 한 말라야 동맹당동맹당 정권과의 대립이 격화되었다. 1965년 8월, 말레이시아 의회는 싱가포르의 연방 분리를 결정했다. 싱가포르는 독립해 싱가포르공화국이 되었다.

말레이시아연방이 완전한 독립을 이룩하는 데는 군사·경제적 제약이 따랐다. 군사적으로는 말레이시아연방 협정에 따라 영국·오스트레일리아·뉴질랜드의 각 군대가 국방을 맡았고, 경제적으로는 고무·주석을 중심으로 한 농업·광업 등의 중요 부문을 영국 자본이 지배하고 있었다. 더욱이 말레이시아연방 정부는 미국·영국·일본 등의 경제원조를 기반으로 하여 공업화와 경제자립화를 추진하고자 했다. 대내적으로는 사회 민주화와 토지개혁을 미처 이루지 못했으며, 농민은 반봉건적 착취 구조에서 고통당하고 있었다.

민족·민주 운동 전개

이와 같은 상황에서 말레이시아 인민은 진정한 민족해방과 민주개혁을 목표로 한 민족·민주 운동을 전개하게 되었다. 그들의 투쟁은 무장투쟁을 중심으로 진행되었는데, 그것은 1948년 6월 영국 식민지 권력이 평화적·민주적 투쟁의 길을 막은 이후 20년 이상 계속되었다(谷川榮彦 1971, 277~278).

한편 말레이시아연방 성립 이후 문화·교육 정책에서 변화가 이루어졌다. 문화정책의 주도권을 행사하고 있는 동맹당 내 통일말라야국민조직 지도부는 말레이어 이외의 민족어, 즉 중국어와 타밀어(인도계 주민의 언어)를 사용하는 교육기관에서 언어를 말레이어로 통일하도록 하는 교육정책을 추진했다. 말라야중국인협회MCA는 이 정책을 인정했으나, 여기에 동조하지 않는 화교들의 정치적 움직임이 일어났다. 중국어를 사용하는 교육을 말레이어 중심 교육 체제에 흡수하려는 방향을 명확히 한 '1961년 교육령'에 반대하는 운동, 중국어의 공용어 지위를 인정하는 운동, 영어로 교육하는 대학 설립을 인정하는 운동 등이 그것이었다. 1960년대 화교의 대규모적인 대중적 정치운동은 거의 대부분이 언어·교육 문제를 둘러싼 것들이었다.

이와 같은 사실을 배경으로 하여 화교의 권리 확대를 주장하는 화교계 야당이 잇따라 생겨났다. 인민진보당PPP, 민주행동당DAP, 말레이시아인민운동당PGRM 등이 그것이다.

그리하여 말라야중국인협회는 말레이시아 중국인 전체를 대표하는 정치단체로서 자격을 상실했다. 1969년 실시된 총선거에서 말라야중국인협회는 연방의회에서는 23석에서 13석으로, 주 의회에서는 67석에서 26석으로 대폭 감소하는 참패를 당했다. 반면 중국인계 야당이 연방의회에서는 25석, 주 의회에서 69석을 획득해 약진을 보였다(奧保喜 2009, 308).

말라야노동조합평의회의 조직 정비와 활동

1950년대 중반 들어 영국으로부터 독립이 확실해짐에 따라 이에 대비해 통일말라야국민조직, 말라야중국인협회, 말라야인도인회의MIC 등 3개 정당은 집권을 위한 정치동맹을 결성했다. 이러한 상황에서 말라야노동조합평의회MTUC 안에서 정당과의 관계를 둘러싼 논쟁이 가열되었다. 일부 가맹 조직들이 반공 사회민주주의를 지향하며 1952년 설립된 말라야노동당LPM을 지지함으로써 말라야노동조합평의회 운동과 통일말라야국민조직이 주도하는 정치동맹 사이에 긴장이 고조되었다. 독립과 자주 정신이 말라야 사회 전체에 고양되면서 노동조합의 전투성도 다시 불붙기 시작해 1956년엔 파업 열기가 고조되었다. 이에 맞서 정부는 노동조합운동을 제어할 목적으로 입법위원회에서 노동조합법 개정에 착수했다(Zaidi 1975, 78~96).

1957년 8월 31일 말라야, 북보르네오, 사라왁, 싱가포르로 이뤄진 말라야연방이 공식적으로 독립을 선언했다. 새로운 정치 상황은 말라야노동조합평의회의 운동 전개에서 여러 가지 변화를 가져왔다. 소규모 직업과 업종, 지역으로 나뉘었던 노동조합들이 변화된 정치·경제 상황에 맞춰 전국 노동조합national union으로 전환할 필요성이 강조되었다. 이에 따라 1958년 통신노동조합, 연방통신종업원조합, 전화교환수조합이 통합해 전국통신종 업원조합을 만들었다.

말라야노동조합평의회는 3개년 조직 혁신 프로그램을 수립해 여러 직업 별 조직으로 구성된 가맹 조직을 14개(플랜테이션, 광산, 운수, 지자체, 항만, 철 도, 공장, 군무원, 상점노동자, 상업노동자, 전기, 벌채 목재, 정부 서비스) 산업별노 조로 재편하고자 했다. 그해 12월 34개 노조 대의원 110명이 참가한 가운 데 열린 제8차 연례 대의원대회에서 말라야노동조합평의회는 평의회Council 에서 회의Congress로 이름을 바꿈으로써 통합되고 강력한 전국 중앙 조직을 향한 열망을 드러냈다. 참고로 M의 말라야Malayan가 말레이시아Malaysian로 바뀐 것은 1963년의 일이었다. 그리하여 'Malayan Trades Union Council' 이 'Malaysian Trades Union Congress'로 된 것이다.

경제 상황은 악화되어 말라야노동조합평의회MTUC가 파악한 수치로는 주석 탄광에서만 6천 명이 해고되었고, 노동조합 관계자 100명이 긴급조치 법 위반으로 구금되는 등 정치적 긴장도 고조되었다. 다른 한편으로 말라야 노동조합평의회는 종업원공제기금, 직업훈련생위원회, 성인교육협회, 전국 합동노동협의회NJLAC 등 다양한 정부기구에 참여하기 시작했다(Zaidi 1975, 104~116).

독립 이후 노동조합운동을 둘러싼 상황이 급격하게 변화했다. 1959년 말레이시아사용자연맹MEF이 민간 부문 사용자들의 중앙 조직으로 출범했 고, 공무원 노동조합들의 연맹체인 공공시민서비스종업원조합회의CUEPACS 가 결성되었다. 또한 노동조합법이 말라야노동조합평의회가 불만을 표출하 는 가운데 통과되었다. 새 노동조합법은 노동조합의 정치 활동을 금지하고 경제적 기능마저 약화시키는 것을 목적으로 했다. 그리하여 새 노동조합법은 인력자원부의 노동조합국 총국장Diretctor General of Trade Unions에게 노동조합 결성, 단체교섭, 단체행동 등과 관련해 폭넓은 결정권을 부여했다. 1960년 8월 예방구금법인 내부보안법Internal Security Act이 만들어졌으며, 정부는 운수노동자조합과 파인애플산업노동자조합의 지도부 2명을 공산주의 활동에 관여했다는 명목으로 구금했다. 1969년엔 노동조합의 정당 지지와 노동조합원의 정당 참여가 전면 금지됨으로써 노동조합운동의 역량은 노동자의 권리와 이익을 제대로 대변할 수 없을 정도로 취약해졌다(Wangel 1996, 30~33).

1960년 당시 정부에 등록된 노동조합 수는 265개에 달했으나, 이 가운데 전국 규모의 노조는 14개였다. 1950년대와 1960년대에 가장 강력한 노동조합은 노동조합원 3만 명 이상을 포괄한 전국플랜테이션노동자조합NUPW이었다. 1962년 12월 말라야노동조합평의회의 제12차 연례 대의원대회 직후 말라야철도노동조합RUM이 파업에 돌입했다. 철도노동조합의 파업은 24일 동안 계속된 끝에 1963년 1월 15일 협상을 거쳐 타결되었다(Zaidi 1975, 174~175).

1964년 싱가포르에서는 인종 갈등으로 인한 폭동이 일어났다. 인도네시아와 말레이시아 사이에 고조된 정치·군사적 긴장에 영국이 군사적으로 개입하면서 상황이 복잡해졌다. 1965년 5월 13일 정부는 국가 안보와 사회 안정을 이유로 노동조합법에 필수 사업 규제 조항을 만들어 파업 금지를 선포하고 노동조합운동을 탄압했다(Zaidi 1975, 193~236).

1956~1965년 사이의 말레이시아 파업 발생 추이는 〈표 22-16〉에서 보는 바와 같다. 1956~1965년의 파업 발생 건수는 말레이반도와 사바를 합쳐 854건으로 연평균 85건 발생했다. 파업 참가자 수를 보면 1962년이 가장

표 22-16 | 1956~1965년 말레이시아 파업 발생 추이

연도	파업 건수		파업 참가자 수		노동손실일수	
	사바	말레이반도	사바	말레이반도	사바	말레이반도
1956		213		48,677		562,125
1957		113		14,067		218,962
1958		69		9,467		59,211
1959		39		6,946		38,523
1960		37		4,596		41,947
1961	2	58	233	9,045	1,169	59,730
1962		95		232,912		458,720
1963	9	72	574	17,232	2,906	305,168
1964	10	85	492	226,427	1,089	508,439
1965	6	46	388	14,684	15,84	152,666

주: ILO 1972, *Yearbook of Labour Statistics.*

많은 23만2,912명이었으며, 파업에 따른 노동손실일수는 1956년의 56만
2,125일이 가장 많았다. 이것은 말라야연방 독립을 전후한 시기와 말레이
시아연방 수립을 전후한 시기에 파업 발생이 많았음을 보여 준다.

7. 대한민국

이승만 정권의 권력 강화와 4월 혁명

한국전쟁 이후 이승만 정권은 미국의 정치·경제·군사·이데올로기 측면의
직접 지배·개입과 확고한 국내 권력을 기반으로 삼아 독재 통치 체제를 강
화했다. 1956년 대통령·부통령 선거에서 자유당의 이승만과 민주당의 장
면이 각각 대통령과 부통령에 당선되었다. 선거는 곳곳에서 폭력이 동원되
고 개표가 중단되는 등 험악한 분위기에서 진행되어 부정 선거 요소를 짙게
드러냈다. 이승만이 당선되어 자유당 정권이 유지되었으나, 장면이 부통령

으로 당선된 것은 이승만의 후계 구도에 비관적 전망을 드리웠다.

한편 대통령 후보로 나선 조봉암은 총투표수의 30퍼센트를 확보해 이승만과 자유당을 긴장 상태로 몰고 갔다. 무력통일론을 마치 국시처럼 내세웠던 상황에서 조봉암이 '평화통일'을 주창해 많은 지지표를 획득한 것은 이승만 정권에 대한 큰 위협이 아닐 수 없었다. 이처럼 완강한 반공 이데올로기와 부정 선거 속에서도 조봉암이 많은 득표를 할 수 있었다는 것은 국민들에게 잠재된 변혁 열망이 있다는 증거였다(역사학연구소 1995, 286~287).

조봉암이 중심이 되어 1956년 11월 10일 창당한 진보당은 1958년 1월 11일 지도부가 구속되고 2월 25일 정당 등록이 취소되어 정치 활동을 더 이상 계속할 수 없었다. 진보당은 강령에서 "우리 당은 노동자·농민을 중심으로 진보적 근로 인텔리, 중소상공업자, 양심적 종교인 등의 광범한 근로대중의 정치적 집결체이며, 국민대중의 이익 실현을 위해 투쟁한다"고 선언했으며, 평화통일을 통일 방안으로 내세웠다. 조봉암은 1959년 7월 31일 간첩 혐의를 받아 사형당했다.

이승만 정권은 1958년 이른바 '2·4 파동'[13]을 통해 국가보안법 개악을 단행했고, 지방자치단체장을 선거제에서 임명제로 바꾼 지방자치법 등 악법을 무리하게 통과시켰다. 또 이승만 독재 권력을 비판했던 『경향신문』을 폐간시켰다. 이것은 국민의 기본권을 억누르고 다음 대통령 선거에서 정·부통령 후보인 이승만과 이기붕을 당선시키는 데 유리한 조건을 조성하기 위한 조치였다.

13_자유당이 보안법을 날치기 통과시킨 사건이다. '대공 사찰 강화'와 '언론 통제'를 내용으로 하는 보안법 개정안을 자유당이 경위권을 발동해 야당 의원들을 연금시킨 상태에서 여당 단독으로 강제로 통과시켰다.

이승만의 독재 권력은 1960년에 실시될 4대 대통령 선거를 준비하는 과정에서 한층 더 강화되었다. 자유당은 반공 단체 9개를 통합한 '대한반공청년단'을 선전·선동대로 삼았으며, 1959년 11월부터는 각 지방 관료들에게 미리 사표를 받아 놓은 상태에서 불법 선거운동을 강요했다. 또 사전 투표와 공개 투표, 완장부대 동원 등 구체적인 부정선거 계획도 마련했다(역사학연구소 1995, 295).

한편 1950년대 말 들어 이승만 정권의 권력 기반이 되었던 미국의 대한국 무상 원조가 유상 차관으로 전환되면서 경제구조 변화가 진행되었고, 이것은 4월 혁명의 사회·경제적 배경이 되었다. 1950년대 말부터 미국 원조는 급격하게 줄어들어, 1957년의 3억8,300만 달러를 정점으로 1958년에는 3억2,100만 달러, 1959년에는 2억2,200만 달러, 1960년에는 2억4,500만 달러 등으로 감소했다.

미국의 원조 감소는 한국 경제 전반에 걸쳐 결정적인 타격을 안겼다. 우선 원조 기업의 가동률이 급격히 떨어졌고, 그 결과에 따라 실업률이 크게 증가했다. 이 무렵 국민총생산GNP 성장률이 1957년의 8.1퍼센트를 정점으로 하여 1958년 6.5퍼센트, 1959년 4.8퍼센트, 1960년 2.5퍼센트로 각각 떨어졌다는 사실을 통해서도 심각한 불황 국면이 조성되었음을 알 수 있다.

미국 원조 감축은 정부의 재정 구조에도 큰 영향을 끼쳤다. 총 재정 수입 가운데 원조 자금이 차지하는 비중, 곧 총세입의 대충자금對充資金[14] 의존도가 1957년 53.0퍼센트로부터 1959년의 41.5퍼센트로, 1960년의 34.6퍼센트로 저하되었다. 정부는 재정 지출을 줄이는 정책을 추구하지 않을 수 없

14_제2차 대전 후 미국으로부터 원조를 받은 국가에서 증여분에 상당하는 달러액액을 같은 액수의 자국통화로 특별 계정에 적립한 자금을 말한다.

었고, 그것은 구체적으로 국영기업체의 경영 합리화, 중소기업 육성, 민간 차원에서의 유상 외자 도입 촉진 등과 같은 정책으로 나타났다. 원조 감축에 따른 이와 같은 변화는 나아가 당시 국가권력의 독점적 원조 물자 배정을 둘러싼 이른바 관료독점 현상의 기초를 약화시켜 정부 권력구조 자체를 뒤흔들어 놓았다. 게다가 이승만 정권 통치 아래에서 원조 자금 배정을 둘러싼 부정부패가 극심했고, 거기서 일반 대중은 철저히 소외되었을 뿐만 아니라 원조 수입 감축에 따라 국민의 조세부담률이 증가되었다. 이러한 요인들이 서로 상승 작용을 일으켜 '4월 혁명'의 사회·경제적 배경을 조성했다(이대근 1984, 163~164).

4월 혁명은 '4·19 혁명'을 비롯해 '3·4월 민중항쟁', '4월 민중항쟁'으로 표현되기도 한다. 그것은 1960년 3~4월에 있었던 민중봉기의 성격을 어떻게 보는가에 따라 개념을 달리 규정하기도 한다. 여기서는 일반적으로 통용되는 4월 혁명으로 기술한다.

4월 혁명의 시발은 1960년 2월 28일 대구 고등학교 학생들이 민주당 집회 참가를 막기 위해 학교 당국이 일요일인데도 학생들을 강제로 등교시킨 데 항의해 '학원 정치도구화' 반대를 외치며 시위를 벌인 데서 비롯되었다. 같은 해 3월 15일 대통령 선거에서 저질러진 부정선거에 항거하는 민중봉기가 마산에서 일어난 뒤(제1차 마산 봉기) 부정선거 반대 운동이 언론계·학계·법조계로 확대되었고 학생들의 동조 시위가 각지로 확산되었다. 4월 11일, 최루탄이 눈에 박힌 김주열의 시체가 마산 앞바다에서 발견되면서 제2차 마산봉기가 일어났다. 제2차 마산봉기를 계기로 시위는 단순한 부정선거 규탄이 아닌, 부도덕한 정권을 물리치기 위한 투쟁으로 전환했다. 4월 18일, 이승만 정권이 정치 깡패들을 동원해 평화적인 시위를 마치고 돌아가는 고려대학교 학생들에게 폭력을 행사한 사건이 벌어졌다. 그다음 날인

4월 19일, 학생과 민중이 전국적으로 일제히 궐기했고, 서울에서는 시위대가 경무대로 몰려갔다. 이에 대응해 경찰은 시위대를 향해 무차별 총격을 가해 '피의 화요일'을 만들었으며, 이승만 정권은 비상계엄을 선포했다.

이승만은 국무위원을 모두 사퇴시키고, 이기붕 부통령 당선을 취소하며 자유당 총재직에서 사퇴하기로 하고 구속 학생 전원을 석방하겠다는 유화책으로 사태를 수습하고자 했다. 그러나 4월 25일, '학생의 피에 보답하라'는 대학교수들의 시위를 계기로 다시 민중 투쟁이 격렬하게 전개되면서 4월 26일 이승만은 하야 성명을 발표했다. 4월 혁명 과정에서 희생된 사람은 186명이었다. 그 가운데는 국민학생·중학생을 포함한 학생이 77명, 하층 노동자 61명, 무직자 33명, 회사원·학원생이 10명, 직업 미상이 5명이었다(한국역사연구회현대사연구반 1991, 212~213).

4월 혁명의 성격과 의의에 대해서는 다양한 견해들이 있으나, 대체로 민주주의 실현과 민족운동으로 규정한다. "4·19 운동의 직접적인 동기는 제4대 정·부통령 선거에서의 자유당의 파렴치한 부정선거에 있었다. 그러나 그것은 단순한 부정선거 규탄 운동이 아니라 국민주권주의에 입각한 민주주의 운동이요, 민족주의 운동이었다"(강만길 1984, 211)라는 견해가 있다. 또 다른 견해는 4·19가 민주주의와 민족해방의 실현을 위한 미완의 민중혁명이었다는 것이다. 민중 자신이 아닌 학생에 의한 대리 혁명이었으며, 민중적 요구에 기초하면서도 민중 자신에 의해 주도된 것이 아니라는 한계가 있다는 견해이다(박현채 1984, 77).

이승만 하야 하루 전인 4월 25일 허정을 수석 국무위원으로 하는 과도 내각이 성립했으며, 과도 정부는 평화적인 정권교체, 3·15 부정선거 책임자 처벌, 경찰력 수습과 정치적 중립화 등을 실시한다고 밝혔다.

같은 해 7월 29일 치러진 총선거에서 민주당이 승리를 거두었고, 진보 정당을 표방한 사회대중당과 한국사회당은 참패했다. 사회대중당은 출마자 120여 명 가운데 민의원 4명과 참의원 3명이 당선되었을 뿐이었다. 선거를 치르고 나서는 '혁신계'로 불리는 진보 정당들은 사회대중당, 사회당, 혁신당, 통일사회당 등으로 분열되었다.

총선거에서 승리한 민주당은 8월 23일 대통령에 윤보선, 국무총리에 장면을 선출해 장면 정권을 탄생시켰다. 장면 정권은 이승만 독재 체제의 잔재 청산과 실질적인 민주주의 실현을 위한 정책은 외면하고, 여러 가지 행정 조치와 악법 제정을 추진했다. 장면 정권은 1961년 2월 8일, 미국이 한국 정부에 대해 통제권을 행사할 수 있게 되어 있는 '한미경제원조협정'을 정당·사회단체의 반대를 무릅쓰고 체결했으며, 일반 국민의 민주화 요구와 대중 시위 등으로 위기의식을 갖게 된 민주당 정권은 '반공임시특별법'과 '데모규제법' 제정을 시도했다. 3월 8일, '2대 악법'이 발표되자, 야당과 사회단체들이 반대투쟁위원회를 결성해 반대 투쟁을 벌였다.

이 시기, 4월 혁명에서 분출된 요구를 반영해 민족의 자주·통일 운동과 사회운동이 그 어느 때보다 고양·발전했다. 먼저 민족자주통일중앙협의회(민자통) 조직과 노선부터 살펴본다. 민자통은 1960년 9월 3일 민족자주통일중앙협의회 주비위원회를 시작으로 하여 같은 해 9월 30일에는 민자통준비위원회가 조직되었으며, 그다음 해인 1961년 2월 25일에는 민자통이 정식으로 결성되었다. 구성 조직은 사회당, 사회대중당, 혁신당 등의 정당과 천도교, 민족건양회, 민주민족청년동맹, 통일민주청년동맹, 피학살유족회 등의 사회단체가 참가했다. 민자통 주비위원회는 결성 취지문에서 "4월에 뿌린 피는 조국의 완전 자주독립과 민주주의 발전, 민족 장래의 번영을 위한 것이니 우리는 이 정신에 따라 하루 속히 통일 성업을 달성해야 할 것이다"라고 표방했다. 민자통은 ① 우리는 민족자주적이며 평화적인 국토 통일을 기한다. ② 우리는 민족자주 역량의 총집결을 기한다. ③ 우리는 민족자주의 처지에서 국제 우호의 돈독을 기한다는 강령을 내세웠다. 민자통은 통일 원칙으로서 '자주·평화·민주'를 제시해 통일운동 단체로서 출발했으나, 실제로는 민족통일전선체를 지향했다.

민자통은 1961년 3월 8일까지 중앙협의회에 이어 서울시협의회, 경상남도협의회, 경상북도협의회, 전라남도협의회, 전라북도협의회, 충청남도협의회가 조직된 것을 비롯해 17개 군에서 군협의회가 조직되었고, 그 밖에 읍·면·동 협의회와 직장협의회, 재외동포 지부까지 설립할 준비를 하고 있었다.

민자통의 이러한 조직 확대에 대해 '중립화통일연맹'은 "통일을 위한다는 국민운동체가 통일의 기본 방안도 없이 결성대회를 가진다는 자체가 모순일 뿐만 아니라 협의체가 하부 세포 조직까지 가진다는 것은 더욱 이해가 가지 않는 것"이라고 비판했다. 중립화통일연맹은 통일사회당이 주도한 통일단체였다(한국연사연구회현대사연구반 1991, 2권, 242; 246).

한편 서울대학교를 비롯한 여러 대학에서 민족통일연맹(민통련)이 결성되었고, 1961년 5월 3일 서울대학교 민족통일연맹이 남북학생회담을 제의했다. 같은 해 5월 5일 민족통일전국학생연맹결성준비위원회가 이를 지지하는 결의문을 채택하자, 그동안 논의 수준에 그쳤던 통일 문제가 운동 차원으로 한 단계 발전하는 양상을 보였다. 민통련의 학생회담 제의에 호응해 민자통은 5월 13일 서울운동장에서 '남북학생회담 환영 민족통일촉진궐기대회'를 열었다.

이와 같이 민족통일운동이 4월 혁명 이후 활발하게 전개된 데 비해 사회운동은 그다지 고양되지 못했다. 노동운동 전개에 대해서는 뒤에서 자세히 살펴보겠거니와, 농민운동은 체계화된 양상을 보이지 못했다. 농민운동이 대중운동으로 본격적으로 전개되지 못한 채, 한국전쟁 전후 경찰과 군인이 저지른 양민 학살 사건 진상 규명과 규탄을 목표로 한 피학살자유족회 결성과 활동이 농민 활동의 한 가닥을 이루었다.

박정희 군부 정권 등장

1961년 5월 16일, 박정희를 중심으로 한 군부 세력이 장면 정권을 무너뜨리고 군사정권을 수립했다. 이날 새벽, 포병 5개 대대가 먼저 서울에 들어와 육군본부를 점령하고 이어 방송국·발전소와 정부 주요 관서를 장악했으며, 전국에 걸쳐 비상계엄령을 선포해 군사혁명위원회(의장 장도영, 부의장 박정희)를 구성했다.

군사혁명위원회는 5월 19일 '국가재건최고회의'로 그 명칭을 바꾸고 장도영을 내각 수반 겸 국방 장관으로 하는 군사 내각을 구성했다. 쿠데타 세력은 5월 23일 다음과 같은 6개 항의 혁명 공약을 내걸었다. ① 반공을 국시의 제일의第一義로 삼고 지금까지 형식적이고 구호에만 그친 반공 태세를 재정비 강화한다. ② 국제연합헌장을 준수하고 국제협약을 충실히 이행할 것이며, 미국을 위시한 자유 우방과의 유대를 더욱 공고히 한다. ③ 이 나라 사회의 모든 부패와 구악을 일소하고 퇴폐한 국민도의와 민족정기를 바로잡기 위해 청신한 기풍을 진작시킨다. ④ 절망과 기아선상에서 허덕이는 민생고를 시급히 해결하고 국가 자주경제 재건에 총력을 경주한다. ⑤ 민족의 숙원인 국토 통일을 위해 공산주의와 대결할 수 있는 실력 배양에 전력을 집중한다. ⑥ 이와 같은 우리의 과업이 성취되면 참신하고도 양심적인 정치인들에게 언제든지 정권을 이양하고 우리들은 본연의 임무에 복귀할 준비를 갖춘다.

국가재건최고회의는 1961년 6월 6일 '국가재건비상조치법'을 만들어 모든 정부 권한을 장악한 뒤, 김종필을 부장으로 하는 한국중앙정보부를 설치했다. 중앙정보부는 처음에 쿠데타에 반대하는 인물을 가려내는 일부터 시작해 나중에는 정치·경제·외교·사회 문제 등 국가의 모든 업무에 관여하게 되었다. 국가재건최고회의는 6월, '혁명재판소 및 혁명감찰부 설치에 관한 법률'을 공포해 약 2주일 동안 7만6천 명을 검거했고, 7월에는 반공법을 제정해 모든 진보적인 운동을 규제했다. 그리고 군사정부는 한 달 동안에 무려 1,270개의 신문과 잡지를 폐간시켰다.

쿠데타 세력은 미국 지지를 업고 내부 권력 기반을 강화하기 위해 군 정비를 단행했다. 7월, 최고회의 의장인 장도영을 비롯한 군 고위층 44명을 반혁명죄로 체포했고, '정군 운동'을 명분삼아 장군 40여 명과 장교 2천여 명을 예편시켰다. 또한 국회와 지방의회를 해산하는 한편, 정당 및 사회단체 활동을 금지하면서 정당 15개와 단체 238개를 해산시켰다. 1962년 3월 16일에는 '정치활동정화법'을 발표해 구 정치인 4,378명에 대해 6년 동안 정치 활동 금지 조치를 내렸다.

그렇다면 5·16 쿠데타의 성격을 어떻게 규정할 것이며, 미국과의 관계는 어떻게 보아야 할 것인가. 5·16 쿠데타는 4월 혁명 이후 급속하게 확대된 민중운동과 민족통일운동으로 미국의 신식민지 지배 체제가 흔들리자, 이에 대한 반혁명 전략으로 발생했다. 즉 반미 감정이 확산되고 민족통일운동이 고양되면서 미국의 한국에 대한 지배구조가 흔들리는 상황이 도래하자, 한국전쟁을 통해 가장 강력한 사회 세력으로 성장한 군부가 민중운동을 탄압하는 결정적인 수단으로 채택한 것이 5·16 쿠데타인 것이다. 즉 5·16 쿠데타는 케네디 정권이 새로이 채택한 로스토 전략[15]에 기반해 민중 투쟁과 지배 세력 내부 반대파의 힘으로 전복되지 않을 장기적이고 안정적인 정권을 위한 군부 독재를 성립시키고 지원한다는 정책에 따라 발생했다(한국역사연구회현대사연구반 1991, 3권, 46~47).

1960년을 전후해 미국의 세계 전략, 특히 제3세계 전략은 새로운 위기에 봉착했다. 예컨대 1959년의 쿠바혁명, 남베트남에서 일어난 무장투쟁, 1960년 한국에서 발생한 4월 혁명 등 민족운동이 제3세계를 휩쓸자, 케네디 정권은 기존의 세계 전략을 수정해 '위대한 구상'Grand Design이라는 이름으로 새로운 세계 전략을 세웠다.

위대한 구상이란 종래의 핵무기 독점만으로는 공산주의와 제3세계 도전을 극복할 수 없다는 인식 아래, 제3세계 지역의 폭동을 예방하고 비공산주의적 발전의 길을 이끄는 방책을 모색한 것이다. 위대한 구상의 구체적 내용은 ① 전면전과 아울러 지역 문제를 매우 중요시하고, ② 핵무기를 비롯한 군사적 전략과 더불어 경제적 근대화를 추진하며, ③ 공산주의 확산과 제3세계 민족주의에 대처하는 새로운 이념을 확산하며, ④ 이러한 제3세계 반공 근대화의 주체로서 군부와 지식인 엘리트를 활용하는 것 등이다(한국역사연구회현대사연구반 1991, 3권, 51).

박정희 군사정권은 민정 이양을 앞두고, 그 이후의 권력 장악을 위해 중앙정보부를 중심으로 하여 필요한 작업을 수행했다. 선거 과정에서 도전해 올 구 정치 세력 제거, 정권 담당 세력 구축, 헌법 체제 수립 등을 위한 정치

15_1960년을 전후해 미국의 세계 전략, 특히 제3세계 전략은 위기를 맞게 된다. 이러한 위기를 타개하기 위해 미국은 제3세계 국가들에서 일어나는 저항행동을 예방하고, 사회주의 발전 방향으로 나아가는 길을 막기 위한 방법을 모색했다. 이러한 반혁명 전략의 기조를 반영한 것이 로스토의 근대화론과 경제발전 이론이었다. 로스토는 자신의 경제발전론에 따라 저개발국가들이 미국 원조에 힘입어 '도약 과정'으로 나아갈 수 있다고 전제하고, 도약을 위한 효율적 원조로서 장기적인 차관과 기술 원조 정책을 제안했다. 그의 이론은 제3세계 전략과 결합해 영향을 끼쳤는데, 특히 한국의 근대화 과정 자체에 커다란 영향을 주었다.

정화법 제정, 새 헌법 관계 법률 심사, 정당 결성 등을 추진했다. 군사정부는 민정 이양에 대비해 1962년 7월부터 헌법심의위원회를 통해 새 헌법을 준비했다. 새 헌법은 대통령 권한의 대폭 강화와 강력한 행정부 우위의 국정 운영을 그 특징으로 했다. 새 헌법안은 1962년 12월 17일 국민투표를 거쳐 채택되었다. 또 같은 해 12월에 제정 공포된 정당법은 학생, 교직자, 국영·준국영 기업체의 직원, 공무원, 군인 등의 정당 가입을 금지함으로써 국민들의 정치 활동을 규제하고 정당 활동을 통제했다.

또한 군사정부는 중앙정보부를 동원해 '민주공화당'을 조직했다. 민주공화당의 조직 목적은 1963년에 실시될 대통령 선거에 대비하고, 전국적인 정치 무대에 이른바 '정직하고 양심적인 민간인들'의 '새로운 지도력'을 등장시키기 위한 정당 조직의 골격을 형성하는 일이었다. 당시 민주공화당의 조직 과정과 관련해 몇 가지 논란이 일어났다. ① 정부 예산으로 운영되는 중앙정보부의 기초 조직을 정당 결성에 활용한 점, ② 당시 정치정화법에 따라 정치활동이 불법이었음에도 '혁명 주체 세력' 내에서조차 극비리에 조직된 점, ③ 강력한 사무국 조직이 중앙당에서 지구당 수준에 이르기까지 인사 관리와 자금을 포함한 모든 당무를 통제하는 고도로 집중된 구조로 이루어졌다는 점 등이다(한국역사연구회현대사연구반 1991, 3권, 41).

중앙정보부는 민주공화당 창당에 드는 자금을 마련하는 과정에서 이른바 '4대 의혹 사건'을 불러일으키기도 했다. 4대 의혹 사건이란 일본에서 승용차를 면세로 수입해 두 배로 판매한 '새나라 자동차 사건', 일본에서 도박 기계인 회전당구대(속칭 파친코)를 면세로 수입한 사건, 1962년 4월 정부 관리 주식을 145배나 뛰게 하여 폭리를 얻은 '증권 파동', 유흥시설을 건설하는 과정에서 막대한 공사 자금을 횡령한 '워커힐 사건' 등을 말한다. 4대 의혹 사건 말고도 군부 세력은 기업주들이 밀가루·설탕·시멘트 값을 수십 배

올려 폭리를 취한 것을 눈감아 주고 그 대가로 몇 십억 원의 정치자금을 거두어들이기도 했다(역사연구소 1995, 310~311).

그리하여 1963년 10월 15일 실시된 대통령 선거는 같은 해 8월 30일 군복을 벗은 박정희와 야당 후보 6명의 대결이 되는 듯했으나, 선거 막바지에 두 사람이 사퇴하고 사실상 민주공화당의 박정희와 민주당 윤보선의 대결로 압축되었다. 거액의 정치자금이 뿌려지고 갖가지 불법행위가 저질러진 가운데 치러진 선거에서 총투표 1,100만여 표 중 박정희가 전체의 42.61퍼센트인 470만2,642표를 차지했으며, 윤보선 후보보다 겨우 15만 표를 더 획득해 대통령에 당선되었다.

뒤이어 한 달 뒤인 11월에는 국회의원 선거가 실시되었다. 민주공화당이 총투표의 32.4퍼센트밖에 획득하지 못했는데도 야당의 분열로 민주공화당은 전체 의석 175개 가운데 110석이라는 압도적 다수를 차지했다.

1963년 12월 17일, 박정희가 대통령으로 취임하면서 출범한 제3공화국은 가장 먼저 서둘러 한일 국교 정상화를 추진했다. 미국은 한일 국교를 정상화해 지나친 방위비 지출로 생긴 재정 적자를 줄이고 그 부담을 일본에 떠맡기려 했다. 일본은 한국전쟁 특수로 벌어들인 과잉자본을 한국에 투입해 새로운 투자 시장을 개발하고자 했다. 경제개발을 통해 쿠데타의 정당성을 확보하고자 한 박정희 정권으로서는 외국자본을 끌어들이는 일이 무엇보다 절실했다(역사연구소 1995, 312).

한일회담 반대 운동과 6·3 항쟁

한일 국교 정상화 문제는 한국전쟁 기간이었던 1951년부터 논의가 시작되었으나, 박정희 정권 출범 이후 본격적으로 진행되었다. 미국의 적극적인 개입으로 1962년 10월 20일과 11월 12일 열린 김종필-오히라★ 회담에서 이른바 '김종필-오히라 메모'를 통해 가장 주요한 안건인 대일청구권[16] 문제가 타결되면서 전환점이 만들어졌다. 무상 공여 3억 달러, 정부 차관 2억 달러, 상업 차관 1억 달러 이상으로 합의되었는데, 이때 '배상'의 성격을 인정하지 않는 일본의 주장을 그대로 받아들여 단순한 경제원조로 청구권 문제를 타결했다. 이와 같은 사실이 알려지자, 박정희 정권에 대한 학생을 비롯한 시민·사회단체의 저항이 일어났다.

이런 가운데 1964년 봄 한일회담이 다시 추진되자, 야당은 '대일굴욕외교반대범국민투쟁위원회'를 조직했고, 3월 24일에는 학생들이 항의 시위를 일으켰다. 6월 3일 학생과 시민으로 이루어진 시위대는 4·19를 연상시킬 정도의 기세로 경찰의 제지를 뚫고 서울 도심지까지 진출해 파출소를 불태우고, 박정희 정권의 퇴진을 요구했다. 군사정권의 강압 정치와 부정부패에 대한 반발이 대일 굴욕 외교와 맞물려 터져 나온 것이다. 이른바 '6·3 항쟁'이다. 박정희 정권은 미국 측의 동의 아래[17] 곧바로 비상계엄을 선포하고, 동시에 수도경비사령부 산하 무장병력 1,500여 명을 동원해 시위 군중을 해산시켰다. 당시 박정희 정권은 계엄 실시와 함께 대대적인 학생 징계를 단행했다. 그리고 8월 14일에는 '불꽃회 사건'과 '인민혁명당 사건'을 일으키며 민족민주운동 세력들에 대한 탄압을 강화했다(한국역사연구회현대사연

16_국가기록원에서는 대일청구권 자금에 대해 "일제 식민지 시대에 수탈당한 한국인의 재산권에 대한 보상뿐 아니라 기타 징병, 징용 등 일본의 식민지 지배에 대한 포괄적인 배상으로서의 성격을 가진 것"이라고 규정하고 있다.

17_당시 주한 미국 대사 버거와 주한미군 사령관 하우스는 6월 3일 오후 3시 30분 무렵 청와대를 방문해 박정희 정권에 대한 미국 지지를 천명함으로써 박정희 정권이 계엄을 실시하는 데 결정적인 여건을 만들어 주었다(한국역사연구회현대사연구반 1991, 3, 94).

구반 1991, 3권, 94).

1965년 6월 22일 한일협정 정식 조인을 전후해 한일협정 조인과 비준을 반대하는 운동이 사회 각계로 확대되었으며, 학생들의 시위도 격렬하게 전개되었다. 이러한 저항운동에 대해 박정희 정권은 폭력으로 대응했다. 8월 26일에는 다시 서울 일원에 위수령을 발동해 시위를 폭력으로 제압했고, 대학교 두 곳을 휴교 조치했으며, 학생운동과 한일회담 반대 운동에 참가했던 단체와 개인을 대대적으로 탄압했다.

한편 1964년 9월부터 박정희 정권은 베트남전쟁에 대한 파병을 단행했다. 정작 미국에서는 명분 없는 전쟁이라 하여 반전운동이 세차게 벌어지고 있었고, 미국은 군사비 부담으로 곤경에 처해 있었다. 그런 가운데 박정희 정권은 경제개발에 필요한 차관을 확보하기 위해 베트남 참전에 적극적인 자세를 취했다. 1966년 3월 주한 미국 대사 브라운은 한국군이 베트남에 참전하는 대가로 한국군 장비를 현대화하고 수출 진흥을 위해 기술과 차관을 제공한다는 이른바 '브라운 각서'를 발표했다. 한일 국교정상화와 베트남 파병은 미국의 동북아시아 전략 구도 속에서 이루어진 것이었다. 일본에서 들여온 차관과 '베트남 특수'로 생긴 수입은 경제개발에 필요한 자본으로 활용되었다(역사연구소 1995, 313).

국가 주도 경제개발 정책

군사정권은 쿠데타 감행 후 곧바로 경제기획원을 설치하고 1962년 1월 13일 '제1차 경제개발 5개년 계획'을 공표했다. 이 계획은 미국으로부터 제공된 무상 원조가 대폭 삭감되면서 1958년 봄 당시 부흥부가 마련한 '경제개발 3개년 계획'과 1960년 4월 혁명 후 민주당 정권이 성안한 '제1차 경제개발 5개년 계획안'을 수정한 것이었다. 박정희 군사정권은 제1차 계획의 기본 목표를 '지도받는 자본주의 체제' 아래의 '자립경제 달성을 위한 기반 구축'에 두었다. 그것을 위한 방침으로는 ① 전력·석탄 등의 에너지 공급원의 확보, ② 농업 생산력 증대, ③ 기간산업 확충과 사회간접자본 충족 등을 설정했다. 경제개발은 계획의 작성에서부터 추진 과정에 이르기까지 철저하게 국가권력이 주도했다. 경제개발 계획 기간 동안 경제 규모는 연평균 8.4퍼센트씩 성장해 국민총생산GNP액은 1962년의 6,349억 원에서 1966년에는 9,138억 원으로 43.9퍼센트 늘어났다. 국민 1인당 소득도 같은 기간에 76달러에서 114달러로 증가했다. 이 같은 급격한 경제성장은 제조업과 수출이 주도한 것으로, 제조업은 연평균 15퍼센트 성장했고 수출액은 5,480만 달러에서 2억5,030만 달러로 5배 가까이 급증했다. 이에 비해 농림어업은 불안한 성장 추세 속에 연평균 5.5퍼센트 성장에 머물렀다. 그 결과, 1차 산업이 39.7퍼센트에서 37.9퍼센트로 줄어든 대신 제조업은 15.0퍼센트에서 18.1퍼센트로 늘어남으로써 산업구조가 고도화되었다. 외자 도입 총액은 1959~1961년의 2천만 달러에서 1962~1966년 6억7,300만 달러로 급증했다. 제2차 경제개발 5개년 계획 기간에는 경제성장이 더욱 급속하게 이루어졌다(한국역사연구회현대사연구반 1991, 3권, 144~146).

노동운동의 전개

한국전쟁 종료 이후 자유당 말기

1953년 한국전쟁이 휴전에 들어간 뒤 노동조합 조직은 양적으로 증가했다. 〈표 22-17〉에서 보는 바와 같이 노동조합 수는 1955년의 562개에서

표 22-17 | 1955~1960년의 노동조합과 노동조합원 수 추이

연도	노동조합·지부 수	노동조합원 수
1955	562	205,511
1956	578	233,904
1957	572	241,680
1958	634	248,507
1959	558	280,438
1960	914	321,097

자료: 보건사회부 1962, 『보건사회통계연보』 470~471.

1958년의 634개로 증가했고, 1959년에는 558로 감소했지만 1960년에는 다시 914개로 크게 증가했다. 노동조합원 수도 1955년의 20만5,511명이던 것이 1958년에는 24만8,507명으로, 1960년에는 32만1,097명으로 증가 추세를 나타냈다.

한국전쟁 종료 이후 1960년 4월 혁명 시기까지 대한노동총연맹으로 대표되는 노동조합운동은 끊임없이 파쟁과 분열을 거듭했다. 당시의 상황을 한국노동조합총연맹(한국노총)은 다음과 같이 기술하고 있다. "대한노총이 계속되는 파쟁의 악순환 속에서 더구나 정부 및 고용주와는 주종 관계를 맺고 노동자의 권익 보호와는 다른 길을 걷고 있었기 때문에 그 산하의 각 노동조합도 이러한 영향을 직접·간접으로 받지 않을 수 없었다. 그리고 대한노총의 최고 지위를 노리는 일부 노조 간부들은 장기간에 걸쳐 대한노총 본부는 물론 그 산하의 각 노조에 세력을 강화하고 지배의 기반을 구축하고 있었기 때문에 대한노총 본부에서 일어나는 사건은 항상 그 산하 노조에 하향적인 파급효과를 주었고, 산하 단체에서 발생하는 사건들은 대한노총에 상향적인 파급효과를 주었다"(한국노동조합총연맹 1979, 444).

대한노총의 파벌 투쟁은 1949년 이른바 '3월대회파'와 '4월대회파'의 주도권 다툼에서부터 발단되었거니와, 그 뒤에도 여러 차례의 수습을 거쳐 다

시 분열과 파쟁이 반복되었다. 그리하여 파벌 싸움은 마치 대한노총의 피할 수 없는 생리처럼 되었으며, 산하 조직에까지 부정적인 영향을 끼쳤다(김낙중 1982, 226).

이런 가운데서도 노동조합의 비민주적이고 어용적인 행태에 대한 반대 투쟁과 노동조합 민주화를 위한 운동이 전개되었다. 먼저 부두 노동자들의 투쟁을 들 수 있는데, 1951년부터 1959년 사이에 부산·인천·목포·군산 등지에서 부두 노동자들이 과도한 노동조합비 징수, 십장제(什長制)와 반장제의 횡포, 임금 횡령 등에 항의해 투쟁을 벌였다. 다음으로 방직노동자들의 어용노조 반대 투쟁을 들 수 있다. 1951~1952년 부산방직 노동자들의 투쟁, 1954년 내외방직의 노동쟁의와 1956년 대한방직 노동쟁의 과정에서 노동자들은 어용노조 퇴진 운동을 벌였다. 지역적으로는 대한노총 경상북도연맹과는 별도로 대구지구노동조합연맹이 결성되어 독자적인 활동을 전개했다. 전국 차원에서도 대한노총 지도부에 반대하는 '전국노동조합협의회'(전국노협)가 결성되어 기존 노동조합운동의 민주화를 추구했다.

대한노총 내부의 파쟁이 계속되는 가운데, 1958년 10월 29일과 30일 이틀에 걸쳐 열린 제11차 전국대의원대회는 집단지도제를 위원장제로 바꾸는 규약 개정안을 재석 대의원 502명 가운데 340명의 찬성으로 가결하고 임원 선출을 실행했다. 이러한 사태에 대응해 김기옥 지도부와 대립하는 대한석탄노련 위원장 노응벽과 대한노총 대구지구노동조합연맹 위원장 김말룡이 규약 변경과 임원 개선 결의가 불법 무효이므로 이를 취소해 달라는 이의신립을 제기했다. 또 한편에서는 광산노동조합연맹 위원장 김관호와 대한노총 부산지구노조연합회 최종자 명의로 된 대한노총 전국대의원대회 및 결격 노동조합에 대한 이의 신청이 제기되었다. 서울지방법원은 1958년 11월 노응벽과 김말룡 등이 제기한 소송에 대해 원고 측 승소 판결을 내렸다.

1959년 10월 26일, 반김기옥파 노동조합 간부들은 14개 노조 대표 21명으로 '전국노동조합협의회'를 결성했다. 1959년 8월에 발족한 전국노협 준비위원회가 밝힌 강령 내용은 다음과 같다.

① 우리는 자유로우며 민주적인 노동운동을 통해서 노동자의 인권 수호와 복리 증진을 위해 투쟁한다.

② 우리는 민주 노동운동을 통해서 건전한 국민경제의 발전을 기하고 노자(勞資) 평등의 균등 사회 건설에 이바지한다.

③ 우리는 민주 노동운동을 통해서 민족의 주권을 확립하고 국제 노동운동과 제휴해 세계평화에 기여한다(김낙중 1982, 250).

전국노협은 4월 혁명 이후에도 계속 활동을 전개했다.

다음으로 한국전쟁 종료 이후 자유당 말기의 노동쟁의 발생 추이를 살펴본다.

1953년 노동관계법 실시 이후 1960년까지의 노동쟁의 발생 추이를 보면, 〈표 22-18〉에서 보는 바와 같이 1953년 쟁의 건수 9건에 참가 인원 2,271명이던 것이 1957년에는 쟁의 건수 45건에 참가 인원 9,394명으로, 1959년에는 쟁의 건수 95건에 참가 인원 4만9,813명으로 증가했다. 1960년의 경우, 4월 혁명 정세 속에서 쟁의 건수는 227건 참가인원 6만4,335명으로 급증했다.

노동쟁의의 원인별 상황을 보면, 임금 인상 요구나 임금 체불 등 임금관련 사항이 가장 많았고, 그다음으로 해고 반대와 노동시간 관련 사항이 큰 부분을 차지했다. 이 밖에도 노동조합에 대한 요구와 감독자 배척도 노동쟁의의 원인으로 부각되었다.

표 22-18 | 1953~1960년 노동쟁의 발생 추이

연도	발생 상황		쟁의 원인별									쟁의 종류				
	발생건수	참가인원	총수	임금	노동시간	보건후생	감독자배척	조합에대한요구	해고반대	공장폐쇄반대	기타	총수	동맹파업	태업	직장폐쇄	기타
1953	9	2,271	9	9	-	-	-	-	-	-	-	9	2	1	-	6
1954	26	26,896	27	18	-	-	-	1	7	-	1	26	10	1	-	15
1955	-	-	-	-	-	-	-	-	-	-	-	-	-	-	-	-
1956	-	-	-	-	-	-	-	-	-	-	-	-	-	-	-	-
1957	45	9,394	77	38	28	-	1	1	2	2	4	45	-	-	1	44
1958	41	10,031	41	21	-	-	-	1	13	-	6	41	2	-	-	39
1959	95	49,813	113	76	8	4	4	3	11	1	6	95	1	-	-	94
1960	227	64,335	256	127	6	2	10	-	33	4	74	227	44	2	1	180

자료: 보건사회부 1962, 『보건사회통계연보』, 470~471.

이 기간에 발생한 노동쟁의를 부문별로 보면 다음과 같은 사례들을 들수 있다.

① 철도 부문: 1958년의 각종 수당 폐지에 대한 반대 투쟁, 디젤 기관차 대체에 따른 감원 반대 투쟁, 1959년의 임금 인상 투쟁 등.

② 전기 부문: 1957년 남전노조의 연차 보상금 지급 요구 쟁의, 1958년 경전 노조의 초과 노동시간 삭감에 반대하는 쟁의, 1958년 남전노조의 월차·연차 보상금 지급 요구 투쟁 등.

③ 광산 부문: 1958년 대한중석노조의 체불 임금 지불 요구 쟁의, 1959년 문경 탄광노조의 체불 임금 지불 요구 쟁의, 1959년 영일 탄광노조의 체불 임금 지불 요구 쟁의, 1959년 대한석탄광산노련 임금 인상 쟁의, 1959년 달성광산 노조의 해고 반대 쟁의 등.

④ 부두·운수 부문: 1958년과 1959년의 전국자유노동연맹 임금 인상 요구 쟁의, 1959년 한국운수 전주지점 체불 임금 지불 요구 투쟁, 1960년 인천 부두노조의 체불 임금 지불 요구 쟁의, 1959년 부산 부두노조의 미창 군수물자 독점 하역 반대 투쟁, 1959년 비료 조작비

인하에 따른 인천 부두노조 쟁의 등.

⑤ 해운·선원 부문: 1958년 전국해상노동조합연맹 산하 대한조선공사 체불 임금 지불 요구 쟁의,[18] 1959년의 해고 반대 쟁의 등.

⑥ 섬유 부문: 1958년 한국모직회사노조의 임금 체불 지불 요구와 해고 반대 쟁의, 1958년 전국섬유노동조합연맹 임금 인상 쟁의 등.

⑦ 자동차 운수 부문: 1959년 자동차노련의 임금 인상과 노동조건 개선 요구 쟁의, 1959년 부산 택시노조의 노동조건 개선 쟁의, 1960년 부산 시내버스노조의 임금 인상과 노동조건 개선 요구 쟁의 등.

⑧ 미군 종업원 부문: 1959년 미군종업원노조연맹의 임금 인상 요구 쟁의 등.

⑨ 이 밖의 다른 부문: 1957년 대전 양복기공노조의 임금 인상 쟁의, 1958년 인천 미군자유노조의 해고자 복직 요구 투쟁 등(한국노동조합총연맹 1979, 449~467).

4월 혁명 시기

1960년 4월 혁명을 계기로 노동조합운동은 조직의 확대 및 재편과 노동조합의 민주화 등을 통해 새로운 발전을 추구하게 되었다. 앞서 〈표 22-18〉에서 본 바와 같이 노동조합 수는 1959년의 558개에서 1960년에는 914개로 증가했으며, 노동조합원 수는 1959년의 28만438명에서 1960년의 32만1,097명으로 늘어났다. 조직 확대 내용을 보면, 1960년에 신고 및 설립된 노동조합이 388개이며, 203개 노동조합의 조직이 변경되었고 32개 노동조

18_대한조선공사 파업에 관해서는 남화숙의 『배 만들기, 나라 만들기』(후마니타스, 2013)가 상세히 기술하고 있다.

합이 취소되었다. 이렇게 본다면, 1960년 말의 914개 노동조합 가운데 64.6 퍼센트인 591개 노동조합이 한 해 동안 신설 또는 조직 변경되었음을 알 수 있다. 1960년에 신설된 노동조합의 특징은 자유당 정권 아래서 노동조합 결성이 어려웠던 중소기업에서 조직되었다는 사실이다(김낙중 1982, 277).

4월 혁명 이후 은행노조, 교원노조, 언론노조 등이 새롭게 결성되었다. 금융 부문에서는 이미 1959년부터 노동조합 결성 움직임이 있었는데, 1960년 들어 본격적으로 추진되었다. 먼저 1960년 6월 1일 조흥은행 노동조합 결성을 필두로 6월 8일에는 제일은행 노동조합이, 6월 11일에는 한일은행 노동조합이 결성되었으며, 6월 18일에는 서울은행 노동조합이 잇따라 결성되었다. 은행 외에도 무진회사, 증권거래소, 생명보험 부문에서도 노동조합이 조직되었다. 한국무진(현 국민은행)에서는 6월 16일 '한국무진직원노동조합'이 결성되었으며, 5월 28일에는 대한증권거래소 노동조합이 결성되었고 6월 18일에는 제일생명보험 노동조합이 결성되었다. 이렇게 결성된 금융산업 노동조합들은 1960년 7월 23일 전국 조직으로서 '전국은행노동조합연합회'를 설립했다.

전국은행노동조합연합회는 출범하면서 다음과 같은 강령을 내세웠다.

① 우리는 일치단결해 일체의 부당한 외부 간섭을 배격하고 우리의 공통된 권익 옹호에 진력한다.
② 우리는 금융 질서의 정화를 위해 종래의 불건전한 음성적인 경쟁 상태를 지양케 한다.
③ 우리는 금융 민주화의 터전을 이룩해 국민경제의 정상적인 발전에 기여 공헌한다(송종래 외 2004, 499).

각 은행 노동조합들은 단체교섭을 벌여 단체협약을 체결했으며, 임금 인상 투쟁과 근무시간 엄수 운동을 전개해 일정한 성과를 획득했다. 이러한 활동과 함께 조직 확대를 추진했다.

4월 혁명은 교육 부문에서 자주적이고 민주적인 개혁을 위한 교육노동자 운동 전개의 주요 계기가 되었다. 1960년 4월 29일 대구 시내 중·고등학교 교원 60여 명은 경북여자고등학교에서 모임을 갖고 '대구시교원노동조합결성준비위원회'를 구성해 전국에 걸친 교원노조 결성을 촉구했다. 대구 지역에서 일어난 이런 움직임이 계기가 되어 전국에서 잇따라 교원노동조합 결성 움직임이 활발하게 전개되었다.

1960년 5월 1일에는 서울 시내 47개 중·고등학교와 3개 초등학교 교원들이 동성고등학교에 모여 학원의 자유, 교육 행정 부패 제거, 교원의 질적 향상과 권익 옹호를 내걸고 '서울시교원노동조합결성준비위원회'를 결성했다. 같은 해 5월 15일에는 부산 시내 중·고등학교 교원들이 교원노조 준비위원회를 조직했다. 그 뒤로 울산, 제주, 포항, 마산, 대전, 전주 등지에서 초·중·고등학교 교원노동조합 또는 준비위원회가 잇따라 결성되었다.

5월 22일에는 일부 지방 대표를 포함해 초·중·고등학교 및 대학교 교원 300여 명이 모여 '대한교원노동조합연합회'를 결성했는데, 이 조직은 주로 서울지역 교원들로 구성되어 있어서 명실상부한 전국 조직은 아니었지만 이후 실질적인 조직의 모체가 되었다(송종래 외 2004, 555).

교원노동조합 결성이 전국으로 확산되자 허정 과도정부는 이를 인정하려 하지 않았으며, 교원노동조합 결성은 국가공무원법과 교육공무원법 위반이라며 해체를 지시했다. 교원노동조합은 문교부 장관의 지시에도 아랑곳하지 않고 계속 조직을 확대하는 동시에 정부에 대한 항의 투쟁을 전개했다. 6월 13일 대구에서는 교원 1,500여 명이 모여 대규모 시위를 벌였으며,

대한교련 해체와 3·15 부정선거에 적극 가담하고 구 정권을 배경으로 부정·불법을 자행한 악질 교장, 교감, 장학사, 교육감의 즉각 퇴진을 주장하는 규탄 결의문을 채택했다. 6월 22일에는 대한교원노동조합연합회 명의로 문교부 장관을 상대의 행정소송을 제기하기로 결의했다. 6월 22일에는 마산교원노동조합 조합원들이 항의시위를 벌였으며, 6월 24일에는 부산 시내 51개 국민학교 교원 2,100여 명이 규탄대회를 갖고 평화적인 시위행진을 벌였다. 6월 25일에는 대구국민학교교원노동조합과 경북교원노동조합연합회가 문교부의 교원노동조합 해체 지시를 규탄하는 궐기대회를 열었다 (김낙중 1982, 286~287).

같은 해 7월 17일, 대한교원노동조합연합회는 제1차 전국대의원대회를 열어 조직 명칭을 '한국교원노동조합총연합회'로 바꾸고 임원을 새롭게 선출하는 한편 전국 조직 체계를 강화했다. 대회는 교원노동조합의 해체를 요구한 과도정부의 부당성을 비판했다.

과도정부의 교원노동조합에 대한 탄압은 해체 지시에만 그치는 것이 아니었다. 경상북도청은 1960년 8월 9일자로 경북교원노동조합 위원장 김문심을 비롯해 대구 시내에 근무하는 노동조합 간부 23명에 대해 전보배치 발령을 실행했다. '명령 불복종', '근무 성적 불량' 등을 이유로 삼은 인사 조치였다. 이에 경북교원노동조합연합회는 8월 11일부터 14일까지 집단 농성을 벌였으며, 8월 20일에는 대구 달성공원에서 '교원노동조합탄압반대 전국 조합원 총궐기대회'를 열었다.

이처럼 교원노동조합 문제가 갈수록 확대되어 가고 있는 상황에서 8월 23일 민주당 정부가 출범함으로써 이제 교원노동조합 문제는 과도정부에서 민주당 정부로 이양되었다. 이러한 가운데 8월 25일에는 대구고등법원 특별부가 경북교원노동조합연합회가 제기한 '행정처분 집행정지 가처분 신청'에 대해 교원노동조합 측의 주장을 받아들여 행정처분 집행정지 가처분 결정을 내렸다. 대구고등법원 가처분 결정은 교원노동조합을 합법적 단체로 인정하는 최초의 유권해석으로서 의미를 갖는 것이었다(송종래 외 2004, 569).

이와 같은 상황에서 민주당 정부는 같은 해 9월 7일 다음과 같은 방침을 밝혔다. 첫째로 교원노동조합의 명칭을 교원연합회 또는 교원조합으로 바꾸고, 둘째로는 교원의 생활 권익을 위한 단결권은 인정하나 단체행동권은 인정하지 않는다는 내용이었다. 이와 같은 방침은 노동조합으로서 교원노동조합을 사실상 해체하고 대한교육연합회(대한교련)와 마찬가지로 명목상의 교원단체로 개편하려는 의도를 드러낸 것이었다. 이와 함께 민주당 정부는 대한교련도 일정한 한도 내에서 민주적 형태로 개편함으로써 자주적이고 민주적인 세력이 교원노동조합으로 결집되는 것을 막고자 했다.

여기에 정부는 노동조합법을 개정해 사실상 교원노동조합을 불법화하려는 움직임을 본격화했다. 교원노동조합은 정부 당국의 이와 같은 시도에 대해 성토대회와 집단농성, 그리고 가두시위 등으로 항의 투쟁을 벌였다. 결국 노동조합법 개정안은 교원노동조합의 격렬한 반대와 각계의 비난을 받아 1961년 2월 12일 폐기되었다.

교원노동조합은 1960년 4월 말부터 결성되기 시작해 1961년 5·16 쿠데타로 해체되기까지 노동조합으로서 합법적 기능과 역할을 인정받기 위해 꾸준한 투쟁을 전개해 왔다. 교원노동조합은 합법성 쟁취 투쟁과 더불어 민주교육 실천 활동을 벌였는데, 교과서 값 인하 투쟁과 대한교련에서 발간하는 방학 책 구입 거부 운동, 결식아동 대책과 부족 교실 증축을 위한 기금 모금 운동을 폈다. 또한 교육공무원법에 규정되어 있는 수당들(보건수당, 가족수당, 교재수당 등)을 법 규정대로 지급해 달라는 법정수당 쟁취 투쟁도 벌였다. 진보 정당 및 사회단체와 더불어 이른바 2대 악법('반공임시특례법'과 '데모규제법') 반대 투쟁에도 참가했다(송종래 외 2004, 579~582).

4월 혁명 이후 기존 노동조합의 민주적 개편이 제한된 범위에서나마 이루어졌다. 가장 먼저 조직 개편이 이루어진 곳은 대한노총 위원장 김기옥이 소속되어 있던 전국자유노동조합연맹의 부산부두노동조합이었다. 4·19 민중항쟁이 일어난 지 며칠 뒤인 4월 24일 대한노총은 '백만 노동자에게 고함'이라는 성명서를 내고 모든 정당과의 연관을 끊고 노동조합 본연의 자세로 돌아갈 것을 표명했다. 이러한 성명 내용은 기존 체제를 그대로 존속하려는 속셈을 드러낸 것이었다. 그러나 이러한 노력은 김기옥의 소속 사업장에서 먼저 저항에 부딪쳤다. 부산부두노동조합 조합원들은 김기옥 타도 및 어용 간부 축출을 내건 플래카드를 앞세우고 시위를 벌이면서 노동조합 회관을 점거하고 간부들의 총퇴진을 요구했다. 이런 강력한 요구에 따라 노동조합 간부들은 일괄 사퇴했고, 공백 상태에 빠진 노동조합 수습은 여러 가지 우여곡절을 거친 끝에 1960년 12월 30일에야 조직 개편으로 일단락되었다.

전국자유노동조합연맹 산하 인천자유노조에서는 1960년 5월 3일 노동조합원 수천 명이 어용노조 간부 축출, 진정한 조합원의 권리 회복, 체불 노임과 비료 조작비에 대한 책임 소재 규명 등을 내걸고 시위를 벌이면서 노동조합 사무실을 점거해 집행부 총사퇴를 요구했다. 결국 5월 6일 집행부 간부들은 총사퇴했다. 그러나 집행부 공백 상태에서도 산하 분회 조직은 별다른 변화를 겪지 않고 하역 작업이 정상적으로 진행되었다. 그런데 인천자유노조는 기존 수구 세력 잔재가 부산보다 더욱 강고해 노동조합 전체 차원에서는 수습이 불가능했고, 각 분회별로 조건에 따라 여러 가지 형태로 조직 재편이 이루어졌다. 이를테면 군항軍港분회, 한운韓運분회, 신한新韓분회 등이 민주적으로 개편되었다.

이 밖에도 군산부두노동조합과 목포부두노동조합에서 조직 개편이 이루어지긴 했으나 지도부 개편이나 계파 간 연합 집행부 구성 등에 지나지 않았으며, 실질적인 민주적 개편으로까지 진전되지는 못했다.

전국자유노동조합 산하 조직 외에도 조직 개편은 여러 조직에서 추진되었다. 전국철도노동조합연맹 집행부가 개편되었는데, 비록 지도부는 개편되었으나 조직 자체가 민주적으로 변화한 것은 아니었다. 경전京電노동조합도 위원장이 사퇴하고 새로운 지도부가 선출되었으나 조직 운영 자체가 민주적으로 개선되지는 않았다. 대한노총의 중추 조직이었던 전국섬유노동조합연맹 산하 노동조합의 경우에도 조직 개편 작업이 그다지 큰 폭으로 진행되지 않았다(김낙중 1982, 265~266).

4월 혁명 시기 노동조합운동의 민주적 개편이 전반적으로 추진되지 못한 채 극히 부분적으로 진행되었으며, 그것도 집행부의 교체에 그칠 뿐 조직 체계나 운영의 민주적 개편으로까지 이어지지 못한 것은 노동조합운동의 대내적 모순을 극복할 수 있는 자주적이고 개혁적인 세력이 조직되어 있지 못했기 때문이었다. 더욱이 대한노총이 정부의 기간단체로서 오랫동안 기능해 왔으며, 기업 단위 노동조합 조직 체계를 유지한 채 주체적 활동마저 제대로 수행하지 못한 결과였다고 볼 수 있다. 대외적으로도 진보 정당 운동이나 사회운동이 이승만 독재 정권의 억압 아래에서 노동운동에 대한 효과적인 지원을 수행할 수 없었던 상황이었다.

다음으로 노동조합 전국 중앙 조직의 개편 상황을 살펴본다. 1960년 4·19 민중항쟁 뒤 4월 23일 대한노총은 긴급 회무처리위원회를 열어 향후 대책을 논의한 다음, 4월 25일 위원장 김기옥 명의로 자유당과의 관계를 단절하겠다는 요지의 성명서를 발표하고 기존 체제를 그대로 유지하고자 노력했다. 그러나 앞에서 보았듯이 산하 연맹 또는 단위 노조의 반발로 기존 체제 유지는 성공하지 못했다. 그리하여 대한노총 김기옥 위원장을 비롯한 대한노총 산하 주요 산업별 연맹 위원장들이 사퇴했다. 결국 대한노총은 지도부의 공백 상태에 빠져들었다.

대한노총은 일단 지도부 공백을 수습하기 위해 1960년 5월 5일 14개 연합회와 연맹 대표들로 구성되는 수습대책위원회를 설치했다. 1960년 5월 9일에는 산업별 연맹 대표와 지역 대표자 회의를 소집해 중앙 수습 실무단을 구성함과 동시에 산하 연맹의 현재 임원들이 총사퇴하고 6월 15일까지 조직별 신임대회를 거쳐 조직 정비 사항을 보고하도록 지시했다. 이와 같은 지시에 따라 산하 각급 조직은 조직 재신임을 확인하는 과정을 거쳤다.

대한노총이 조직 정비를 추진하는 가운데 전국노협은 조직 기반을 확대하는 데 주력해 5월 한 달 동안에만 대한노총 산하에 있던 단위 노조 170여 개를 개편·포괄했고, 그리하여 전국노협의 조합원 수는 16만여 명으로 늘어났다. 또한 1960년 5월 8일 대구지구 자유노조 결성을 비롯해 단위 노조의 새로운 조직 외에도 산업별 연맹 조직에도 노력을 기울여 6월 11일 당시까지 산업별 연맹 17개 조직을 정비했다. 그리하여 대한노총으로 일원화되어 있던 조직 체계가 대한노총과 전국노협의 이원적 체계로 전환되었다(송종래 외 2004, 482).

1960년 9월 들어 대한노총과 전국노협이 통합 논의를 시작했고, 9월 15일 양 조직은 노동조합 통합대회를 소집하기로 합의했다. 같은 해 10월 1일, 서울 3·1당(진명여자고등학교 강당)에서 전국 노동단체 통합 대의원대회가 열렸다. 통합 대의원대회는 출발부터 순조롭지 않았다. 철도노조를 비롯한 몇몇 산업별 연맹 조직들이 대회를 거부하고 참가하지 않아 전체 대의원 508명 가운데 324명만 참석했다. 대회에서 규약 제정을 논의하던 중 통합 조직의 명칭 문제가 논란의 대상이 되면서 대회는 무기한 연기되었다.

그 후 대회에 불참했던 철도노조를 비롯한 9개 산업별 연맹과 지역별 연합 조직, 대한노총과 전국노협 대표들이 다시 모여 '노동단체연구위원회'를 구성하고 여기에서 통합 문제를 논의한 결과, 10월 25일 통합대회 소위원회를 구성하고 11월 25일과 26일 이틀 동안 통합대회를 소집하기로 결의했다.

1960년 11월 25일, 교통부 부우회관에서 전국 노동조합 대의원 723명이 참석한 가운데 통합대회가 개최되었다. 참석한 대의원들의 구성은 대한노총계 439명, 전국노협계 86명, 무소속계 198명이었다. 무소속계란 4월 혁명 이후 대한노총에서 탈퇴했거나 새롭게 결성된 노동조합을 말한다. 대회에서 채택된 기본 강령은 다음과 같다.

① 우리는 민주적인 노동운동을 통해 노동자의 인권 수호와 경제적·사회적 지위 향상을 위한 공동적인 투쟁의 선봉이 된다.
② 우리는 생산성의 앙양으로 산업 경제의 재건을 기하고 노사 평등의 균등 사회 건설에 매진한다.
③ 우리는 민권의 확립으로 완전한 국가적 자유를 구현시키고 국제 자유 노동 조직과 제휴해 세계평화에 공헌한다(김낙중 1982, 273).

대회는 지도 체제를 둘러싸고 논란을 거듭하다가 산회되었고, 다음 날 11월 26일 속개된 대회는 통합 조직의 명칭을 '한국노동조합총연맹'(한국노련)으로 결정했다. 11월 27일에 열린 대회에서는 집단지도 체제인 운영위원회 제도가 채택되었다. 1960년 11월 30일에 열린 제1차 운영위원회에서는 의장에 김말룡, 부의장에 이규철·성주갑·김정원이 선출되었다.

노동조합운동의 조직 확대와 재편 과정을 통해서 보듯, 노동조합운동의 조직 확대나 민주적 개혁은 극히 제한적으로 이루어졌다. 그것은 노동조합 운동 내에 누적되어 온 비자주적·비민주적 요소가 새로운 발전을 제약하고 있음을 말해 주는 것이다.

다음으로 4월 혁명 시기 노동쟁의 발생 상황을 살펴본다. 1960년 4월부터 1961년 5월까지 13개월 동안 노동쟁의는 282건발생했다. 1953~1959년의 연평균 노동쟁의 발생 건수 41건에 비하면 엄청난 숫자였다. 4·19 민중항쟁 이후 노동쟁의 발생 건수가 과거에 비해 6배 이상 증가했을 뿐만 아니라 노동쟁의에서 차지하는 파업의 비중도 늘었다. 파업 비중은 매년 평균 7퍼센트 미만에 지나지 않았는데, 1960년에는 파업이 노동쟁의의 19퍼센트 이상을 차지했다.

4·19 이후 주요 파업투쟁 사례는 다음과 같다. ① 철도노조의 임금 인상 투쟁, ② 해원노동조합의 단체협약 체결, 정원제 실시, 임금 인상 요구 투쟁, ③ 자유노조연맹의 임금 인상 투쟁, ④ 섬유산업의 대한방직, 대전방직, 대구 내외방직, 인천 홍한방직, 제일모직 투쟁, ⑤ 자동차운수 부문의 서울지구택시노동조합, 서울시내버스노동조합, 부산택시노동조합, 경남여객운수노조의 임금 인상 투쟁, ⑥ 금융 부문 은행노동조합의 단체협약 체결 요구 투쟁, ⑦ 공공 부문의 철도노조, 전매노조, 체신노조의 임금 인상 투쟁, ⑧ 전국미군종업원노련의 한미행정협정 체결 및 임금 인상 요구 투쟁 등을 들 수 있다(한국노동조합총연맹, 1979, 508~522).

5·16 쿠데타 이후 군사정권 초기

5·16 쿠데타로 권력을 장악한 군사정권은 1961년 5월 19일, 계엄사령부 공고 제5호로서 '경제의 질서 회복에 관한 특별 성명서'를 발표해 임금을 1961년 5월 15일 수준으로 동결하고 노동쟁의를 일체 금지했다. 이어 같은

해 5월 21일 포고령 제6호를 공포해 모든 정당·사회단체를 5월 23일 부로 해산하라고 명령하고, "정치성 없는 구호단체, 노동단체 및 종교단체는 1961년 5월 31일까지 재등록을 실시하라"고 공고했다.

군사정권은 재등록을 신청한 노동조합 가운데 기업 단위 노동조합 155 개와 산업별 연맹체 22개에 대해 5월 31일 이전에 등록을 마치지 못했거나 유명무실한 노동조합이라는 이유로 등록을 거부한 채 해체시켰다. 한국교원노동조합연합회도 5·16 이전에 승인을 받지 못했기 때문에 재등록할 자격이 없다는 이유로 해체되었다(한국노동조합총연맹 1979, 569).

6월 6일에는 국가재건최고회의를 설치하고 이를 최고 통치기관으로 삼음으로써 마침내 박정희 군부는 권력을 휘두를 수 있는 장치를 마련하게 되었다. 이를 바탕으로 군사정권은 평화통일을 주장했다는 이유만으로 '잠재적 용공 분자'로 몰아 930명을 체포했으며, 정치범 용의자로 2,014명을 검거 투옥했다. 그 가운데 605명은 정당 당원들이었고, 264명은 사회단체 회원이었으며 나머지는 교사·학생·신문기자 등이었다(박세길 1989, 104).

노동조합 간부에 대한 검거는 1960년 4월 혁명 후 활발하게 활동했던 이들을 중심으로 이루어졌으며, 특히 교원노조 간부들에게 집중되었다. 군사정권은 1,500여 명에 이르는 교원노조 간부들을 연행 또는 구속했다. 이 가운데 기소된 사람은 11명이었다(이원보 2004, 103).

한편 군사정권은 노동조합 재등록 마감일인 5월 31일 등록 기간을 1개월 연장한다는 포고령 제32호를 공포했으나, 노동단체의 활동이 실제로 허용되지는 않았다. 그 뒤 1961년 8월 3일, 군사정권은 '사회단체 등록에 관한 법률 중 개정 법률'을 공포해 이 법 2조 1항의 근로단체 등록에 관한 조항에 따라 노동단체 등록을 승인했다. 그리고 같은 날짜로 '근로자의 단체활동에 관한 임시조치법'을 공포했다. 신고증을 교부받아야만 노동조합 활동을 할 수 있다는 '노동조합 허가주의'를 규정한 법률이었다.

이 법을 공포하면서 국가재건최고회의 보건사회부 장관은 '근로자의 단체 활동에 관한 임시조치법 공포에 제해'라는 제목의 담화문을 발표했다. 이 담화문에서 군사정권은 "노동조합을 재편성함에 있어서는 종래의 노동조합 폐단인 노동조합 상호 간의 반목, 마찰, 분파 작용을 피하고 대동단결하기 위해서는 군소 노조의 난립보다는 전국 단일 산업별 노동조합이 필요하다"고 밝혀 노동조합 재조직에 관한 기본 방침을 제시했다. 군사정권이 산업별 노동조합 조직 형태를 강제한 것은 가장 선진적인 조직 형태를 채택하겠다는 의도가 아니라, 산업별 노동조합 조직 체계가 갖는 통제력과 지배력을 활용해 국가권력이 노동조합운동을 철저하게 통제·장악하려는 의도였다고 볼 수 있다. 즉 5·16 쿠데타 이후 이루어진 노동조합 재편성 작업은 국가 엘리트들이 노동자 세력을 강화시켜 통치 집단의 협력자로 삼을 목적이었다기보다는 잠재적인 중요성을 가진 사회집단이 정치적인 혼란기에 독립적인 정치 세력으로 성장하는 것을 원치 않는다는 관점에서 행한 조치였다(최장집 1988, 90).

군사정권은 8월 4일 산업별 노동조합 조직 책임자 9명을 지명했고, 이들은 곧바로 '한국노동단체재건조직위원회'(재건위원회)를 발족시켰다. 이른바 '9인 위원회'라 불리는 재건조직위원회는 반공 태세를 강화하고 재건조직위원회의 지도 아래 산업별 단일 조직 체계를 확립한다는 내용의 '노동운동 기본 정책'과 '재건 조직 요강'을 수립하는 동시에 15개 산업별 재건 조직위원을 지명했다. 각 산업별노조 재건조직위원회는 종래의 직장 단위 조직을 기반으로 하여 결성대회 참가 인원 비율을 정하고, 우선 개인 가입 절차를 마친 조합원만으로 결성해 점진적으로 확대해 나간다는 원칙에 따라 준비를 추진했다. 그리하여 8월 8일부터 25일까지 섬유, 광산, 체신, 철도, 운수, 해상, 금융, 전매, 화학, 전력, 외기, 금속 등 12개 산업별 노동조합이 결성준비위원회를 통해 결성대회를 진행해 1961년 8월 30일 산업별 노동조합의 전국 중앙 조직인 '한국노동조합총연맹'(한국노총)이 결성되었다. 한국노총 결성 이후 전국부두노동조합과 전국연합노동조합이 9월 20일과 21일에 결성되어 산업별 노동조합은 14개로 늘어났다(한국노동조합총연맹 1979, 570~573).

한국노총은 다음과 같은 강령을 채택했다.

① 우리들은 반공 체제를 강화하고 자주경제 확립으로 민주적 국토 통일을 기한다.
② 우리들은 공고한 단결로 노동자의 기본 권리를 수호하고 생활수준의 향상을 기한다.
③ 우리들은 정치적 중립과 재정의 자립으로 민주 노동운동의 발전을 기한다.
④ 우리들은 노동자의 교육과 문화 향상의 강력한 실천을 기한다.
⑤ 우리들은 건전한 노동 정신으로 국가 산업발전을 기한다.
⑥ 우리들은 기간산업의 공유화와 산업의 민주화를 기한다.
⑦ 우리들은 민주 우방의 노동자와 국제적 유대를 강화해 세계평화에 공헌한다
  (한국노동조합총연맹 1979, 574).

한국노총은 군사정권의 노동조합 조직 재건 방침에 따라 산업별 노동조합 체계를 지향했다. 이에 따라 중앙집권적인 단체교섭 체계를 원칙으로 하면서도 교섭권과 쟁의권을 지부에 위임할 수 있도록 함으로써 사실상 단체교섭권과 쟁의권은 지부가 행사하게 되었다. 처음부터 조직 체계의 중앙집권성과 단체교섭의 분권성이라는 모순이 생겨난 것이다.

그런데 군사정권과 재건위원회가 추진한 노동조합 재조직이 순조롭게 진행된 것만은 아니었다. 1962년 12월 6일 계엄령 해제와 더불어 1963년 1월 1일 정치 활동이 허용되자, 한국노총 재조직 과정에서 배제된 구 한국노련계 간부들이 1963년 2월 4일 '노총 창립대회 결의 무효 확인 청구소송'을 제기했다. 이들은 1963년 2월 17일 철도·광산·외기 노조 등 각 산업별 노동조합 소속 발기인 300명이 참석한 가운데 '한국노동조합총연합회'(한국노련) 결성준비위원회를 열었다. 결성준비위원회는 "5·16 이후 적년積年의 전통은 무참히 전복되었고, 노동운동계는 몇 개인의 입신을 위해 맹종하고 하향식 조직 방식으로 산하 조직의 기능을 박탈당했기 때문에 한국노동운동의 정상화를 위해 총궐기한다"는 내용의 선언문을 발표하고 "현 노총의 해체를 요구하고 정치적 중립을 기하며, 쟁의권의 확립을 위해 투쟁한다"는 결의문을 채택했다(한국노동조합총연맹 1979, 580).

한국노련은 결성 준비 대회를 마치자마자 본격적인 하부 단위 노동조합 조직에 착수했다. 군사정권은 한국노련의 활동에 대해 포고령 제6호 및 1963년 4월 17일 개정된 노동조합법의 노동조합 설립 허가주의와 기존 노동조합의 정상적인 운영을 방해하는 조직은 노동조합으로서 인정하지 않는다는 복수 노동조합 금지 규정에 따라 한국노련의 합법성을 인정하지 않았다. 게다가 1964년 1월 7일 법원이 한국노총 창립대회 결의 무효 확인 청구소송을 기각함으로써 한국노련의 활동은 정지 상태에 들어갔다.

한편 한국노총에 대한 한국노련 세력의 반발과 도전은 사업장 단위의 조직만이 아니라 한국노총과 산업별 노동조합에도 혼란과 갈등을 불러왔다(이원보 2004, 127). 그 대표적인 사건이 전국금속노동조합 위원장 지연일과 인천지부장 문익모 외 8명이 1963년 3월 26일 "전국금속노동조합은 노총에서 탈퇴함과 동시에 이를 해체한다"는 성명서를 발표해 한국노총은 물론 사회에 큰 파문을 불러일으킨 것이다. 지연일 위원장을 비롯한 금속노동조합 간부들은 성명서에서 "우리는 현 노총이 주장하는 전국 산별 하향식 조직으로서는 민주주의적인 노동운동을 전개할 수 없을 뿐만 아니라 그 불법성을 확인하고 앞으로 정상적인 노동운동을 전개할 수 있는 합리적인 체제를 재편하기 위해 전국금속노동조합은 노총에서 탈퇴함과 동시에 이를 해체함을 이에 성명한다"고 밝혔다.

이와 같은 움직임에 대해 금속노동조합 본부는 지연일 위원장이 "불순분자들과 야합해 위원장의 직분을 유기하고 반조직적 행위를 자행한다"고 하여 중앙위원회를 소집, 한국노총에 징계 조치 상신을 제기하고 위원장 유고를 이유로 부위원장을 위원장 직무대리로 선임했다. 금속노조는 3월 28일 같은 날 조직된 '인천철강노동조합연합회 결성준비위원회' 결성 무효 확인을 보사부 장관에게 건의함과 동시에 3월 26일 성명에 서명한 사람들에 대해 허위사실 유포와 명예훼손죄로 서울지방검찰청에 고소를 제기했다. 1963년 4월 12일, 금속노조는 위원장 유고에 따른 임원 보선과 당면 문제 토의 결의를 위해 임시 대의원대회를 소집해 위원장에 대한 징계를 결의하는 동시에 임시대회를 정기대회로 대치해 규약을 개정하고, 예산을 편성했으며, 임원도 선출했다. 이로써 한국노총 내 금속노동조합의 이탈 사건은 일단락되었다(한국노동조합총연맹 1979, 582~584).

한국노총에 대한 이와 같은 반발과 저항, 그리고 이탈이 진행되는 가운데 1963년 들어 민정 이양을 앞두고 정당 활동이 허용됨에 따라 한국노총 산하 산업별 노동조합 위원장 8명이 가칭 '민주노동당 창당 발기위원회'를 구성했다. 1963년 1월 11일 창당 발기준비위원회는 "우리는 반공, 자유, 민주주의를 기초로 하는 사회정의의 구현과 복지국가의 건설을 위해 가칭 민주노동당을 창당코자 한다. …… 근로대중의 의사는 필연적으로 독립되고 그 주의·주장이 독자적으로 이루어질 수 있는 체제로서 바꾸어지는 것이 정도正道라 하겠다"라는 창당 취지문을 신문에 발표했다.

한국노총은 민주노동당 결성 움직임에 대해 ① 현 단계에서 노동자 정당의 결성은 자체 조직 분열을 초래할 우려가 있으며, ② 재정적으로 빈약한 현 실정에 비추어 오히려 노동조합의 자주성을 침해받게 되고 정당 역시 자주성을 유지하기가 불가능하며, ③ 노동조합이 특정 정당의 기간단체가 되는 것은 강령 위반이며, ④ 정당법이나 노동조합법에 위배되며, ⑤ 노동자 정당 조직 여부는 전국대의원대회 결의를 거쳐야 한다고 주장하면서 창당 준비 활동을 중지하라고 요구했다. 민주노동당 창당은 처음에 상당수 산업별 노동조합 대표들의 참여로 추진되었지만, 한국노총의 반대로 전국광산노동조합 김정원 위원장 혼자 고립되었고, 끝내 창당 작업이 유산되고 말았다(이원보 2004, 130~132).

1961년 8월 3일 군사정권이 노동조합 재조직을 허가한 이후 노동조합 조직은 빠르게 증가되었다. 1961년 5·16 쿠데타가 일어나기 약 9개월 전인 1960년 8월 말 당시 노조 수는 388개였고, 조직노동자 수는 32만1,097명이었다. 그러나 5·16 쿠데타로 노동조합 활동이 금지되고 해체 상태에 있었기 때문에 그 수는 급격히 줄어들 수밖에 없었다. 그러다가 노동조합 활동이 재개된 다음 해인 1962년 8월 말에는 산업별노조 14개의 지부와 분회는 각각 279개와 1,526개로 증가했으며, 조합원 수는 17만6,165명을 기록했다. 1965년 말 당시 조합원 수는 36만6,973명으로서 1960년 8월 수준을 상회하기 시작했다. 노동조합 조직률 변화 추이를 보면 1963년의 경우 전체 피고용자 249만7천 명 가운데 조직노동자는 22만4천 명으로 9퍼센트였으며, 1964년의 경우 전체 피고용자 251만1천 명 가운데 조직노동자는 27만2천 명으로 10.8퍼센트였고, 1965년은 전체 피고용자 273만1천 명 가운데

표 22-19 | 1963~1965년의 노동쟁의 발생 추이

연도	쟁의 건수	참가 인원	주요 요구 내용별 구성비(%)					
			임금 인상	임시 급여	해고 반대	노동시간	권리 분쟁	기타
1963	89	168,843	58.4	7.9	3.4	1.1	22.5	-
1964	126	207,406	73.3	6.7	4.8	0.9	12.4	-
1965	113	103,707	61.9	7.2	8.2	2.1	14.4	-

자료: 노동청 1974, 『한국노동통계연감』; 경제기획원 1966, 『경제백서』.

조직노동자 33만7천 명으로 10.8퍼센트였다(이원보 2004, 158, 164).

1961년 5월 17일 군사정권이 취한 노동쟁의 금지령에 따라 중단되었던 노동쟁의는 1963년 4월 개정된 노동관계법 발효와 더불어 다시 제기되었다. 1963~1965년 사이의 연평균 노동쟁의 발생 건수는 109건이며, 노동쟁의 참가 인원은 연평균 15만9,985명이었다. 노동쟁의에서 노동자들이 제기한 요구 조건은 대체로 임금 인상과 임시급여 등 임금 관련 요구가 가장 큰 비중을 차지해 경제적 요구에 집중되었으며, 권리 분쟁이 그다음 순위를 차지했다.

각 연도별 주요 노동쟁의 사례를 보면 다음과 같다.

① 1963년도: 산업별노조가 주도한 쟁의는 정부 관리 기업체 16개 노조가 정부 관리 업체 노동자의 보수통제법 폐기를 요구한 공동 쟁의, 섬유노조의 풍한방직을 상대로 한 임금 인상 쟁의, 운수노조 서울지부가 부당노동행위·노임협정 불이행·근로기준법 위반에 항의해 제기한 쟁의, 해상노조 원양어선지부가 임금 인상을 비롯한 6개 조항을 요구해 제기한 쟁의, 부두노조의 임금 인상 쟁의, 광산노조 산하 9개 지부의 임금 인상 쟁의, 자동차노조 경북지부의 임금 인상 투쟁을 주요 사례로 들 수 있다.

사업장별로는 화학노조 부산력키화학지부 지부장 해고 반대와 어용노

조 해산을 요구한 투쟁, 고려석면 안양 공장노동자들의 임금 인상 투쟁, 삼화제분 인천공장 노동자들이 중간 착취 배제 및 단체협약 체결 등을 요구한 투쟁, 근신산업 노동자들의 노조 인정과 간부 해고 반대 투쟁, 울산정유 건설 작업 노동자의 해고 반대 투쟁, 세브란스병원 노동자들의 단체협약 체결·임금 인상·해고자 복직 투쟁, 미국 태평양건축회사 노동자들의 해고 반대 투쟁, 서울시 청소국 노동자들의 임금 인상 투쟁 등을 들 수 있다. 이 밖에도 화학노조 미왕분회가 임금 인상·해고자 복직·임금 체불 청산·안전 관리자 배치 등을 요구한 쟁의와 금성사 노조 결성 투쟁도 꼽을 수 있다.

② 1964년도: 서울 시내 금강제화를 비롯한 5개 제화점 노동자의 임금 인상 투쟁, 성주·옥동 탄광 노동자들의 임금 인상 투쟁, 외기노조 서울지구 연예분회 노동자들의 노조 인정과 임금 인상 투쟁, 마산방직 노동자들의 추석 상여금 지급 요구 투쟁, 조선방직 노동자들의 해고 반대 투쟁, 철도노조의 생활급 확보 쟁의 등을 주요 사례로 들 수 있다.

③ 1965년도: 섬유노조가 조선방직을 비롯한 면방 3사에 대해 임금 체불 청산과 임금 인상을 요구해 제기한 쟁의, 부두노조가 대한통운을 상대로 임금 인상을 요구한 쟁의, 자동차노조 서울버스지부의 중간 정류장 간 제한 시간 철폐와 막차 입고 시간 단축을 요구한 쟁의, 서울시 청소노동자들이 노동위원회 중재 사항 이행을 요구해 제기한 쟁의, 고려수산 소속 원양어선 노동자의 처우 개선 투쟁, 수산개발공사 소속 어선노동자의 임금 인상 투쟁 등을 주요 사례로 들 수 있다. 이 밖에도 외기노조가 노조 인정·해고 반대·단체협약 이행 등을 요구한 파상적인 쟁의, 고려석면 노동자들의 임금 인상 및 노동조건 개선을 위한 단식농성과 파업투쟁, 한국판유리공장 노조의 임금 인상 투쟁, 동산화학 쟁의 보복 집단 해고에 대한 항의 투쟁 등도 꼽을 수 있다(이원보 2004 216~239).

이 시기 한국노총이 전개한 주요 제도·정책 개선 투쟁으로는 정부관리 기업체보수통제법[19] 폐기 투쟁을 비롯해 1963년과 1964년의 노동관계법 개정 투쟁을 들 수 있다.

19_이 법은 정부관리기업체의 임금 체계를 정비하고 보수를 획일적으로 조정해 건전한 기업 운영을 기 한다는 '경영 합리화'를 명분으로 내세웠다.

5장

라틴아메리카 국가의 노동운동

1950년대에 있어서 라틴아메리카 반란자들은 불가피하게
볼리바르에서부터 쿠바 자체의 호세 마르티에 이르는 그들의 역사적
해방자들의 수사뿐만 아니라 1917년 이후 좌파의 반제국주의·사회혁명적
전통에 빠져 있었다. 그들은 '토지개혁' ─ 그것이 무엇을 의미하든 ─ 을
옹호하는 동시에 적어도 암묵적으로 미국에 반대했다. …… 피델뿐만
아니라 그의 동지들도 급진파이기는 했으나 두 사람을 제외하고는
공산주의자들은 아니었고, 어떻게든 마르크스주의에 동조한다고
주장하지도 않았다. 사실 칠레공산당을 제외하면 라틴아메리카에서 유일한
대중 정당이었던 쿠바공산당은 그 일부가 뒤늦게 피델의 운동에 합류하기
전까지는 특히 비동조적이었다. 양자 사이의 관계는 명백히 냉담했다.
미국 외교관들과 정책 고문들은 피델의 운동이 친공산주의인지 아닌지를
두고 끊임없이 논쟁을 벌였으나, …… 결국 친공산주의가 아닌 것으로
분명하게 결론지었다. 그러나 무장 게릴라 봉기를 수행하려는 사람들의
일반적인 사회혁명적 이데올로기에서부터 매카시 상원의원의 시대인
1950년대 열렬한 반공주의 ─ 라틴아메리카 반제국주의적 반란자들로
하여금 자동적으로 마르크스를 더욱 호의적으로 보도록 부추긴 ─ 에
이르기까지 모든 것이 피델주의 운동을 공산주의 방향으로 몰고 갔다.
전 세계적인 냉전이 나머지 역할을 수행했다.

(Hobsbawm 1996, 439)

1950년대 말 들어 제국주의와 그 동맹자들이 라틴아메리카에 만들어 놓은 군사정치 체제가 민족 독립·민주주의 실현을 위한 운동과 근로인민의 투쟁으로 균열을 보이기 시작했다. 쿠바혁명의 승리는 제국주의 지배 체제의 위기를 한층 더 심화시켰고, 반동 세력과 제국주의 세력에 반대하고 사회 진보를 향한 근로인민의 투쟁에 심대한 영향을 끼쳤다. 라틴아메리카 대륙에서는 각국마다 지배·피지배 집단 사이의 갈등이 심화되었고, 노동자의 계급의식은 한층 더 성장했으며, 노동자계급의 투쟁은 더욱 고양되었다.

한편 미국 케네디 대통령은 피그스만 사건[1]을 비롯한 카스트로 정권 타도 획책과 더불어 제2, 제3의 쿠바 출현을 저지하기 위해 1961년 3월 사회적 불평등과 빈곤 극복을 목표로 한 '진보를 위한 동맹'Alliance for Progress을 제창했다. 그리하여 같은 해 6월 아메리카국가기구OAS 참가 국가들은 진보를 위한 동맹의 '푼타델에스테Punta del Este 헌장'에 조인했다. 동맹은 10년 동안 ① 1인당 소득의 연간 성장률 2.5퍼센트 달성, ② 누진과세를 통한 소득 격차 시정, ③ 수출 다각화와 공업화 촉진, ④ 토지개혁 실시 등의 목표를 설정했다. 그리고 이 목표 달성을 위해 미국은 10년 동안 200억 달러를 지원할 것을 약속했다. 그 뒤로 미국은 동맹 참가 국가들에게 원조를 제공했으며, 공업화와 토지개혁 실행에 관여했다.

이와 같이 라틴아메리카 대륙은 미국 주도의 냉전 구조에 편입되었으며, 라틴아메리카 국가들의 당면 문제 해결을 둘러싸고 안팎의 세력 대결이 첨예화했다. 이 시기 라틴아메리카 주요 각국의 정치·경제 상황 변화와 노동운동 동향을 살펴본다.

1_1961년 4월 쿠바 혁명정부를 전복하기 위해 미국이 훈련시킨 쿠바 망명자 1,400명이 미군의 도움을 받아 쿠바 남부를 공격하다 실패한 사건이다.

1. 아르헨티나

군부와 페론파의 각축

1955년 11월에 출범한 페드로 에우헤니오 아람부루 정권은 대대적인 반페론 캠페인을 전개했으며, 11월 15일 노동총동맹CGT이 일으킨 총파업을 군대를 동원해 억눌렀다. 그 뒤로 아람부루 정권은 페론주의 지도자들을 투옥하고 공직에서 추방했다. 1956년 4월에는 1949년 개정한 헌법의 효력을 정지시켜 1853년 헌법을 되살렸다. 또 같은 해 6월에 발생한 페론파 군인 반란과 관련해 주모자 26명을 총살형에 처했다(中川文雄 외 1985, 371).

경제정책에서는 농목업이 경제의 기축으로 되었으며, 임금 인상 억제와 외자 도입이 시행되었고 페론 시대 경제정책의 특징이었던 국가주도형 경제는 사기업 우선 경제로 바뀌었다. 개방경제 정책이 채택되어 1956년 1월 미국 수출입은행으로부터 1억 달러 차관을 도입했다.

한편, '과두 세력의 복수'로 표현되는 격렬한 반페론 선풍은 페론주의의 등장과 더불어 아르헨티나 국내의 균열을 더욱 심화시키고 국론 분열을 첨예화했다. 노동자들은 아람부루 정권 아래에서 자신들의 권리가 점점 박탈되어 간다고 인식해, 차츰 페론 시대를 동경하면서 페론의 정권 복귀를 강력하게 요구하기 시작했다. 노동자계급을 지지 기반으로 하여 노동자 보호와 민족주의를 제창한 페론파와 군부를 중심으로 외자 도입과 국제 협조를 중시하는 반페론파 사이의 대립이 치열해졌는데, 이와 같은 갈등이 아르헨티나 정국을 불안정 상태로 몰아갔다.

1956년 6월에는 아람부루 정권이 페론 추종 세력 40여 명을 체포했으며, 코리엔테스 주에서는 호세 바예 장군이 일으킨 반란을 진압했다. 1957년 9월, 아람부루 정권은 정치적 혼란과 한발에 따른 경제적 불안정 속에서 산타페에서 제헌의회를 소집해 신헌법을 제정했다(강석영 1996, 하권, 64).

1958년 5월에 실시된 대통령 선거에서 급진시민연합UCR 계열의 급진당
(급진당은 1957년 비타협파와 인민파로 분열되었다) 소속 아르투로 프론디시가
당선되었다. 프론디시 정부는 집권 후 7월 아르헨티나석유공사YPF 대리인
자격으로 파타고니아 지역 석유 개발권을 일부 외국 기업에 양도했다. 그러
나 높은 임금 인상과 가격 동결에 따라 제조업자와 농민들의 불만이 커졌
다. 이런 가운데 석유정제 노동자들이 파업을 단행했다. 정부는 1958년 말
부터 가격 안정과 국제수지 개선을 위해 국제통화기금IMF과 차관 교섭을 진
행하면서 통화 평가절하 200퍼센트, 가격 통제, 보조금 중단 등을 내용으로
하는 새로운 계획을 발표했다. 그러나 1959년 최저 생활비 118퍼센트, 도
매물가 113퍼센트 상승에 따른 노동자 파업투쟁으로 프론디시 정부는 곤경
에 빠졌다.

1960년 의회 선거에서 급진시민연합이 승리했으나, 정치적 혼란으로 비
상사태가 선포되었고 군부가 질서유지권을 행사했다. 결국 프론디시 정부
는 같은 해 10월 페론 추종 세력의 지지를 수용함으로써 군부와 심한 갈등
을 빚게 되었다.

1961년 석유 수입 감소, 철강 생산과 자동차 생산의 증대 등으로 경제
상황이 약간 호전되었으나 외자 유치의 곤란, 특히 외채와 과실 송금이 국
제수지 적자의 주된 요인으로 작용해 경제활동은 오히려 위축되었다. 게다
가 7~11월 사이에 노동총연맹이 결행한 파업, 철도 부문의 6주간에 걸친
파업, 그리고 체 게바라 초청 문제 등으로 프론디시 정부와 군부 사이의 관
계는 극도로 악화되었다. 이런 가운데서 프론디시 정부는 1959~1961년 사
이에 '진보를 위한 자금'을 비롯해 차관 3억4,400만 달러를 유치하여 그 가
운데 3분의 2를 코르도바의 석유화학 시설과 자동차 공장 시설에 투입했다

(강석영 1996, 하권, 66).

1962년 3월에 실시된 하원과 지방의회 선거에서 페론주의자들이 다수 의석을 차지하자, 군부가 쿠데타를 일으켜 3월 29일 프론디시 대통령을 투옥하고 상원 의장인 마리아 기도를 계승자로 지명했다. 이와 함께 군부는 의회 문을 닫아 휴회하게 만들고 모든 정당을 해체했다. 1963년 7월에 실시한 대통령 선거에서 급진당 인민파 소속 아르투로 일리아가 당선되었다.

일리아는 선거에서 민주 정부를 약속하고 산업 부문에서의 외국 영향력 배제를 내세웠다. 그는 집권 후 물가 동결하면서 임금은 30퍼센트 인상을 유도했다. 그러나 통화 평가절하 58퍼센트 조치를 취함에 따라 노동총연맹의 강력한 반발을 촉발시켰다. 1965년 의회 선거에서는 페론주의자들이 제1당을 차지해 군부의 질시를 불러일으켰고, 결국 1966년 6월 후안 카를로스 옹가니아 장군이 쿠데타를 일으켜 일리아 정권은 붕괴되었다. 옹가니아 정부는 노동자의 임금 인상 요구를 엄격하게 억제해 인플레이션을 진정시키는 한편, 외자를 도입해 경제개발을 추진했다. 이러한 개발정책의 추진자가 기술(전문) 관료들이었기 때문에 옹가니아 체제는 '관료주의적 권위주의'의 좋은 사례로 평가되기도 했다(中川文雄 외 1985, 373).

노동조합운동의 재편 움직임

1955년 로나르디 정권이 물러난 뒤, 노동총연맹이 총파업을 계획했을 때 아람부루 정권은 노동총연맹과 그 가맹 조직들에 대해 국가 간섭 정책을 강력하게 시행했다. 조직노동자들의 분노를 불러일으킬 만한 새로운 노동관계법을 제정하는가 하면, 페론 정권 시기에 활동했던 많은 노동조합지도자들을 구속했다.

같은 해 12월 15일, 노동총연맹이 전국 총파업을 단행했을 때 아람부루 정권은 엄격하게 대처했다. 정부는 파업을 불법으로 규정해 재빠르게 제압했으며, 48시간 내에 노동조합 간부 4천 명을 체포했고, 주요 지도자들을 구속했다. 이 사건을 계기 삼아 정부는 노동총연맹과 그 가맹 조직들에 대한 개입과 통제를 본격적으로 강화했다. 노동총연맹 본부는 군인 장교들에 의해 점령되었다. 노동조합 조정관들은 노동조합 자문기구asesoría gremial로부터 도움을 받았다(Alexander 2003-1, 119~120).

이러한 상황에서 1950년대 후반부터 노동조합운동은 조직 재편과 새로운 지도부 구축을 위한 활동을 전개했다. 주요 목표가 된 것은 아무래도 노동총연맹에 대한 주도권이었다. 노동조합과 여러 정치·사회 세력들이 이 노동조합 전국 중앙 조직의 지도부를 장악하기 위해 노력했다. 노동 세력 가운데 우루과이에 망명해 있는 페론에 지속적으로 반대했던 독립노동조합운동노동위원회COASI와 페론 정권의 전복에 참여했던 노동자 그룹인 자유노동조합주의회복운동MRGL이 있었다. 두 조직은 우호적인 관계를 유지했다. 다른 노선을 표방했던 생디칼리스트 세력인 노동조합회복노동위원회CORS를 포함해 많은 페론주의자들이 이전의 지위를 회복하기 위해 애썼다.

1957년 중반까지 많은 노동조합들이 그들 조직의 지도부 구성을 위한 선거를 실시했다. 페론 정권 이전의 몇몇 지도자들이 지도부에 복귀했고, 많은 열정적이고 유능한 새로운 지도자들이 등장했다. 다른 한편으로는 많은 노동조합들에서 페론주의자들이 주도권을 행사했다. 몇몇 주요 조직들은 조직 내부의 여러 집단이 계속 주도권 싸움을 함으로써 조직의 지도 노선도 확정하지 못했다. 실제로 1957년 여름에 열렸던 노동총연맹 대회는 대의원의 신임장 정당성 여부를 입증하지 못하거나 의장 선출을 못해 40일 동안의 열띤 토의 끝에 무기한 연기되었다. 2년이 지난 후에도 노동총연맹은 중앙 대회를 개최하지 못했다.

노동조합의 이와 같은 모든 조직적 행동은 선거법 및 헌법을 개정해 새로운 대통령을 선출하고자 하는 정부의 계획과 병행해 진행되었다. 이러한 일들은 입헌적 민주주의와 노동자의 자유를 위해서는 바람직한 일이었다. 그러나 상당수의 페론주의자들이 1958년 대통령 당선자인 아르투로 프론디시에게 표를 던졌다는 사실과 1960년에 이르러서도 페론주의자들이 많은 수의 조직노동자들에게 영향력을 발휘하고 있다는 사실은 페론주의 세력이 여전히 잔존해 있음을 말해 주는 것이었다(Troncoso et al. 1962, 57~58).

이처럼 페론 정권 붕괴 이후에도 페론주의는 노동운동과 노동조합 내부에서 큰 영향력을 발휘하고 있었다. 아르헨티나 노동자들의 계급적 자각이 성장함에 따라, 라틴아메리카 국가들에서 민족해방운동이 고조됨에 따라 페론주의는 상당한 변화를 보였다. 1962년 7월 21일과 22일에 열린 아르헨티나공산당PCA 중앙위원회 확대회의에서 빅토리오 코도비야는 이렇게 말했다. "페론주의의 영향 아래 있던 인민대중은 모든 노동운동 내부에서와 마찬가지로 페론주의 운동 내부에서도 부르주아 이데올로기가 실패로 끝날 수밖에 없다는 사실을 그 어떤 자료 학습이나 공산당 선전보다도 스스로의 경험을 통해 더 많은 것을 깨달을 수 있었다"(소련과학아카데미 2012, 335).

1960년대 들어서는 노동운동의 정치투쟁 경향이 갈수록 커지고 반제국주의·반과두제 성격이 강해지며 계급투쟁이 점점 더 격렬해졌다. 이에 따라 투쟁 형태나 방법, 특히 파업의 성격이 크게 변화했다. 그래서 더욱 효과적이면서 동시에 노동자들에게는 덜 부담스러운 단기 파업(몇 시간 또는 며칠 동안의 파업)이 자주 활용되었고 더 충실하게 준비되었다. 특히 공격적인 파업 형태가 중요한 의미를 지녔는데, 파업이 회사 점거 등 적극적이고도 새로운 양상을 띠었다. 적절한 시점에서 알맞은 투쟁 방식을 사용함으로써 노동자들은 중대한 요구 사항들을 관철할 수 있었다(소련과학아카데미 2012, 346).

노동총연맹의 '투쟁계획'

1963년 7월에 실시된 선거를 통해 대통령에 당선된 일리아는 집권 직후부터 조직 노동운동의 거대한 압력과 마주하게 되었다. 노동총연맹 1963년 대회는 '투쟁 계획'Plan de Lucha을 만장일치로 결정했다. 이 계획은 세 부분으로 구성되어 있는데, 사회 부문과 경제 부문 그리고 정치 부문이 그것이었다. 계획의 첫머리에서는 정치적 이유나 노동조합 관련 사유로 억압되거나 불이익을 당하지 않을 자유, 국가안보에 관한 법령의 종료와 노동자의 단결권 회복, 사회안전법의 완전 적용, 노동조합 활동을 이유로 빼앗긴 직장 회복, 노동자들에 대한 자유로운 신용 제공 등을 요구했다.

경제적인 범주에서는 임금 문제의 시급한 해결, 국가의 경제를 다루는 모든 기관에 노동자의 효율적 참가, 물가 통제, 소비세 삭감, 외국 기업과 프론디시 정부 사이에 체결한 석유 계약 종료 등을 요구하는 내용이 들어갔다.

정치 영역에서는 1853년 헌법과 1949년의 페론주의 헌법을 명시하지 않은 국가 헌법으로의 회복, 계엄 상태 해제, 언론 자유, 사람들이 자유의사에 따라 동등하게 정당에 가입할 수 있도록 정당법 수정, 강압적인 정부기관 철폐, 경제의 국가 소유 부문 방위 등을 요구하는 계획이었다.

이 투쟁 계획을 실천에 옮기기 위한 첫 단계는 1963년 5월에 취해졌다. 정부 당국이 투쟁 계획을 접수하는 것조차 거부하자, 노동총연맹 본부에서는 공공 회합이 큰 규모로 열렸다. 전문가 조직들과 16개 정당이 회합에 참가했다. 5월 31일 결행된 총파업이 실행 국면의 절정을 이루었는데, 이것은 노동총연맹이 기대했던 전체 형태는 아니었지만 상당한 반향을 일으켰다. 그 뒤로 1963년 7월 18일로 예정되었던 총파업을 포함한 투쟁 계획의 2차 국면은 대통령 선거 때문에 연기되었다(Alexander 2003-1, 157).

1963년 당선된 일리아 대통령은 1964년 2월 초 노동총연맹의 요구에 대해 공식적인 답변을 보냈다. 그는 답변서에서 식료품 가격 통제, 연금 증액, 노동조합 활동과 관련해 해고된 노동자들의 복직, 행방불명된 한 노동조합 지도자 사건의 실체 규명을 약속했다. 그러나 노동총연맹은 그해 5월 1일 투쟁 계획의 2단계 투쟁을 단행하기로 결정했다. 2단계는 전국의 여러 부문에서 처음에는 몇 시간, 다음에는 더 긴 시간 동안 유연성 있게 총파업을 벌이기로 계획되었다. 공장 및 회사의 점거 계획도 세워졌다. 1964년 5월 21일부터 6월 24일까지 1만1천 개의 사업장이 점거되었다. 2단계 투쟁 계획이 바람직한 결과를 낳지 못하자, 3단계 투쟁 계획이 같은 해 7월에 제안되었다. 전국적으로 대규모 저항이 이루어졌다.

이런 가운데 노동총연맹 지도부, 특히 그 가운데 페론주의자들을 크게 실망시킨 것은 일리아 정부가 아무런 반응을 나타내지 않았다는 사실이었다. 일리아 정부는 노동조합에 대해 양보도 하지 않았지만, 그렇다고 파업이나 사업장 점거, 공중 집회 등의 행동에 강력히 대처하지도 않았다. 이와 같은 결과는 노동총연맹 자체의 새로운 분열을 초래했다. 5월 들어 노동총연맹 내의 독자파는 투쟁 계획이 당초의 목표를 실현하지 못했다고 평가했다(Alexander 2003-1, 157).

노동총연맹의 투쟁 계획이 목표를 충실하게 달성하지는 못했으나, 1963년부터 노동자들의 투쟁은 그 투쟁 계획을 바탕으로 전개되었다. 이 계획은 노동자의 기업 관리에서부터 다양한 주민 계층과 노동조합 사이의 광범위한 관계 형성에 이르기까지 매우 다양한 전략을 구사했다. 투쟁 과정에서 노동자계급은 아르헨티나의 정치에 더욱 커다란 영향력을 행사할 수 있었으며, 대중적 민주단체나 그 밖의 다른 근로인민들과 협력 관계를 확대해 나갔다. 1960년대 전반기 아르헨티나 노동자들은 적극적인 대규모 투쟁을 통해 최저임금제 도입, 생활물가 상승 연동 임금인상률 채택, 물가 통제, 주요 부문 노동자들의 임금 인상 등 상당한 성과를 획득할 수 있었다(Nueva era 1965, N 7, 1; 소련과학아카데미 2012, 343에서 재인용).

아르헨티나에서 일어난 파업의 주요 요구 사항에는 제국주의 독점기업체의 수탈로부터 국가 자원 보호, 폐쇄 위협이나 민영화로부터 회사를 지켜내는 일, 기간산업 부문의 국유화, 노동 탄압 관련 법률 폐지 등도 포함되었다(소련과학아카데미 2012, 345).

2. 칠레

정당정치의 재편과 분극화 구조

1952년 9월에 실시된 대통령 선거를 통해 출범한 이바녜스 델 캄포 정권의 6년 집권 말기에는 칠레 정치 발전에서 특기할 만한 변화들이 일어났다. 첫째, 1958년의 선거법 개정이다. 투표의 의무와 비밀투표를 보장한 이 개정은 종래 농촌의 정치를 마음대로 움직였던 지주들의 권리를 약화시켰으며, 이에 따라 농촌 주민의 표를 획득하기 위한 정당 사이의 경합이 치열해졌다. 여기서 농지개혁이 큰 정치 현안으로 떠올랐다. 둘째, 이바녜스 델 캄포 정권이 '민주주의 방위법' 철폐와 칠레공산당PCC의 합법화를 단행했다는 사실이다. 이에 따라 1958년 선거를 앞두고 좌파 합동, 즉 사회당PSC 주류와 공산당이 주축이 된 인민행동전선FRAP이 결성되었다. 셋째, 1957년 7월 기독교민주당PDC이 결성되었다는 사실이다. 기독교민주당은 역사적으로 가톨릭 영향력이 어느 나라보다 강한 칠레에서 1950년대에 들어와 중도 개혁 세력으로 등장했다. 이와 같은 변화는 1958년 선거에서 상당한 변화를 불러 왔다(中川文雄 외 1985, 207).

1958년의 대통령 선거는 우파·중도·좌파라는 정치적 분극화 경향이 칠레 정치에서 정착되었음을 보여 주었다. 보수당PC과 자유동맹LU은 전직 대통령 아르투로 알레산드리의 아들인 호르헤 알레산드리를, 기독교민주당에서는 에두아르도 프레이를, 좌파연합인 인민행동전선에서는 살바도르 아옌데를 후보로 내세웠고, 급진당PR도 독자적인 후보를 세웠다. 선거 결과는 알레산드리가 제1차 투표에서 유효표의 31.6퍼센트를 획득해, 의회의 결선 투표를 통해 대통령에 당선되었다. 아옌데는 28.9퍼센트, 프레이는 20.7퍼센트를 얻어 약진했다.

1961년 3월에 실시한 의회 선거에서는 보수당과 자유당PL 양당이 하원 의석의 3분의 1밖에 확보하지 못했으며, 인민행동전선이 총투표의 27.5퍼센트를 차지해 제1당이 되었다. 그리하여 알레산드리 정권은 1940년대 중반부터 중도 우파 노선을 유지해 온 급진당과 연합하지 않을 수 없었다. 알레산드리 정권은 집권 기간에 국제통화기금의 자문에 따라 안정화 정책을 지속적으로 추진했으나 지진, 한발, 화산 폭발 등의 자연 재해 때문에 계속 어려움을 겪었다. 알레산드리 정권은 그런 가운데서도 1959년에는 균형 예산을 편성하고 시장경제 정책을 수립해 인플레이션 억제를 위해 노력했다. 그 결과 물가상승률은 1960년 5.4퍼센트, 1961년 9.7퍼센트를 기록해 대부분의 생활필수품과 국내 생산물 가격이 비교적 안정을 되찾게 되었다.

1960년 5월에는 지진 발생으로 인명 손실 1만여 명, 주택 파괴 200만 채에 농지 50퍼센트가 피해를 당해 총 피해액이 5억 달러에 이르렀다. 이 때문에 칠레는 경제 위기를 맞았다. 이런 상황에서 의회는 경제 위기 타개를 위해 대통령에게 1년 동안 특별권을 부여했다. 알레산드리 정권은 공무원 5퍼센트를 감축하고 조세 감면 및 세율 변경 등의 조치를 취했으며, 새로운 동광업 정책을 수립·시행했다(강석영 1996, 하권, 199~200).

한편 1964년 대통령 선거에서 보수층의 지지를 얻어 승리하고자 목표를 세우고 있던 급진당은 '진보를 위한 동맹'[2]이 제기한 농지개혁 실시를 조건으로 알레산드리 정권에 참여했다. 1962년 10월, 자유·보수·급진 3당 연합의 이른바 민주전선FD이 성립되었다.

농지개혁은 종래부터 칠레 정치의 주요 의제로 부각되지는 못했으며, 지주와 보수층은 미국계 동산업에 대한 정부 개입 강화를 주장해 왔다. 그러나 쿠바혁명의 간접적 영향, 선거법 개정 후 개혁 세력의 농촌 부문 활동 강화, 진보를 위한 동맹에 기초한 미국 압력 등의 요인이 작용해 1962년 11월 칠레에서 처음으로 농지개혁법이 공포되었고, 이에 따라 대토지소유제에 대한 개혁 작업이 진행되었다.

칠레는 지진 재해 관련 원조를 비롯해 당초부터 진보를 위한 동맹의 최대 원조 대상국이었으나, 2년 동안의 농지개혁은 유휴지 이용을 중시한다는 측면에서 한정적으로 진행되었다. 결과적으로 6만 헥타르의 공유지와 사유지가 중소 농장으로 전환되는 데 그쳤다. 그럼에도 법률 1502호는 장래의 대규모 농지개혁을 위한 법적 기반이 되었으며, 이 법률로 인해 농지

2_케네디 행정부가 라틴아메리카 국가들의 공산화를 막기 위해 경제원조 정책으로 라틴아메리카 국가들의 경제발전을 유도하고 민주주의적 정치 발전을 지원하기 위해 맺은 동맹체이다.

개혁공사CORA가 설치되었다(中川文雄 외 1985, 207).

1964년 11월의 대통령 선거를 앞두고 칠레 정치의 분극화 구조는 더욱 심화되었다. 1963년 지방선거에서 득표율 30퍼센트를 획득한 좌파의 인민행동전선은 살바도르 아옌데를 옹립했고, 마찬가지로 지방선거에서 약진한 기독교민주당은 에두아르도 프레이를, 우파 3당 연합인 민주전선은 급진당 우파인 푸리오 안토니오 듀란을 옹립했다. 1958년 선거 이후 유권자 수가 배 가까이 늘어났고, 여성의 정치 참여가 급증했으며 종래의 전통적 정치 유형으로는 예측하기 어려운 상황이 벌어졌다. 이런 가운데 실시된 대통령 선거에서는 우익 진영을 비롯해 중도파와 여성 유권자들의 지지로 기독교 민주당의 프레이가 당선되었다. 칠레 대통령 선거에서는 사회주의 정권 수립을 막기 위해 미국 중앙정보국CIA과 기업가들이 프레이를 당선시키기 위해 상당한 액수의 선거 자금을 지원했다(中川文雄 외 1985, 210).

당시 아옌데 후보는 대농장 수용·분배, 동광 국유화, 모든 공기업 국유화를 주장한 반면, 프레이 후보는 농지의 완전 보상을 통한 수용과 배분, 동광의 국영화 등 온건 정책을 제시했다(강석영 1996, 하권, 199~201).

프레이 정권의 '자유 속의 혁명'

프레이 정권은 집권 후 칠레 사회의 체제 변화 요구를 해결하기 위해 "자유 속의 혁명"Revolution in Liverty을 슬로건으로 내세웠다. 프레이 정권이 주창하는 자유 속의 혁명은 요약하면 개발주의·재분배·자립경제로 표현된다. 좀 더 구체적으로 보면, 정체된 경제에 활력을 불어넣기 위해 동산업에 대한 국가 지배권을 확대해 생산을 크게 늘리고, 국가 주도로 중화학공업을 육성하며, 농지개혁을 실시해 농촌의 반봉건적 권력구조를 개혁하고, 국내시장을 확대해 정체된 수입대체 공업화를 더욱 강화한다는 것이다. 이와 동시에 라틴아메리카자유무역연합LAFTA의 통합 효과를 기대하며 수출 지향 산업 개발을 정책 목표로 설정했다. 이 밖에도 프레이 정권이 채택한 사회개혁 프로그램은 노동 입법의 확대, 세제·교육·주택·보건 측면의 개혁을 비롯해 노동자·농민·저변층 조직화 등 대단히 광범위했다. 이 자유 속의 혁명은 1965년 의회 선거에서의 대승리와 시정 2년 동안 지속된 경제의 고도성장(12퍼센트)에 힘입어 비교적 순조롭게 추진되었다.

프레이 정권은 좌파 측에서 제기한 동산업 국유화 요구에 대해서는 장래에는 국유화하더라도 현재로서는 생산 능률 향상이 급선무이므로 우선 과도적 조치로서 국가가 주식의 51퍼센트를 취득해 정부가 동광산 경영의 지배권을 확립하는 길, 즉 '칠레화'를 선택했다. 이 칠레화 정책에 따라 7억 달러를 상회하는 금액이 새롭게 투자된 결과, 동 생산능력은 대폭 상승했다. 1969년에는 미국계 동 기업과의 사이에 국유화를 위한 협정이 체결되었고, 훗날 아옌데 정권이 시행한 전면적 국유화를 위한 조건을 정비하게 되었다.

공업개발은 개발공사CORFO의 책임 아래 시행되었는데, 종래와 다른 점은 사회 기반 정비보다는 석유화학·철강·자동차·가전 등의 새로운 프로젝트에 투자해 중화학공업을 육성하는 것이었다. 이런 가운데 칠레 경제에서 공공 자본 비율은 1964년의 53.9퍼센트에서 5년 후인 1969년에는 74.8퍼센트에 이르렀으며, 1930년대 이후 칠레 경제에서 큰 비중을 차지하게 된 국가의 역할은 프레이 정권 시대에 들어와 더욱 강화되었다.

대외적으로는 아메리카국가기구의 쿠바 제재 결의에 계속 동조하지 않으면서 사회주의국가들과도 외교 관계를 수립하는 등 자주 외교를 전개했으며, 라틴아메리카 국가들의 지역 민족주의 형성에도 큰 역할을 했다(中川

文雄 외 1985, 214).

한편 농지개혁은 기득권과 직접 대치하는 정책 과제였으므로, 법안의 성립을 둘러싸고 국민당pn³의 반발은 강력했다. 그러나 대토지소유제(여기서 대토지란 80헥타르 이상의 관개지이다)를 해체하는 획기적인 법안이 1967년에 마침내 국회를 통과했고, 개혁은 농축업개발국과 농지개혁공사가 주축이 되어 추진했다. 프레이 정권이 유상으로 수용한 관개지는 약 278만 헥타르였고, 수익 농가 수는 2만 호에 이르렀다. 그러나 수용된 농지는 관개지 전체에서 본다면 20퍼센트를 약간 밑도는 정도였고, 수익 농가 수도 10만 호로서 당초 목표를 크게 하회하는 실정이었다. 이와 같이 농지개혁의 성과가 한정적이었던 것은 법안 성립에 근 2년 반이란 시간이 걸렸고 대지주 층의 강한 저항에 부딪쳤으며, 특히 농민층을 지지해 적극적으로 개입하고자 한 여당 내 좌파에 대해 정부 부처 내부의 비판이 강했기 때문이었다.

1965년, 프레이 대통령은 국회 연설에서 사회 저변층이 대표 조직을 갖지 못함으로써 국정으로부터 소외되고 복지 혜택도 받지 못하고 있다고 강조하면서 저변층에 대한 조직화와 공동체 사회로의 통합 필요성을 호소했다. 프레이 정권 기간에 법적 정비와 더불어 노동자·농민·도시빈민의 조직화가 활발하게 진행되었다. 1964년의 노동자 조직률은 10.3퍼센트였는데, 5년 후인 1969년에는 18퍼센트로 증가했다. 농촌 부문에서는 1964년의 경우 농민 조직 24개에 조합원 1,658명이었는데, 1969년에는 농민 조합 421개, 조합원 10만4,666명으로 크게 증가했다. 조합원의 대다수는 농지개혁 실시 후 협동조합에 소속된 것이었다. 도시빈민에 대한 조직화도 주택·도

3_1966년 보수파의 자유당·보수당이 통합해 결성한 당.

로·상하수도 건설, '어머니센터' 설치 등을 통해 적극적으로 추진되었다(中川文雄 외 1985, 216).

이와 같은 정치적 변화와 더불어 칠레 사회와 경제에도 큰 변화가 일어났다. 1930년대부터 1940년대에 걸쳐 두드러진 성장을 보인 수입대체 공업화는 1950년대 초에 들어와 성장이 둔화되었으며, 경제의 원동력이었던 동산업도 미국 기업의 지배 아래에서 정체를 맞았다. 소득 격차는 여전히 심한 상태였고, 특히 토지 집중이 극심했다. 대지주 7퍼센트가 관개지 78퍼센트를 차지하고 있었고, 전체 농가의 37퍼센트를 차지하는 소농은 농지 전체 면적의 10퍼센트밖에 차지하지 못했다. 농업생산성이 낮아 그 증가율이 인구증가율을 따르지 못했으며, 이는 농촌생활뿐만 아니라 국제수지에도 나쁜 영향을 미쳤다. 이러한 상황에서 프레이 정권은 정치적인 재편뿐만 아니라 근본적인 개혁의 길을 선택해야만 했다(中川文雄 외 1985, 212).

라틴아메리카 노동운동의 연대를 추구한 칠레 노동운동

1950년대 말부터 1960년대 전반기에 걸쳐 칠레의 정치·경제·사회 상황이 급변하는 가운데, 노동운동은 큰 전환점을 맞이했다. 칠레의 노동운동은 라틴아메리카 국가들과 협력과 연대를 추구하면서 경제적 요구와 민주의 실현을 위한 정치적 요구를 결합시키는 한편, 제국주의의 지배·개입을 극복하기 위한 투쟁을 통해 점점 고양되었다.

1959년 2월, 칠레노동자중앙조직CUTCH 제3차 전국대회는 라틴아메리카 여러 국가들의 노동조합에 서한을 보내 새로운 연대 기구 창설 문제를 논의하기 위한 노동조합 대회 소집을 제안했다. 칠레의 제안은 우루과이, 쿠바, 에콰도르, 볼리비아의 노동조합 전국 조직의 지지와 함께 라틴아메리카노동자총연맹CLAW의 지지를 획득했다. 노동조합 대회는 1962년 9월 6일부터 9일까지 산티아고에서 열렸다. 대회에서 라틴아메리카 노동자들에게 보내는 호소문과 함께 공동행동 강령과 조직 통합에 관한 결의문이 채택되었다. 대회는 향후 실질적인 조치를 실행에 옮기기 위해 칠레, 쿠바, 우루과이, 볼리비아, 브라질, 아르헨티나 대표들로 이루어진 사무국과 조정위원회를 구성하기로 결정했다.

1964년 1월 24일 브라질리아 시에서 노동조합 대회가 열렸는데, 이 대회에는 라틴아메리카 18개 국가 대표 367명이 참가했다. 대회에서는 선언문과 투쟁 강령, 노동운동이 당면한 주요 문제들에 대한 결의문이 채택되었다. 또 이 대회에서 새로운 라틴아메리카 노동조합 중앙 기구 창설을 위한 준비 작업을 수행하기 위해 특별 조정 기관으로 라틴아메리카노동조합통합상설회의CPUSTAL를 만들기로 결정했다.

대회 참가자들은 국가 기간산업의 국유화, 모든 국영기업 관리와 경영에의 노동자 직접 참여, 대토지 소유 금지와 '토지는 경작자에게'라는 원칙에 근거한 농지개혁, 국제통화기금의 요구에 따른 정부·기업 측의 임금동결 및 해고 반대, 국제통화기금과의 단절, '진보를 위한 동맹' 강령에 대한 지지 철회 등을 주장했다. 강령에는 쿠바혁명 수호와 민족해방투쟁에서 노동자 연대, 세계 모든 국가와의 무역·외교·문화 관계 구축, 총체적이고 완전한 군비 축소 등이 포함되었다(소련과학아카데미 2012, 336).

결성대회에서 제기된 중심 과제를 수행하면서 라틴아메리카노동조합통합상설회의는 활발한 통합 활동을 전개했는데, 이것은 주로 두 가지 방향에서 진행되었다. 그중 하나는 특정 산업 부문 또는 관련 산업 부문의 동종 직종 노동자의 행동통일을 이루어 내는 것이었다. 노동조합 사이의 교류와 연석회의를 추진한 결과 광산 노동자, 석유산업 노동자, 금속 노동자, 섬유 노동자, 인쇄 노동자, 무역 부문 노동자, 공무원, 건설·목재가공 노동자, 방직·의류 산업 노동자, 신발제조 노동자 등을 조직해 노동단체를 결성할 수 있었다. 다른 하나는 라틴아메리카 노동조합 활동의 분열을 극복하기 위한 투쟁과 다양한 사상 및 정치적 방향을 표방한 노동조합 중앙 기구들의 통일을 이룩하기 위한 투쟁이었다.

라틴아메리카노동자총연맹의 진보적인 전통을 계승할 수 있는 새로운 라틴아메리카 노동조합 중앙 기구를 설립하고자 하는 구상에 대해 범미 '자유'노동조합운동 지도자들은 처음부터 적극적인 반대 의사를 나타냈다. 라틴아메리카노동조합통합상설회의 결성에 대해 아메리카대륙지역노동자기구ORIT는 극단적인 반공주의와 반소비에트적 관점에 기초해 악의적 공격을 감행했다. 미주지역노동자기구 우익 지도자들의 분열 정책은 라틴아메리카 국가들의 노동자계급 이익과 배치되는 것이었다. 1950년대 말 다양한 사상적 경향을 가진 노동조합들의 단결을 위해 브라질, 아르헨티나, 칠레, 페루, 콜롬비아, 볼리비아, 온두라스, 코스타리카의 미주지역노동자기구 소속 단체들이 행동에 나섰다. 이러한 행동은 '자유'노동조합운동 내부 모순의 발로로 볼 수 있다.

한편 노동조합운동 내의 보수·반동 세력을 공고히 하기 위해 미국노동총연맹-산업별조직회의AFL-CIO의 우파 지도부는 1962년 미국자유노동발전기구AIFLD를 설치했다. 미국자유노동발전기구는 미국 정부의 재정 지원과 미국노동총연맹-산업별조직회의 조합원들의 조합비, 라틴아메리카에서 영업 활동을 하는 몇몇 북미 독점기업의 재정 지원으로 운영되었다.

미국자유노동발전기구는 '진보를 위한 동맹'의 계획 틀 내에서 노동정책을 실행한다는 기치를 내걸고, 계획상으로 노동조합을 위해 책정한 자금의 3분의 2를 자기 몫으로 확보한 뒤 노동조합 기간인력 양성을 위한 활동을 비롯해 주택조합 결성, 소비조합, 노동자은행, 농민지원센터, 병원, 기술전문학교 건축 등과 같은 여러 가지 사회 프로젝트 실시를 위해 재정 지원 및 기술 지원 활동을 벌였다. 결국 미국자유노동발전기구와 미주지역노동자기구의 활동 목표는 라틴아메리카 노동운동에서 반공주의와 개량주의, 범아메리카주의 경향을 강화하는 일이었다.

이와 같은 미국자유노동발전기구와 미주지역노동자기구의 활동에 대해 라틴아메리카노동조합통합상설회의CPUSTAL는 노동조합운동의 분열을 조장하고 계급 협력 정신을 고취할 뿐만 아니라 제국주의적 지배와 개입을 획책하고 있다고 격렬하게 비판했다. 라틴아메리카노동조합통합상설회의는 노동조합운동 발전에서 분파주의와 헤게모니 지향을 경계하면서, 라틴아메리카기독교노동조합총연맹CLASC과는 협력 관계를 구축한다는 결정을 내렸다. 라틴아메리카기독교노동조합총연맹이 1960년대 중반 이후 미국과 그 대리인 역할을 하는 노동조합에 대응하는 과정에서 라틴아메리카노동조합통합상설회의와 많은 점에서 동일한 자세를 견지해 왔기 때문이다(소련과학아카데미 2012, 337~339).

1950년대 말부터 1960년대 초에 이르는 시기 칠레 노동자의 파업투쟁은 다른 라틴아메리카 국가들의 경우와 마찬가지로 반제국주의·반과두제, 일반적인 계급적 요구와 민주주의적 요구의 결합이라는 특징을 지녔다. 이 시기 칠레의 파업 발생 추이를 살펴본다.

1956~1965년 사이 칠레 파업발생 추이는 〈표 22-20〉에서 보는 바와 같다. 이 시기 연평균 파업 발생 건수는 317건으로 라틴아메리카의 다른 나라에 비해서는 두드러지게 많은 편이었다. 파업 참가자 수는 1965년이 18만 2,359명으로 가장 많았으며, 파업에 따른 노동손실일수는 1956년이 165만 7,194일로 가장 많았다.

표 22-20 | 1956~1965년 칠레 파업 발생 추이

연도	파업 건수	파업 참가자 수	노동손실일수
1956	147	105,438	1,657,194
1957	80	29,771	227,968
1958	120	48,395	196,171
1959	204	82,188	869,728
1960	257	88,518	-
1961	262	111,911	-
1962	401	84,212	-
1963	416	117,084	-
1964	564	138,474	-
1965	723	182,359	-

자료: ILO 1965; 1972, *Yearbooks of Labour Statistics*.

1958년 칠레에서는 거대 금융 산업 부르주아지 정부가 집권하면서 노동자계급은 새롭고 어려운 과제에 직면하게 되었다. 노동자들의 투쟁은 독점 기업의 공격과 미국의 지원을 받은 경제재건 계획 실시에 대항해 전개되었다. 1960년 11월 국가계엄령이 선포되자, 노동자들은 전국 파업으로 대응했다. 1961년의 노동자투쟁에는 40만 명 이상이 참가했다(소련과학아카데미 2012, 341).

3. 브라질

쿠비체크 정권의 메타스 프로그램

1956년 1월 출범한 주셀리누 쿠비체크 정권은 '50년을 5년으로'라는 슬로건을 내걸고 의욕적으로 개발 계획을 추진했다. 이 계획은 '메타스 프로그램'Programa de Metas[4]으로 불렸는데, 핵심 내용은 ① 브라질리아로 수도 이

전, ② 전국 간선도로 건설, ③ 기간산업 확립이었다.

신수도 건설 구상은 처음 있는 일은 아니었다. 1891년 공화국 최초 헌법은 수도 이전 결정 권한을 연방의회에 부여한 바 있다. 그 구상을 실현한 사람은 쿠비체크였다. 쿠비체크는 1956년 의회에서 신수도건설회사Companhia Urbanizadora da Nova Capital 설립을 승인받아 리우데자네이루에서 약 1천 킬로미터 떨어진 내륙 동부 고이아스 고원을 중심으로 1957년부터 신수도 브라질리아 건설에 착수했다. 그는 대단한 열정을 불사르며 자금력과 노동력을 총동원했다. 특히 노동력은 북동부 출신 노동자, 이른바 '칸당구'candango들이 중심이 되었다. 1960년 4월 21일, 쿠비체크는 신수도 수립 기념식을 거행했다(파우수트 2012, 371~372).

쿠비체크는 고속도로 건설 계획을 수립해 북쪽으로는 브라질리아-벨랭 사이 약 2,300킬로미터, 북동쪽으로는 브라질리아-포르탈레자 사이 1,700킬로미터를 잇고, 남동부 쪽으로는 브라질리아-오리존치 사이 도로 640킬로미터를 건설해 남부의 리우데자네이루와 상파울루로 연결했다. 사실상 그는 임기 중에 1만7,700킬로미터의 도로를 새롭게 건설한 것이다. 그 가운데 3분의 1은 기존 도로를 포장해 연결한 것이었다(강석영 1996, 하권, 141).

쿠비체크는 기간산업 확충을 위해 외자 도입과 외국 기업 유치를 적극적으로 추진했다. 정부는 카페 필류 시기에 제정된 법률을 광범위하게 적용했다. 이 법률은 기업들이 외화 공탁 없이 외국산 장비를 수입할 수 있도록 승인하는 제도이다. 이 법률의 혜택을 누릴 수 있는 조건은 이러하다. 해외에 기계를 보유한 기업은 그것을 브라질로 이송할 수 있어야 하고, 그렇지

4_ 여기서 Meta의 사전적 의미는 '목표'이다.

않은 기업은 기계 수입에 필요한 비용을 지불할 정도의 자산을 보유해야 한다. 외국 기업은 본사의 기계를 브라질 지점으로 쉽게 이전할 수 있었으므로 특히 유리했다. 이 법률이 시행되면서 자동차 산업을 비롯해 항공, 철도, 전기, 철강 등 정부가 최우선 과제로 선정한 분야에 해외자본이 더욱 용이하게 들어올 수 있는 여건이 조성되었다.

메타스 프로그램의 성과는 실로 괄목할 만한 것이었다. 특히 공업 부문의 발전은 기록적이었다. 인플레이션을 감안한 조정 비율을 적용해도, 1955년부터 1961년까지 공업생산액은 평균 80퍼센트의 성장률을 기록했다. 그 가운데서도 철강(100퍼센트), 기계설비(125퍼센트), 전기·통신(380퍼센트), 운송 장비(600퍼센트) 등이 특히 강세를 보였다. 또 1957년부터 1961년까지 국내총생산도 연평균 7퍼센트의 성장을 달성했다.

쿠비체크 정부와 자동차산업의 성장은 서로 분리해서 생각할 수 없게 되었다. 비록 그 이전 시기에도 자동차 부품을 생산하거나 조립하는 공장들이 존재했으나, 그 규모는 한정적이었다. 정부는 민간 자본이나 외국자본을 끌어와 자동차나 트럭을 생산하도록 장려했다. 특히 외국자본은 정부가 제공하는 특혜와 브라질 시장의 잠재력에 매료되었다.

윌리스오버랜드, 포드, 폭스바겐, 제너럴모터스 등 거대 다국적 기업들이 '상파울루 ABC 지역'으로 모여들어 도시의 모습을 크게 변화시켰다. 상파울루 ABC 지역이란 상투안드레, 상베르나르두, 상카에타누 등의 위성도시로 이루어진 지역으로서 상파울루 대도시권인 '그란지상파울루'Grande São Paulo의 일부이다. 또 자동차산업으로 전례 없는 규모의 노동자들이 한 지역으로 모여들었다(파우스투 2012, 369~370).

쿠비체크 집권기에 시행한 모든 정책이 성공적으로 추진된 것은 결코 아니었다. 공업화 프로그램과 브라질리아 건설에 투입된 정부 예산은 환율

폭락(브라질 화폐 가치의 하락)과 맞물리면서 재정적자를 더욱 가중시켰다. 이러한 재정적자는 인플레이션 상승으로 더욱 심화되었다. 특히 1959년에는 인플레이션이 무려 39.5퍼센트에 이르러 쿠비체크 정부 들어 가장 높은 수치를 기록했다. 인플레이션이 높은 수준으로 지속된 데는 ① 브라질리아 건설과 공무원 임금 인상, ② 환율 하락, ③ 커피 가격 안정화를 위해 정부가 커피를 수매하는 과정에서 화폐 발행 증가, ④ 민간 부문에 제공된 손쉬운 대출 제도 등 여러 요인이 있었다.

쿠비체크 정부는 이러한 상황에서 경제 안정화 계획을 입안했다. 이 계획의 핵심은 인플레이션과 재정적자를 완화시키면서 메타스 프로그램의 목표를 실현하는 것이었다. 이들 계획은 큰 희생을 전제한 것이 아님에도 거센 반발에 부딪쳤다. 사회의 어떤 그룹도 경제 안정을 위한 최소한의 손실마저 받아들이려 하지 않았고, 인플레이션이 오히려 사회의 많은 부문에 수익 창출의 기회를 제공하고 있었기 때문이다.

노동자조직은 경제 안정화 정책이 '제국주의와의 타협'이라는 미심쩍은 꼬리표를 달고 있는데다 노동자의 희생을 수반할 수 있다는 우려 때문에 반대했다. 대외 거래와 관련해 경제 안정화 정책의 성공 여부는 국제통화기금과의 조율에 달려 있었다. 그러나 쿠비체크 정부와 국제통기금 사이의 협상은 결렬되었고, 경제 안정화 정책은 포기 상태에 들어갔다. 국제통화기금과의 관계 단절에 대해 브라질노동당PTB과 상파울루산업연맹FIESP, 군 지휘부가 찬동했다. 하지만 쿠비체크에 대한 이러한 지지가 일반 대중에게까지 미치지는 못했다. 그와 같은 사실은 1960년에 실시된 대통령 선거에서 잘 드러났다(파우스투 2012, 373~376).

콰드루스 정권과 정치체제 위기

1960년 10월 3일 대통령 선거가 실시되었다. 대통령 선거 후보들은 1959년 부터 등장하기 시작했다. 상파울루 주지사에 당선된 자니우 콰드루스는 라세르다의 지지를 얻어 전국민주연합UDN 후보로 출마했다. 아데마르 지 바로스는 1955년 선거 결과에 고무되어 사회진보당PSP 추천으로 입후보했다. 다시 연대를 형성한 민주사회당PSD과 브라질노동당PTB은 대통령 후보에 엔히크 테이세이라 로트 장군, 부통령 후보에 주앙 굴라르를 지명했다.

선거는 유효표 1,170만 가운데 48퍼센트를 획득한 콰드루스의 승리로 끝났다. 로트와 바로스는 각각 28퍼센트와 23퍼센트를 차지했으며, 부통령에는 주앙 굴라르가 당선되었다.

대통령 취임식은 1961년 1월 역사상 처음으로 신수도 브라질리아에서 거행되어 미래의 희망이 체현된 듯했다. 그러나 불과 7개월이 채 못 되어 일어난 대통령의 사임은 그 희망을 허공에 날려 보냈으며, 브라질을 심각한 정치 위기 속으로 몰아넣었다.

콰드루스는 취임 연설에서 브라질이 처한 어려움을 강조하면서 쿠비체크 정부로부터 물려받은 문제들에 대한 해결책을 강구할 것임을 천명했다. 그는 자국 화폐에 대한 큰 폭의 평가절하, 공공지출 감축, 통화량 억제 등 정통적 방식의 경제 안정화 정책을 채택했다. 밀과 석유 수입에 대해 지원하던 보조금을 삭감한 결과, 빵과 연료 가격이 두 배로 상승했다. 브라질에 자금을 제공한 채권단이나 국제통화기금은 이런 정책을 환영했다. 유럽과 미국의 채권 은행으로 구성된 헤이그클럽Haig Club은 1961년 브라질 채무상환 기한을 연장했다. 또 브라질은 미국 케네디 대통령의 후원으로 미국에서 새로운 차관을 도입할 수 있었다. 콰드루스 정부는 수출시장 개척을 구실로 동서 대립에서 벗어나 제3의 길을 모색하는 독자적인 외교를 펼치고자 했다. 콰드루스는 체 게바라에게 직접 '남십자성 훈장'을 수여하기도 했다.

그러나 콰드루스는 확고한 정치적 지지 기반을 구축하지 못한 상태에서 국정을 운영했기 때문에 출범 초기부터 여러 가지 어려움에 직면했다. 첫째, 다수당인 민주사회당·브라질노동당 연합이 의회를 지배하고 있었다. 둘째, 콰드루스는 전국민주연합의 정책을 무시하고 외교정책이나 토지개혁 등을 통해 독자적인 정책을 시행함으로써 친미파인 전국민주연합과 갈등을 빚게 되었다. 셋째, 높은 수준의 인플레이션이 계속되었다. 이러한 상황에서 공산권 국가들과의 무역 촉진, 트러스트 배제 법안, 농지개혁 계획, 외화 이윤송금 제한 법안, 세제 개혁안 등 콰드루스가 의도했던 중요 안건은 거의 다 국회에서 반대에 부딪치거나 묵살되었다(齊藤廣志 외 1978, 262~263).

이러한 시점에서 1961년 8월 24일 밤, 구아나바라 주지사 카를루스 라세르다가 라디오 연설을 통해 콰드루스 지지 세력이 독재 정권을 수립하기 위해 쿠데타를 계획하고 있다고 폭로했다. 결국 그다음 날인 8월 25일 콰드루스는 집권 7개월 만에 대통령직을 사임하고, 그 결정을 연방의회에 통고했다.

헌법에 따르면, 콰드루스의 뒤를 이을 후임자는 부통령인 주앙 굴라르였으나 군의 저지로 그의 취임식은 뒤로 미루어졌다. 군인들은 굴라르가 친노동 경향을 지니고 있으며, 그의 대통령직 승계는 공산주의자들에게 집권 기회를 제공해 주는 것이나 다름없다고 생각했다. 게다가 굴라르는 그때 중국을 방문하고 있었다. 우연의 일치이기는 하지만, 대단히 상징적인 일이었다. 하원 의장이 대통령직을 임시로 대행하는 동안 콰드루스 정부 당시의 군 사령관들이 국가안보를 이유로 굴라르의 귀국을 가로 막았다. 그러나 굴라르의 취임을 저지하려는 그룹이 군 최고 지휘부의 통일된 지지를 받고 있었던 것은 아니었다. 결국 연방의회는 타협을 하기로 했다. 정부 형태가 대통령 중심제에서 의원내각제로 전환되었고, 1961년 9월 7일 굴라르는 권한이 축소된 대통령직에 취임할 수 있었다. 1963년 1월에 실시된 국민투표를 통해 대통령 중심제가 다시 복원되었고, 이에 따라 굴라르는 대통령의 온전한 권력을 확보할 수 있었다.

굴라르 정권의 기반 개혁과 3·31 혁명

굴라르 정권은 경제 회복을 위해 인플레이션 억제, 대외 차관 확보, 산업·사회 개발 3개년 계획을 수립해 발표했다. 또 농지개혁을 비롯해 문맹자와 하급 군인에 대한 투표권 부여, 국가의 광범위한 경제 개입을 주요 내용으로 하는 '기반 개혁'이 입안되었다. 이러한 계획의 성공을 위해서는 사회적 영향력을 지닌 계층이나 집단의 협력이 필요했으나 얻지 못했다. 인플레이션으로 이익을 얻게 되는 집단은 경제 회복 계획 성공에 아무런 관심도 나타내지 않았다. 굴라르의 정적들은 정부의 몰락과 쿠데타 발발을 기대했고, 노동조합운동은 임금 억제 시책에 크게 반발했다. 1963년 중반 들어 3개년 계획이 실패하리라는 것은 분명해 보였다. 인플레이션은 계속되어 1960년 26.3퍼센트, 1961년 33.3퍼센트, 1962년 54.8퍼센트, 그리고 1963년 1~5월 사이 무려 25퍼센트 등 물가가 큰 폭으로 올랐다.

1963년 중반 이후, 사회의 다양한 부문들에서 극단적인 행동들이 나타났다. 농촌에서는 토지개혁을 파국이라고 간주한 지방 지주들이 스스로 무장을 하기 시작했다. 한편에서는 노동자의 파업투쟁, 농민동맹 운동, 농업 노동자의 조직화, 토지 습격 등이 한층 더 격렬해졌다. 다른 한편에서는 정당의 분열이 더욱 심화되었으며, 군 내부에서는 굴라르 정부를 무너뜨리려는 음모가 진행되고 있었다(파우스투 2012, 394~396).

이러한 상황에서 정부는 부분적인 토지개혁과 외국인 소유 정유소의 국유화를 선언했다. 그러자 대통령의 부패 문제로 대다수의 주지사·군부·성직자의 불만이 고조되었고, 드디어는 1964년 3월 31일 군부가 상파울루·미나스제라이스·과나바라 주지사의 지지로 반란을 일으켰다. 이른바 '3·31 혁명'이 발발한 것이다. 4월 1일 밤 굴라르가 포르투알레그리로 가기 위해 브라질리아를 출발하자, 상원 의장은 공화국 대통령이 공석임을 선언한다. 이런 상황에서 헌법 규정에 따라 하원 의장 라니에리 마질리가 대통령직을 승계했다. 임시 대통령은 곧바로 군부 출신의 세 장관을 임명하고, 세 장관을 주축으로 하는 혁명최고사령부를 설치했다. 결국 굴라르는 히우그랑지두술을 거쳐 1964년 4월 2일 우루과이로 망명했고, 혁명최고사령부는 4월 9일 제도법령Atos Institucionals, AI을 공포했다(강석영 1996, 하권, 145).

민주주의에 역행하는 제도법령의 공포·시행

제도법령 제1호는 행정권 강화와 의회 활동 축소를 목적으로 한 다양한 조치들을 담고 있었다. 또 제도법령 제1호는 군경심문소 설치의 근거가 되었다. 군경심문소는 '국가와 국가 자산의 침해 행위, 정치·사회적 질서의 파괴, 혁명적 전쟁 등의 범죄 행위' 책임자들을 조사하는 기관이다. 이와 같은 예외적인 권력을 통해 정권에 대해 비판적인 인물들의 구속과 고문이 자행되었다. 4월 1일, 리우데자네이루에 위치한 전국학생연합 본부가 습격을 받아 불길에 휩싸였다. 가장 폭력적인 탄압은 농촌에서 일어났다. 그 가운데서도 북동부의 농민동맹 관계자들이 혹심한 공격을 받았다. 도시에서는 노동조합과 노동자 단체들이 군의 통제 아래 들어갔고, 조직 간부들이 줄줄이 체포되었다. 1964년에는 판사 49명이 추방되었고, 연방의원 50명이 지위를 상실했다. 그 밖에도 행정 관료 1,400명 이상과 군 관리 1,200명이 파면되었다. 몇몇 주지사들도 직위를 박탈당했다. 같은 해 6월에는 국가정보부가 설치되어, 행정부와 거의 동등한 권력을 지닌 기관으로서 '국가 내부의 적을 상대로 한 투쟁'을 전개했다.

제도법령 제1호는 공화국의 대통령 선출 방식을 국민 직선제에서 의회 간선제로 바꾸었다. 이에 따라 1964년 4월 11일, 의회에서 움베르투 지 알렌카르 카스텔루 브랑쿠 장군을 대통령으로, 민주사회당의 주세 마리아 알크민을 부통령으로 선출했다. 임기는 1966년 1월 31일까지였다. 브랑쿠 정부는 경제개혁을 추진하기 위해 '정부 경제 행동 계획'PAEG을 수립했다. 이 계획은 공공 부문의 적자 감소, 민간 자본 유치, 임금동결 등을 핵심으로 설정했다(파우스투 2012, 406~407).

연방 정부는 재정 균형을 맞추기 위해 공기업의 경영 환경 개선, 밀가루·석유 등 기초 물자에 대한 보조금 축소, 세금 징수 확대 등의 정책을 폈다. 공기업 경영 개선이나 기초 물자에 대한 보조금 축소는 생활비 증가로 이어졌다. 전기·통신료가 인상되고, 휘발유나 빵 가격이 상승했기 때문이다. 한편, 정부 경제 행동 계획은 세수 확보 차원에서 그동안 결함이 많았던 국가기구를 정비해 탈루나 체납을 막았다. 그리고 그동안 체납된 세금을 원활하게 징수할 수 있도록 인플레이션을 반영한 물가연동제를 도입했다.

정부는 외국자본을 유치했고, 특히 그것이 수출 부문으로 투자되기를 기대했다. 1964년 8월, 외국자본과 그 이자의 해외송금을 허용하는 새 법률이 의회에서 '심의 기한 만료'로 통과되었다. 이로써 미국을 비롯한 외국 투자자들의 비판 대상이던 1962년 해외송금규제법은 효력을 상실했다. 위기 상황에 직면했던 외채 문제도 국제통화기금의 호의적 반응과 '진보를 위한 동맹'을 통한 미국의 원조에 힘입어 잠정적인 해결책을 찾을 수 있었다.

이와 함께 정부는 인플레이션보다 낮게 임금상승률을 결정하는 방식으로 임금 억제 정책을 시행했다. 또한 기업 이익을 우선시해 파업 방지와 노동유연성 등을 보장하는 조치들도 병행했다. 1964년 의회를 통과한 파업법은 복잡한 행정 절차를 설정해 두어 합법적 파업은 사실상 불가능 하게 했다. 정부는 또 노동자들의 중요한 권리 가운데 하나를 폐지했다. 그것은 통합노동법CLT이 정한 권리로, 10년 이상 근무한 노동자들에게 고용 안정을 보장해 주는 제도적 장치였다. 1966년 정부는 이 고용 보장을 대체할 제도로서 '근속 기간에 따른 보장기금'Fundo de Garantia por Tempo de Serviço을 도입했다(파우스투 2012, 408~409).

1965년 10월, 11개 주에서 직접 투표 방식의 지방선거가 실시되었다. 군부 강경파의 영향력으로 특정한 사람들의 입후보가 금지되었지만, 과나바라와 미나스제라이스 등 주요 주에서 야당이 승리했다. 선거 결과는 군부를 긴장하게 만들었다. 브랑쿠 지지 그룹과 대립각을 세운 군부 강경파는 상대방에 대한 정부의 유약한 태도가 이런 선거 결과를 초래했다고 생각했다. 그들은 공산주의와 부패를 상대로 더욱 철저히 투쟁을 전개해야 하며, 그러기 위해서는 군부가 결정권을 엄격히 통제하는 권위주의 체제를 수립해야 한다고 주장했다.

지방선거일로부터 불과 24일 지난 1965년 10월 27일, 군부 강경파의 압력을 받은 브랑쿠는 제도법령 제2호를 공포했다. 제도법령 제2호의 주요 내용은 다음과 같다. ① 기존 정당은 모두 해산한다. ② 대통령 선거는 국회 간접투표로 치른다. ③ 국회·주의회·시의회의 폐쇄·휴회의 결정권을 대통령이 갖는다. ④ 대통령은 국회의 승인 없이 계엄령을 공포할 수 있다. ⑤ 대통령은 정치 추방자의 행동을 규제할 수 있다.

제도법령 제2호 실시에 따라 5개 정당은 모두 해산되었으며, 같은 해 11

월 2대 정당제를 채택함에 따라 여당인 국가혁신동맹Arena과 야당인 브라질민주운동MDB이 새로이 창립되었다. 국가혁신동맹에 속한 대다수 정치인들은 전국민주연합과 민주사회당 출신들이었다. 반면 브라질민주운동은 브라질노동당 의원들을 주축으로 하여 민주사회당 출신자들이 가세한 형식을 취했다.

제도법령 제2호를 실시로 인해 브랑쿠 정권의 남은 임기 2년 동안에는 정계 재편성의 실현이 곤란하게 되었다. 결국 1년을 더 연장해 차기 정권 담당자 선출은 1966년 10월에 실시되었다(齊藤廣志 외 1978, 273).

노동조합운동의 노선 변화

1950년대 후반부터 1960년대 전반기까지의 쿠비체크, 콰드루스, 굴라르, 브랑쿠 정권에 이르는 기간은 정치적 격변기였고, 경제개발 또한 활발하게 진행되었던 시기이다. 이 시기에 노동운동은 침체와 고양을 거듭하면서 발전을 위한 노선 변화를 끊임없이 모색했다.

브라질 노동자들은 제도적인 제약 때문에 여러 가지 어려운 문제에 직면해 있었다. 이러한 문제들 대부분은 바르가스의 '신국가'Estado Novo 노동 법규들이 당시까지 유지되고 있는 데서 연유했다. 당시까지도 전국 노동조합운동의 결집을 통한 단일 총연맹 결성은 금지되어 있었다. 그리고 노동조합은 1년 회계 결산 내역을 노동부에 제출해야 했고, 노동부의 허가 없이는 결코 변경할 수 없는 다음 해 1년 예산안도 제출해야 했다. 부패했거나 공산주의자로 간주되는 노동조합 간부들을 제거할 수 있는 권한 역시 노동부에 부여되어 있었다. 파업도 정부의 엄격한 규제 대상이었다. 노동자들은 계속해서 노동재판소에 불만을 호소했다. 이러한 문제들이 온존하는 상황에서 브라질의 급속한 산업화는 인플레이션을 수반했고, 노동자들의 구매력을 증대시키지 못했다(Troncoso et al. 1962, 80).

이런 가운데서도 노동조합 전국 연맹이 잇따라 조직되었다. 전국신용노동연맹CNTC이 1959년에 결성되었고, 전국해상강항공운수노동연맹CNTTMFA이 1960년 6월에 조직되었다. 이들 조직은 1946년 10월에 설립된 전국산업노동연맹CNTI에 가입했다. 이 밖에도 언론, 공공 부문, 교육, 문화 부문 종사자 노동조합이 그 후로 결성되었다(Alexander 2003b, 111).

쿠비체크 정부 시기 노동조합운동은 노선 변화를 모색했다. 그러한 변화는 1960년대 초 굴라르 정부 시기에 더욱 분명해졌다. 노동운동이 폭넓게 확산됨에 따라 노동조합 지도자들은 정부가 만든 틀 안에서 노동자의 요구를 모두 관철하기는 어렵다고 판단했다. 그래서 이들은 정부의 공식적인 틀 바깥에서 활동하는 새로운 조직을 형성했다. 1955년 상파울루에서 결성된 '노동조합 간 단결 협정'PUI이나 리우데자네이루에서 설립된 '단결과 행동 협정'PUA 등이 그것이다. 후자는 전자와는 달리 정부 부처와 공기업, 그리고 공공서비스 부문에서 활동을 벌였다. '단결과 행동 협정'은 1962년 굴라르 정부 시기에 파업을 주도했던 노동자총본부CGT로 전환했다. 노동조합의 영향력이라는 측면에서 본다면, '단결과 행동 협정' 결성으로 이전부터 존재했던 노동운동 기능이 더욱 강화되었으며, 그 활동은 공무원이나 공기업 노동자들 대상으로 집중되었다.

이 시기 노동조합운동은 첨단 부문이라 할 수 있는 자동차산업 진출에 어려움을 겪었다. 이러한 현상은 두 가지 측면에서 설명될 수 있다. 하나는 공산주의 활동가들의 노동운동이 전통적으로 국영기업이나 공기업에 치중되고 있었기 때문이었고, 다른 하나는 다국적 기업의 새로운 노동관계에 적절히 대응하지 못했기 때문이었다. 이와 같이 노동조합이 제도적인 틀 바깥에서 활동을 펴게 되자, 노동조합 지도자들은 노동조합의 정치적 활동을 중요시하게 되었다. 그것은 이들이 국가주의적 조류와 사회개혁, 즉 농지개혁을 포함한 이른바 '기반 개혁'을 지지한다는 의미이기도 했다(파우스투 2012, 372~373).

브라질 내 파업투쟁은 1950년대 말까지는 저조한 편이었으나, 1960년대 들어 급격하게 고양되었다. 1958년에는 파업 건수가 31건이었으나 1963년에는 172건으로 급증했다. 1958년에는 전체 파업의 80퍼센트가 민간 부문에서 발생했으나, 1963년에는 공공 부문 파업이 58퍼센트를 차지했다. 파업의 주된 무대는 상파울루에서 다른 지역으로 확산되었다.

권력과의 긴밀성, 파업의 증가, 집회에서 차지하는 존재감 등은 노동조합 지도자들을 승리의 도취에 빠지게 했고, 이와 함께 노동운동의 약점을 가려 덮었다. 시간이 흐른 뒤 더욱 명확하게 밝혀진 것처럼, 약점은 상호 연관된 두 가지 사실에서 비롯되었다. 먼저 브라질 경제의 가장 역동적인 부문이 모여 있는 상파울루에서 노동운동이 1960년대 후반 들어 상대적으로 쇠퇴한 점을 들 수 있다. 또 하나는 노동운동의 지나친 체제 의존성이었다. 실제로 체제가 붕괴되자, 포퓰리즘적 노동운동도 함께 휩쓸려 갔다(파우스투 2012, 386~388).

1960년부터 1964년까지 진행된 파업에서는 경제적 요구와 아울러 민주주의 실현, 반동 세력 음모 분쇄, 사회개혁, 외국자본에 대한 규제 조치 실행 등의 정치적 요구가 함께 제기되었다. 1963년 10월, 굴라르 정부 시기 최대 규모의 파업이 상파울루에서 일어났다. '70만 명의 동맹파업'으로 불린 이 투쟁은 성격 면에서 경제투쟁이었지만, 그 배경에는 제국주의와 토착 부르주아지의 지배 및 억압에 대한 노동자들의 분노가 존재하고 있었다(소련과학아카데미 2012, 342~343).

1964년 이후 브랑쿠 정권 아래에서는 모든 형태의 파업이 금지된 상태에서 브라질 노동자들은 탄압을 피하기 위해 작업 속도를 늦추는 것을 비롯해 노동조합 집회, 정부에 대한 집단적 제안서 제출 등의 전략을 취했다. 노동자들의 절실한 요구 사항이 담긴 공동 문건은 노동자 단결의 기초가 되었다.

1966년, 정부의 금지 조치가 행해지는 상황에서도 리우데자네이루, 상파울루, 벨로리존치와 다른 여러 도시에서 노동조합 대표자회의가 여러 차례 열렸는데, 회의 때마다 대표자 5천 명 이상이 참가했다. 상파울루의 400개 노동조합이 고용안정법 폐지에 반대하면서 강력한 투쟁을 벌였다(소련 과학아카데미 2012, 347).

농업노동자권리법 채택

한편, 굴라르 정권이 출범할 무렵 사회운동이 활성화되는 가운데 농민운동이 고양되었다. 이 시기 농민운동을 이끈 주축은 농민동맹이었다. 농민동맹은 1955년에 결성되었는데, 농민동맹이 표방한 주요 목표는 농지 추방이나 소작료 인상, 그리고 '캄방'cambão의 관행으로부터 소작농을 보호하는 것이었다. 캄방이란 북동부 지방에서는 '모라도르'morador, 남부에서는 '콜로누'colono라 불리는 소작농이 일주일에 하루씩 지주를 위해 무상으로 일하는 것을 말한다. 농민동맹은 각 주의 주도나 각 지역 핵심도시에 본부 또는 지부를 설치했다. 이러한 전술을 구사한 이유는 대도시일수록 농민의 동맹 세력, 이를테면 노동자, 학생, 혁명적 지식인, 프티부르주아지 등이 많이 모여 있었으며, 사법부도 비교적 덜 반동적이라고 믿었기 때문이었다. 농민동맹은 브라질 각지로 조직을 확대했는데, 특히 페르남부쿠와 파라이바 주에서 활발한 활동을 펼쳤다.

1961년 11월에는 제1회 전국농업노동자대회가 벨루오리존치에서 열렸다. 이 자리에서 농민 대중의 조직화를 위한 다양한 노선들이 제시되었다. 이 대회는 농민동맹과 브라질공산당이 공동으로 기획했다. 브라질공산당은 상파울루와 파라나 주의 농업노동자들을 최대 기반으로 삼고 있었다. 농업노동자대회에서 농민동맹과 브라질공산당은 각기 다른 노선을 표명했다. 농민동맹은 농민들이 최우선으로 요구하는 것은 무상 몰수를 통한 토지개혁이라고 주장했다. 한편 공산주의자들은 농업노동조합을 더욱 확대해 농업노동자들에게도 노동법이 적용될 수 있는 여건을 조성하는 일이 급선무라고 주장했다.

이러한 활동의 결과로서 법률적인 측면에서도 중요한 진전이 있었다. 1963년 3월, 굴라르 정부는 '농업노동자권리법'을 채택했다. 이에 따라 농업노동자에게도 공식적인 직업신분증이 발급되었으며 노동시간 제한, 최저임금 적용, 주1일 휴일제나 유급휴가 등의 권리가 보장되었다(파우스투 2012, 382~383).

4. 멕시코

마테오스 정권의 개혁 정책과 자주독립 외교 노선

1952년 12월 대통령 선거에서 당선된 아돌포 루이스 코르티네스의 임기가 종료됨에 따라, 1958년 12월 실시된 대통령 선거에서 노동부 장관 출신 아돌포 로페스 마테오스가 당선되어 집권했다. 1958년의 대통령 선거는 멕시코 역사상 처음으로 여성에게 투표권이 주어졌다는 점에서 중요한 의미를 띠었다. 이미 많은 주나 지방에서 여성 참정권이 인정되었지만, 마침내 전국적으로 실현된 것이다.

신정권은 '좌파'로 불리는 데 어울릴 정도의 정책을 채택했다. 연방 정부 예산의 지출을 경제 부문보다 사회 부문 쪽에 치중했다. 말하자면 사회정책을 강화한 것이다. 또 마테오스 정권은 거의 20년 동안 부진했던 농지개혁을 다시 실시해 토지 1,600만 헥타르를 약 25만 가구에 분배했다. 이 시기에는 멕시코 남부의 아열대성 토지도 농지화해 분배 대상으로 삼았다.

사회정책과 농지개혁의 추진은 쿠바혁명의 파급 방지라는 점에서도 중요한 역할을 했다. 자기 자신을 '헌법 테두리 안의 최좌파'로 설정한 것에서도 드러난 바와 같이 마테오스 대통령이 목표로 한 것은 어디까지나 체제 내의 개혁이었다. 그리하여 반정부적 좌파에 대해서는 필요할 경우 강권 행사도 서슴없이 감행했다.

마테오스 정부는 민족주의적 개혁 노선도 실행했는데, 미국이나 캐나다계 전력회사와 미국계 영화회사의 정부 매입 등 국유화 정책을 폈다. 그런데 매입 자금을 외국 차관으로 조달하느라 외채 증대는 피할 수 없었다. 그밖에도 민간 기업에서 추진한 부품의 국산화나 멕시코인 소유주의 증대 등 '멕시코화' 정책이 추진되었다. 그러나 압도적인 기술 격차가 존재했으므로 진정한 멕시코화는 기대하기 어려웠다(二村久則 외 2006, 130~132).

멕시코는 1961~1962년 사이에 경제개발을 위한 자금 부족으로 어려움을 겪었다. 마테오스 정부는 유럽 국가들 및 일본과 경제적 유대를 강화하고, 사회주의 블록과도 경제적 관계를 개선하고자 했다. 아시아·아프리카 국가들과의 협력 관계도 구축했다. 이러한 노력의 결과로서 1962년부터 외국인 투자가 증가했고, 1963년에는 국내 투자도 증가했다. 1964년 미국과 유럽의 금융시장에서 멕시코 공채가 팔린 것은 획기적인 일이었다. '멕시코

기적'은 국제연합의 발전도상국 모델이 되기도 했다(강석영 1996, 하권, 161).

한편, 마테오스 정부는 자주독립 외교 노선을 실행했다. 쿠바혁명은 미국에 대해서는 물론이고 멕시코를 포함한 라틴아메리카 국가들에 대해서도 큰 충격을 던져 준 터였다. 미국은 케네디 정권의 등장과 더불어 쿠바를 아메리카국가기구OAS로부터 추방해 정치·경제적으로 고립시키는 동시에 제2의 쿠바 출현을 저지하기 위해 라틴아메리카 국가들로 하여금 국내 개혁을 실시하도록 촉구했다. 미국은 독재 정치와 격심한 빈부 격차가 공산주의의 온상이라는 관점에서 각국 정부에 대해 농지개혁을 비롯한 사회·경제 개혁을 추진하도록 부추겼으며, 거액의 경제원조를 제공했다. 민주화와 비사회주의적 경제발전을 실현하고자 한 '진보를 위한 동맹'의 모델이 된 곳이 멕시코였다. 마테오스 정부의 국내 개혁도 미국 정부의 승인과 지지를 통해 가능했다.

이러한 상황에서도 멕시코 정부는 미국의 쿠바 봉쇄 정책에 대해서는 '내정 불개입과 주권 존중'이라는 원칙에 근거해 반대했으며, 라틴아메리카 국가들 가운데 유일하게 쿠바와 외교 관계를 계속 유지했다. 이러한 자주독립 외교는 멕시코 국민의 민족주의적인 의식을 높였으며, 정부에 대한 지지도를 높였다. 이와 같은 외교 노선이 물론 친쿠바·친소련을 의미하는 것은 아니었다. 멕시코 정부가 1962년 소련의 쿠바 미사일 배치를 강력하게 비난하고 케네디 정권을 지지했으며, 라틴아메리카 국가들에서 발생한 무장투쟁을 지원하는 쿠바 정책을 반대한 데서도 잘 드러난다.

자주독립 외교는 멕시코의 국제적 위상을 높였다. 1964년 멕시코는 미국과 소련으로부터의 자립을 과시했다. 프랑스의 드골 대통령은 멕시코를 방문했을 때 열렬한 환영을 받았다. 로페스 마테오스 대통령도 유고슬라비아·폴란드·인도·인도네시아·캐나다·일본 등의 국가를 방문했다. 미국과의 외교 관계가 압도적 비중을 차지하기는 했으나, 멕시코가 국제무대에 등장하기 시작한 것이다(二村久則 외 2006, 133~134).

노동조합 지도부의 개량주의 노선과 노동조합 민주화를 위한 투쟁

1950년대 후반부터 1960년대 전반에 이르는 기간에 멕시코 노동운동은 새로운 투쟁 단계를 맞아 노동조합운동의 개량주의와 비민주적 구조를 극복하기 위한 투쟁을 전개했다. 노동조합운동이 분열을 계속하고 있던 이 시기 가장 큰 노동조합 조직은 멕시코노동총연맹CTM이었다. 멕시코노동총연맹은 1940년대 말 마르크스주의자를 추방한 이후 반공·친정부 세력이 지도권을 장악한 상태에서 미겔 알레만 발데스 정권과 아돌포 루이스 코르티네스 정부에 전면적으로 협력해 왔다.

그동안 노동조합 지도자들은 노동자의 이해관계를 무시한 채, 기업주와 정부에 협력함으로써 스스로 특권계급화되었다. 이러한 종속적인 노동조합을 통한 임금 억제 강행이 멕시코 고도성장을 촉진한 요인 가운데 하나였다. 임금 억제에 따른 노동자들의 불만은 당연히 클 수밖에 없었다(二村久則 외 2006, 131).

이 시기 멕시코 파업발생 추이는 〈표 22-21〉에서 보는 바와 같다.

1956년부터 1965년까지 발생한 파업 총 건수는 3,579건으로 연평균 258건이었고, 파업 건수는 정권 교체 시기인 1958년에 가장 많았으며 경제개발이 추진되었던 1962년과 1963년의 경우 각각 725건과 504건으로 그 다음으로 많았다. 파업 참가자 수는 1962년이 8만989명으로 가장 많았으며 그다음이 1960년의 6만3,567명이었다.

1958년과 1959년에는 철도노동자, 교원, 전신노동자들이 파업을 벌였

표 22-21 | 1956~1965년의 멕시코 파업 발생 추이

연도	파업 건수	파업 참가자 수	노동손실일수
1956	159	7,573	-
1957	193	7,134	-
1958	740	60,611	-
1959	379	62,770	-
1960	377	63,567	-
1961	373	33,184	-
1962	725	80,989	-
1963	504	26,035	-
1964	62	247	-
1965	67	610	-

자료: ILO 1965; 1972, *Yearbooks of Labour Statistics*.

다. 가장 규모가 컸던 파업은 노동자 10만 명 이상이 참가한 철도노동자 파업이었다. 노동자들은 경제적인 요구를 관철하기 위한 투쟁을 전개함과 동시에 멕시코 노동운동 역사상 최초로 노동조합의 자주성과 노동조합 민주주의 실현을 위한 투쟁을 벌였다. 그러나 노동자투쟁은 실패로 끝났다. 여러 부문과 여러 산업 노동자들 사이의 긴밀한 연대가 이루어지지 못한 상태에서 정부의 탄압이 혹심하게 강행되었기 때문이었다(소련과학아카데미 2012, 341).

노동자계급의 상당한 부분이 여전히 개량주의 지도부의 사상 통제와 조직 통제를 받고 있던 멕시코에서는 전국적인 투쟁이 거의 전개되지 못했다. 그럼에도 장기적인 투쟁이나 끈질기고 지속적인 파업을 통해 노동자들은 자본가계급으로부터 상당한 양보를 얻어낼 수 있었다. 이를테면 1963년 3월 320개 공장에 소속된 노동자 5만5천 명은 임금 인상, 연금수령권 인정, 기업주 과실로 해고된 노동자의 보상금 지급을 위한 보호기금 설립 등의 요구를 관철했다. 또 1966년 6월부터 1967년 5월까지 진행된 '멕시코전기장비주식회사'Equipos Electricos De Mexico S.A. 노동자들의 파업도 승리로 끝났는

데, 노동부가 임금 인상과 채무금 지급에 동의했다(Novedales 3. X; 소련과
학아카데미 2012, 344에서 재인용).

멕시코 노동자들의 노동법 제정 및 개정 투쟁은 때로 노동조합 민주화
를 위한 투쟁과 결합되면서 추진되었다. 투쟁의 정책·제도적 요구가 확대
되고 있는 것도 그러하지만, 친정부적인 노동조합 지도부에 대해 아래로부
터의 불만이 고조되고 있는 사실은 노동운동을 '화합 관계' 내에 묶어 두려
는 개량주의자들의 시도가 갈수록 그 기반을 잃어 가고 있음을 입증해 주었
다.

1960년대 초에는 소규모 그룹 노동자들이 노동조합 민주주의 실현을 요
구하며 행동을 벌였다면, 1960년대 중반 이후에는 대기업과 일련의 산업
부문, 운송 부문 노동자들이 이러한 투쟁의 중심에 서게 되었다. 이러한 사
실은 노동자투쟁이 전진했음을 의미하는 것이었다. 멕시코 노동자들의 부
분적인 행동이 독립적인 노동조합 건설로 마무리되는 일이 점점 더 늘어났
다(소련과학아카데미 2012, 344~345).

5. 볼리비아

민족혁명운동 집권의 종료와 군사정권의 대두

1956년 8월, 민족혁명운동MNR 결성을 주도한 에르난 실레스 수아소가 대
통령에 당선되었다. 수아소 정권은 혁명 진행상으로 본다면 대단히 어려운
상황에 직면했다. 이 시기는 경제 정세가 악화해 혁명 초기와는 달리 국민
각층의 불만을 불러일으켰다. 미국과 국제통화기금IMF은 경제 안정을 위한
엄격한 조건을 부과했는데, 광산의 합리화와 긴축재정, 소비 수준의 강력한

억제 등을 요구했다. 이러한 조건은 노동자계급의 반발을 불러일으켜, 민족혁명운동의 지도부와 노동자 세력 사이의 대립이 심화되었다.

1957년 7월 들어 정부 내에서 좌파 세력의 영향력은 대폭 축소된 것으로 보였다. 그러나 계속된 폭력적 반미·반정부 시위와 국제 시장에서의 주석 가격 하락으로 정국은 불안한 상태에서 벗어나지 못했다(강석영 1996, 하권, 271).

그러나 수아소 정권은 안정화 계획을 충실하게 실행했을 뿐만 아니라 노동자민병대의 대항 세력으로서 정규군의 재건과 근대화에 착수했다. 이런 가운데 종래의 사회주의 노선은 시장경제 회복과 더불어 국가자본주의 방향으로 대체되었다(中川文雄 외 1985, 121~122).

1960년 8월, 빅토르 파스 에스텐소로가 다시 집권했다. 에스텐소로 정권도 국제통화기금의 권고에 따라 재정지출 삭감, 물가 통제 해제, 임금동결 조치 등을 취했다. 또 광산 부문의 합리화와 산타크루스를 중심으로 하는 동부 지역에서 대규모 농업개발을 실시했다. 이 과정에서 미국 원조를 받아 재건된 정부군과 노동자가 여러 차례 충돌했다. 그런 가운데 민족혁명운동 내부에서는 분열이 생겨났다. 1964년에는 정부가 군부와 갈등을 빚은 끝에 레네 바리엔토스 오르투뇨 장군을 부통령으로 받아들여야 했다. 1964년 11월, 학생들의 시위와 노동자 파업으로 사회 불안이 커지자 오르투뇨가 쿠데타를 일으켜 에스텐소로 정권을 무너뜨렸다. 결국 12년 동안 추진된 민족혁명 정책은 중단되고 군부가 다시 정권을 장악했다. 군사평의회에서는 알프레도 오반도 칸디아와 오르투뇨가 공동의장을 맡아 권력을 장악했다(강석영 1996, 하권, 271~272).

정부의 안정화 계획과 노동조합운동의 대응

1950년대 후반부터 1960년대 전반에 전개된 정치·경제 정세의 변화는 노동운동에도 크게 영향을 끼쳤다. 이 시기 노동운동의 전개 양상을 살펴본다.

수아소 정권의 '안정화 계획'을 둘러싼 논쟁은 1957년 6월 2일부터 열린 볼리비아노동자총연맹 제2회 대회에서 촉발되었으며, 그것은 조직의 분열을 가져오기까지 했다. 7월 1일의 마지막 회의에서 볼리비아노동자총연맹은 정부가 임금 억제를 목표로 하는 안정화 계획을 근본적으로 수정하지 않을 경우, 총파업을 결행하기로 결정했다. 그러나 회의 종료와 더불어 몇몇 노동조합이 총파업에 반대하는 결의를 했다. 그 가운데 하나가 통화 안정 계획에 찬성한 은행노동조합연맹이었다. 이 밖에도 석유노동조합, 건설노동조합, 철도노동조합, 사무직노동조합 등이 은행노동조합과 의견을 같이 했다. 그리하여 노동조합운동 내부의 분열이 야기되었다. 전국 노동조합 지도자들 사이의 분열은 그들이 민족혁명운동에 가입하기 이전부터의 정치적 성향 때문이기도 했다. 1952년 4월 이전에 대부분의 노동조합 지도자들은 좌파혁명당PIR, 스탈린주의의 공산당Partido Comunista 계열 그룹, 트로츠키주의의 혁명적노동자당POR 계열 그룹 등에 속해 있었다가 민족혁명운동에 가입했다(Alexander 2005, 103~104).

볼리비아노동자총연맹 대회의 결정에 따라 파업을 끝까지 지지한 노동조합은 광산노동조합연맹이었다. 이런 상황에서 수아소 대통령은 노동자들을 개별로 설득하기 위해 광산을 직접 방문하기로 결정했다. 그는 가장 먼저 오루로로 가서 1만 명에 이르는 군중을 향해 연설을 했으며, 넓은 지지를 획득할 수 있었다. 밤이 되어 인근의 광산 지역으로 돌아왔을 때 그는 카타비의 라디오 방송에서 자신을 비난하는 소리를 들었다. 그러나 다음 날 카타비를 방문했을 때는 광범한 지지를 모을 수 있었으며, 전투적인 지역

지도자들은 어디에도 보이지 않았다.

결국 7월 1일 대회에서 결정된 파업은 볼리비아노동자총연맹 집행부에 의해서 취소되었다. 그러나 안정화 계획에서 몇 가지 수정이 이루어졌다. 수정된 내용의 가장 중요한 부분은 생활필수품 4개 항목 가격의 12퍼센트 인하를 위한 정부 명령과 사회보장제도에 대한 보조금 증액이 그것이었다.

이런 가운데 볼리비아노동자총연맹과 그 가맹 노동조합, 민족혁명운동 지도부에 위기가 도래했다. 볼리비아노동자총연맹 내에서 7월 1일 총파업을 반대하는 노동조합 그룹은 볼리비아노동자총연맹 2회 대회에서 집행위원회 위원으로 선출되지 않았는데, 이들 그룹은 지도부의 재선출을 요구했다. 빌딩노동조합, 철도노동조합, 항공운송노동조합, 자동차운전노동조합, 석유노동조합, 은행노동조합, 전기통신노동조합, 우편노동조합, 전신노동조합의 지도자들이 볼리비아노동자총연맹 집행부의 사임과 재선출, 통일 노동조합운동, 기본 단위 노동조합과의 협의 등을 요구하는 성명을 발표했다. 볼리비아노동자총연맹 집행위원회는 이와 같은 요구를 무시했다. 이처럼 노동조합운동 내부에서 일어난 분열 양상은 위기 국면으로까지 확대되었다.

한편, 민족혁명운동 내부에서도 총파업 계획이 좌절된 직후에 날카로운 대립이 일어났다. 수아소 대통령은 자신의 정책에 반대하고 안정화 계획에 찬성하지 않는 노동조합 지도자들을 배제하고 자신을 지지하는 사람들을 포함하여 민족혁명운동의 새로운 지도부를 임명했다. 구 집행위원회 위원들은 새로운 집행위원회를 인정하려 하지 않았고, 그리하여 민족혁명운동 내부의 분열은 몇 년 동안 계속되었다(Alexander 2005, 105~106).

1956년 후반부터 1957년 초반에 걸친 위기 국면은 해소되지 않은 채, 많은 갈등이 표출되었다. 예상했던 바와 같이 정부의 안정화 프로그램에 따라 임금이 동결되고, 광산 보조 식량과 그 밖의 몇 가지 혜택이 철폐되었고, 이것은 노동자들의 불만과 파업의 요인이 되었다. 1957년 대회에서 정부의 안정화 계획을 지지했던 노동조합들까지도 파업에 참가했다. 1956년과 1957년 2년 동안에 1,140개 사업장에서 3,400건의 파업이 발생했다. 주요 사례로는 1958년 8월에 철도노동자들이 임금 인상을 요구해 파업을 벌인 것, 1959년 8월에 학교 교사들이 봉급 인상을 요구해 파업을 단행한 것을 꼽을 수 있다. 이러한 파업들은 단순히 임금 인상만을 요구한 것이 아니었으며 해고 반대를 비롯한 다른 요구들도 함께 제기되었다.

이 시기 가장 중대한 파업은 1959년에 일어난 광산노동조합의 총파업이었다. 이 파업은 공산당과 혁명적노동자당 등 마르크스주의 정당의 영향력이 반영된 것이었다. 그들은 1958년 7월에 열린 볼리비아광산노동조합연맹FSTMB의 9회 대회에서 지배력을 행사했다. 1959년 2월에 잇따라 열린 볼리비아광산노동조합연맹 대회에서는 31.5퍼센트의 임금 인상 요구를 볼리비아광업진흥공사COMIBOL와 정부가 받아들이지 않을 경우 총파업에 돌입하기로 한다는 결의를 채택했다. 마침내 1959년 3월 3일 파업이 선언되었다. 노동조합 지도부의 후안 레친 오켄도와 마리오 토레스는 정부와 교섭을 더 진전시키기 위해 파업을 연기해야 한다고 주장했으나, 파업위원회는 이를 거부했다. 주로 오루로 지역의 광산들이 파업투쟁의 중심이 되었다. 3월 16일, 정부가 20퍼센트 임금 인상을 1958년 10월 1일로 소급해 지급하고 광산 노동자들에게 지급되는 보조 물품의 가격을 싸게 유지하기로 발표함에 따라 노동조합연맹은 파업을 종료했다. 1959년의 총파업이 타결되었음에도 여러 광산에서 파업은 계속되었다(Alexander 2005, 107).

에스텐소로 2차 집권 시기의 노동운동

1960년 8월에 파스 에스텐소로가 두 번째 집권을 시작한 뒤 첫 3년 동안은 노사관계가 비교적 안정적이었다. 그러나 마지막 1년 동안에는 노동분쟁이 격심한 편이었다. 특히 광산 사업장들에서 그러했다. 볼리비아광업회사의 생산 실적이 1952년 이후 서서히 저하되었다. 1952년의 생산 실적을 100으로 했을 때, 1953년 85.7, 1954년 71.2, 1955년 68.3, 1956년 71.0, 1959년 53.9를 기록했다. 생산 부진의 원인은 외국 기술진과 경영진의 철수, 오래된 많은 주요 광산의 미개발 상태 유지, 노후한 장비, 과잉 인력, 노사관계의 불안정 등 여러 가지였다. 에스텐소로 정부는 집권하자마자 이른바 '3각 플랜'을 실시했다. 3각 플랜은 자본과 기술, 경영합리화를 목표로 설정했다. 이 플랜은 국제적인 성격을 띤 것으로서 미국, 독일, 미주개발은행IDB이 산업을 재건하기 위해 자본과 기술을 제공하기로 계획되어 있었다. 1961년부터 1965년까지 볼리비아는 미국으로부터 2억500만 달러, 미주개발은행으로부터 2,300만 달러를 투자받았다. 그리고 많은 기금들이 3각 플랜에 투자되었다. 이 플랜을 실시한 결과, 1961~1964년 사이에 볼리비아 경제는 연평균 5.7퍼센트의 성장률을 기록했는데, 이는 수아소 정권 시기의 1.5퍼센트 성장률과 비교하면 높은 수치였다(Alexander 2005, 110).

3각 플랜 실시 초기에는 마르크스주의자들이 플랜을 맹렬하게 공격한 데 반해 볼리비아광산노동조합연맹 간부들은 플랜을 강력히 지지했다. 그러나 1963년 말에 열린 볼리비아광산노동조합연맹 제12회 대회에서는 3각 플랜이 반노동적이고 친제국주의적 성격을 띤 것이라는 비판이 제기되었다. 3각 플랜의 사업 목표 가운데 하나는 볼리비아광업진흥공사의 경영 '합리화'였다. 구체적으로는 투입 비용 가운데 인건비 비중을 절감하려 했다. 이러한 3각 플랜의 실체가 분명해지면서 정부와 광산 노동자 사이에 갈등이 커졌다.

1963년에는 정부가 광산에서의 대규모 인원 정리 계획을 발표했다. 카타비 광산단지의 시글로베인테Siglo Veinte 광산에서만 노동자 약 1천 명이 해고 통지서를 받았다. 예상했던 대로 이 결정은 광산 노동자들의 격렬한 저항을 불러일으켰다. 정부는 그 지역 노동조합 지도자 두 사람을 구속했다. 시글로베인테 광산 노동자들은 그 보복으로 광산 경영자와 노동 프로그램 개선 목적으로 경제적 지원 임무를 띠고 온 버나드 리프킨을 포함한 4명의 미국인 등 총 17명을 인질로 삼았다. 사태가 심각한 지경으로 확대되면서, 정부는 광산을 찾아온 후안 레친 오켄도와 그야말로 필사적인 교섭을 벌였다. 결국 17명에 대한 억류 해제를 위해 오켄도는 노동조합 지부에 서한을 보냈고, 노동조합은 투표를 통해 노동조합원들의 의견을 모은 뒤 그들을 억류 10일 만에 풀어 주었다.

1964년 4월에는 볼리비아노동자총연맹이 노동조합의 요구를 담은 제안서를 에스텐소로 대통령에게 보냈다. 제안서에는 볼리비아노동자총연맹의 45개 요구가 제시되었는데, 그 가운데는 임금 인상, 구속된 노동조합 지도자 석방, 작업거부권을 포함한 노동자의 작업 통제력 회복, 그 밖의 여러 가지 주요한 요구 조건이 포함되었다(Alexander 2005, 111~112).

1964년 11월의 쿠데타로 12년에 걸친 민족혁명운동의 집권은 끝났으나, 노동자계급은 이 과정에서 강력한 영향력을 끼쳤다. 그동안 볼리비아 노동자계급의 계급의식 성장을 막고 혁명 과정에서 노동자계급이 지도 세력으로 성장하는 것을 차단하기 위해 개량주의자들은 활발한 선전 캠페인을 전개해 왔다. 이들은 볼리비아와 같은 상황에서는 노동자계급이 자본주의의 완벽한 발전을 목표로 하는 정책을 지지해야 한다고 설득했다. 바로 그것이 객관적이고 불가피한 과정이며, 이를 반대하는 것은 심각한 잘못이라는 논리였다. 또 개량주의 지도자들은 노동자 단체와 농민단체가 서로 협력하는 것을 저지하기 위해 사유재산에 대한 영세 농민의 편견을 이용했고, 농민을 부추겨 노동자를 공격하고, 노동자들은 이 세상 모든 것의 집단화를 지지하는 자들이라고 비난했다.

한편, 민족혁명운동 이론가들은 혁명정부와 생디칼리즘의 대립을 주요한 모순이라고 강조했다. 더욱이 이들은 노동자계급이 벌이는 모든 형태의 계급투쟁, 이를테면 파업을 비롯한 경제투쟁이나 노동조합의 독립을 관철하기 위한 투쟁을 아나르코 생디칼리즘 실현을 위한 행동이라고 해석했다.

민족혁명운동 개량주의 이론가들은 광산 노동자들에 대한 트로츠키주의자의 영향력을 노동운동 비판에 이용했다. 트로츠키주의자 그룹은 1946년에 채택한 강령, 즉 풀라카요 테제[5]를 노동운동의 지침으로 삼고 있었다. 이 테제를 만든 트로츠키주의자들은 볼리비아 노동자계급의 '각별한' 혁명성을 명분 삼아 사회주의혁명으로 나아가야 한다고 강조하면서, 노동자들에게 광범위한 사회개혁 정책이 필요하다는 점을 부정했다. 1952년 인민봉기 이후 트로츠키주의자들은 노동자계급을 선동해 프티부르주아 주민 계층이나 농민들과 대결해야 하며, 즉시 사회주의혁명을 실행에 옮겨야 한다고 호소했다. 트로츠키주의자들의 이러한 선전 때문에 노동자계급이 사회적 기반을 확대하고 농민을 포함한 다른 주민 계층들과의 협력을 공고히 하는 일이 제약되었다. 바로 이와 같은 점을 개량주의 지도자들은 성공적으로 이용했는데, 그들은 노동자계급과 농민 대중을 대립하도록 만들었으며, 파

5_ 볼리비아와 라틴아메리카 노동운동에서 중요시된 문서이다. 이 강령은 1946년 풀라카요 시에서 열린 볼리비아광산노동조합연맹(FSTMB) 대회에서 채택되었는데, 그 기본 이념은 트로츠키의 영속혁명론에 바탕을 둔 것이었다(소련과학아카데미 2012, 325).

업투쟁을 진압하기 위해 농민 민병대 무장병력을 동원했다.

이러한 요인들은 노동운동 발전에 부정적인 영향을 끼쳤으며, 노동운동이 혁명 과정에 영향을 미칠 수 있는 가능성을 제한했다. 혁명은 갈수록 왜곡되었는데, 특히 제국주의 독점자본의 광범위한 침투와 경제 '재건'을 위한 다양한 부류의 미국 '전문가들'의 활동 결과로 더욱 그러했다.

이와 같은 어려운 상황에서도 볼리비아 노동자계급은 혁명 과정에서 적극적인 역할을 수행했다. 1964년 쿠데타로 혁명은 좌절되고 군사정권이 등장하기는 했으나, 노동자계급은 반혁명에 저항하는 투쟁을 결코 멈추지는 않았다(소련과학아카데미 2012, 325~326).

6. 과테말라

군부 정권에 대한 반란무장부대의 저항

1954년 7월 쿠데타를 통해 권력을 장악한 카를로스 카스티요 아르마스는 하코보 아르벤스 구스만 정권이 시행했던 농지개혁법을 무효화했고 농민에게 분배되었던 토지를 몰수해 원소유주에게 반환했으며, 미국 기업에 대한 토지 몰수 조치도 폐기했다. 1956년에는 신헌법을 제정했는데, 이 헌법은 1982년까지 과테말라 내 제도적 폭력의 근간이 되었다. 이 시기에 진보 정당, 노동조합, 농민조직 등은 잇따라 비합법화되었으며, 그 지도자들은 국외로 추방되었다(강석영 1996, 상권, 190).

1957년 아르마스는 대통령 관저에서 암살되었으며, 그다음 해에 실시된 대통령 선거에서 미겔 이디고라스 푸엔테스 장군이 당선되었다. 푸엔테스는 아이젠하워 미국 대통령의 의향에 따라 1960년에는 쿠바와 국교를 단절하고, 반카스트로 분자들의 쿠바 침공(피그스만 사건)에 대비하는 군사훈련 장소로 과테말라 국내 거점을 제공했다. 미국은 그 대가로서 과테말라 사탕 수입량을 늘렸으며, 180만 달러의 채무를 탕감해 주었다. 푸엔테스의 극단적인 반공·친미 정책은 젊은 장교들로부터 반발을 사, 같은 해 11월 13일 드디어 개혁파 군부의 반란이 일어났다.

그 반란은 곧바로 진압되었으나 반란군 지도자들은 다른 무장 반란군과 함께 온두라스로 들어가 '11월 13일 혁명운동'MR-13을 결성해 게릴라 투쟁을 시작했다. 과테말라노동당PGT[6]도 무력투쟁을 지지하고 당 산하에 게릴라 부대를 조직했다. 이러한 움직임에 호응해 1962년 3~4월에는 과테말라 시내에서도 학생과 노동자들이 푸엔테스의 퇴진을 요구하며 대규모 항의 행동을 벌였다. 같은 해 12월에는 '11월 13일 혁명운동'과 과테말라노동당, 학생운동 조직 등의 결의에 따라 새로운 게릴라 조직 반란무장부대FAR가 창설되었다. 대중적 기반을 확대해 가는 반정부 운동의 고양으로 궁지에 몰린 푸엔테스는 계엄령을 발동해 저항운동을 탄압했다(二村久則 외 2006, 233~234).

합법적 절차에 따른 정권 장악을 목표로 노력을 기울여 온 야당 세력은 1963년 대통령 선거에 대비해 개혁파인 후안 호세 아레발로 전前 대통령에게 출마를 요청했다. 선거를 실시할 경우, 아레발로가 대통령에 당선되리라고 판단한 군부는 쿠데타를 강행해 엔리케 페랄타 아수르디아를 대통령으로 지명했다. 계엄령이 선포되고 헌법이 정지되었으며, 의회는 폐쇄되었고 정당과 노동조합이 법적 지위를 잃게 되었다.

6_ 이전의 과테말라공산당.

비합법적 노동운동의 전개

1954년 7월 과테말라혁명이 실패로 끝나고, 그 뒤로 이어지는 군사정권의 억압적 통치와 준군사적인 살인 집단의 잔인한 테러 행위로 합법적인 노동운동은 사실상 금지되었다. 계속 악화되던 노동운동과 정부의 관계는 1956년을 고비로 바뀌기 시작했다. 당시 노동조합운동에 대한 보호 조치를 확대하기로 한 아르마스의 약속은 노동사회복지부의 설치로 이루어졌다. 이를 계기로 과테말라 노동조합운동은 새로운 발전을 위해 노력했으며, 혁명 당시 이룩했던 성과를 공고히 하기 위해 투쟁했다.

1957년 아르마스 대통령이 암살당하고 푸엔테스 정부가 들어선 뒤로 노동운동은 억압과 혼란을 겪었다. 그 뒤로 이어지는 군부 통치 아래서 노동자계급의 불만은 커질 수밖에 없었다. 그래서 노동자계급은 비합법적인 활동을 벌이거나 게릴라 활동에 참여했다(Troncoso et al. 1962, 118).

자주적 노동운동의 회복

1962년 들어 게릴라 투쟁과 민중의 반정부 투쟁이 고양되는 가운데 노동운동도 새로운 계기를 맞게 되었다. 4월에는 '시민의 날'Jornadas Civicas로 알려진 대규모 민중행동이 전개되었는데, 이 과정에서 대학생 4명이 경찰의 총에 맞아 죽은 데 항의하는 시위가 발생한 것이다. 시위자들과 경찰관들 사이의 충돌로 많은 사람들이 죽거나 다치거나 체포되었다. 철도노동조합은 정부의 탄압에 항의해 파업을 벌였으며, 정부는 계엄령을 선포했다.

이러한 분위기 속에서도 자주적인 노동조합운동의 씨앗은 사라지지 않았다. 1963년에는 철도, 항공, 설탕 노동자들과 그 밖의 몇몇 부문 노동자들이 과테말라노동자총연맹CONTRAGUA을 결성했다. 그다음 해에는 통일과일

회사STEUFCO 노동조합을 비롯한 노동조합들이 과테말라노동조합총연맹 CONSIGUA을 조직했다. 과테말라노동조합연맹FSG의 경우는 8년 동안의 휴지기를 거쳐 다시 활동을 시작했다. 전력노동조합과 전신노동조합 등의 노동조합운동도 비슷했다.

이처럼 주요한 노동조합 조직이 증가했는데도 노동조합의 조직률은 극히 낮은 편이었다. 1964년 당시 도시 지역 경제활동인구의 2퍼센트에 지나지 않았으며, 농촌 지역에서는 0.2퍼센트였다(CIDAMO 2014, 7). 1966년 5월, 노동개혁을 포함한 새로운 헌법이 시행되었으나 노동자의 기본 권리가 완전하게 보장되지는 않았다. 국가와 자본 측은 계속해서 노동운동에 대한 통제와 탄압을 강화했다.

7. 쿠바

'7월 26일 운동' 결성과 게릴라 투쟁

1954년 대통령 선거에서 단독 후보로 출마해 당선된 풀헨시오 바티스타는 1955년에 대통령에 취임했다. 바티스타는 일반 사면을 실시했고, 피델 카스트로도 석방했다. 카스트로는 바티스타의 탄압 때문에 쿠바에서 정치 활동을 할 수 없다고 판단해 멕시코로 망명했다. 1955년 8월 8일, 카스트로는 멕시코에서 '쿠바 인민에게 보내는 제1선언'을 발표했으며, 혁명 수행을 위한 조직으로 '7월 26일 운동'을 결성했다고 선언했다.

'7월 26일 운동'은 정당이 아니라 혁명운동 조직이며, 쿠바의 사회정의를 바라는 사람이라면 누구에게나 문호를 개방한다고 표명했다. 혁명운동의 강령은 전부 15개 항으로 이루어져 있다. 제1항 농지개혁, 제2항 노동자

권리 보장, 제3항 공업화, 제5항 공공서비스 국유화, 제6항과 제7항 교육 확대, 제12항 인종차별 등 차별 금지, 제15항 공금 횡령자의 재산 몰수 등이 주요 내용이다.

'7월 26일 운동'에 참가한 사람들은 멕시코 시 교외에서 쿠바 태생인 에스파냐계 알베르트 바요 대령 지휘를 받아 게릴라 투쟁 전술을 배우고 훈련을 받았다. 바요 대령은 에스파냐 내전 때 파시즘에 맞서 싸운 파르티잔 생존자이며, 실전 경험이 많았고 게릴라투쟁 연구자였다(巢山靖司 1981, 213~214).

이 무렵, 바티스타 독재 치하에서 노동운동은 분열되어 있었고, 노동자계급의 진정한 대표자들은 야만적인 탄압 상황에서 지하활동을 수행해야만 했다. 인민사회당PSP[7]은 애초부터 독재 권력과 투쟁할 태세를 취했다.

인민사회당과 쿠바사회주의청년동맹LCJS은 지하활동과 대중운동을 전개하는 한편, 군사독재의 범죄나 인권 침해 행위에 대한 여러 가지 고발 운동을 벌였다. 이러한 운동을 전개하는 과정에서 많은 사람들이 탄압을 받아 희생되었다.

지하활동이라는 아주 곤란한 조건에서 투쟁을 조직해야 하는 상황에서도 인민사회당은 노동운동을 지원하는 데서 중요한 역할을 수행했다. 1953년 말부터는 여러 주에 요구방위위원회CDD가 조직되기 시작했다. 독재 권력과 무할주의[8]에 반대하는 투쟁에 노동자들을 참여시키기 위한 목적으로

7_1944년 쿠바공산당은 인민사회당으로 이름을 바꾸어 1961년까지 그 이름을 사용했다. 1959년 혁명 이후 인민사회당, '7월 26일 운동', 혁명간부회의가 통합해 통일혁명조직(ORI)을 창설했다. 다음 해 통일 혁명조직은 사회주의혁명통일당으로 재편되었다. 이 정당도 1965년 10월 5일 해체되었고, 쿠바공산당이 그 뒤를 이었다.

8_1947년부터 1959년까지 쿠바노동총연맹(CTC)의 사무총장을 역임한 에우세비오 무할은 반공산주의 노선을 견지해 반바티스타 투쟁에 반대했다. 그 때문에 혁명 후에는 미국으로 망명했다.

결성된 조직이었다. 노동자계급은 이와 같은 투쟁에 참여했으며, 파업투쟁을 강화했다.

1955년에는 노동자의 권리 획득을 위한 투쟁이 고양되었다. 라 안부로시아 공장 파업은 1개월 이상 지속되었고, 부분적이기는 했지만 노동자의 승리로 끝났다. 만사니죠의 구두제조 노동자 파업은 반정부, 반무할파 지도부 성격을 띠었다. 설탕산업 노동자, 전신노동자, 은행노동자들도 파업을 일으켰다. 1955년 말에는 '노동요구방위·쿠바노동총연맹CTC 민주화전국위원회'가 설립되었고, 행동 계획도 채택되었다.

노동자들의 경제적 요구 관철을 위한 투쟁은 정부와 마찰을 빚게 마련이었다. 그러한 투쟁은 반半식민지적 경제에 타격을 주고 노동자를 중심으로 한 여러 계층의 국민 행동을 촉진했기 때문이었다. 대표적으로 1955년에 일어난 설탕산업 노동자의 전국 파업을 꼽을 수 있다. 이 파업에는 노동자 40만 명이 참가했다. 설탕 가격 차액을 요구하며 시작된 파업이었으며, '범죄 정부를 타도하자'는 슬로건을 내세웠다. 정부는 경찰과 군대를 동원해 탄압했다. 이 과정에서 큰 충돌이 발생했다.

노동운동의 고양과 더불어 학생들의 투쟁도 활발하게 전개되었다. '7월 26일 운동'은 학생들 사이에서도 큰 반향을 불러일으켰다. 학생들은 무장투쟁 지지를 표명했다. 1956년 2월 24일, 혁명간부회DR 결성이 발표되었다. 여기에는 학생뿐만 아니라 교수와 노동자들도 참가했다. 혁명간부회는 세포조직 형태를 취했으며, 학생운동을 지원하기 위해 무장부대를 활용했다. 1955년 설탕산업 노동자 파업 때는 혁명간부회 지도부가 노동자들과의 연대를 강화할 목적으로 노동자 가두 투쟁 지원을 위해 회원들을 파견했다.

쿠바혁명

1956년 8월 멕시코에서 '7월 26일 운동'의 카스트로와 혁명간부회의 호세 안토니오 에체베리아가 회합을 갖고 '멕시코협정'에 서명했다. 이 협정에서 두 조직은 독자적으로 무장 활동 계획을 실행하지만, 독재를 타도하고 쿠바 혁명을 실현하기 위해서는 필요한 조정을 행하기로 합의했다(キューバ教育省 編 2011, 409~411).

한편, 1956년 말 쿠바 국내에서는 프랑크 파이스를 지도자로 하는 '7월 26일 운동' 투사들이 원정대를 맞이하기 위한 최종 준비에 들어갔다. 원정대 상륙과 동시에 무장행동을 실행하고 지원하기 위해서였다. 1956년 8월 멕시코에서 카스트로와 회합을 하고 쿠바로 돌아온 파이스는 10월에 다시 멕시코로 건너가 행동 방침을 결정했다. 이것은 그란마 호 원정대 도착과 동시에 전국에서 전개할 행동 계획이었다. 파이스는 쿠바로 돌아와 각지를 돌며 자금과 무기를 모으고 상륙을 지원할 투사들을 결집시켰다.

멕시코로부터 상륙 일자를 통보받고 프랑크 파이스는 1956년 11월 30일 투사들에게 행동 전개 태세를 갖추라고 지령했다. 무기가 충분하지 않았기 때문에 산티아고를 행동 중심지로 정했다. 11월 30일 관타나모, 카마쿠에이, 산타클라라, 시엔푸에고스 등 여러 곳에서 파괴 활동이 감행되었다. 산티아고에서는 경찰 본부 공격과 해상 경찰서 점거, 몬카다 병영 공격과 수비대 출동이 계획되어 있었다. 경찰 본부 점거와 몬카다 병영 공격은 실패했다. 11월 30일부터 즉시 탄압이 이루어진 것에 비해, 원정대는 항해 중 일어난 일들 때문에 도착이 지연되었다.

1956년 12월 2일, 피델 카스트로를 비롯한 게릴라 대원 82명이 그란마 호로 쿠바 동부 코로라다 해안에 상륙했다. 본래 카스트로는 그란마 호가 오리엔테 지방에 상륙하는 시기와 산티아고에서의 봉기 시기를 맞출 계획이었다. 그러나 병참과 일정상의 문제가 생겼고, 상륙 작전 정보가 누출되었다. 그리하여 바티스타 군의 공격을 받아 60명이 죽고 22명이 살아남았다. 살아남은 사람들 가운데 10명은 사로잡혀 피네스섬에 투옥되었고, 나머지 12명만이 시에라마에스트라 산맥의 정글 지대로 숨어들어 게릴라 활동을 전개했다. 그 12명 가운데는 피델 카스트로, 라울 카스트로, 체 게바라가 있었다. 이러한 상황에서도 피델 카스트로는 "독재의 날도 얼마 남지 않았다"고 말했다. 그리고 그것은 뒷날 사실로 나타났다(Huberman et al. 1960, 55).

피델 카스트로를 비롯한 12명의 전사들이 게릴라 투쟁을 시작한 1956년 말부터 1959년 1월 1일 풀헨시오 바티스타가 쿠바를 떠나 도주하기까지의 2년은 쿠바혁명이 급박하게 진행된 시기라 할 수 있다. 12명으로 출발한 게릴라 혁명군은 시간이 지나면서 많은 인민들의 지지를 획득했다. 처음에는 인민들이 게릴라들을 숨겨 주기만 했지만, 몇 달 지나지 않아 게릴라들을 후원하기 시작했다. 끝내는 그들은 혁명군과 하나가 되었다.

1957년 1월 17일, 게릴라 부대는 라 프라다 병영을 급습해 2시간의 전투 끝에 승리를 거두었다. 3~4월에는 시에라마에스트라에 무기와 전사가 증강되기 시작했다. 게릴라 투쟁이 시에라마에스트라에 거점을 확보하면서 투쟁은 오리엔테의 다른 지역으로까지 확대되었다. 혁명군은 해방구에서 토지개혁을 실시해 농민들의 두터운 지지를 확보했다. 혁명군은 『쿠바 리브레』*Cuba Libre*라는 신문을 발행해 전국에 배포했으며, 1958년 2월 24일부터는 〈레벨데 라디오〉Radio Rebelde를 통해 방송을 시작했다. 이것은 게릴라 운동의 승리를 국민들에게 알리는 유력한 수단이 되었다. 그리고 가설 비행장을 만들어 무기와 탄약 등의 보급품을 공급받았다. 1958년 들어서는 중앙사령부 산하에 전쟁, 재판, 건설, 통신, 자금, 선전, 보건, 교육 등의 부문

이 설치되었다. 혁명군은 필요한 물자를 공급하기 위해 무기 공장, 빵 공장, 도살장, 구두 공장, 군복 제조 공장, 배낭 공장, 병기 공장 등을 세웠다. 일반 주민들의 편의를 위해 야전병원 20개소와 학교 400개소를 세웠다(キューバ 教育省 編 2011, 427).

1958년 5월 5일, 바티스타 정부군의 공격이 시작되었다. 바티스타 정권의 전투력 5분의 1을 상회하는 1만2천 명이 전투에 투입되었다. 바티스타 군은 모두 최고급 군사 장비를 갖추고 있었는데, 장비의 대부분은 미국에서 구입한 것이었다. 정부군 병력은 300명뿐이던 게릴라 부대 병력의 40배였고, 장비에서도 게릴라 측이 비교할 수 없을 정도로 열세였다. 이와 같이 병력과 무기에서 압도적인 열세였는데도 혁명군은 이를 상쇄할 만한 세 가지 강점을 갖고 있었다. 첫째, 전투는 혁명군의 본거지에서 벌어질 수밖에 없는데, 험한 산악 지대와 울창한 정글은 게릴라 전투와 방어전에 적절했다. 둘째, 정부군과는 달리 혁명군은 전투의 대가를 지불받지 않는다. 그들은 그들이 믿는 것을 위해 싸웠다. 셋째, 혁명군의 지도자들은 탁월한 능력이 있는 사람들, 즉 고무적이고 인도적이며 게릴라전의 탁월한 전략가들이었다(Huberman et al. 1960, 61~62).

쿠바혁명을 위한 투쟁이 산악 지대에서만 전개되었던 것은 아니었고, 도시에서도 점점 강화되었다. 도시에서 진행된 투쟁은 주로 '7월 26일 운동' 도시사령부와 혁명간부회 세력이 맡았다. 주요 목표는 수송 및 통신 시설에 대한 방해 활동을 실시하는 일, 봉기를 위한 자금을 모으는 일, 시에라마에스트라에 의약품을 공급하는 일, 산악 지대에서 싸울 전사를 확보하는 일 등이었다.

1957년 2월, 수도에서의 활동을 강화하기 위해 다른 혁명 그룹의 지원을 얻는 몇 가지 계획이 검토되었다. 그 계획 속에는 독재자 바티스타를 제거하기 위한 공격이 포함되었다. 1957년 3월 13일 오후 3시, 대통령 관저를 습격했으나, 목적은 달성하지 못했다. 가장 좋은 무기를 가진 지원 그룹이 전투에 가담하지 않았기 때문이다. 습격 그룹은 후퇴를 결정했다. 그러나 이미 많은 젊은 혁명가들이 피를 흘린 뒤였다. 이날 대학생연합의 지도자 호세 안토니오 에체베리아가 경찰의 총격으로 죽었다. 반독재 운동은 전국으로 확대되었다. 그 중심은 산티아고데쿠바였다. 산티아고데쿠바 시민들은 지하 투쟁을 직접·간접으로 지원했다. 혁명을 선전하고, 무기와 의약품을 모으고, 방해 활동이나 무장투쟁을 실행했다. 1957년 7월 30일에는 '7월 26일 운동' 지하조직 지도자 프랑크 파이스가 경찰의 추격을 받은 끝에 가두에서 살해되었다. 파이스의 장례식에 많은 사람들의 조문 행렬이 이어졌다. 1957년 9월 5일, 시엔푸에고스 주민들이 '7월 26일 운동'과 해군 일부의 지도로 바티스타 독재에 반대하는 봉기를 일으켰다.

지하투쟁의 특성상 많은 여성들이 활동에 참여했다. 여성들은 전단을 운반·배포하고 투사들 사이의 연락을 맡았으며, 의약품 입수와 채권 판매, 공공시설에 폭탄을 설치하는 역할 등을 담당했다. 또 체포된 자식들의 석방을 요구한다든지 젊은 혁명가의 학살을 비난하는 시위 등에 많은 여성들이 참가했다.

반독재투쟁이 고양되면서 독재 권력의 탄압도 한층 더 강화되었다. 1957년 3월 이후 테러 행위가 아바나를 비롯한 전국에서 일어났다. '7월 26일 운동'이나 혁명간부회 소속 인사들뿐만 아니라 단순히 정부에 반대하는 사람들도 공격을 받았다. 1957년 4월 20일, 아바나 시내에서 경찰이 혁명간부회 지도자 4명을 습격해 학살했다. 1957년 11월 20일에는 인민사회당 당원 호세 마리아 페레스가 잔혹한 고문을 받다 사망해 바다에 수몰되었다. 이 밖에도 많은 사람들이 독재 권력에 의해 희생되었다.

이와 같은 상황에서도 반란은 전국적으로 확대되었다. '7월 26일 운동' 지하활동 지도부는 혁명적인 총파업을 통해 바티스타 체제의 붕괴를 촉진할 계획을 세웠다. 4월 9일 오전 11시 수도의 몇몇 라디오 방송국으로부터 총파업을 호소하는 지령이 발표되었다. 많은 사업장에서 파업이 감행되었고, 정부나 기업의 사업을 방해하는 활동을 비롯해 여러 가지 저항행동이 실행되었다. 아바나에서는 파업을 비롯해 총포점 습격 등 방해 행위가, 구아나바코아를 비롯해 노동운동의 전통을 지닌 지역들에서는 무장행동이 실행되었다. 오리엔테에서 수많은 인민이 호응했으며, 산티아고데쿠바에서는 여성들이 전단을 배포하면서 파업 참가를 호소했다. 사구아라그란데에서는 전사 30여 명이 24시간 동안 시가를 장악하기도 했다.

지하투쟁의 전사들이 높은 결의와 용기를 보여 주었지만, 도시에서 강력한 반란운동을 일으킨다는 당초의 목적은 달성되지 못했다. 총파업 계획이 실패한 뒤 혹심한 바티스타 정권의 폭력 행위로 혁명투사 100여 명이 목숨을 잃었다. 4월 9일 총파업 실패는 중요한 교훈을 남겼다. 적의 세력을 결코 과소평가해서는 안 된다는 사실과 노동자 대중에 대한 활동을 강화하지 않으면 안 된다는 사실이 그것이었다. 이와 같은 교훈을 바탕으로 1958년 10월에는 전국노동자통일전선FONU이 결성되었다. 전국노동자통일전선은 쿠바노동총연맹CTC의 노동요구방위·민주화전국위원회, 혁명간부회, 쿠바혁명당PRC, 쿠바인민당PPC 양당의 노동 부문이 중심이 되어 결성했으며, 중심 역할은 무장투쟁의 대표 조직인 '7월 26일 운동'과 노동자 조직화에 많은 경험을 쌓은 인민사회당이 맡았다(キューバ教育省 編 2011, 428~430).

1958년 중반 들어 정세는 혁명군에게 유리하게 변화했으며, 새로운 전선과 새로운 부대가 만들어졌다. '7월 26일 운동' 지도부는 최종 전략으로서 세 가지 방향에서 진격할 것을 결정했다. 첫째 방향은 산티아고데쿠바였다.

이것은 뒤에 오리엔테 전역을 점령하기 위한 오리엔테 작전 계획으로 바뀌었다. 둘째 방향은 라스비야스였다. 셋째 방향은 시엔푸에고스였다.

바티스타 정권의 게릴라 섬멸 작전이 실패하면서 반바티스타 전선의 반격이 시작되었다. 1958년 7월 20일, '7월 26일 운동', 혁명간부회, CTC 노동요구방위·민주화전국위원회, 대학생연맹 등 반바티스타 세력이 결집해 협의체를 형성했다. 이 협의회는 '카라카스협정'을 발표했다. 카라카스협정은 통일 강령으로서 ① 무장투쟁과 시민의 노력에 따른 일대 총파업, ② 독재 타도 후 임시정부 수립과 입헌·민주적 절차를 통한 국가 정상화, ③ 임시정부의 최소 강령은 범죄자 처벌, 노동자의 권리 보장, 국제협정 준수, 쿠바인의 경제·사회·제도적 진보 실현 등임을 규정했다(巢山靖司 1981, 222).

이 협정 체결에 인민사회당은 배제되었다. 인민사회당은 바티스타 타도가 '7월 26일 운동'의 전략인 무력에 의해서가 아니라 노동자·농민의 집단행동(파업이나 시위 등)으로 성취될 수 있을 것이라고 주장했다. 인민사회당은 총파업의 실패에도 아랑곳하지 않고 국민들이 여전히 피델 카스트로를 지지하고 있다는 사실을 파악하고는 전술을 바꾸어 피델 카스트로의 운동을 지지하기 시작했다(Huberman et al. 1960, 65).

이처럼 급박한 상황에서도 바티스타는 1958년 11월 3일 대통령 선거를 실시했다. '7월 26일 운동' 지도부는 모든 전선과 혁명군 부대에 부정 선거를 저지 행동을 취할 것을 지령했다. 선거 결과 투표율 30퍼센트로 여당 후보 안드레 리베로 아게로가 당선되었다. 바티스타 정권의 정책이 유지될 공산이 컸다. 대통령 취임식은 1959년 2월 24일로 예정되었다.

이와 같은 정세 변화에 대응해 1958년 12월 1일에는 혁명 세력의 통일을 위한 중요한 협정이 체결되었다. '7월 26일 운동'과 혁명간부회가 엘 페드레로협정을 체결한 것이다. 12월 9일에는 인민사회당이 여기에 참여할 것을

표명했다. 그리하여 독재에 대한 최종 공세의 조건은 갖추어졌다(キューバ
教育省 編 2011, 435).

1958년 12월 초에는 정치적으로나 군사적으로 혁명군의 승리가 가까이
다가오고 있다는 징후들이 나타났다. 서부 쪽 진격은 성공적으로 진행되었
고, 다른 두 전선도 완전히 장악되었다. 그 밖에 마탄사스, 아바나, 피나르
델리오에도 게릴라 그룹이 침투했다. 전투는 전국으로 확대되었다. 12월 말
이 되자 전쟁은 거의 막바지였다. 바티스타는 그것을 알았다. 그는 신년 정
초 새벽 2시 10분에 도미니카로 망명하기 위해 산토도밍고로 가는 비행기
에 올랐다(Huberman et al. 1960, 70).

혁명 정권 수립

1959년 1월 1일, 독재 권력이 무너진 가운데 피델 카스트로 총사령관은 산
티아고데쿠바 시에 입성했다. 산티아고데쿠바는 약 6년 전 카스트로가 최
초의 반독재 투쟁, 즉 몬카다 병영을 습격을 행했던 곳이다. 그다음 날인 1
월 2일에는 전국연합노동전선이 피델 카스트로의 호소에 따라 혁명적 총파
업을 감행했다. 노동자들은 직장을 점거하고 노동조합에서 무할파 지도자
들을 추방했으며, 혁명 부대를 지원하기 위해 민병대를 조직했다. 1월 2일
부터 4일까지 계속된 총파업은 혁명 승리에 중요한 역할을 했다. 노동자들
은 일치된 행동으로 혁명군 지지를 표명하고 제국주의자의 책략을 배격했
다.

혁명군은 곧바로 혁명정부를 구성했는데, 대통령에는 몬카다 습격 때
명예로운 역할을 수행한 재판관 마누엘 우루티아를, 수상에는 아바나 법조
협회 회장이며 연합운동 사무총장인 호세 미로 카르도나를 임명했다. 혁명

권력은 부르주아 국가기구를 해체하고 다음과 같은 조치를 취했다. ① 과두체제와 제국주의 수단이었던 군대와 경찰 해체 및 비무장화, 그것을 대체하는 혁명군과 전국혁명경찰 설치. ② 독재의 공범자인 정당 해산. ③ 전국·지방 국가권력 기관의 폐지. 이를 대신한 혁명기관 설치. ④ 독재의 억압 기관이자 반공 조직인 공산주의자활동억지국, 비밀경찰, 준군사 조직 등 해체. ⑤ 사법기관 정화와 정치 및 혁명 활동 억압을 위해 설치된 긴급재판소 폐지. 혁명재판소 설치를 통해 전쟁범죄인, 억압적 관리와 고문자, 독재 공범자 등에 대한 재판을 행함. ⑥ 독재의 공범자들이 장악했던 행정의 건전화. ⑦ 독재권력을 등에 업고 국가자금 유용이나 부정한 거래 등으로 축재한 자의 횡령 자산 접수. ⑧ 무할파 노동 관료 해체(キューバ教育省 編 2011, 451~452).

1959년 2월 24일에는 혁명정부의 개편이 이루어졌다. 피델 카스트로가 혁명정부 수상으로 취임했고, 같은 해 7월에는 오스발도 도르티코스 토라도가 대통령으로 취임했다. 혁명정부는 1959년 말까지 여러 가지 경제·사회 정책을 실시했다. 민족 주권 회복, 저개발 탈피, 사회정의의 확립 등을 목표로 정책을 시행했다. 이 기간에 시행된 주요 정책은 다음과 같다. ① 독재 시대에 해고된 노동자들이 직장에 복귀했다. ② 3월 3일, 미국 독점체이며 독재 권력과 결탁해 인민의 이익에 반하는 수상한 사업을 행했던 쿠바전화회사에 대한 정부의 경영 개입이 행해졌다. ③ 3월 6일, 인민이 지불하는 집세를 50퍼센트 인하하는 법률이 제정되었다. ④ 3월 20일, 의약품 가격 인하가 승인되었다. ⑤ 4월 21일, 국내 모든 해안 개방이 선언되었다. ⑥ 5월 17일, 제1차 농업개혁법이 공포되었다. ⑦ 8월 20일, 전기 및 가스 요금이 인하되었다. 이와 같은 조치와 더불어 광범한 공공사업과 주택 계획이 시작되었다. 소외 지역 병원 건설, 농촌부의 교육 지원, 병영의 학교 전환,

비합법 도박·마약거래·밀수·매춘의 폐지가 행해졌다.

혁명정부가 발표한 정책 가운데 가장 핵심적인 것은 제1차 농업개혁법이었다. 농업개혁은 지역적으로 극히 한정되기는 했지만 이미 해방전쟁 기간, 즉 1958년 10월 10일 시에라마에스트라에서 공포된 것이었다. 농업개혁법은 해방구에 있는 국유지, 독재 봉사자의 토지, 토지 강탈자의 토지 분배를 규정했다. 농민을 착취로부터 해방하고 대토지소유제도latifundio를 폐지하며 저개발을 근절한다는 혁명의 목적을 실현하기 위해서는 이 정책을 유지하지 않으면 안 되었다. 이 법률의 주요 내용은 다음과 같다. 첫째, 토지소유 면적의 최고 한도는 30카바예리아(약 400헥타르)이며, 쿠바인 및 외국인의 대토지 소유가 폐지된다. 둘째, 토지소유권은 토지를 경작하는 농민에게 주어지며, 소작료는 한꺼번에 또 영구적으로 폐지된다. 농민은 모든 형태의 착취와 토지 추방 위협으로부터 해방된다. 셋째, 농업노동자는 저임금, 장시간 노동, 해고나 '죽음의 계절'[9]에 대한 위협으로부터 해방된다.

이 법률을 시행하고 농업 개혁을 지도할 기구로서 전국농업개혁국INRA이 설립되었다. 농지개혁에 따라 대부분의 외국인 소유 농지는 그것을 경작하던 소작농이나 그곳에서 일하던 노동자들에게 분배되었다(キューバ教育省 編 2011, 453~455).

혁명정부가 이와 같은 정책을 계획하고 시행하는 가운데, 국내외 반동 세력의 반혁명 운동이 계속 전개되었다. 미국은 충실한 대행기관처럼 움직였던 바티스타 정권이 무너지고 혁명정권이 수립되자 노골적인 반혁명 공세를 취했다. 미국의 반혁명 활동은 대중매체를 통한 캠페인으로부터 방해

9_일자리를 찾기 어려운 3~4개월의 긴 기간을 일컫는다.

활동, 테러, 침공 계획에 이르기까지 광범했다. 미국은 혁명에 대한 중상 캠페인을 벌이고 반공 선전을 전개하는 한편, 바티스타 일당과 측근을 보호하고 망명을 도왔으며 쿠바 내의 반혁명을 지도했다.

이와 같은 반혁명 활동이 전개되는 가운데, 혁명 방위를 위한 노동자의 결집이 이루어졌다. 1959년 11월, 쿠바노동총연맹 제10회 대회가 개최되었다. 혁명 후 최초의 대회였다. 이 대회는 혁명과 총사령관을 지지하며, 제국주의·반동·반혁명에 대해 단호한 투쟁을 전개할 것을 결의했다. 혁명 방위를 위해 혁명 승리 직후부터 도시와 농촌의 일터에서 민병이 구성되었다. 혁명 방위를 위한 인민 조직도 성립되었다(キューバ教育省 編 2011, 458).

혁명정부의 정책 시행과 혁명 방위 활동 전개로 이미 갈등 조짐을 보이던 쿠바와 미국 관계는 1960년 5월 위기에 이르렀다. 쿠바 정부는 텍사코Texaco, 스탠더드, 로열더치셸Royal Dutch Shell 소유의 거대 정유공장에 그동안 이 세 회사가 정제해 준 것보다 싼 가격으로 소련으로부터 구입한 원유를 정제해 줄 것을 요청했다. 이들 정유회사는 미 국무성 지침에 따라 이런 요청을 거절했고, 쿠바 정부는 결국 이들의 정유 공장을 몰수했다. 아이젠하워 대통령은 쿠바 설탕 쿼터를 없애는 것으로 보복했고, 쿠바 정부는 이에 대응해 미국인 소유의 많은 재산을 몰수했다.[10] 같은 해 10월에 아이젠하워는 대쿠바 수출금지령을 내렸다. 이러한 미국의 조치는 쿠바 정부를 한층 더 자극해 시어스Sears, 로벅Roebuck, 코카콜라Cocacola, 모아Moa 만의 거대한 니켈 광산 등 미국인 소유 재산 몰수가 이어졌다.

두 나라 사이의 관계가 악화되자, 미국 중앙정보국CIA은 여러 망명 그룹

10_쿠바 정부는 이전에는 이들 재산의 운영권만을 접수했다.

들에 무기와 훈련 자금을 제공했고, 쿠바 침공을 위한 훈련 캠프를 과테말라에 설치했다. 아이젠하워는 임기 말인 1961년 1월 3일 쿠바와의 외교 관계 단절을 선언했다. 그로부터 3개월 뒤 케네디 대통령은 쿠바 침공 계획을 승인했고, 망명자들로 구성된 침공군이 4월 15일 피그만에 상륙했다. 그러나 쿠바 군대는 이들을 신속하게 제압했다. 계획과 실행이 더할 나위 없이 허술했던 이 피그만 침공은, 쿠바 인민이 망명자들의 상륙 소식을 들으면 이에 호응해 반란을 일으킬 것이라는 잘못된 가정에 근거하고 있었다. 피그만 침공의 실패는 혁명정부의 위상을 더욱 높여 주었고, 쿠바 경제와 사회의 급진적 개혁을 위한 새로운 동기를 제공했다(킨 외 2014 하, 259).

미국이라는 완강한 벽에 직면한 쿠바 혁명정부는 쿠바 혼자 힘만으로 미국의 경제체제와 대결을 벌이는 데는 한계가 있다고 판단해 다른 나라들과의 연대를 모색했다. 서유럽 국가들과 중립 국가들로부터의 원조가 끊어지고 유고슬라비아로부터의 무기 공급도 막히자 쿠바 정부는 소련과의 연대를 적극 추구하게 되었다. 1959년 1월 11일 소련은 쿠바 혁명정부를 승인했고, 같은 해 8~10월 사이에 쿠바 설탕 50만 톤을 국제시장 가격으로 구입했다. 1960년 2월 4일, 소련 부수상 아나스타스 미코얀이 쿠바 초청으로 아바나를 방문해 1960년 1년 동안 쿠바 설탕 42만5천 톤, 이후 4년에 걸쳐 매년 설탕 100만 톤을 구매하겠다는 내용의 무역협정을 체결했다. 1960년 이후 12년 동안 연리 2.5퍼센트의 1억 달러 경제차관을 제공한다는 경제협정도 체결했으며, 쿠바에 대한 무기원조에도 동의했다. 이 밖에도 소련은 쿠바 경제발전과 새로운 공업·에너지·광산·농목업 시설 건설을 위한 자금 및 기술 원조를 제공했다(巢山靖司 1981, 225~226).

사회주의혁명 선언

인민대중의 광범한 지지와 국제적 연대를 확보한 혁명정부는 경제·정치·사회적 변혁을 추진했다. 이것은 쿠바의 경제적 자립을 보장하는 일이었으며, 인간 착취를 폐절하는 기초를 만드는 일이었다.

1960년 8월 6일의 미국계 기업 국유화에 이어 같은 해 10월에는 제당 공장 105개, 섬유 공장 50개, 철도회사 8개, 영화배급회사 11개, 백화점 13개, 정미소 16개, 알코올음료 공장 6개, 커피 가공소 11개, 상업용 창고 47개, 연유煉乳 공장 6개가 접수되었다. 은행도 모두 국유화되었다. 이러한 기업이 혁명정부 손에 이양됨으로서 국가가 경제의 주요 부문을 장악하는 체제로 바뀌었다. 이와 함께 '도시개혁법'이 공포되어 세입자에게 주택 소유권이 주어졌다.

혁명 직후에 특히 중점 정책으로 떠올랐던 것이 보건·위생이었다. 소외지역에 대한 의료서비스 확대와 무상 의료 및 의약품 가격 인하를 위해 많은 자금이 투자되었다. 교육 정책도 혁명정부의 중대 과제였다. 1년 남짓 되는 기간(1959~1960년)에 혁명 이전 50년 동안에 지어진 교실 수와 같은 교실이 지방에 신축되었다. 취학 아동 수는 1958년의 71만7,417명에서 1959년에는 105만119명으로 증가했다. 1959년 9월, 교실 1만 개 건설을 위한 법률이 공포되었다. 1960년에는 병영 69개가 학교로 바뀌었다(キューバ教育省 編 2011, 466~467).

다음으로는 문자해득 운동literacy campaign이 1961년부터 실시되었다. 문맹 퇴치는 단순히 기술적이거나 교육적인 문제가 아니었다. 그것은 사회와 경제를 혁명적으로 전환하는 데 밀접하게 연결되어 있는, 중대한 정치적 과제로 설정되었다. 문맹과 교육의 결핍은 침묵, 주변화, 억압을 불러왔다. 대중 교육은 불평등의 세기를 마감하고 가난한 사람들에게 권능을 부여할 수 있는 핵심 수단이었다. 학생 10만 명을 포함한 도시 쿠바인 25만 명을 새로운 교육 과정에 동원한 것은 구질서 아래서 상대적으로 물질적인 안락 속에서 살던 도시의 교육 받은 사람들을 대상으로 한 정치 교육 프로젝트 또는 '의식화'concientizacíon의 일환이었다. 문자해득 운동은 쿠바 사회에서 반복해서 언급된 근본적 가치, 즉 '혁명은 평등한 교육을 보장한다'는 사상을 생생하게 보여 주었다(촘스키 2014, 83~84).

혁명정부의 이와 같은 정치·경제·사회적 정책 실시를 바탕으로 하여 쿠바는 사회주의로 가는 길에 들어서고 있었다. 드디어 1961년 4월 16일, 피델 카스트로는 제국주의의 공중 폭격으로 희생된 사람들의 장례식전에서 사회주의혁명을 선언했다. 이로써 쿠바혁명은 반독재·민주주의 혁명으로부터 사회주의혁명 노선으로 전화했다. 이와 같은 혁명의 급속한 이행 동인은 무엇이었던가.

첫째, 쿠바 경제와 사회를 과두제와 제국주의가 완전히 지배하고 있는 조건에서, 20세기 초두 이후 미국 제국주의는 쿠바의 종속적인 사회·경제 구조의 구성 요소를 이루고 있었다. 그래서 반바티스타라는 민주주의적 과제를 실현하기 위해서는 제국주의와 대결하지 않을 수 없었다. 농지개혁의 실시 과정이 이와 같은 사실을 반증한다.

둘째, 민주주의적 과제와 반제국주의적 과제 실현을 보장하기 위해 혁명 지도부는 노동자계급을 중심으로 한 인민 세력에 의존하지 않으면 안 되었다. 혁명 지도부는 현실의 곤란과 모순에 대응하는 과정에서 사상적 발전을 꾀하게 되었으며, 인민대중도 사회변혁 과정에 참가하고 혁명 지도부와 교류하는 과정에서 혁명 의식을 형성·발전시키게 되었다(浜林正夫 외 1996, 하권, 168).

쿠바 사회주의 건설을 위한 제1 목표는 경제구조의 변혁이며, 이를 위한 가장 중요한 과제는 설탕 단일경작monoculture과 같은 반식민지적 경제구조로부터 탈피하는 것이었다. 이러한 과제 해결을 위해 1961년부터 1962년까지 전면적인 공업화와 농업의 다각화가 중심 목표로 설정되었다. 그러나 이런 전략은 계획 작성 문제, 통계의 불비, 설탕 생산 저하와 자본재 수입 급증에 따른 국제수지 적자, 경제 봉쇄, 인재 부족 등 때문에 실패로 끝났다. 1963년 피델 카스트로 수상의 소련 방문을 계기로 설탕 생산을 기축으로 한 새로운 발전 전략이 수립되었다. 이와 같은 발전 전략은 소련과의 장기 무역 계약에 따른 설탕 수출시장 확보와 자금 협력으로 담보되었다.

1963년 10월 3일 제2차 농지개혁법이 공포되었으며, 이에 따라 5카바예리아(6.5헥타르) 이상 토지는 모두 국유화되어 대지주는 완전히 배제되었다. 농목업 부문 70퍼센트가 국영농장으로 편입되었고, 나머지 부분은 전국소농연합ANAP의 관리로 들어갔다.

쿠바 사회주의 건설에서 제기되는 또 하나의 목표는 혁명의 정치적 지도 조직 발전과 정치체제의 제도화였다. 혁명의 전체 과정에서 결정적 역할을 수행한 것은 '7월 26일 운동'이었으며, 인민사회당은 혁명운동에서 전위조직으로서 역할을 충분히 발휘하지 못했다. 그러나 인민사회당과 혁명간부회, 그 밖의 혁명조직의 역할을 결코 부정할 수는 없다. 사회주의혁명을 실현하는 과정에서 단일한 정치조직의 형성이 추구되어, 1962년 3월 8일에는 '7월 26일 운동', 인민사회당, 혁명간부회 등 세 혁명조직이 통합해 통일혁명조직ORI이 창립되었다. 전국 지도부는 '7월 26일 운동' 13명, 인민사회당 10명, 혁명간부회 2명 합계 25명으로 구성되었다. 그 후 1963년 9월, 통일혁명조직은 사회주의혁명통일당PURS으로 개칭되었고, 1965년 10월에는 쿠바공산당PCC으로 이름을 바꾸었다.

이와 같은 정당 체제의 통합과 더불어 새로운 국가기구는 과두 체제 국가기구가 붕괴되고 해체된 바탕 위에서 중앙집권적 체제에 기초해 형성되었다. 쿠바형 직접민주주의를 추구해가는 과정이었으나, 이는 결코 단기간에 이룩되지는 못했다(하마바야시 마사오 외 1996 하, 169~170).

쿠바 위기

쿠바에서 사회주의혁명이 선언되고 변혁적인 정책이 추진되는 가운데 1962년 10월 이른바 '쿠바 위기'가 발발했다. 미국은 1959년 혁명 이후 쿠바에 대해 경제 봉쇄, 방해 활동, 혁명 지도자에 대한 암살 계획, 테러집단 침투, 국제적으로 쿠바를 고립시키기 위한 외교 압력의 확대 등의 방법을 동원했다. 이와 같은 상황에서 1962년 여름 소련 대표단이 쿠바를 방문했다. 소련은 쿠바에 핵탄두 탑재 중거리 탄도미사일 설치를 제안했고, 쿠바 정부는 방위 능력 강화를 위해 이 제안을 받아들였다.

1962년 10월 15일, 미국의 U2 정찰기는 쿠바에 있는 소련의 중거리탄도미사일 기지를 확인했다. 10월 22일 케네디 대통령은 쿠바에 대한 해상 봉쇄를 발표함과 동시에 소련의 미사일을 철거하지 않을 경우 쿠바를 폭격하겠다고 경고했다. 이에 피델 카스트로 총사령관은 임전 태세를 갖추라고 명령했다. 그리하여 세계는 핵전쟁의 공포와 직면하게 되었다. 정세는 긴박해졌으며, 핵전쟁을 회피하고 교섭을 통해 분쟁을 해결하려는 외교적 노력이 실행되었다. 국제연합UN 안전보장이사회에서 중요한 논의가 이루어졌고, 국제연합 사무총장이 교섭의 중재자로 지명되었다. 결국 10월 28일 소련의 흐루쇼프는 케네디에게 미국이 쿠바를 침공하지 않겠다고 약속한다면 소련은 미사일을 철거하겠다고 통보했다. 케네디가 흐루쇼프의 제안을 수용해 쿠바 위기는 해소되었다.

1962년 10월 15일부터 28일까지의 '인류 위기 13일 동안'은 전후 국제 정치에서 중요한 전기가 되었다. 평화공존이라는 이름으로 미국과 소련 양 대국의 세력 균형 체제가 확립·강화되었고 양국의 핵 균형·독점이 상호 승 인되었다. 모스크바와 워싱턴 사이에 긴급 직통 전화가 개설되었으며, 1963년 8월에는 지하 실험을 둘러싼 부분 핵 정지 조약이 체결되었다(하마 바야시 마사오 외 1996, 하권, 171~172).

라틴아메리카 국가들에서의 계급투쟁 발전

쿠바 위기는 해소되었으나 국내외의 반혁명 활동이 완전히 근절된 것은 아 니었다. 이와 같은 상황에서도 쿠바 사회주의혁명은 계속 진행되었다. 쿠바 에서 새로운 사회가 건설되었다는 사실은 사회주의 사상이 라틴아메리카 대륙 국가들에서 이질적인 어떤 것이 아니라는 사실을 충분히 입증해 주었 다. 쿠바혁명이 성공을 거두면서 광범위한 인민의 저항 의식이 촉발되었다. 또 라틴아메리카 몇몇 나라들에서는 진보 세력의 강력한 요구로 반공법을 비롯한 반민주 법률이 폐지되었고, 공산당이 합법화되었다. 진보 세력들은 브라질과 다른 몇몇 국가들에서 테러 정권을 구축하려는 반동 세력의 계획 을 무산시켰다. 1960년대 초 멕시코, 페루, 과테말라 등 여러 국가들에서는 반제국주의 전선과 연합체가 결성되었다.

이와 동시에 라틴아메리카 대륙 차원에서 진보 세력을 통합하려는 노력 이 강화되었다. 1961년 3월, 멕시코에서 라틴아메리카 반제국주의 세력의 대 표적인 포럼인 '민족 주권과 경제 해방, 그리고 세계평화를 위한 라틴아메리 카 회의'the Latin American Conference on National Sovereignty, Economic Emancipation, and World Peace가 열렸다. 해방운동의 새로운 단계는 라틴아메리카 국가들의 사회·경제 생활에서 노동자계급의 역할 증대와 연관되어 있었다.

계급투쟁은 계속 발전해 나갔다. 라틴아메리카 노동자계급 투쟁은 쿠바 혁명 승리의 영향을 받아 새로운 내용으로 채워지고 새로운 투쟁 형태를 취하면서 발전했다. 라틴아메리카 국가들의 경제가 제국주의에 종속되어 있는 상황에서, 계급투쟁과 혁명 발전은 인민들의 반제국주의 의식 증대와 직접 관련되어 있었다(소련과학아카데미 2012, 333~334).

노동운동의 전개

바티스타 독재 시기

7월26일 운동이 감행한 1956년 11월 무장봉기 이후, 바티스타 정권의 정치적 탄압은 더욱 강화되어 체포·고문·살인 등이 자행되었다. 독재 권력의 테러가 강화되면서 정권에 대한 저항행동은 더욱 확대되고 전투적 성격을 띠게 되었다. 1958년 들어서는 쿠바의 수많은 인민이 바티스타 독재에 반대하는 대열에 참여하게 되었고, 반바티스타 무장 혁명군의 공격이 본격화되었다.

바티스타 정권의 붕괴 위험이 커짐에 따라 노동자의 파업투쟁도 증가되었다. 파업의 성격은 사실상 경제투쟁과 정치투쟁을 구분하기가 어려웠다. 경제적인 요구에서 출발한 파업이 어느 시점에 이르면 정치적인 요구로 전환되기도 했다. 1955년 12월에 일어난 라스비야스 설탕정제 노동자의 파업은 경제 파업으로 시작했으나 곧 정치 파업으로 진전되었으며, 1956년 8월에 일어난 아바나 은행노동자 파업도 그러했다.

1957년 8월과 1958년 4월에 발생한 두 개의 주요 파업 사례는 처음부터 정치적 성격을 띠었다. 1957년 8월 파업은 지하 조직인 '7월 26일 운동' 지도자 프랑크 파이스가 살해당한 데 항의해 시작되었다. 처음에는 동부 지역에서 우발적으로 파업이 일어났으나, 8월 5일 '7월 26일 운동'을 비롯한 몇몇 조직이 합세해 공인 노동조합과 공산주의자들이 회합을 갖고 시 차원의 총파업을 이끌었다. 1957년 8월 파업은 최종 성과를 떠나 더 큰 정치적 가능성을 보여 주었다.

1958년 4월의 총파업은 게릴라 조직과 '7월 26일 운동' 연계 조직이 주도해 일으킨 파업이었다. 이 파업은 주로 세 갈래에서 진행되었다. 그 첫 번째 갈래는 전국노동전선FON으로서 이 조직은 노동자들을 직접 파업에 동참하도록 했다. 두 번째는 시민저항운동MRC으로서 이 조직은 정부에 대응하는 사보타주와 제한된 무장행동을 이끌었다. 세 번째는 전국학생전선FEN으로서 학생들을 파업투쟁의 지원 행동으로 이끌었다.

한편 바티스타 독재 말년에 노동운동 내에서는 정권에 반대하는 지하 세력이 활동을 벌이고 있었다. 이 지하세력의 주류는 '7월 26일 운동'이었으나 다른 그룹도 존재했다. 이 지하 세력은 전국노동전선과 결합되거나 전국연합노동전선FONU과 결합되어 있었다. 카스트로가 멕시코에 머물고 있을 때, 그는 '7월 26일 운동'의 노동 부문 설립을 제안했다. 카스트로와 게릴라 그룹은 카스트로의 제안에 따라 '7월 26일 운동' 내에 노동 부문을 설치했다. 노동 부문에는 노동자 약 1만5천 명이 속해 있었던 것으로 추정되었다. '7월 26일 운동' 비밀조직 구성원들 가운데 많은 사람이 구속되거나 살해되었다(Alexander 2002, 157~160).

혁명정부 시기

바티스타 정권 퇴진 이후, 쿠바노동총연맹CTC 산하 모든 노동조합은 '7

월 26일 운동' 노동 부문이 장악했다. 노동조합에 대한 혁명적 장악은 지역 차원에서 이루어졌다. '7월 26일 운동'은 혁명 이전에 지하에서 노동조합을 장악한 경우도 있었다. 은행 사무직 노동조합이 그러한 경우였다.

'7월 26일 운동' 노동 부문 외의 공산주의자들을 비롯한 다른 정치 그룹도 혁명 직후 약 1개월 동안 노동운동 부문에서 활동했다. 혁명 이후 '전국 노동자위원회'CON가 공개적으로 활동하게 되었고, 아바나를 비롯한 여러 지역에서 다시 인정을 받기 시작했다.

혁명 직후 기업 단위 노동조합과 연맹체의 지역 간부들은 기업주들과 단체교섭을 시작했다. 1959년 9월에 이르러서는 거의 대부분의 노동조직이 새로운 단체협약을 체결할 수 있었다. 노동부의 조정 및 중재 단위는 대단히 활발하게 활동했다. 당시 노동조합의 가장 절실한 요구는 전체 노동자의 임금 인상이었고, 산업별로 아주 다양한 임금협정이 맺어졌다. 담배제조산업의 경우에는 특정 노동조합에 따라 임금인상률이 13퍼센트에서 45퍼센트에 이르렀으며, 식품산업의 경우에는 20퍼센트에서 40퍼센트까지 다양했다. 새로 조직된 광산노동조합연맹은 산하 조직에 대해 35퍼센트 정도의 높은 임금 인상을 요구하도록 독려했다. 이 밖에 건설업이나 제약업, 방목도살장노동조합연맹의 경우에도 높은 수준의 임금 인상을 요구해 일정 정도 요구를 관철시킬 수 있었다. 이 시기 단체교섭 과정에서 파업이 발생하는 경우는 매우 적은 편이었다. 그 이유는 혁명적 상황이라는 점과 기업주들이 노동자 측과 교섭하면서 지나치게 자기 입장을 고집하지 않았다는 점 때문이었다. 피델 카스트로 역시 석유노동자와 설탕제조 노동자들에게 파업을 자제해 줄 것을 호소했다(Alexander 2002, 184~186).

혁명정부가 수립되고 1개월 뒤, 전국의 모든 노동조합들이 선거를 실시했으며, 33개 노동조합연맹은 전국 대회를 열어 각 조직의 지도부를 선출했다. '7월 26일 운동'은 각급 단위 노동조합 선거에서 압도적으로 우세했다. 이러한 정황은 쿠바노동총연맹 제10차 대회에 파견된 대의원의 분포에서도 잘 드러난다. 전체 대의원 3,200명 가운데 '7월 26일 운동'은 2,784명(87퍼센트)을 차지했고, 공산주의자는 224명(7퍼센트)이었으며 그 밖의 다른 그룹은 합계가 192명(6퍼센트)이었다.

쿠바노동총연맹 제10차 대회는 1959년 11월 18일 열렸다. 6일 동안에 걸친 대회에서 가장 중요한 관심의 대상이 된 것은 쿠바노동총연맹 지도부 선출에 관한 것이었다. 쿠바노동총연맹 산하 33개 연맹 가운데 25개 연맹이 지도부에 공산주의자가 포함되는 것을 반대했다. 다만 항공, 호텔·레스토랑, 섬유, 판매원, 금융·보험의 5개 연맹은 공산주의자들과 '배합'하는 것에 찬성했으며, 나머지 3개 연맹은 뚜렷한 견해를 밝히지 않았다. 피델 카스트로는 쿠바노동총연맹 지도부에 공산주의자들을 배제해야 한다고 주장하는 것은 '반혁명적'이며 '범죄 행위'라고 주장했다.

이런 가운데 노동조합운동의 구조적 재편이 이루어졌다. 먼저 1961년에 제정된 법률은 노동조합의 기본 구조를 근본적으로 바꾸었는데, 노동조합연맹을 전국 산업별 노동조합으로 개편했다. 그리하여 34개 연맹이 25개 전국 산업별 노동조합으로 재편되었다. 노동조합 구조에서 또 한 가지 큰 변화는 지역 레벨에서 '노동자 시민군'을 설치한 것이었다. 1960년 1월, 쿠바노동총연맹 집행부는 모든 사업장에 노동자 시민군을 설치하도록 지시했다. 6월까지 아바나에서 7만 명이, 쿠바 전체에서 50만 명이 군사 훈련을 받았다. 노동자 시민군은 준군사 조직으로서 그 조직의 구성원은 초보적인 군사 훈련을 받아야만 했다. 이 조치는 반혁명에 대비하기 위한 것이었다.

노동운동의 재편성 과정은 1961년 11월 26~28일에 열린 쿠바노동총연맹 제11회 대회에서 절정에 이르렀다. 대회에 참가할 대의원 9,650명을 선출하는 과정에서 노동조합 민주주의는 실종되었다. 대부분의 경우, 노동자들은 쿠바노동총연맹의 공식 기구인 '노동자 전위'가 작성한 공식적인 단일 후보자 명단을 두고 이의 없이 투표했다. 이와 같은 대의원 선출 방식은 쿠바 노동운동 전체에 통용되는 표준이 되었다. 제11회 대회에서 쿠바노동총연맹의 새로운 지도부가 선출되었다. 라사로 페냐가 사무총장으로 선출되었는데, 그는 1기 바티스타 정권 시기 쿠바노동총연맹의 대표였던 사람으로 고참 공산주의자였다. 페냐 말고도 오랜 경력을 가진 공산주의자들이 집행위원으로 선출되었다. 새로 선출된 쿠바노동총연맹 지도부에는 '7월 26일 운동' 소속 인사들이 많이 포함되었다(Alexander 2002, 216~218). 이로써 쿠바 노동조합은 전통적인 성격으로부터 정부와 정당의 부속기관으로 전환되기 시작했다.

제11회 쿠바노동총연맹 대회 이후 노동자들은 사실상 파업권도 상실하게 되었다. 1961년 1월 4일 공포된 법률 제924호는 "모든 반혁명 활동은 직업과 분리 또는 해고의 대상으로 된다"고 규정했다. 여기서 규정한 반혁명 활동은 "산업을 마비시키거나 혁명적 조치의 발전에 장애를 만들기 위해 노동 현장에서 어려움을 야기할 목적으로 수행되는" 일체의 행위를 말한다. 이 조항은 명백히 생산에 방해되는 조직적인 기도를 범죄 행위로 규정했다. 노동운동이 장기간에 걸친 투쟁을 통해 쟁취한 권리를 스스로 포기하는 것은 결코 자발적인 상실이라고 해석할 수는 없다.

카스트로 정권이 노동운동에 부과한 새로운 임무 가운데 하나는 노동자들 사이에 개인적인 경쟁을 조직하는 일(스타하노프 법)이었다. 그것은 공식적으로는 '사회주의적 경쟁'으로 표현된다. 정부는 사회주의적 경쟁을 조직하는 일은 노동운동의 기본 임무 가운데 하나라고 지적했는데, "왜냐하면 경쟁은 생산의 사회주의적 양식에서 객관적 원리이기 때문이다"라는 근거에서였다. 그리고 노동자 대중의 의식적인 행동은 노동조합과 국가기관에 의해 조직되고 방향이 설정되지 않으면 안 된다고 정부는 강조했다 (Alexander 2002, 229~230).

이와 같은 상황에서는 노동조합은 더 이상 노동조합원들의 임금을 둘러싼 교섭을 충실하게 행할 수 없었다. 그리하여 임금 결정은 노동부의 소관이 되었다. 또 정부는 초기에는 성과급 체계를 선호했다. 이러한 정부 정책에 대해 쿠바노동총연맹은 이의를 제기하지 않았으며, 오히려 정부 방침을 수용했다. 새로 재편된 노동조합들은 임금 인상 투쟁을 포기하다시피 했고, 설탕노동조합은 임금동결에 동의했다. 이와 같은 사례는 다른 노동조합에까지 파급되었다.

노동시간은 주 단위로 표준 44시간이었으나, 얼마지 않아 연장되었다. 국가노동사회안전위원회는 부문별 노동자 그룹에 따라 노동시간 연장을 허용했다.

카스트로 정권이 실시한 또 한 가지 중요한 정책은 대규모적인 무급노동이다. 쿠바 정부는 이데올로기적이고 경제적인 이유로 무급노동의 사용을 독려하거나 조직했는데, 실제로는 강요였다. 공식적으로는 '자발적 노동'이라고 불렸다. 자발적 노동에는 다섯 가지 유형이 있었다. ① 고용된 노동자가 정규 노동시간 외에 수행하는 노동, ② 고용되지 않은 여성의 자발적 노동, ③ 사회주의 교육 방법으로서 학생들이 수행하는 노동, ④ '사회복귀' 수단으로서 정치·행정적 죄수들이 수행하는 노동, ⑤ 의무적인 군 서비스의 일환으로 수행되는 노동이 그것이다.

이와 같이 쿠바혁명 초기의 노동운동은 무기력하기만 했다. 노동조합의 산하 조직은 정부 기업 경영의 도구처럼 변화하게 되었다(Alexander 2002, 230~233, 237~238).

6장
아프리카 국가의 노동운동

아프리카 인민은 1960년을 아프리카 결단의 해로 만들고자 한 의도를
극히 당당하고 또 빠르게 수행했다.
…… 대부분의 아프리카인들에게는 이 아프리카의 격동적인 부활이
청천벽력처럼 갑자기 온 것으로 생각될 수 있을 것이다.
그러나 실제로 성장하는 운동의 징후는 지난 60년 동안에 관찰되었다.
그것은 19세기 말과 20세기 초 제국주의 침략을 피하기 위한
최초의 필사적이고 영웅적인 투쟁에서부터
제1차 세계대전 전후의 정치조직과 선동의 초기 단계를 거쳐
과세 저항과 코코아 보이콧이 행해진
1920년대와 1930년대 뇌운(雷雲) 격변의 시대를 경과해
마침내는 1940년대와 1950년대의 대규모 파업투쟁과
정치 캠페인으로 이어졌고,
그것은 식민지 지배의 호수에 큰 바위를 던지는 것과 마찬가지로
부단하게 확대되는 민족적 저항과 반란의 물결을
전 대륙으로 파급시켰다.

(Woddis 1961, xi)

1950년대 후반부터 1960년대 전반에 걸쳐 아프리카 대륙의 많은 국가들이 독립을 달성했다. 특히 1960년은 '아프리카의 해'로 불리게 되었는데, 한 해 동안에 17개국이 독립을 이룩했다. 아프리카 국가들에서 이룩된 독립은 아프리카와 아프리카인의 주체성 회복이며 역사적 복권을 의미했다. 1960년 1월 1일, 카메룬(프랑스 신탁통치령)의 독립을 시작으로 4월에는 토고가 독립했다. 드골 제5공화국 헌법 아래에서 내정 자치는 허용되었으나 프랑스 공동체에 머물러 있던 국가들의 완전 독립 요구가 강해졌고, 말리연방(나중에 세네갈공화국과 말리공화국으로 분리되었다)이 6월 독립했다. 이 밖에도 벨기에령 콩고(현재는 콩고민주공화국)가 6월에 독립한 것을 비롯해 영국·이탈리아 양국 신탁통치령 소말리아가 7월에, 그리고 영국령 나이지리아가 10월에 독립했다.

제2차 세계대전이 종료되는 시점(1945년 8월)에 독립한 아프리카 국가들은 에티오피아, 라이베리아, 남아프리카연방(1961년 5월부터 남아프리카공화국으로 바뀌었다), 이집트 4개국이었다. 그러나 형식상으로는 독립국이었지만, 실질상으로는 반식민지 또는 종속국에 지니지 않았다. 이를테면 기원전 1,200년 무렵 건국된 에티오피아제국帝國은 이탈리아 점령군이 항복한 뒤 영국 군정 아래 놓이게 되었다. 1847년 미국에서 해방되어 자유의 몸이 된 흑인 노예들이 미국식민지협회의 지원으로 세운 라이베리아공화국은 미국 달러를 통화로 사용하고 국기도 별 하나가 들어간 성조기로서, 전면적으로 미국 지배 아래 있었다. 1910년에 독립한 남아프리카연방은 영국 자치령으로서 영국연방의 구성원이었으며, 이집트는 1922년에 왕국으로 독립을 인정받았으나 1936년 체결된 영국-이집트 조약에 따라 수에즈운하 지대에 영국군 주둔이 허용되었다.

아프리카 독립 국가들은 구 식민지 종주국을 모델 삼아 서유럽형 의회

제 민주 정치체제를 채택했다. 그러나 새로운 국가 건설에 있어 가장 중요한 정치 과제인 국민·정치적 통일은 언어·종교·관습 등의 다양성, 특히 부족주의tribalism나 지역주의에 바탕을 둔 분열 요인 때문에 쉽게 이루어지지 못했다. 경제개발 과제의 해결에 있어서도 이러한 분열요인은 부정적으로 작용했다.

이와 같은 중대 과제의 해결을 위해서는 강력한 정치적 지도력이 요구되었으나, 정당의 미발달이나 국민의 낮은 정치 참여 의식, 사무·기술 관계 관료진의 부족 및 미흡 등으로 한계를 드러냈다. 게다가 정부 내의 오직과 부패가 만연되어 국민들의 깊은 불신이 쌓였다. 이러한 상황에서 쿠데타를 통해 군사정권이 수립되는 경우가 많았으며, 이 때문에 의회제 민주정치가 확립되지 못했다(浜林正夫 외 1996, 상권, 173~174; 178~179).

요컨대 아프리카의 독립은 식민지적 구조를 완전히 불식하지 못한 채 이루어졌다. 그 구체적인 실상은 다음과 같이 요약될 수 있다.

첫째, 많은 지역에서 인민의 독립 투쟁이 광범위한 기반을 획득하기 이전에 종주국 측으로부터 독립이 주어지는 형태를 취하게 됨으로써 정치의 주도권이 민족부르주아지와 개화 인텔리겐치아 손에 장악되었고, 인민 속에서 지도자가 육성될 수 있는 계기가 창출되지 못했다. 이것은 많은 국가들의 독립이 이전부터 유지되어 온 권력구조 위에서 획득되어, 이 권력기구 자체의 수정이 거의 이루어지지 않았음을 의미한다. 그래서 독립된 아프리카 국가의 정치는 본질적으로 권위주의적이었다.

둘째, 거의 대부분의 국가들에서 식민지주의와 결합되어 온 전통주의적 추장 세력이 온존한 상태에서 이들은 여전히 강대한 영향력을 발휘하고 있었다. 이 추장 세력은 연안지대에서는 민족부르주아지와 유착되었다. 종래의 '토착 권력'은 신흥국가에서도 권력에 참여하는 계급이 되었으며, 각국에서 청년노동자 층의 혁신 의욕을 억제했다.

셋째, 탈식민지화를 통해 선거제도는 형식상 도입되었으나 많은 경우 그것은 의회와 대통령 선거에 국한되었다. 특히 농촌에서는 자치체를, 예컨 대 선거를 통해 인민이 통제할 수 있는 데까지 이르지는 못했다(니시카와 준 1971, 253~254).

1960년을 전후한 10여 년 동안의 주요 아프리카 국가 정치·경제 정세 변화와 노동운동의 전개 과정을 살펴본다.

1. 이집트

나세르주의의 실행

1954년 이후 이집트에서는 나세르 주도 체제가 자리를 잡게 되었다. 범아 랍주의, 적극적 중립주의, 사회주의를 주요 내용으로 하는 이른바 '나세르 주의'가 이집트에서뿐만 아니라 몇몇 아랍 국가들에서도 지지를 획득했다.

나세르주의는 1955년부터 본격적으로 실행에 옮겨졌다. 1955년 2월 4 일, 이라크와 터키 사이에 상호협력조약이 체결되면서 바그다드조약이 성 립되었다. 이를 토대로 이란, 파키스탄, 영국이 가입하면서 상호 방위동맹 으로서 대소련 군사조약기구인 중앙조약기구CENTO의 전신이 되었다. 명목 상으로는 방위동맹이었지만 다른 지역의 군사동맹기구와는 달리 옵서버로 참가한 미국이 실질적으로 결성을 주도했기 때문에 중동 지역의 집단 안전 보장보다는, 소련의 중동 진출을 저지하려는 미국의 이해가 강하게 작용했 다. 나세르는 바그다드조약을 반대하고, 이라크를 통렬하게 비난했다.

나세르는 같은 해 4월 인도네시아 반둥에서 개최된 '아시아아프리카회의'(반둥회의)에 출석해 중국의 저우언라이와 인도의 네루 등이 제창한 적극적 중립·반제국주의 사상에 공감을 표시했다. 귀국 후 나세르는 비동맹주의를 더욱 선명히 제창하면서 소련, 동독, 체코슬로바키아, 불가리아, 루마니아와 무역협정 및 기술 협력 협정을 체결하는 등 공산권 국가들과의 관계를 돈독히 하려 했다. 1955년 9월에 이집트는 체코슬로바키아와 무기 거래 협정을 체결했는데, 이집트가 체코슬로바키아에 면화와 쌀을 제공하는 대신 체코슬로바키아는 소련제 탱크와 항공기를 포함한 다량의 군사 장비를 이집트에 공급하기로 했다. 1955년 10월, 이집트는 시리아 및 사우디아라비아와 방위협정을, 1956년 4월에는 이집트-사우디아라비아-예멘 등 3국 사이에 군사조약을 각각 체결했다(공일주 외 1998, 352).

나세르 정권은 구체제를 청산함과 동시에 농업을 진흥하고 공업화를 추진함으로써 경제 면에서도 자립을 이룩하고자 하는 목표를 세웠다. 이러한 목표를 실행하는 데서 최대 관건으로 떠오른 것이 아스완 하이댐Aswan High Dam 건설이었다. 이 프로젝트는 영국 통치 시기에 건설된 아스완 댐 상류 6.4킬로미터 지점에 저수량 1,300억 평방미터의 거대한 댐을 건설하려는 야심 찬 계획이었다. 소요되리라 예상되는 총 건설비는 13억 달러였고 댐이 완성되었을 때 이집트 경작지 면적은 30퍼센트 정도 확대될 예정이었으며 공업화를 위해 필요한 전력 90억 킬로와트가 공급될 것으로 예상되었다.

이집트 정부는 미국, 영국, 소련, 그리고 세계은행에 건설 자금 지원을 요청했다. 이들 국가들과 교섭을 벌인 결과, 1955년 12월 17일 미국과 영국이 각각 5,600만 달러와 1,400만 달러를 지원하기로 결정했으며, 다음 해인 1956년 2월 9일에는 국제부흥개발은행IBRD이 2억 달러를 융자하기로 합의했다. 미국의 지원 조건에는 이 프로젝트에 소련을 비롯한 공산권 국가를 포함시키지 않는다는 내용이 들어 있었다. 그럼에도 나세르 정부는 1956년

4월 1일 "소련의 댐 건설 지원 제안을 거절하지 않겠다"고 발표했고, 같은
해 5월 16일에는 중화인민공화국을 승인했다. 바그다드조약 기구에 대한
공격도 계속했다. 이와 같은 일련의 움직임에 대해 미국 정부는 1956년 7월
19일 댐 건설 지원 철회를 발표했다. 그다음 날 영국 정부와 세계은행도 건
설 차관 제의를 취소했다.

수에즈운하 국유화

나세르는 1주일 뒤인 1956년 7월 26일 수에즈운하 국유화를 선언하고 운
하 수입을 댐 건설 투자에 이용할 것이라고 밝혔다. 당시 이집트 정부는 국
제수에즈운하주식회사로부터 연간 300만 달러를 받았는데, 국유화될 경우
이집트의 운하 통항 수입은 약 1억 달러에 이를 것으로 추산되었다. 수에즈
운하 국유화는 운하와 관련된 이권을 가지고 있는 영국과 프랑스로서는 큰
충격이 아닐 수 없었다. 수에즈운하는 유럽에서 소비되는 석유 3분의 2를
운반하는 석유 공급 루트였다(山口直彦 2011, 325~327).

영국·프랑스·미국은 이집트의 수에즈운하 국유화 조치에 대해 강력히
항의했으며, 1956년 8월 영국과 프랑스가 중심이 되어 런던에서 국제회의
를 열어, 국제조직의 관리를 받는 운하 운영안을 이집트에 제안했다. 이집
트 정부는 이 제안을 거부했다. 국제연합안전보장이사회에서도 수에즈운하
에 관한 해결책은 도출하지 못했다.

이로써 수에즈운하에 대한 통제 수단을 유지하려는 시도가 좌절된 상태
에서 영국과 프랑스는 무력행사를 결정했다. 이집트의 군비 강화를 경계하
고 있는 이스라엘로 하여금 선제공격을 하도록 하고, 영국과 프랑스가 '수
에즈운하의 안전 통항을 지킨다'는 구실로 운하지대를 점령한다는 계획이

었다. 그러나 영국과 프랑스는 대규모 군사행동을 벌일 국력도 없었고 국가적 합의에 이르지도 못한 상황이었다. 이런 상황에서 1956년 10월 24일 이집트-요르단-시리아 사이에 통합군사사령부가 구성되었다는 사실이 밝혀지자, 5일 뒤인 10월 29일 이스라엘군이 시나이반도를 거쳐 수에즈운하를 향해 진격했다. 수에즈 동란(제2차 중동전쟁)이 발발한 것이다. 그다음 날인 10월 30일, 영국과 프랑스는 이집트와 이스라엘에 군사행동 중지를 요구하는 최후통첩을 보냈으며, 10월 31일 영국과 프랑스 공군이 이집트 각지의 공군기지를 폭격했다. 11월 5일에는 낙하산 부대와 수송부대가 포트사이드 지역에 상륙했다.

11월 2일, 국제연합은 총회를 열어 전쟁 참가국들에 대해 휴전을 요청했으며, 이틀 뒤 국제연합 비상군 창설을 골자로 하는 캐나다 안을 채택했다. 11월 6일, 미국의 강력한 압력으로 이집트와 이스라엘은 무조건 휴전을 받아들였다. 국제연합군의 편성은 신속히 이루어져 그 첫 파견부대가 11월 15일 이집트에 도착했으며, 영국군과 프랑스군의 철수는 12월에 완료되었다. 시나이반도 전역을 점령했던 이스라엘은 가자 지구와 샤름엘셰이크를 제외하고 모든 지역에서 철수했다. 이 두 지역은 미국 측의 강권으로 1957년 3월 이집트에 다시 귀속되었다. 이집트가 봉쇄해 왔던 수에즈운하는 국제연합의 주선으로 1957년 3월 말에 재개통되었다. 운하 재개통을 위해 제시된 조건은 이집트 운하처가 운하를 전담 관리하며, 전쟁시든 평화시든 시기를 막론하고 수에즈운하는 모든 국적의 선박에 대해 통과를 허용해야 한다는 1888년 콘스탄티노플협약을 존중해야 한다는 것이었다(공일주 외 1998, 355~356).

이집트는 제2차 중동전쟁에서 군사적으로는 패배했다. 가자와 시나이반도 거의 전역을 점령당했고, 군 병력 8천 명 이상의 사상자를 냈으며 소련

제 근대 병기 절반가량을 파괴당했다. 그러나 영국과 프랑스의 기도를 막아내고 운하 국유화를 달성함으로써 정치·외교 면에서는 큰 승리를 거뒀다. 이집트 노동자 12만 명의 희생으로 건설된 수에즈운하는 개통 후 87년 만에 이집트인의 손으로 돌아왔다. 이집트는 진정한 의미의 민족 자립을 달성한 것이다(山口直彦 2011, 334).

아랍민족주의의 고양과 침체

제2차 중동전쟁에서 아랍 국가들의 분열이 참패를 자초했다는 사실을 통감한 나세르는 기존 국가 틀을 뛰어넘어 아랍 민족의 통일을 지향하는 아랍민족주의를 제창했다. 나세르의 아랍민족주의는 아랍 국가들 사이의 협력과 연대를 달성하기는 했으나, 완전한 통합에까지 이르지는 못했다. 1955년 방위에 관한 합의 이후 2년여 동안의 논의를 거친 끝에 1958년 2월 1일 마침내 이집트와 시리아의 통합이 이루어져 아랍연합공화국UAR이 수립되었다. 2월 21일에 행해진 국민투표 결과, 나세르는 99.9퍼센트의 득표율로 아랍연합공화국 초대 대통령으로 선출되었다. 같은 해 3월에는 예멘이 참가했으나, 1961년 예멘 국내 상황으로 탈퇴했다. 4개월 뒤인 7월 14일에는 나세르와 대립하고 있던 이라크의 하심 왕가가 쿠데타로 무너진 뒤 실권을 장악한 압둘 카림 카심 장군이 아랍연합에 참가할 의사를 표명하고 7월 19일에는 아랍연합공화국과 상호방위조약을 체결했다.

그러나 아랍 국가들의 정치·경제·사회 구조가 크게 다르고 준비 단계를 거치지 않은 상황에서 통합 노력은 많은 어려움에 부딪쳤다. 먼저 시리아의 이탈을 들 수 있다. 1961년 7월 20일에 나세르가 사회주의화 정책을 발표했고, 그로부터 2개월 뒤인 9월 28일 이집트와의 통합을 반대하는 시리아의 군부대가 쿠데타를 일으켜 신정권을 수립하고 그다음 날인 9월 29일 아랍연합으로부터 탈퇴한다고 선언했다. 시리아 다음으로 예멘이 아랍연합을 탈퇴했다. 아랍 통일을 위한 최초의 시도는 3년 7개월 만에 좌절되고 말았다(山口直彦 2011, 337).

시리아 다음으로 아랍연합을 이탈한 예멘에서는 친나세르파 군인들이 1962년 9월 26일 반왕제 쿠데타를 일으켜 혁명정권을 발족시켰다. 그러나 산악 지대로 도망친 왕당파가 무력저항을 감행해 내전으로 확대되었다. 나세르는 혁명 정권의 요청을 받아 이집트 군을 파견했다. 공화제 혁명의 파급을 경계한 사우디아라비아는 왕당파를 지원했다. 나세르는 군사적 교착상태와 재정 곤란으로 예멘에 주둔한 병력 5만 명을 철수시키려 했으나 실행에 옮기지 못하고 계속 그 지역에 머물러 있게 되었다. 1966년 2월, 영국 정부는 자국 군대를 아덴과 남부 아라비아에서 철수시킬 것이라고 발표했다. 결국 이 지역은 1968년 남예멘 이름으로 독립했다. 나세르는 예멘이 제국주의와 반동의 음모에 스스로 대처할 수 있을 때까지 이집트 군대를 철수하지 않겠다고 했다.

사회주의 정책의 시행

한편, 나세르는 경제정책에서 국가 주도의 경제개발을 추진했다. 1956년 6월에 제정된 신헌법인 '이집트공화국헌법'은 "국가경제는 사회정의의 원칙과 합치하고 국가의 생산을 증대시키며 또 국민의 생활수준 향상을 목적으로 하는 계획에 따라 조직 된다"(제7조)고 규정하고 있다. 신헌법이 제정된 1956년부터 이집트 정부는 국유화 정책을 시행했다. 1956년 7월 26일의 수에즈운하 국유화에 이어 11월 1일에는 '군령 제5호'에 따라 영국, 프랑스,

그리고 유대계 자산을 접수했다. 이보다 앞서 이집트 정부는 43개 지점·출장소를 가지고 있는 바클레이스은행Barclays Bank을 비롯해 상업은행 7개, 특수은행 2개, 보험회사 5개를 소유하게 되었다. 1960년 2월 11일 미스르은행Misr Bank과 이집트내셔널은행이 국유화된 데 이어 같은 해 12월 1일에는 콩고 동란을 계기 삼은 벨기에 자산 접수의 일환으로 벨기에국제은행이 국유화되었다. 1961년 1월 1일 '1960년 법률 제250호'에 기초해 이집트 중앙은행이 활동을 시작함으로써 이집트 금융정책은 완전히 국가 관리 아래 들게 되었다.

산업 분야에서도 국유화가 실시되었는데, 중소 규모 기업을 제외한 제조업을 비롯해 수출·수입 업무 전반, 공공운수, 전력·가스, 대규모 건설업, 주요 호텔, 유통업 등에서 국유화가 진행되었다. 농업 분야에서도 제2차 농지개혁이 실시되었다. '1961년 법률 제127호'가 제정되어 1인당 토지소유 한도가 당시까지의 200페단fedan(4,200제곱미터)에서 100페단(가족 분을 포함해 200페단)으로 낮추어져 합계 21만4,132페단의 토지가 접수되었다. 1963년에는 팔레스타인인을 비롯한 일부 예외를 제외하고는 외국인 토지소유가 금지되어 6만1,910페단의 토지가 접수되었다. 그 결과, 1952년 이전에는 전 농지에서 차지하는 소유 농지 5페단 이하 농민의 소유지 비율이 35.5퍼센트에서 52.1퍼센트로 증가했다.

이와 같은 일련의 국유화 법에 대해 이집트 중앙은행의 『경제계보』經濟季報 1961년 제2호는 "사회주의·민주·협동조합적 사회 실현을 목표로 한 사회·경제 법제가 시행되었다"고 지적했다(山口直彦 2011, 341~342).

1960년대 들어 정부 주도의 경제개발 계획이 추진되었다. '사회·경제개발 10개년 계획'의 전반에 해당하는 '사회·경제개발 제1차 5개년 계획'(1960/1961~1964/1965년)에는 총액 15억1,300만 이집트 파운드가 투하되었다. 투자 목표에 대한 달성률은 95.9퍼센트, 국민생산 목표에 대한 달성률은 81.5퍼센트, 국민소득목표에 대한 달성률은 86.0퍼센트에 이르렀다. 실질 경제성장률도 연평균 6.5퍼센트의 높은 수치를 나타냈다.

나세르의 사회주의 정책은 이와 같은 성과를 달성했으나, 그와 같은 정책에 기초한 개발계획은 중요한 문제들을 내포하고 있었다. 해외 원조나 차관에 크게 의존한 개발계획은 곧 그 한계를 드러냈으며, 자본 조달의 어려움에 직면하게 되었다. 성급하게 경제개발을 추진한 데다 교육·복지 관련 지출과 기초생활 물자나 서비스의 가격 유지를 위한 보조금 지출, 예멘 내전 파병 비용 확대, 관료기구의 비대화에 따른 예산 증대 등으로 재정적자는 급속하게 늘어났다.

나세르 정권은 철강이나 전력 등 공업화에 불가결한 기간산업과 사회적 생산 기반의 충실화를 위해 노력을 기울이지 않고 내외에 경제개발 성과를 과시하기 위한 정치적 목적 때문에 자동차나 가전제품 등 고액 내구소비재를 포함한 광범한 업종에서 동시 다각적인 공업화를 추진했다. 그 결과를 놓고 보면, 개발계획은 질보다는 양적 확대에 중점을 둔 것이었다. 또 국가 주도의 계획경제는 경제운영을 위한 각종 국가기구의 비대화를 가져왔고, 그것은 비능률과 형식주의 등 관료주의의 폐해를 낳았다.

사회·경제개발 제1차 5개년 계획은 '개발'과 '분배'를 동시에 달성하고자 시도했다. 기초생활 물자·서비스에는 가격 유지를 위한 보조금 제도가 도입되었고, 고용 정책에 중점을 두고 경제적 수요를 초과하는 규모의 고용 확대가 추진되었다. 계획 기간 중에 피고용자 수는 공업, 전력, 건설 분야를 중심으로 131만9,200명 더 증가했다. 나세르 정권 아래에서 급속하게 확충된 대학과 고등전문학교 등의 졸업자에게는 도청이나 공단, 국유기업 취업이 보장되었다. 그리하여 모든 국유기업이 과잉 고용 상태가 되었다. 1961

년에는 기업의 순이익 25퍼센트를 피용자들에게 배분할 것을 의무화하는 법률과 노동시간을 1일 7시간, 주42시간으로 단축하는 법률이 잇따라 제정되었다. 1962년에는 최저임금이 한꺼번에 2배로 인상되었으며, 이와 병행해 거의 대부분의 산업 분야에서 생산성 향상을 상회하는 수준의 임금 인상이 이루어졌다(山口直彦 2011, 343~347).

노동조합운동에 대한 정부의 통제와 조직의 축소·재편

이와 같은 상황에서 전개된 노동조합운동은 정부의 강력한 통제를 받게 되었고, 조직도 재편되었다. 1956년 당시 이집트에 등록된 노동조합 수는 1,456개였으며, 조합원수는 48만502명이었다. 이들의 대부분은 사업장이나 공장 단위로 조직되었다. 1962년에 이르러서는 등록된 노동조합 수가 65개로 줄어들었으며, 조합원 수는 125만 명으로 대폭 증가했다. 노동조합수의 대폭적인 축소는 산업별 노동조합 체제로의 개편을 위한 정부정책과 노동조합 결성을 규제하는 법률 시행의 결과였다. 이 법률 규정에 따르면, 공무원은 노동조합을 결성할 수 없으며 사회부 장관은 노동조합이 법률 위반을 했을 경우 노동조합을 해산 조치 할 수 있다.

1957년 1월 30일에는 이집트노동조합총연맹GFETU이 결성되었고, 이는 1961년에 이집트노동조합연맹ETUF으로 개편되었다. 이집트노동조합연맹은 정부와 이집트의 유일한 정당인 아랍사회주의연맹ASU의 정책 실현을 위한 전달 매체가 되었다. 1962년에는 농민과 소농장주의 사회 조직인 '민중의 힘'popular forces이 결성되어, 결성 대회에 대의원 1,500명이 참가했다. 대의원 가운데 25퍼센트는 농민과 소농장주였고, 35퍼센트는 산업노동자였으며 10퍼센트는 사업자, 교사, 학생, 여성이었다. 이집트노동조합연맹은

1959년에 결성된 전아프리카노동조합연맹AATUF과 아랍노동조합총연맹에 가입했다(Ananaba 1979, 77~78).

2. 리비아

유전 개발과 정치체제의 개편

리비아는 1953년 아랍연맹에 가입한 것을 계기로 아랍 국가들과 우호 관계를 촉진하기 위해 노력을 기울이는 한편, 1950년대 전반에 유럽 국가들 및 미국과도 협력 관계를 강화했다. 1950년대 말과 1960년대 초에 리비아는 미국과 영국으로부터 군사기지 사용 대가로 보조금과 군사 지원을 받았다. 또 미국의 몇몇 석유회사에 대해 석유 탐사권을 허가한 1955~1956년 이후에는 리비아 정부 최대 관심사 가운데 하나는 석유자원 탐사와 그 결과였다. 1959년 말까지 15개 석유회사가 리비아에서 석유 채굴 허가권을 취득했다.

1959년 6월, 마침내 키레나이카의 젤텐에서 처음으로 유전이 발견되었다. 그해 말까지 트리폴리타니아에서 6개의 유전이, 키레나이카에서 4개, 페잔에서 1개의 유전이 각각 발견되었다. 1960년 6월에는 35개의 유정에서 하루 9만3천 배럴의 석유가 생산되었다. 석유 생산은 1962~1966년 사이에 크게 증가했으며, 수출도 1962년의 800만 톤에서 1966년에는 7천만 톤 이상으로 늘어났다(공일주 외 1998, 234).

1960년 이후 석유의 본격적인 채굴이 시작됨에 따라 국제 석유자본의 유입과 더불어 경제개발이 추진되었으며, 취업 기회를 찾아 도시로 이주하는 농목민이 늘어남에 따라 트리폴리와 벵가지 등의 도시 인구가 급격하게 팽창했다. 숙련노동자들은 높은 임금을 받는 직장을 구할 수 있었으나, 이들은 대부분 외국인 노동자들이었다. 도시로 새롭게 진입한 리비아인들은 실업 상태에서 심한 생활고를 겪어야만 했다. 인플레이션도 진행되었다.

1960년대의 새로운 정세에 대응해 리비아 정부도 여러 가지 정치 제도와 정책의 전환을 시도했다. 1963년에는 모힛딘 페키니를 수상으로 한 새로운 내각이 구성되었다. 페키니 정부는 같은 해 4월 헌법 개정을 통해 연방제에서 단일 국가로 전환해 중앙정부의 권한을 강화했고, 국가 명칭도 '리비아연합왕국'에서 '리비아왕국'으로 바꾸었다.

정치체제를 개편한 리비아는 대외 관계에서 독자적인 노선을 추구하기 시작했다. 석유 생산으로 수입이 늘어나 재정적으로 독립하게 되자 국제 문제, 특히 아프리카 문제에서 목소리를 높였다. 1962년에는 모로코, 1963년에는 알제리와 협정을 체결하고, 모든 마그레브Maghreb 제국과 밀접한 관계를 구축함으로써 유럽 국가들과 미국에 대한 의존에서 탈피하기 위해 노력을 기울였다.

이와 때를 같이해 리비아 영토 내 외국 군사기지 문제가 전면에 부각되었다. 1964년 1월 임명된 마흐무드 문타시르 수상은 같은 해 2월에 미국·영국과의 군사협정을 갱신하거나 연장하지 않고 리비아 내 기지로부터의 철수 일자를 확정할 것이며, 제국주의에 대항하는 아랍 정부를 지원하겠다는 성명서를 발표했다. 이에 하원은 정부의 방침을 지지하고, 만일 협상이 실패할 경우 조약을 취소하고 기지를 폐쇄하는 법안을 통과시키겠다는 결의안을 채택했다.

영국은 1953년 리비아와 체결한 협정(1973년 만료)에 따라 토브루크 근처에 영국 공군을 주둔시켰고, 트리폴리와 벵가지에 군 지역 사령부를 설치한 상태였다. 1954년 미국과 맺은 협정도 1971년에 효력이 끝나기로 되어 있었는데, 미국은 미국 이외 지역에서는 가장 규모가 큰 공군기지를 트리폴리 근교에서 운용하고 있었다. 이러한 협정에 따라 리비아는 미국과 영국으로부터 막대한 경제·군사 원조를 받아 왔지만, 석유 개발에 따른 수입 증대로 해외 원조 의존도를 크게 낮출 수 있었다. 이에 따라 영국은 1966년 2~3월에 군대 대부분을 철수시켰다(공일주 외 1998, 236).

한편 정부는 1963년부터 시작되는 제1차 5개년 계획을 발표했다. 계획은 국민의 생활수준 향상과 경제발전의 기초 조건을 만드는 데 중점을 두었다(宮治一雄 2000, 142).

노동조합운동에 대한 탄압과 조직적 대응

이와 같은 정치·경제 상황의 변화가 진행되는 가운데 전개된 노동조합운동의 전개 과정을 살펴본다.

리비아는 앞에서(제21부 6장) 살펴본 바와 같이 트리폴리타니아, 키레나이카, 페잔 등 세 개 주로 구성된 연방군주국이고 모든 정당이 비합법화되었기 때문에 선거제도나 의회제도가 충실하게 기능하지 못하고 있으며, 정치 실권은 국왕과 소수의 유력자가 장악하고 있었다. 경제적으로는 외국 기업, 특히 석유산업 소유 회사들이 막강한 경제력을 행사했다. 이러한 상황에서 정부 정책에 대한 비판이나 정책 개선을 촉구할 수 있는 유일한 조직체는 리비아노동조합총연맹LGWU이었다.

1961년에는 노동조합운동에 대해 중대한 영향을 끼친 파업 2건이 발생했다. 그 하나는 4월에 트리폴리에 있는 미국 공군기지에서 노동자 2천 명이 임금 인상과 노동관계법이 규정한 사회적 부가급부를 요구해 벌인 파업이다. 트리폴리 항구에서 일하는 항만노동자들이 연대 행동을 취해 공군기지로 들어가는 물자와 거기서 나오는 물자의 하역을 거부했다. 결국 노동자들은 요구 조건을 관철해 파업을 승리로 이끌었다. 이 파업의 승리로 최저임금이 상승하는 효과가 나타나기도 했다.

다른 하나는 최저임금 시행을 둘러싼 파업투쟁이다. 트리폴리 주 정부는 노동 규칙 제정을 통해 노동자·사용자 동수 대표 구성과 정부 관리를 위원장으로 하는 자문위원회를 설치했고, 그 위원회가 최저임금 인상을 권고했다. 트리폴리 주 정부는 가장 낮은 임금계층을 제외하고 권고 실행을 거부하자 리비아노동조합총연맹 가맹 조직들은 정부의 방침을 맹렬하게 비난했으며, 정부에 동조하는 사용자에 대해 파업 경고를 행했다. 그러나 아무런 정부의 조치가 취해지지 않자, 노동자 4천여 명이 파업에 돌입했다. 이에 정부는 리비아노동조합총연맹 간부들을 체포했고, 경찰이 리비아노동조합총연맹 사무실을 점거했으며 파업 파괴자들이 동원되었다. 파업은 결국 패배로 끝났다.

리비아 정부는 노동조합에 대한 탄압을 통해 리비아노동조합총연맹을 파괴하는 데 실패하자, 다른 방책을 강구했다. 사용자들로 하여금 노동조합에 가입하지 않겠다는 각서에 서명한 사람들만 고용하도록 한 것이다. 같은 해 11월에는 노동관계 법령이 개정되었으며, 이에 따라 공공 부문 노동자들은 노동조합에 가입할 수 없게 되었고 공익사업 및 필수 서비스 종사자는 파업을 할 수 없게 되었다. 노동관계 법령의 개정에 따라 권리를 규제받게 된 노동자는 전체 노동자의 약 60퍼센트 정도 되었으며, 또 리비아노동조합총연맹 조합원의 3분의 1이 노동조합원 자격을 상실하게 되었다.

1963년에는 정부의 부추김으로 노동조합운동이 분열했다. 리비아노동조합총연맹에서 탈퇴한 분열 분파는 리비아노동조합전국연맹LNFTU을 결성했으며, 전아프리카노동조합연맹에 가입했다. 노동조합운동의 통일은 얼마

간 시간이 경과한 뒤에야 이루어졌다(Ananaba 1979, 78~80).

3. 알제리

민족해방전선으로의 결집과 숨맘 대회

1956년 들어 알제리의 정세는 크게 변화했다. 먼저 민족해방전선FLN 측 동향부터 살펴본다. 앞에서(제21부 6장) 설명한 바 있거니와, 민족해방전선은 전쟁을 유리하게 전개하기 위해 대내적으로는 조직을 정비·강화하고 대중적 기반을 확대함과 동시에 대외적으로는 외교활동을 활발하게 전개하고 무기와 물자의 보급체계를 정비했다. 알제리선언민주동맹UDMA의 페르하트 압바스를 비롯한 여러 정파의 유력한 정치가와 활동가들이 민족해방전선에 합류했다. 아흐마드 메살리만이 알제리민족운동MNA을 별도로 조직해 끝까지 민족해방전선과의 대립을 유지했다.

같은 해 8월 20일부터 9월 5일까지 보름 동안에 걸쳐 카빌리 지방의 숨맘Soummam에서 알제리 국내 각지의 민족해방전선 지도자들이 회합을 열어 알제리 독립을 위한 정치와 군사에 관한 중요한 사항을 결정했다. 숨맘 강령은 대내외 관계, 정치국원, 인민의회 등의 사항을 확정했고, 정전 교섭에 응할 조건과 알제리혁명전국평의회CNRA와 함께 하는 조정집행위원회CCE 설치, 군관구 확정을 결정했다. 그리고 두 가지 중요한 결정이 이루어졌다. 군사에 대한 정치의 우선권, 국외에 대한 국내의 우선권이 그것이었다. 숨맘 결의에 따라 민족해방전선의 정치 노선이 정해졌고 전국의 민족해방군 체계가 통일되었다. 숨맘 강령은 "우리의 준거, 우리의 지침이었다"(노서경 2017, 358~356).

다음으로 프랑스 측 동향을 살펴본다. 프랑스인 식민지들도 테러 조직을 결성해 반격에 나섰으며, 군의 지위가 강화되어 본국 정부의 명령에도 복종하지 않는 경우가 발생했다. 공정부대와 외인부대 등 인도차이나전쟁에서 민족해방운동 세력과 싸워 패한 부대가 알제리에 투입되어 잔학한 행위를 저질렀다. 1957년 초부터 공정부대가 치안을 담당해 고문과 파괴 등 수단을 가리지 않고 게릴라 조직 괴멸 작전을 폈다. 이러한 작전과 거기에 대항하는 도시 게릴라 전술이 이른바 '알제전쟁'이다(宮治一雄 2000, 162~163).

1958년 들어 전쟁은 제3국면에 접어들었다. 민족해방전선은 국내에서는 군사적인 정면 대결이 불가능하다고 판단해 주력 부대를 모로코와 튀니지령 내로 투입했으며, 국내에서의 정치활동과 국외에서의 외교활동에 주력했다. 프랑스 정부도 유화책으로서 1958년 2월에 지방자치 확대를 골자로 하는 '신알제리기본법'을 발표했다. 그러나 이 법이 발효되기도 전에 사태가 급진전되었다. 1958년 5월 13일, 알제리 주둔 프랑스군(병력 50만 명 이상)이 프랑스 본국 정부에 대해 반란을 일으켜 프랑스 본국이 내란 직전 상태에 빠져들었다.

드골이 같은 해 6월 알제리를 방문했는데, 알제리 정책에 대해서는 명확한 방침을 내놓지 않았으며 군부와 프랑스인 식민자 가운데 극우 세력을 고립시킴과 동시에 알제리인 온건파를 포섭할 길을 모색했다. 같은 해 9월에 발표된 제5공화정 헌법 초안에는 식민지 통치에 대해 '프랑스 연합' 대신 '프랑스 공동체' 구상이 담겨 있었으나, 알제리에 대해서는 명확한 규정이 없었다. 민족해방전선은 같은 해 9월 19일 드골의 정책에 대한 대항 수단으로서 튀니지에 압바스를 수반으로 하는 '알제리공화국 임시정부'GPRA를 수립해 적극적인 대외활동을 전개했다(공일주 외 1998, 307~308).

임시정부는 다스릴 영토는 없으나 해당 민족 또는 인민이 정부 형태로 수립한 통치기구를 가리킨다. 임시정부는 1956년의 숨맘 대회의 연속이자 그 결과였다. 임시정부 수립은 외부의 지원보다 인민항쟁이 그 원동력이었다. 제11차 국제연합총회에 맞춘 1957년 1월의 알제 총파업은 민족해방전선을 살려낸 혼불이었다. 1월 28일부터 2월 4일까지 혹심한 탄압 속에서도 노동자 수만 명이 1주일 동안 총파업을 전개해 민족해방전선이 알제리인의 이름으로 투쟁을 계속하고 있음을 전국에 널리 알려 주었다. 파업 자체가 성공한 것은 아니었으나 알제리 문제는 알제리인이 결정한다는 사실을 재확인했다(노서경 2017, 423).

독립을 위한 교섭

1959년 9월 드골은 알제리 자결권 승인이라는 원칙을 발표했고, 그 이후 드골 정권과 임시정부 사이에 교섭이 진행되었으나 좀처럼 진척을 보이지는 않았다. 프랑스 정부 측이 교섭 이전에 정전을 먼저 요구했으며, 임시정부를 유일 교섭 상대로 인정하지 않았을 뿐만 아니라 사하라 사막을 북부 알제리에서 분리하려 했기 때문이다. 더욱이 1960년 1월과 1961년 4월에 프랑스인들이 두 번에 걸쳐 알제 반란을 일으켰다. 앞의 것은 식민자들의 폭동이었고, 뒤의 것은 프랑스군 사령관들의 반란이었는데, 모두 드골의 알제리 정책에 반대해서 일어난 것이었다. 이러한 행동은 역사의 움직임에 거역하는 소수자의 발버둥이었으며, 결코 드골 체제를 뒤흔들 수는 없었다. 오랜 식민지 전쟁을 겪어야했던 프랑스 국민들은 알제리 평화를 희망했으며, 드골의 정책을 지지했다.

1961년 5월부터 전쟁은 최종 국면에 들어가, 에비앙에서 프랑스 정부와 임시정부 사이에 화평 교섭이 시작되었다. 유럽인의 권리와 사하라 문제,

군사기지 등과 관련해 교섭은 난항을 겪었지만, 결국 다음 해인 1962년 3월 18일 정전협정이 조인되었다. 같은 해 4월부터 6월에 걸쳐 프랑스 식민자 측 극우 세력은 비밀군사조직OAS을 만들어 무차별 테러를 행하고 파괴활동을 일삼지만, 대세를 바꿀 수는 없었다. 잠정 행정부 주관으로 같은 해 7월 1일 알제리 독립에 관한 국민투표가 실시되었는데, 97퍼센트의 찬성으로 알제리 독립이 정식으로 결정되었다. 드골은 7월 3일 알제리 독립을 선언했다.

알제리 독립이 달성된 배경에는 몇 가지 요인이 있었다. 첫째, 국내에서는 민족해방전선과 민족해방군ALN의 굽히지 않는 저항이 계속되었으며, 프랑스 측도 무력을 통한 진압 가능성이 없다고 판단해 최종적으로 교섭을 통한 해결을 모색하게 되었다. 둘째, 민족해방전선이 국외에서 벌인 외교활동, 즉 국제화 정책이 성공적이었다. 셋째, 프랑스 본국의 알제리 독립 지원 운동과 반전운동도 알제리 독립 달성의 한 요인이 되었다(宮治一雄 2000, 165~166).

독립한 알제리의 시련

1962년 7월 3일, 알제리가 독립을 이룩하고 민족해방전선이 권력을 획득했지만 8년 동안의 내전을 겪은 신생 국가 알제리는 여러 가지 중대 과제와 직면했다. 우선 민족해방전선의 지도권을 둘러싼 내부 대립이 표면화되었다. 1961년 이후 압바스의 뒤를 이어 임시 정부 수반이 된 벤유세프 벤헤다 Benyoucef Benkhedda 그룹과 프랑스에 억류되었다 풀려난 아하마드 벤 벨라 그룹 사이의 권력투쟁이 그것이었다.

민족해방전선의 위기는 1962년 5월 25일부터 6월 7일까지 열린 알제리

혁명전국평의회의 트리폴리 회의에서 발생했다. 회의는 강령을 채택했는데, 이 강령의 주요 내용은 1956년 8월 숨맘 회의에서 이미 표명한 것과 같았다. "인민의 창조적 노력은 해방전쟁의 전반적 행동과 장래의 알제리 건설을 위해 민족해방전선의 지도 아래 동원된 기관들과 수단들을 통해 충분히 발현되었다. 인민의 통일, 민족적 봉기, 사회의 근원적 변혁 전망, 이러한 목표들은 7년 반 동안에 걸친 무장투쟁을 통해 획득된 주요한 성과이다." 이 강령이 제시한 주요 대목은 '알제리공화국 임시정부'에 대한 민족해방전선의 우월성이 재확인되었다는 사실이다. 벤헤다 그룹은 이러한 결정에 반대했다.

1962년 6월 30일, 국민투표가 실시되기 전날 '알제리공화국 임시정부'는 튀니지에서 회의를 열어 참모본부를 해산하고 우아리 부메디엔 대령과 그 부관 2명을 해임하기로 결정했다. 참모본부는 '알제리공화국 임시정부'의 결정이 비합법이며 무효라고 주장했다. 부메디엔은 부하들(튀니지에 2만 1천 명, 모로코에 1만5천 명)에게 알제리에 들어갈 준비를 하라고 명령했다. 중장비를 갖춘 병사들이 잇따라 알제리로 진입했다. 이 무렵 벤 벨라는 모로코로 가서 부메디엔과 합류했다. 벤 벨라와 부메디엔의 동맹은 권력 탈취를 위한 실력행사를 하는 데까지 이르렀다. 식민지 권력에 대한 전쟁은 민족해방전선 분파 사이의 투쟁으로 이어졌다(Stora 일본어판 2011, 316~317).

벤 벨라와 참모본부 동맹은 틀렘센에 거점을 설치하고, 같은 해 7월 22일에는 '정치국' 수립을 발표했다. 이것은 '알제리공화국 임시정부'에 대한 제도상 위법적인 강권 발동이었다. 다양한 사람들이 모여들었다. 이를 배경으로 7월 25일에는 알제리아 동부 중심 도시 콩스탄틴을 점령했다. 8월 2일, 정치국은 알제리에 설치되었고, '알제리공화국 임시정부' 의장 벤헤다는 '알제리공화국 임시정부'의 해산을 선언했다. 결국 권력 투쟁은 내전으로까지 확대되지는 않았고, 민족해방전선의 정치국과 민족해방군의 지지를 등에 업은 벤 벨라가 권력을 장악해 독립 후의 정치체제를 정비했다.

1962년 9월 20일 헌법제정의회 선거가 실시되었고, 의회는 같은 해 9월 25일 알제리민주인민공화국RPDA 수립을 선포했다. 그다음 날 벤 벨라가 수상으로 선출되었다. 정부 내각에는 '알제리공화국 임시정부' 간부들은 배제되었으며, 그 대신 부메디엔을 비롯한 군인 5명과 벤 벨라의 동료들이 포함되었다. 벤 벨라 정부는 사회주의혁명, 농지개혁, 간부의 알제리인화를 실현하겠다고 밝혔다. 신정부는 민족해방전선을 유일 정당으로 하여 알제리공산당PCA을 비롯한 정당들을 불법화했다. 벤 벨라는 민족해방전선의 사무총장을 맡아 자신의 권한을 강화했으며, 의회로 하여금 대통령제 도입을 위한 헌법 초안을 입안하도록 했다. 1963년 9월 8일 국민투표로 헌법 초안이 채택되었으며, 같은 해 9월 15일 벤 벨라가 알제리공화국 초대 대통령으로 선출되었다.

국가권력을 장악한 벤 벨라는 점점 독재와 권위주의로 치달았고, 민족주의 투쟁의 오랜 동지들이 그로부터 떠나갔다. '알제리공화국 임시정부'의 초대 의장이었고 1962년 제헌의회 의장이었던 압바스는 의장직을 사임했으며, 민족해방전선 창설자의 한 사람이었던 무함마드 부디아프는 1962년 사회혁명당PRS을 결성해 권력의 정당성에 이의를 제기했다.

1964년 16~21일에 열린 민족해방전선 제1회 대회에서 벤 벨라는 제도 건설의 책무와 국가 재조직화에 관한 혁명적 행동의 우위성을 역설했다. 국가건설 우위라는 테제 고발은 부메디엔 일파를 겨냥한 것이었다. 벨 벨라의 정권 획득을 가능하게 하고 그 후의 권력 집중을 도운 것은 민족해방군 참모총장으로서 군부를 장악하고 있던 부메디엔의 지지였다. 다른 모든 정적이 벤 벨라의 권력을 통해 제거된 뒤, 부수상 겸 국방부 장관이었던 부메디엔은 군대를 동원해 스스로 정권을 장악했다. 1965년 6월 19일 쿠데타, 이른바 '역사적 재건' 사건이다(宮治一雄 2000, 167~168).

한편 독립 선언 이후 알제리는 심각한 경제 위기를 겪었다. 1963년 당시 알제리에는 실업자 200만 명에 생활자금이 없는 사람이 260만 명에 이르렀다. 자연히 여러 가지 저항행동이 발생했다. 특히 콩스탄틴 지방에서 일어난 농민반란, 강도 행위, 도시 실업자의 산발적인 시위 등이 사회 불안을 가중시켰다. 경제 위기에는 적어도 세 가지 원인이 작용했다. 첫째, 유럽인들이 버리고 간 식민지 시대 설비를 조작할 수 있는 숙련노동자와 기술자가 부재했다. 둘째, 독립이 가까워지면서 개수와 보수를 하지 않고 방치된 시설들이 노후되었다. 셋째, 수출 농업이 심각한 위기에 빠져 있었다(Stora 일본어판 2011, 375).

이러한 경제 위기를 타개하기 위해 벤 벨라 정부는 긴축 정책을 채택하고 프랑스로부터 받는 차관과 기술지원, 비상 외국원조 등을 통해 국가경제를 어렵게 운용했다. 정부는 이른바 알제리 사회주의와 자주관리제를 도입했는데, 여기서 사회주의와 자주관리에 대해 좀 더 구체적으로 살펴본다.

알제리 사회주의와 자주관리

1963년 3월 20일, 벤 벨라는 유럽인의 탈출에 따라 주인 없는 재산으로 판단되는 농장과 공장의 조직화와 경영에 관한 정령을 발표했다. 노동자 자주관리는 여러 사회 세력 사이의 역량 관계에 따라 몇 단계를 거쳐 발전했다. 처음 노동자계급은 직접적이고 엄격한 국가 통제와 새롭게 형성된 국가의 부르주아지 대신 자주관리를 통해 그들의 이해를 관철시키려 했다. 자주관리의 구조와 권한은 노동자 자주관리를 규정한 1963년 3월 법령을 통해 처음으로 결정되었다. 자주관리 구조는 다음과 같다.

① 노동자 총회: 노동자 총회는 계절노동자를 포함해 기업 또는 농장에서 일하는 상시노동자들로 구성된다. 총회는 원칙상으로는 경제계획, 구매와 장비, 생산과 판매, 작업 조직과 자본 출자 등 넓은 영역에 걸친 승인과 인가의 권리를 갖는다.

② 노동자평의회: 생산직에 종사하는 노동자 3분의 2 찬성으로 선출된 기구이다. 이 기구의 책임 영역은 장비 구입, 신용 관련 사항, 내부 조직과 회계 관리 등이다.

③ 경영위원회: 노동자평의회나 또는 생산직 노동자 3분의 2 찬성으로 (사업장 규모에 따라 3명에서 11명까지 범위의) 선출된 위원회이다. 이 위원회는 경영에 관한 주요 책임을 진다. 장비의 판매 및 재료 구입, 대출 받기, 생산 설계, 회계 처리 등에 관한 문제를 결정한다. 위원회는 회의를 소집하고 주재하고 이끌며, 모든 문서를 확인하는 대표를 선출한다.

④ 이사: 자주관리 기업이나 사업장을 대표하는 직위로서 국가가 임명하되, 자주관리설립지역위원회CCAA의 동의가 필요하다. 이 위원회에는 지역경영위원회, 알제리노동자총연맹, 민족해방전선, 지방자치체 대표가 참가했다. 이사의 임무는 기업이나 사업장 내 모든 업무 처리와 재정 운영의 적법성을 점검한다. 또 결정된 사항의 이행을 감시하고 결재를 하며 기금을 운용하는 등 계좌를 관리하며, 모든 자주관리 조직의 서기로서 복무한다 (Anser 1992, 121~122).

벤 벨라는 자주관리에 관한 정령을 발표한 해 10월 1일에 프랑스인 식민자가 가진 최후의 소유지를 국유화한다고 밝혔다. 사회주의 부문은 식민자의 구소유지를 이른바 자주관리된 대규모농장으로 재편한 데서부터 형성되었다. 동시에 국립농지개혁국ONRA가 창설되었다. 국립농지개혁국은 사회주의 부문의 적자가 증대됨에 따라 해산되었다. 자주관리 농업 부문은 1965년까지 231만2,280헥타르로 확대되었으며, 거의 대부분 '근대적' 농업을 포함했다. 이 부문에는 1968년 당시 130만 명의 농업 취업자 가운데 11만5천 명의 상용노동자밖에 존재하지 않았다. 다만, 관리위원회가 농업 부문 총생산고의 60퍼센트를 확보하고 있었다.

공업과 상업 부문에서는 '주인 없는' 기업이 자주관리 체제에 편입되었다. 자주관리에 든 공업 기업에는 1만 명 정도의 노동자가 고용되어 있었다. 대외무역은 국영 공사인 국립무역국ONACO이 독점했다.

자주관리 기업의 경우 권력의 조직화는 직접민주주의 방식에 따라 이루어졌다. 총회에 참석하는 상용노동자 모두가 최고 입법기관을 구성했다. 그러나 기업 재산의 소유자인 국가가 후견 감독권을 갖고 있었다. 공권력이 임명한 국장은 국민경제의 계획화 방향에 반대하는 협의기관의 결정에 대해 거부권을 행사할 수 있었다. 이러한 자주관리 방식은 생산관계의 개혁보다는 경제활동의 진흥과 국내 경제발전에 목표를 두었다.

그러나 1963년의 정령은 자주관리에 대한 사회운동의 요구를 담보하지 못했다. 농민들은 식민지 지배 시기의 낡은 농업 질서를 극복해 더욱 좋은 노동조건을 확보하기를 희망했으나, 현실은 그렇지 못했다. 노동자들은 정부 임명 책임자가 관리하는 국영농장이나 기업 틀 안에서 일하면서 임금이나 노동조건이 획기적으로 개선되길 기대했으나, 그런 기대는 결코 실현되지 못했다(Stora 일본어판 2011, 375~377).

알제리 노동운동의 특징과 독자적 노동운동

알제리 노동운동은 독립 투쟁 과정에서 대단히 중요한 역할을 수행했다.

1956년 2월 24일 창립된 알제리노동자총연맹UGTA은 전위부대로서 활동했다. 알제리노동자총연맹은 탄압이 극심했을 때는 튀니지에서 활동을 전개했으나, 독립을 달성한 이후에는 알제리로 본부를 옮겨 왔다.

1954년 당시 조직노동자 수는 15만 명 미만이었는데, 이 수치는 임금노동자 65만 명과 계절농업노동자 40만 명을 합친 전체 노동자 수로 보면 낮은 조직률이었다. 노동조합원의 대다수는 서비스 부문 종사자였으며, 규모가 큰 제조업 종사자는 적은 수에 지나지 않았다. 알제리 노동자계급의 형성과 관련해 몇 가지 특징을 지적할 수 있다. 첫째, 알제리의 수많은 실업자또는 불완전 고용 노동자 대중이 노동조합 조직에 접근하기 어렵다는 점이었다. 둘째, 임금 노동자의 대다수가 소규모 기업에 종사하고 있기 때문에 노동자 조직화가 쉽지 않았다는 점이다. 셋째, 알제리에 살고 있는 유럽인들은 대체로 도시 임금노동자들이었고, 대부분 행정, 서비스, 운수 부문에 종사했다. 그래서 알제리 인민들이 노동조합 조직에 쉽게 접근할 수 없었다는 점이다.

이와 같은 조건들이 다음과 같은 알제리 노동조합운동의 특징을 조성했다. 첫째, 알제리 노동운동은 구조, 운영, 정책에서 본질적으로 유럽 노동운동과 유사했다. 이런 경향은 알제리 노동자의 노동조합 조직률이 높아졌을 때 비로소 약화되었다. 둘째, 알제리 노동조합은 본국(프랑스) 노동조합과 직접 결합되었으며, 프랑스 노동운동의 강력한 영향을 받았다. 셋째, 여러 가지 차별적 구조와 조치가 수반되는 식민지 구조 때문에 노동조합은 유럽에서 온 노동자나 알제리의 숙련 또는 전문직 노동자 등 특권적 노동자들이 지배했다(Anser 1992, 82~84).

알제리 노동운동의 이와 같은 특징이 유지되는 가운데 1954년에 시작된 알제리 독립전쟁은 민족운동과 더불어 노동운동에서도 큰 전환의 계기가 되었다. 알제리에서는 처음으로 알제리인의 독립적인 노동조합이 출범했는데, 1956년 2월 20일에 결성된 알제리노동조합연맹USTA이 그것이었다. 알제리노동조합연맹의 결성을 두고 식민지 당국은 비교적 호의적이었는데, 그 이유는 민족해방전선와 대립적이었기 때문이다. 알제리노동조합연맹은 노동조합원도 수천명에 지나지 않았으며, 활동도 활발하지 못했다. 그런가 하면 알제리노동조합연맹은 알제리노동조합총연맹UGSA이 주도한 파업을 깨뜨리는 활동을 벌였는가 하면 때로는 식민지 당국과 협조적인 관계를 유지했다.

알제리노동조합연맹 결성 4일 뒤에 출범한 알제리노동자총연맹은 그 구조에서 프랑스 노동조합 모델, 특히 프랑스 노동총동맹CGT이나 알제리노동조합총연맹의 조직 체계를 많이 반영했다. 알제리노동자총연맹은 여러 직종과 산업에 기초한 독립적이고 민족적인 노동조합 중앙조직이었다. 알제리노동자총연맹은 집행위원 21명으로 구성되는 중앙집권적 집행위원회를 구성했다. 이 조직은 세 개의 지역 노동조합, 즉 알제, 오랑, 블리다 지역 노동조합을 설립했다. 알제리노동자총연맹의 모든 주요 결정은 2년마다 열리는 대회에서 내려졌다. 알제리노동자총연맹에는 철도노동조합, 체신노동조합, 항만노동조합, 농업노동조합, 교원노동조합이 가맹했다. 노동조합원 수는 빠르게 증가해 1957년에는 11만 명에 이르게 되었다.

알제리노동자총연맹의 주요 목표는 제1차 전국 집행위원회 성명에서 잘 드러나고 있다. 그들은 자신들의 목표가 ① 노동자투쟁에 즈음해 그들의 깊은 열망과 일치하는 새롭고 혁명적인 지향을 제공하는 일, ② 노동자들로 하여금 모든 착취자와 투쟁할 수 있는 계급의식을 갖도록 지원하는 일, ③ 노동자계급의 이익을 방위하기 위해 모든 형태의 차별을 근절하는 일, ④ 노동조합 내부의 실질적이고 효율적인 민주주의를 실현하는 일, ⑤ 단일의 국제노동조합연맹에 가입함으로써 알제리 노동자계급의 단결을 이룩하는 일이라고 명시했다(Anser 1992, 89~90).

알제리노동자총연맹은 합법적 지위를 획득한 첫 해에 여러 차례의 경제·정치적 파업을 결행했다. 그런 가운데 지도자와 활동가들이 여러 가지 고난과 억압을 당했다. 1956년 5월, 알제리노동자총연맹 사무실이 압수수색 당했으며, 지도부와 간부 150명이 체포되었다. 같은 해 6월에도 압수수색 당했고, 활동가 700명이 체포되었다. 같은 해 11월에는 총파업이 감행하였는데, 이 총파업은 모로코의 모로코노동자연맹UMT과 튀니지노동총동맹UGTT과 공동으로, 그리고 독립전쟁 두 번째 기념일을 축하해 계획되었다.

장기적이면서 성공적인 파업은 1957년 1월 26일에 일어난 총파업이었다. 이 총파업은 국제연합 제8회 총회가 처음으로 알제리 문제를 토의하는 시점에서 민족해방전선을 지원하기 위해 감행되었다. 이 파업은 모든 알제리인의 관심을 모은 가운데 1주일 이상 계속되었다. 이 파업에 대한 억압 조치는 이전의 경우보다 훨씬 강력했는데, 노동조합 간부 183명이 구속되었으며, 몇 명은 죽거나 행방불명 되었다. 1957년 중반 들어 알제리노동자총연맹은 더 이상 체계적인 탄압을 이겨낼 수 없게 되자, 민족해방전선 본부가 있는 튀니지로 지도부를 옮기고 지하활동을 펴기 시작했다. 이런 상황에서 알제리노동자총연맹의 활동은 더욱 강하게 정치적 경향을 띠게 되었고, 민족해방전선과 밀착되었다. 알제리노동자총연맹은 경제·정치적 파업 투쟁을 계속하기 어렵게 되자, 조직을 유지하고 보존하는 일에 집중하게 되었다. 1962년 말 노동조합원 수는 대략 25만 명 또는 30만 명 정도였다(Anser 1992, 91~92).

| 표 22-22 | 1958~1964년 알제리 파업 발생 추이 | | | | |

	1958	1959	1960	1963	1964
파업 건수	2	9	17	100	114

자료: ILO, *Yearbook of Labour Statistics*, 1964, 552; 1966, 708.

알제리 독립과 노동운동

1962년 7월 알제리 독립을 계기로 노동운동에는 새로운 계기가 만들어졌다. 노동조합운동이 공개적이면서 활발하게 전개되었고, 파업 발생이 급격하게 증가했다.

〈표 22-22〉는 1958~1964년 사이의 알제리 파업 발생 추이를 보여 주고 있는데, 1964~1968년 사이의 파업 발생 상황은 국제노동기구ILO 통계에서 찾을 수 없다. 아마도 1965년 쿠데타 발생으로 파업 관련 통계가 집계되지 않았던 것으로 추정된다. 1958~1964년 사이의 파업 발생 추이를 보면, 독립 이전에는 20건도 되지 않았으나, 독립 이후인 1963년과 1964년에는 100건 이상으로 급증했다. 1964년과 1965년의 파업은 알제리 독립 이후 여러 부문에 걸친 노동조합 조직화(특히 제조업과 서비스업)에 따라 발생한 것이었다.

이 시기에 발생한 파업의 원인과 양상은 다양했지만, 거기에는 몇 가지 공통적인 특징이 존재했다. 첫째, 노동조합 지부나 조직의 중요성을 자각한 전투적 활동가들이 노동자들을 파업투쟁에 참여하도록 독려했다. 둘째, 당시 파업은 수도인 알제와 산업이 발달한 지역에서 일어났다. 셋째, 파업에서 제기된 요구는 다양했지만, 하나의 공통된 원인은 노동자와 사용자 사이의 깊은 불신과 상호 위협이었다. 독립 이후의 노동자투쟁은 토착경제와 외국자본의 대립에서 자본과 노동의 대립으로 바뀌었다는 것이 주요 특징이다. 파업은 다국적 기업뿐만 아니라 토착 부르주아지 소유 기업에서도 발생했다(Anser 1992, 141).

당시 파업에 대한 정부의 대응은 '중립적'이었으며 조정하는 역할을 수행했다. 그러나 정부는 파업으로 인해 생산이 저하되고 임금이 급상승하지나 않을까 우려했으며, 외국인 소유 자본의 철수 가능성을 경계했다. 이러한 가운데 대단히 중요한 문제가 제기되었는데, 바로 기업위원회 형식을 통한 노동자 경영 참여 문제였다. 이 위원회는 종업원 100명 이상의 대기업에서는 활발한 역할을 수행했으나 중소기업에서는 그 역할이 제한적이었다. 노동자들과 노동조합 지부는 중소기업에서도 기업위원회를 통해 노동자가 경영에 참여할 수 있도록 하기 위해서 압력을 행사했으나 종업원 50인 이상 기업의 경우 겨우 5퍼센트 정도가 성사되었다. 노동자들은 경영 참여를 통해서 인력 충원, 승진, 임금 등의 영역에서 일정한 영향력을 행사할 수 있었다.

알제리노동자총연맹과 정부 사이의 갈등

1962년 알제리 독립 이후, 민족해방전선 지도자들 사이에 여러 분파들이 생겨났으며 이것은 거의 분열 상태로까지 진전되었다. 이에 대해 알제리노동자총연맹은 1962년 8월 다음과 같은 요지의 성명을 발표했다. "알제리 정치 지도자들이 오래도록 해외에서 살았기 때문에 알제리 인민들과 노동자들의 요구와 열망을 파악하지 못하고 있다. 알제리 노동자들은 이러한 분파 싸움에 끼어들지 않을 것이다. 노동자들은 민주주의와 자유, 그리고 통일의 이상을 추구할 위치에 있다"는 내용이었다(Ananba 1979, 74~75).

1962년 11월 4일, 벤 벨라 수상은 기자회견에서 "알제리노동자총연맹은 전국 노동조합 중앙조직으로서 행정상의 그리고 운영상의 독립성을 가지나 정치적인 독자성은 갖지 않는다"고 말했다. 그런데 민족해방전선 정치국과 알제리노동자총연맹은 같은 해 12월 19일 '알제리노동자총연맹과 정당 관계에 관한 협정'을 체결했다. 알제리노동자총연맹 지도자들은 항상 노동조합운동이 정부나 정당으로부터 독립성을 유지해야 한다고 주장해 왔으며, 협정상으로는 이런 목적이 실현된 것처럼 보인다. 그러나 협정과 현실은 큰 차이가 있었다.

알제리노동자총연맹은 1963년 1월 17일부터 20일까지 사이에 전국대회를 열고 정치적 독립성 확보를 위한 준비위원회 설치를 결의했다. 위원회는 정치국 대표들을 참가시킴으로써 확대되었다. 대회에서 벤 벨라는 "우리나라 전체 인구의 80퍼센트를 차지하는 농민들에 비해 노동자들이 특권층을 형성해서는 안 된다"면서 "노동조합은 집권당의 결정에 따라야 한다"고 했다(Ananaba 1979, 75~76). 대회에서 노동조합의 독립성과 자율성을 둘러싸고 치열한 논쟁이 벌어졌으며, 활동과 주요 정치 결정에 관한 보고는 비공개로 행해졌다.

대회 3일째 되는 날, 알제리노동자총연맹의 새로운 규약이 개정되었으며, 새로운 집행부가 선출되었다. 선출된 간부들은 열렬한 민족해방전선 지지자들이었다. 대회 개최 6개월 뒤, 알제리노동자총연맹은 국제자유노동조합연맹ICFTU으로부터 탈퇴했으며, 다른 국제 노동조합 조직에 대해서도 동일한 방침을 취할 것을 결정했다. 동시에 알제리노동자총연맹은 '정치적 중립' 정책을 추구할 것이라고 발표했다(Ananaba 1979, 75~76).

4. 튀니지

튀니지식 사회주의

1950년대 전반부터 10여 년 동안 아랍 세계는 민족주의의 대두, 민족주의에서 사회주의로의 전환이라는 정세 변화를 특징으로 했다. 튀니지의 경우, 독립 이후 정치체제의 이행이 비교적 원활하게 이루어졌다. 하비브 부르기바는 독립 직후부터 군사기지 철수를 둘러싸고 프랑스 정부와 날카로운 대결을 벌인 것도 이와 같은 아랍 민족주의 공통 과제와 밀접하게 연관되어 있었다. 그러나 민족주의에서 사회주의로 전환하는 데는 부르기바의 독자적 방식이 채택되었다. 즉, 데스투르당(헌법당)의 사회주의 선언과 친서유럽적 외교정책 전개라는 두 가지의 모순되는 정책을 동시에 추구하고자 했다(宮治一雄 2000, 199~200).

1957년 알제리 내전 상황에서 프랑스 공군기가 튀니지 국경 마을을 공격했을 때, 튀니지 정부는 프랑스와의 외교 관계를 단절하고 튀니지 주둔 프랑스군의 즉각적인 철수를 요구했으며, 당시 사태를 국제연합UN에 상정했다. 프랑스 군대는 막사에서 봉쇄당했으며, 비제르테 지역에서 행사했던 치외법권을 박탈당했다. 그 밖에도 수백 명의 프랑스 민간인이 국경 지역에서 추방당하고 프랑스 영사관 7개 가운데 5개가 폐쇄되었다. 같은 해 4월, 결국 미국과 영국의 중재안이 받아들여짐으로써 프랑스군은 모두 철수했으며, 비제르테 지역에서도 튀니지 주권이 회복되었다.

1959년 6월, 튀니지 정부는 대통령제 도입을 위한 조치의 일환으로 신헌법을 공포했다. 이 헌법은 임기 5년에 3선까지 가능한 대통령 선거 관련 규정이 포함되어 있었고, 5년 임기의 국회의원 선거 규정, 선전포고와 조약 비준의 국회 동의에 관한 규정이 담겨 있었다. 이 헌법에 따라 같은 해 11월에 시행된 대통령 선거에서 부르기바가 경쟁자 없이 당선되었으며, 국회의원 90석 모두 신데스투르당(신헌법당)이 차지했다. 신데스투르당은 사회 전반에 대한 지배력을 강화하고 튀니지의 유일정당으로 자리 잡았다.

튀니지는 독립 이후 외국인 식민자 출국, 자본 도피 등으로 경제 위기를 맞았는데, 부르기바 정권의 경제정책은 자유주의를 원칙으로 했으나, 그것으로는 외국인의 국외 송금을 규제할 수 없었기 때문에 1958년에는 독자 통화Tunisia Dinar, TD를 발행함과 동시에 외환 관리를 시작했다. 1960년대 들어 은행 외의 국유화와 외국계 사기업을 대체할 공사제도 확충 등을 통해 사회주의를 선언하기 이전에 이미 국가 부문이 강화되었다. 1962년부터 3개년 계획(1962~1964년)이 시작되었으며, 공공투자를 통한 사회적 생산 기반 정비와 교육의 확충이 추진되었다. 한편 프랑스와 대결을 벌인 결과, 수출이 정체되고 개발을 위한 수입이 증가됨으로써 무역수지가 악화되었으며, 외국 원조 의존도가 높아졌다. 프랑스 정부가 군사기지 철수에 대한 보복 조치로서 원조를 중단하자, 튀니지 정부는 어느 나라에서라도 원조를 받아들여야 했다. 원조는 주로 미국과 영국, 세계은행으로부터 제공되었고, 소련과 동유럽 국가들로부터도 제공받았다.

튀니지가 독립을 달성한 이후, 도시 인구가 증가하고 유럽인 대신 튀니지인 중간 계층이 대두했지만 공업화의 성과는 그다지 크지 않았다. 이와 같은 정세에서 1964년 10월에 열린 신데스투르당 대회에서는 튀지니식 사회주의 건설을 결정하고, 당 명칭을 데스투르사회주의당PSD으로 바꾸었다. 같은 해 5월에는 알제리와 마찬가지로 외국인 소유 농지의 국유화가 단행되었고, 구 식민자 농장을 중심으로 주변의 튀니지인 소농을 포함시켜 농업 생산협동조합을 조직하기로 결정했다. 이 협동조합 방식은 농업 부문뿐만 아니라 상업 부문과 공업 부문에도 확대되었고, 나아가서는 국민경제 전체에까지 적용될 예정이었다(宮治一雄 2000, 200~201).

한편, 튀니지의 대외정책은 온건하면서도 신중하게 시행되었다. 튀니지는 아프리카통일기구OAU 내에서도 책임 있는 영향력을 행사했으며, 아랍 세계와의 관계는 부르기바 대통령의 대외정책에서 주요 관심사였다. 1965년 4월, 부르기바는 팔레스타인에 관한 아랍연맹의 정책을 공개적으로 비난하고, 1948년 팔레스타인 국제연합 분할 안에 대해 이스라엘과 직접 협상을 하자고 제안해 융통성 있는 접근을 주장했다. 이에 대해 이집트와 그 밖의 아랍 국가들(모로코, 리비아, 사우디아라비아를 제외한)로부터 강한 반발이 터져 나왔다. 그 뒤 카이로와 튀니스에서 발생한 격렬한 시위로 양국은 각각 자국의 대사를 소환했다. 또 이스라엘과 대사를 교환한 독일연방공화국(서독)과 외교 관계를 단절한 아랍연맹 소속 국가들과 동조할 것을 튀니지가 거부함으로써 관련국들과 더욱 심한 마찰을 빚게 되었다.

튀니지의 대외관계는 해외 원조의 필요성에 따라 크게 영향을 받았다. 튀니지의 온건 정책을 신뢰해 경제원조를 제공한 미국, 영국, 독일과 우호 관계를 유지하면서도 소련 및 동유럽 국가들을 배척하지 않았다(공일주 외 1998, 291).

노동조합운동의 독자적 발전 모색

튀니지 독립 이후 정치·경제 정세 변화가 진행되는 가운데 노동조합운동은 독자적으로 발전해 나갔다. 독립 이전 1956년 당시 튀니지에는 두 개의 전국 중앙 조직이 존재했는데, 그 하나는 프랑스 노동총동맹CGT의 지부인 튀니지노동조합연맹USTT이었고 다른 하나는 튀니지노동총동맹UGTT이었다. 튀니지노동총동맹은 식민주의와 외국자본에 대항하는 투쟁과 경제적 조건 개선 투쟁을 내세웠다. 1956년 9월, 튀니지노동조합연맹은 튀니지노동총동맹으로의 통합을 결정했다. 튀니지노동총동맹은 민족해방투쟁의 중심 세력이었던 신데스투르당을 지지했다. 튀니지노동총동맹은 다른 국적을 가진 노동자를 가입시키지 않았다. 그래서 튀니지노동총동맹은 '민족주의적'nationalist이지만 '전국 조직'은 아니다라는 평가를 받기도 했다. 튀니지노동총동맹은 신데스투르당과 협력 관계를 유지했으며, 튀니지노동총동맹 간부가 부르기바 정권에 입각하기도 했다(Ananba 1979, 84).

1964년 신데스투르당 대회에서 결정된 튀니지적 사회주의 정책 전환의 주역은 튀니지노동총동맹의 사무총장 출신 아흐마드 벤 셀라였다. 부르기바는 벤 셀라로 하여금 노동조합 사무총장 직을 그만두게 한 뒤, 그를 재정기획원 장관에 등용했다. 벤 셀라는 농업생산협동조합을 위시한 상업 부문과 공업 부문에 대한 협동화를 추진하는 한편, 학생운동과 청년운동을 탄압해 국가안보 체제를 강화했고 부르기바의 후계자로서 지위를 굳혔다(宮治一雄 2000, 201).

5. 모로코

모로코 독립과 정치체제 개편

1956년 3월 모로코가 독립한 뒤 술탄 무함마드 5세는 입헌 왕제와 대의제에 기초한 국가를 건설한다고 발표했다. 1957년 8월, 무함마드 5세라는 이름으로 정식 왕위에 오른 무함마드 벤 유수프는 먼저 추밀원을 설치하고 이어 국회를 소집했는데, 어느 것이든 모두 왕이 임명하는 자문기구 성격의 기구였으며, 정당으로는 이스티클랄당(독립당)을 지지했다(宮治一雄 2000,

147~148).

군주의 권한을 둘러싸고 이스티클랄당 내의 여러 분파들 사이에 의견이 대립했다. 보수파와 급진파 사이의 대립은 급진주의 성향의 지도자 압둘라 이브라힘이 1958년 12월 정부를 구성하면서 더욱 첨예화했다. 몇 달 뒤에는 메흐디 벤 바르카가 보수주의적인 이스티클랄당 지도부에서 떨어져 나와 새로운 당 조직 결성을 주도하여, 1959년 9월 인민세력전국연합UNFP이 출범했다. 1960년 5월, 국왕 자신이 수상을 겸직하고 마울라이 하산 왕자가 부수상으로 취임한 새 정부가 인민세력전국연합의 반대 속에서 출범했다. 1961년 2월 무함마드 국왕이 사망하자 하산 왕자가 하산 2세라는 이름으로 왕위에 올랐으며, 스스로 수상직을 겸임했다. 1962년 12월, 신헌법이 국민투표를 통해 제정되었는데, 국민의 개인적 자유와 정치적 자유가 보장되는 입헌군주국을 명문화한 법이었다(공일주 외 1998, 262).

신헌법 제정 이후, 하산 2세는 인민세력전국연합과 이스티클랄당을 억압해 정치체제를 안정시키고자 했으나, 권력 중추를 떠받치는 관료기구가 취약해 강력한 정부를 구축하지는 못했다. 하산 2세는 이런 상황에서 헌법기구방어전선FDIC을 창당했다. 그러나 국회의원 선거에서 여당은 과반수 의석을 차지하는 데 실패했으며, 선거 부정에 항의하는 이스티클랄당 당원들을 탄압했다. 1963년 7월, 쿠데타를 모의했다는 혐의로 인민세력전국연합 지도자들이 심한 탄압을 받았다. 1963년 11월, 국왕은 수상직에서 물러나면서 헌법기구방어전선 지도부에 정부 조각을 위임했다.

헌법기구방어전선은 국회에서 과반수를 차지하지 못한 상태에서 야당들을 연립정부 구성에 참여시킬 목적으로 개각을 단행했다. 1965년 전반기 실업과 물가 상승으로 도시 노동자 사이에 불만이 커져 국내 정세는 대단히 불안했다. 1965년 6월, 하산 2세는 노동자와 학생의 시위를 계기 삼아 계엄령을 선포하고 헌법을 정지시킴과 동시에 입법부과 행정부를 완전히 장악했다.

1965년 10월에는 인민세력전국연합 지도자 벤 바르카가 망명지 프랑스에서 실종된 사건이 발생했는데, 이 사건에 국왕 측근 가운데 한 사람이 연루된 것으로 밝혀졌다. 이로써 모로코와 프랑스 관계가 악화되었을 뿐만 아니라 국내에서도 시위와 항의 파업이 벌어졌다. 1967~1968년에도 학생과 노동자들의 저항이 계속되었으나 공업 발전, 토지개혁, 오직汚職 반대 캠페인을 시행함으로써 정부는 어느 정도 신뢰를 회복하게 되었다(宮治一雄 2000, 204~205).

노동조합 전국 중앙 조직 건설과 정부의 규제 강화

1950년대 후반에서 1960년대 전반까지의 모로코 정치·경제 상황 변화 속에서 노동조합운동은 여러 가지 어려움에 직면했고, 이를 타개하기 위해 많은 노력을 기울였다.

1955년에는 노동조합 전국 중앙 조직 모로코노동자연맹UMT이 결성되었다. 출범 당시 노동조합원은 30만6천 명이었다. 1957년에 공포된 노동관계 법령은 노동조합 간부의 자격을 모로코 시민에 국한한다고 규정했다. 이에 따라 프랑스 노동총동맹CGT 지부는 해체되고 1957년 이후에는 모로코노동자연맹만이 남게 되었다. 1960년 3월 20일에는 모로코노동자연맹에서 분리되어 모로코노동자총연합UGTM이 결성되었다. 당시 노동조합원은 69만5천 명으로 발표되었다. 모로코노동자총연합은 농업노동자들이 중심이 되어 조직한 노동조합 전국 조직이었으며, 모로코노동자연맹에 비해서는 덜 전투적이었다. 모로코노동자연맹은 이스티클랄당을 지지했다. 하산 2세가 왕위에 오르면서 정부는 노동조합에 대한 규제를 강화했고, 1965년 들어 모로코노동자연맹은 정부와 공개적으로 대립하게 되었다. 그해 3월에 일어난 노동자 파업과 학생들의 저항 시위로 100명이 죽고, 450명이 부상당했으며 노동조합원과 학생 61명이 구속되었다. 노동조합운동에 대한 탄압이 가중되면서 노동운동은 침체 국면에 접어들었다(Ananaba 1979, 82).

6. 케냐

케냐 민족해방운동의 승리

영국 식민 정부는 1954년 이후 두 가지 문제와 관련해 민족주의자들의 주장을 인정하고 구체적인 방침을 제시했다. 그 하나는 소농들에게 커피와 차를 비롯한 환금 작물을 도입하는 '스위너턴 계획'Swinnerton Plan과 아프리카인 보유 토지를 조정·등기해 사유권을 확립하는 토지정책이고, 다른 하나는 입법심의회의 아프리카인 의석수를 대폭 확대(1958년 이후)하는 정책안이었다. 그러나 계엄령 아래에서 아프리카인 민족주의 운동에 대한 억압은 엄격했고, 초기에는 어떤 정당 활동도 허용되지 않았으며 1955년이 되어서야 지역 범위에서 겨우 정치조직 결성이 허용되었다. 그 때문에 부족마다 정치단체가 분립하게 되었고, 입법심의회 의원 선출도 부족마다 실시된 선거에 따라 행해졌다.

1957년에 실시된 선거를 통해 처음으로 케냐인 국회의원 8명이 당선되었다. 선거운동은 부족 단위로 결성된 조직을 통해 행해졌으므로, 선출된 의원은 각각 부족을 대표했다. 나이로비에서는 예외적으로 부족 이외의 대중적 기반을 통해 당선된 사람이 있었다. 그는 케냐노동연맹KFL 사무총장으로서 노동조합운동을 기반으로 한 젊은 세대의 지도자 톰 음보야였다. 1958년에 실시된 선거에서는 6개 의석이 추가되었는데, 이들 또한 부족 대표 형식으로 선출된 것이었다. 국회의원으로 선출된 아프리카인들은 더욱 많은 의석을 확보하기 위한 의회투쟁을 활발하게 전개했다. 아프리카인 의원들은 식민지 정부가 다인종 협조라는 명분으로 정부 내각에 대한 협력을 요청해 오자 이를 거부했으며, 비협력 방침을 견지했다. 그 가운데 오딩가는 의회투쟁의 중심 인물로 활약했으며, 그는 '마우마우의 주모자'로 옥중에 감금되어 있는 케냐아프리카인연합KAU 지도자들을 두고 "아직도 우리의 지도자이다"라고 선언하고 조모 케냐타의 석방을 요구했다.

유럽인 식민자 세력은 둘로 나뉘어졌다. 그 하나는 온건파 식민자 그룹으로서 통일국가당UCP을 조직했고, 1959년에는 아시아인·아프리카인을 포함한 다인종 협조주의의 새 정당 뉴케냐그룹(뒤에는 뉴케냐당NKP으로 이름을 바꾸었다)을 창설해 영국 식민지성이 주최하는 신헌법 제정 회의에 출석하기로 방침을 정했다. 다른 하나는 백인 우위를 주장하는 강경 그룹으로서 통일당UP을 결성해 활동을 전개했다.

한편, 아프리카인 민족주의 운동 진영도 식민자 세력과 마찬가지로 분열을 경험했다. 1959년 11월, 계엄령이 해제된 뒤 다인종 협조주의에 가까운 주장을 펴는 케냐국민당KNP과 아프리카인 우위의 즉시 독립을 주장하는 케냐독립운동KIM의 두 개 정당이 결성되었다. 오딩가를 당수로, 음보야를 사무총장으로 추대한 케냐독립운동케냐독립운동은 당원을 아프리카인으로 제한했다는 이유 때문에 등록을 거부당했는데, 그런데도 많은 아프리카인들의 지지를 받았다. 케냐국민당이 1960년 1월에 열린 헌법회의 직전에 케냐독립운동에 합류함으로써 아프리카인 진영의 통일은 이루어졌다. 케냐국민당의 당수 로널드 은가라가 헌법회의의 아프리카인 수석대표로 내정되었다(吉田昌夫 2000, 182~185).

1960년 1월, 런던의 랭카스터 하우스에서 신임 식민지 장관 이아인 맥레오드가 주최하는 케냐헌법회의가 열렸다. 당시 영국 수상 맥밀런은 식민지 정책의 일대 전환을 선언했다. 맥레오드는 아프리카인 다수지배Majority Rule 수용을 목표로 적극적인 조정 활동을 벌였으며, 과도기로서 다인종 구성을 받아들이더라도 가까운 장래에 공통 선거명부에 따른 선거를 실시해 다수지배 정부를 수립한다는 해결안을 마련해 아프리카인 대표와 뉴케냐그룹의 동의를 얻는 데 성공했다. 유럽인 강경파인 통일당 대표는 이 해결안에 충격을 받고 침묵했다.

그리하여 역사적인 1960년 회의가 끝났으나 회의 기간에 아프리카인 대표들 사이의 협력 체제는 유지되지 못했으며, 3월 27일 키쿠유, 레오, 칸바의 3대 부족 지지를 바탕으로 케냐아프리카인민족연합KANU이 설립되었다. 같은 해 6월에는 목축민 부족들과 해안지방의 소부족들이 결속해 케냐아프리카인민주연합KADU이 발족했다. 케냐아프리카인민족연합은 기추루를 총재에, 오딩가를 부총재에, 음보야를 사무총장에 선출해 집중적인 집행 체제를 세웠으며, 케냐타를 장래의 당대표로 선정했다. 케냐아프리카인민주연합은 웅갈라를 총재에, 마신데 물리로를 부총재에, 모이를 의장으로 선출해 소수 부족 옹호를 위한 연방제를 주장했다.

1961년 2월, 새로운 제도를 통해 처음으로 총선거가 실시되었다. 케냐아프리카인민족연합은 총투표의 67퍼센트를 획득해 공통선거명부 의석수 32석 가운데 19석을 획득해 제1당이 되었다. 케냐아프리카인민주연합은 11석을 확보했다. 케냐아프리카인민족연합은 케냐타가 석방될 때까지는 내각에 들어가지 않겠다는 성명을 발표하고 저항운동을 계속했다. 그런 가운데 케냐아프리카인민주연합은 유럽인 온건파인 뉴케냐당과 연합해 웅갈라를 수반으로 하는 내각을 구성했다.

1961년 8월, 케냐타가 석방되어 케냐아프리카인민족연합 총재로 취임했다. 그다음 해인 1962년 제2차 랭카스터 하우스 회의가 열렸는데, 회담의 주요 목적은 케냐 독립을 위한 헌법 제정과 연립정부 구성에 관한 것이었다. 케냐아프리카인민족연합은 강력한 중앙집권 체제의 정부를 주장했으며, 케냐아프리카인민주연합은 지방분권 체제의 정부 형태를 고집했다. 1963년 5월에는 케냐에서 처음으로 전체 의석에 대해 1인 1표의 원칙을 따른 총선거가 이루어졌다. 이 선거에서 케냐아프리카인민족연합은 83석을 확보해 대승을 거두었다. 다음 달 케냐타를 수반으로 하는 내각이 구성되었으며, 같은 해 12월 12일 드디어 케냐는 완전 독립을 달성했다(김윤진 1994, 378~379).

민족해방운동의 주축으로서 노동운동

케냐가 독립을 이룩하는 과정에서 노동운동은 갖가지 억압과 역경 속에서도 강력한 민족해방운동 세력으로서 자기 역할을 수행했다. 1956년 3월, 케냐의 영국 식민지 당국은 케냐노동연맹KFL에 최후통첩을 발부했는데, 그 내용은 케냐노동연맹이 정치활동을 벌이고 있어 결사등록관Registrar of Societies이 해산 명령을 내릴 수 있다는 것이었다. 영국 당국은 케냐노동연맹의 활동이 이중으로 법을 위반한 것이라고 규정했다. 첫째는 노동조합법이 '비정치적'인 활동만 하도록 제한하고 있는데 이를 위반했으며, 둘째는 비상사태법에 따르면 전국 규모의 정치조직이나 활동은 아프리카인에게는 허용되지 않고 있는데 이를 위반했다는 것이다. 그러나 법규의 제한이나 영국 당국의 기대와는 달리 노동조합은 현실을 그대로 받아들이려 하지는 않았다.

아프리카인이 정상적인 정치활동을 전면적으로 금지당하게 됨으로써 노동조합은 아프리카인의 민족주의적인 열망의 저장소로서 점점 그 중요성을 증대시키고 있다. 이에 따라 노동조합은 유럽인의 의혹을 불러일으키고 있다(The *Times*, April 5, 1956; Woddis 1961, 120에서 재인용).

영국 식민지 정부의 노동조합 해산 협박은 두 가지 사실에서 연유된 것이었다. 첫째는 케냐노동연맹과 그 임원들의 활동과 성명이 케냐 노동자들에 대한 박해를 비판했기 때문이며, 둘째는 케냐노동연맹이 정부의 선거권[1] 제안에 대해 반대하고 그 실체를 폭로했기 때문이었다. 케냐노동연맹은 식민지 당국이 노동조합 활동에 간섭하고 있으며, 케냐 인민을 부당하게 처우함으로써 고통 속에 빠뜨리고 있다는 데 대해 계속해서 주의를 환기시켰다. 1956년 1월 5일, 케냐노동연맹 사무총장 음보야는 케냐 정부에 대해 보안대원이 행한 잔학 행위와 '아프리카인 수천 명이 재판도 받지 않고 구치소에 갇혀 있다'는 사실을 강력하게 비판했다. 음보야는 또 케냐 노동조합에 가해지는 공격에 관한 특별보고서를 작성해 영국노동조합회의TUC와 국제자유노동조합연맹ICFTU에 제출했다.

이와 같은 활동과 관련해 많은 노동조합 간부들이 체포되어 노동조합 활동은 일시적으로 중단될 수밖에 없었다. 이런 상황에서 케냐노동연맹은 노동조합원의 이해관계와 직접 관련되는 사항에 대해 의견을 표명할 권리가 확보되어야 한다는 성명을 발표했다. 정부 당국은 케냐노동연맹의 요구를 거부했으며, 케냐노동연맹은 극히 좁은 범위에서 노동조합 활동을 추진

1_아프리카인이 투표권을 갖기 위해서는 재산 상태와 수입, '충성 심사' 통과 등 일곱 가지 자격을 갖추어야만 했으며, 실제로 선거권은 매우 제한되었다.

표 22-23 | 1956~1965년 케냐 파업 발생 추이

연도	파업 건수	파업 참가자 수	노동손실일수
1956	39	5,164	27,900
1957	77	21,954	25,391
1958	96	21,395	59,096
1959	67	42,214	431,973
1960	232	72,545	757,860
1961	167	26,677	120,454
1962	280	132,433	745,749
1963	230	54,428	235,349
1964	221	67,166	167,767
1965	200	105,602	345,855

자료: ILO 1965; 1972, *Yearbooks of Labour Statistics*.

할 수밖에 없었다. 영국 식민지 정부의 이와 같은 극심한 탄압 아래에서도 케냐 노동자들의 투쟁은 세차게 전개되었다. 케냐가 독립을 이룩한 이후에는 노동조합운동의 정상적인 발전을 위해 노력이 집중되는 가운데 파업투쟁이 급격하게 고양되었다(Woddis 1961, 121~122).

1956~1965년 사이 케냐에서 발생한 파업 추이는 〈표 22-23〉에서 보는 바와 같다. 이 기간에 발생한 연평균 파업 건수는 161건이었고, 파업 참가자 수에서는 1962년이 13만2,433명으로 가장 많았으며, 파업에 따른 노동손실일수는 1960년이 75만7,860일로서 가장 많았다. 1960년대 들어 파업 발생이 급격하게 증가한 것은 케냐의 정치 정세 변화를 직접 반영한 것으로 해석된다. 1960년의 케냐헌법회의 개최, 케냐아프리카인민족연합과 케냐아프리카인민주연합 출범, 1961년 총선거, 1963년 독립, 그리고 그 이후의 정세 변화를 계기로 노동자투쟁은 전례 없이 고양되었다.

7. 우간다

우간다의 독립

1955년부터 1958년 사이에 우간다에서는 정치 정세의 급속한 변화가 진행되었다. 1955년의 신부간다 협정에 따라 부간다 왕은 상징적인 지위만 갖게 되었다. 부간다 정부는 책임내각제를 채택했고, 제도상 부간다 왕의 전제적 권한은 소멸되었다. 신부간다 협정에는 앞으로 5년 동안에는 부간다 지위 변화 결정을 행하지 않는다는 규정도 포함되어 있었다. 부간다 의회는 같은 해 5월, 협정 안을 승인했고 10월에는 무테사 2세가 카바카에 다시 취임했다.

이와 같은 과정을 통해 부간다 정부 지도층은 자신감을 키웠고, 1958년 우간다 입법심의회 민간 선출 의원 선거에서 공동명부를 통한 선거제가 처음 도입되었다. 부간다 정부는 일반 국민이 정치의 주도권을 행사하게 될지도 모른다는 우려 때문에 직접선거를 배척하고 자신들의 지배력이 미치는 간접선거를 실시해 대표를 선출했다.

이와 같이 부간다가 스스로 독자성을 주장함으로써 우간다국민회의UNC 운동을 혼란에 빠뜨렸다. 1958년까지는 우간다국민회의가 민족주의 운동의 주요 담당자였음에 변함이 없었으나, 그 지도층 내부에서는 조직 운영 방침에 대한 의견 대립이 발생했으며, 조직 분열이 일기 시작했다. 1958년 총선거에서는 우간다국민회의와 민주당DP이 대결을 벌였으며, 선거 직후 우간다국민회의의 일부 의원들이 우간다인민연합UPU 결성에 참여했다. 우간다인민연합은 부간다가 누리는 특권과 특혜에 대해 거세게 반발했다. 우간다국민회의에 잔류하고 있던 북부 랑고Lango족 출신 밀턴 오보테를 비롯한 정치인들이 우간다인민연합과 합동으로 우간다인민회의UPC를 설립했다

(吉田昌夫 2000, 190~192).

1960년대 들어 민족주의 정당은 대체로 세 개의 흐름을 형성했다. 그 하나는 우간다인민회의로서 오보테를 당 대표로 하여 부간다 이외의 지역에 강한 세력을 이루고 있었으며, 우간다국민회의 창립 때의 정책 계승자로서 부간다 내에서도 약간의 지지 세력을 확보하고 있었다. 다른 하나는 민주당으로, 1956년 부간다의 로마 가톨릭 신도 그룹이 결집해 창설했으며, 1958년 이후 간다족 출신 변호사 베네딕토 키와누카가 당대표가 되면서부터 적극적인 정치활동을 시작했다. 또 다른 하나는 부간다 신전통주의를 표방하는 카바카예카KY이며, 그 당명은 '왕만이'라는 의미로서 1961년에 설립되었다.

카바카예카가 창설되기까지에는 다음과 같은 경위가 있었다. 1960년 9월, 영국 식민지 장관 맥레오드는 우간다 입법심의회 선거에서 직접선거를 통한 의원 선출제를 도입해 다수 정당이 중심이 되도록 하고, 임명제에 의한 각료를 추가해 총독을 수장으로 하는 내각을 설치하기를 권고했다. 그러나 우간다 정치 세력들은 총선거를 실시하기 이전에 우간다 내의 왕국 지위를 장래에 어떻게 설정할 것인지를 먼저 결정해야한다고 주장했다. 우간다인민회의는 단일국가제를 주장했지만, 부간다·앙콜레Ankole·토로Toro·부뇨로Bunyoro의 네 왕국은 연방제를 주장했다. 이와 동시에 부뇨로는 부간다에 편입되어 있는 부야가와 부간가지 두 지구의 반환을 요구해 부간다와의 새로운 분쟁을 불러일으켰다.

부간다는 왕을 포함한 사절단을 영국에 파견해 총선거를 연기할 것과 우간다 독립 후 부간다는 연방의 일부를 구성하도록 할 것을 주장했지만, 맥레오드는 이를 거부했다. 그리하여 부간다 정부는 주민들에게 총선거 보이콧을 명령했고, 드디어 부간다 의회는 1961년 1월 1일 독립을 결의했다.

그러나 실제로는 보호령 정부와 부간다 정부의 관계에서 큰 변화는 일어나지 않았다. 당시 부간다 정부의 재정 수입 가운데 절반은 보호령 정부로부터 조달되는 할당금으로 충당되었기 때문에 분리 독립을 실행에 옮기는 것을 주저하는 형편이었다.

1961년에 실시된 총선거에서는 우간다인민회의와 민주당이 경쟁을 벌였다. 총선거 결과 민주당이 43석을 차지해 제1당이 되었으며, 다음으로 우간다인민회의가 35석을 차지했고 우간다국민회의 1석, 무소속의 아시아인이 2석을 차지했다. 민주당의 키와누카가 총독 아래 내각을 구성해 수상에 취임했다. 한편 국회는 모든 우간다 국민을 대표하는 기구였으나, 부간다만은 루키코를 통해 대표 21명을 뽑아 국회에 참여시키기로 합의했다. 앙콜레·토로·부뇨로는 자국의 대표를 국회에 참여시킬 만한 힘을 가지 못했다(김윤진 1994, 368~369).

1961년 6월, 영국 정부가 임명한 우간다관계조사위원회의 보고서가 발표되었다. 조사위원회는 부간다의 연방 지위를 인정했으며, 앙콜레·토로·부뇨로에 대해서는 반半연방 지위를 인정했다. 또 부간다 의회 의원 전원을 직접선거를 통해 선출할 경우, 우간다 국민의회에 보낼 부간다 선출의원은 간접선거를 통해 선출해도 좋다고 인정했다. 같은 해 9월, 런던에서 열린 헌법회의는 이 권고를 받아들이기로 했으며, 우간다 독립은 1962년 10월 9일 이루어지는 것으로 결정했다.

총선거는 1962년 4월에 실시되었다. 선거 결과 우간다인민회의가 43석을 차지해 제1당이 되었으며, 부간다 의석을 거의 독점한 카바카예카가 24석을, 민주당이 같은 24석을 차지했다. 우간다인민회의와 카바카예카가 연립내각을 구성해 오보테가 수상으로 취임했다. 1962년 10월 9일, 마침내 우간다는 독립을 달성했다(吉田昌夫 2000, 194~195).

노동조합운동의 정치 노선에 따른 분열

1955년 이후 정치 정세의 급속한 변화가 진행되고 민족주의 운동이 고양되는 가운데 노동자투쟁도 꾸준히 전개되었다.

우간다는 동아프리카와 중앙아프리카 국가들 가운데 노동운동 발전에서 정치의 역할이 가장 컸던 국가였다. 그렇게 된 데에는 두 가지 요인이 작용했던 것 같다. 그 한 가지 요인은 우간다에서 백인 식민자 문제가 상대적으로 적었다는 사실이다. 독립 이전과 이후에 토지의 대부분은 아프리카인들이 소유했다. 다른 한 가지 요인은 우간다에서 부간다 왕국이 갖는 특별한 지위이다. 부간다는 우간다에서 가장 큰 부족 그룹으로서 국토의 3분의 1을 차지하고 있으며, 전체 인구의 약 3분의 1을 포괄하고 있었다. 1966년 통계에 따르면, 부간다는 전체 국민소득의 55퍼센트를 차지하고 있다. 이와 같은 요인들이 노동운동에 대한 정치의 영향력을 키웠다.

우간다에서는 제2차 세계대전을 전후해 노동조합 조직을 위한 여러 가지 시도들이 행해졌으나 불행하게도 실패했다. 그러나 1952년 들어 처음으로 노동조합이 정부 당국에 등록되었다. 그로부터 6년 뒤인 1958년에는 노동자 7,370명을 대표하는 노동조합 13개가 조직되었다. 1961년에는 조합원 3만9,862명을 포괄하는 34개 노동조합이 등록되었다. 노동조합 전국 중앙 조직으로 우간다노동조합회의UTUC가 1955년에 결성되었다.

1960년대 들어 노동조합 전국 중앙 조직은 여러 개로 분열되었다. 우간다노동연맹UFL, 우간다노동조합연맹FUTU 등의 결성이 그것이었다. 이것은 정치 세력과의 관계에서 비롯되었다(Ananba 1979, 40~42).

이런 가운데서도 파업투쟁은 계속되었고, 특히 1962년 독립 달성 이후 파업 건수는 크게 증가했다. 1956~1965년 사이에 우간다에서 발생한 파업 추이는 〈표 22-24〉에서 보는 바와 같다. 1956~1965년 사이의 연평균 파업

표 22-24 | 1956~1965년 우간다 파업 발생 추이

연도	파업 건수	파업 참가자 수	노동손실일수
1956	56	8,236	12,320
1957	35	3,013	6,947
1958	44	5,873	10,893
1959	64	13,249	102,171
1960	53	30,877	105,439
1961	72	21,070	113,537
1962	161	25,563	96,986
1963	150	33,281	94,292
1964	112	13,268	39,737
1965	92	18,181	55,937

자료: ILO 1965; 1972, *Yearbooks of Labour Statistics*.

건수는 84건이고, 1960년대의 파업 건수는 1962년의 161건, 1963년의 150
건, 1964년의 112건 등 1950년대 후반의 파업 건수에 비해 갑절 이상 증가
했다. 파업 참가자 수에서는 1963년의 3만3,281명이 가장 많았으며, 파업
에 따른 노동손실일수는 1961년의 11만3,537명이 가장 많았다.

8. 가나

가나의 독립과 은크루마의 등장, 쿠데타 발발

1957년 3월 6일, 영국령 골드코스트는 영국 신탁통치 지역 토골란드
Togoland를 병합해 '가나'라는 고대 아프리카 제국의 명칭을 따와 독립국 가
나를 수립했다. 검은 대륙 아프리카 식민지 가운데 최초의 독립국이 되었으
며, 콰메 은크루마가 수상에 취임했다.

　　은크루마는 독립과 더불어 범아프리카주의를 기조로 하는 신식민지주
의 반대 및 비동맹 정책을 적극적으로 추진했다. 먼저 1958년 4월 아크라에

서 이집트·튀니지·모로코·수단·에티오피아·리베리아가 참가하는 독립아프리카국가회의를 개최했다. 같은 해 9월에는 기니 독립을 맞이해 '아프리카국가동맹'을 제안했으며, 프랑스 원조 중단으로 곤경에 처한 아흐마드 세쿠 투레를 지원했다. 이어서 12월에는 아크라에서 전아프리카인민회의AAPC를 개최했는데, 여기에 28개 국가로부터 민족해방운동 대표자 62명이 참가했다. 1960년 콩고가 독립한 후 내란이 일어났을 때 파트리스 루뭄바 정권을 적극적으로 옹호했으며, 1961년 1월에는 이른바 카사블랑카파 결성에 적극적인 역할을 수행했다.

한편 국내에서는 회의인민당CPP, 노동조합회의TUC, 농민협의회, 청년운동, 여성연맹 조직들이 결속해 중앙집권화를 추진하고, 비자본주의적 발전을 목표로 하는 공업화 정책을 시행했다. 독립 직후 1957년 10월, 회의인민당을 중심으로 한 은크루마 체제 반대 세력 민족해방운동NLM과 북부인민당NPP, 그리고 그 밖의 정당이 결집해 단콰와 코피 아브레파 부시아를 지도자로 하는 통일당UP을 결성했다. 은크루마 진영은 이에 대해 1958년 재판 없이 투옥할 수 있는 예방구금법을 제정해 대응했다. 1960년 3월, 대통령 중심제의 공화국 헌법이 제정되었으며, 4월에 실시된 국민투표에서는 통일당이 12만 표를 획득한 데 비해 회의인민당은 101만 표를 획득해 압도적 승리를 거두었다(나카무라 히로미츠 1994, 203~204).

가나는 독립 후 심한 경제적인 부침을 겪었다. 독립 초기 가나 경제는 수출액의 66퍼센트(1960년 당시)를 차지하는 단일경작monoculture에 의존하고 있었다. 은크루마 정권은 코코아의 구입과 판매, 목재 수출, 다이아몬드 수출을 국가 관리로 이관하고, 외국 기업을 접수해 '사회주의형 경제'로 이행함과 동시에 경제의 다양화를 시도했다.

은크루마는 식민지 자본주의와 사회주의를 다음과 같이 비교했다.

가나는 식민지형 경제구조를 물려받았다. …… 빈약한 경제구조를 허물고 안정적인 경제구조를 세워서 풍요와 만족이 넘치는 진정한 낙원을 건설하는 날까지 우리는 한시도 숨을 돌릴 수 없다. …… 우리는 계획적인 경제성장을 이루어야만 한다. 비열한 식민주의와 쇠퇴하는 제국주의가 남기고 간 빈곤과 무지, 질병, 문맹을 몰아내기 위해서 …… 사회주의는 최단기간 내에 우리 국민에게 행복한 삶을 선사할 수 있는 유일한 방안이다(메러디스 2014, 216).

1959년부터 제2차 5개년 계획이, 1963년부터는 경제개발 7개년 계획이 추진되었다. 이 개발 계획에는 볼타Volta 유역의 종합개발계획, 철강 플랜트 건설 등 야심 찬 계획들이 포함되어 있었다. 볼타 천川에 댐을 건설함에 있어서 공사비 2억3천만 파운드의 절반을 미국과 영국 정부, 세계은행이 차관으로 제공했으며, 나머지 절반을 가나 정부가 부담했다. 1962년 1월에 착공한 댐 건설 공사는 완성에 이르기까지 4년이 소요되었다.

의욕적인 경제개발 계획이 진행되는 가운데 개발 투자와 국영기업의 비능률, 오직, 코코아 세계시장 가격의 하락에 따라 독립 당시 보유하고 있던 외화는 급속하게 감소했다. 독립 당시 보유한 외화는 2억 파운드에 부채는 2천만 파운드였는데, 1965년에는 외화는 고갈된 상태였고 부채는 약 4억 파운드로 늘어났다. 1964년 유일정당제로 바뀌어 1965년에 실시된 선거에서는 회의인민당의 지명 후보만을 선택할 수 있었다. 이 무렵부터 은크루마와 육군이 대립하기 시작했으며, 은크루마는 정규군 외에 따로 대통령 근위대를 설치했다. 게다가 기본 생활물자 부족, 국제수지 악화, 예방구금법 남용으로 은크루마와 회의인민당은 지지를 상실하게 되었다. 1965~1966년에 생산된 코코아 가격은 1톤당 100파운드(1950년대 중반에는 400파운드였다)까지 급락했다.

이와 같은 경제적인 파국 상태에서 1966년 2월 24일, 은크루마가 중국을 친선 방문하던 중에 엠마누엘 콰시 코토카 대령과 악카시 아프리파 소장이 이끄는 군부의 무혈 쿠데타가 감행되었다. 은크루마는 세쿠 투레 대통령의 '명예로운 손님'으로 기니에 망명했다. 군부는 조지프 아서 안크라 장군을 의장으로 하는 민족해방위원회NLC를 설치했다. 민족해방위원회는 은크루마 정권 시대의 부채를 떠맡고 외국과 국제기관에 원조를 요청했으며, 프로젝트를 축소하고 국영기업을 정리하는 등 긴축 정책을 시행했다. 그 결과 1966년도 무역수지는 흑자로 돌아섰으며, 식량수입세와 소득세를 감면했고, 코코아 가격을 인상했다. 1967년에는 통화 평가절하를 단행했고, 코코아 밀수 방지 조치를 강화했다. 은크루마와 회의인민당 당원의 부패 및 낭비에 대해서는 위원회를 조직해 책임을 추궁했다(나카무라 히로미츠 1994, 205~206).

산업관계법 제정과 노동조합운동의 체제 변화

정치·경제적인 급격한 변화가 진행되는 가운데, 노동운동은 1950년대 후반에서부터 1960년대 전반에 이르는 기간에 꾸준한 발전을 이룩했다. 1958년에 제정된 산업관계법Industrial Relation ACT, IRA은 노동조합에 대해 여러 가지 유리한 조건을 제공했다. 먼저 85개 기업별 소규모 노동조합이 24개(나중에는 16개)의 산업별 노동조합으로 바뀌었다. 또 1960년에는 조합비 일괄공제 제도Check-off system가 노사교섭을 통해 도입되었고, 유니언 숍 제도도 함께 시행되었다. 그리하여 노동조합회의TUC와 노동조합들이 처음으로 조직화를 위한 정규 재정 기반을 마련할 수 있게 되었다. 합법적 파업은 어려웠으나 그렇다고 불가능한 것은 아니었으며 실제로 노동조합이 파업 때문에 처벌 받는 경우는 드물었다. 산업관계법은 사용자로 하여금 노동조합과 단체교섭을 하도록 의무화했으며, 강제 중재 제도를 포함해 노사분쟁 조정 제도가 도입되었다. 이 법은 최소한 일시적으로라도 노동조합운동의 역량 강화를 가져왔다. 그리하여 노동조합원 수는 1956년의 6만7,473명에서 1961년의 32만248명으로 증가되었다.

한편, 산업관계법은 노동조합이 많은 점에서 희생하도록 만들기도 했다. 정부 당국자들은 노동조합회의에 대해 산하 조직에 대한 통제권을 부여했으며, 노동조합회의의 사무총장 존 테테가와 은크루마 사이에는 노동조합이 회의인민당과의 협력 관계를 성실하게 지키고 정치적 통제에 따른다는 암묵적인 합의가 있었다. 그러나 노동자의 저항 투쟁은 1960년 6월에 일어난 대규모 아크라 투쟁과 1961년 세콘디-타코라디를 중심으로 한 총파업에서 드러난 바와 같이 은크루마 정부를 크게 위협했다.

1959년의 법 개정으로 모든 노동조합은 노동조합회의에 통합되었다. 산업관계법의 실제적인 효력은 1960~1966년의 회의인민당 정부의 권위주의를 더욱 강화했으며, 노동조합 간부들에 대한 회의인민당의 영향력은 1961년 이후 독자적인 권익을 주장할 노동조합의 역량을 약화시켰다. 그러나 노동조합 간부들은 산업관계법을 잘 활용했다. 산업관계법 실시를 통해 산업별 노동조합 체제 구축, 강력한 전국 중앙 조직 건설, 그리고 단체교섭권의 행사 등이 가능했다(Kraus 2007 91~92).

1956~1965년 사이에 가나에서 발생한 파업 추이는 〈표 22-25〉에서 보는 바와 같다. 1956~1965년에 발생한 연평균 파업 건수는 27건으로 다른 나라에 비해 적은 편이었다. 파업 건수는 1957년 독립 이후 증가했으나 1962년 이후에는 감소했다. 파업 참가자 수에서는 1956년이 3만3,319명으로 가장 많은 수를 기록했으며, 파업에 따른 노동손실일수 역시 1956년이

표 22-25 | 1956~1965년 가나 파업 발생 추이

연도	파업 건수	파업 참가자 수	노동손실일수
1956	25	33,319	2,492,616
1957	45	11,858	33,005
1958	50	21,771	49,502
1959	20	4,143	7,260
1960	51	9,976	15,035
1961	40	12,259	29,340
1962	4	1,690	2,800
1963	10	1,862	2,850
1964	12	1,957	1,073
1965	13	7,052	23,389

자료: ILO 1965; 1972, *Yearbooks of Labour Statistics*.

249만2,616일로 두드러지게 많았다.

9. 나이지리아

나이지리아 독립과 정치적 혼돈

1957년 3월, 연기되었던 헌법회의가 열렸다. 이 시기에 북부 주는 자치정부로의 빠른 이행을 바라지 않았으나, 각 주 소수 부족은 자치정부 이행 지연에 대한 불만의 목소리를 높였다. 영국 정부는 헨리 윌링크를 위원장으로 하는 소수부족문제조사위원회를 설치해 조사 작업을 실시했다. 그러나 이 작업도 앞으로 새로운 주를 설립하지 않을 것을 전제 조건으로 한 것이었으며, 당시 정권을 장악하고 있던 부족 측의 반대로 성실한 조사 보고가 성립되지 못했다. 이 위원회의 보고 내용은 1958년에 열린 헌법회의에서 마지못해 승인되었다. 나이지리아에서 제기된 부족 문제는 식민지 지배 시기 경제·정치·문화·교육 등 여러 측면에서 심각하게 드러났으며, 부족 사이의

갈등 양상도 명확해지기 시작했다.

1958년에 연방 총선거가 실시되었다. 하원 312석 가운데 북부인민회의 NPC가 143석을 차지했고, 나이지리아카메룬민족회의NCNC와 그 제휴당인 북부주민진보동맹NEPU이 89석을, 행동당AG이 73석을 획득했다. 북부인민회의 단독으로는 내각을 구성하기 어려운 조건에서 나이지리아카메룬민족회의와의 연합정권이 다시 구성되었다. 1960년 10월 1일, 드디어 나이지리아는 아프리카 최대의 인구를 가진 흑인 국가로서 독립을 달성했다. 총독에는 나이지리아카메룬민족회의 총재 은남디 아지키웨가, 수상에는 북부인민회의 부총재 아부바칼 타파와 발레와가 취임했다. 북부인민회의 총재 아마두 벨로가 북부 주 지사에, 행동당의 사무엘 라도케 아킨톨라가 서부 주 지사에, 나이지리아카메룬민족회의의 마이클 오크파라가 동부 주 지사에 취임했다. 서부 주는 야당파가 지배하고, 북부를 기반으로 하는 북부인민회의와 동부를 기반으로 하는 나이지리아카메룬민족회의라는 정치적 이데올로기도, 문화적 배경도 서로 다른 정당의 연합이 연방정부를 지배하는 불안정한 형태로 국정이 운영되었다(나카무라 히로미츠 1994, 146).

서부 주 요루바족 지도자이며 행동당 총재인 오바페미 아월로워는 야당 지도자로서 연방정권에 대해 비판적이었다. 아월로워는 민주사회주의 노선을 취하면서 통일중부벨트회의UMBC의 조지프 타르카와 1961년에 실시된 북부 주 선거에서 선거 협정을 맺고 ① 서부 주와 동일한 최저임금제, ② 주석 광산의 국유화, ③ 미들벨트 주의 분리, ④ 농업의 기계화, ⑤ 소농의 사회주의적 협동조합 조직화를 통일 선거 강령으로 하여 적극적인 정치활동을 벌였다. 1962년 5월 19일 행동당은 자기 당의 아킨톨라 서부 주 지사의 해임을 결정했다. 행동당은 아월로워파와 아킨톨라파로 분열되어 있었고, 5월 25일에는 서부 주의회 회의장에서 난투가 벌어졌으며 연방정부는 서부 주에 비상사태를 선언하고 6개월 동안의 잠정 행정관을 임명했다.

같은 해 11월 2일 아월로워를 비롯한 그의 일파 27명과 통일중부벨트회의의 지도자 타르카, 그리고 다이나믹당DP 지도자 치케 오비도 반역죄로 체포되었다. 이들은 재판에서 2년에서 10년의 징역 판결을 받았다. 한편 주의회에서 불신임 투표를 통해 해임된 아킨톨라는 최고재판소에 복권 소송을 제기해 승소해 서부 주 지사에 복귀했다. 1963년 10월 1일, 나이지리아는 '나이지리아연방공화국'으로 이행해 아지키웨가 대통령으로 취임했다. 그러나 각 지역 또는 각 부족 사이의 대립이 뿌리 깊게 존재했다.

1964년 12월, 연방선거가 예정되어 있는 상황에서 북부인민회의는 행동당과 결별해 나이지리아민족민주당NNDP을 조직한 아킨톨라와 더불어 나이지리아민족동맹(NNA)을 조직했다. 한편, 지금까지 여당이었던 나이지리아카메룬민족회의는 야당인 행동당과 더불어 통일진보대동맹UPGA을 결성했다. 통일진보대동맹 측은 선거위원회가 투표일 연기 청구를 거부했다는 이유로 선거 보이콧 작전을 폈다. 서부 주에서는 북부인민회의와 나이지리아민족민주당이 자유로운 선거활동 방해를 이유로 내세워 선거를 보이콧했다. 선거에서는 나이지리아민족동맹이 압도적 승리를 달성했으며, 동부 주에서는 투표가 실시되지 못했다. 라고스에서는 나이지리아민족동맹이 패배했고, 중서부 주에서는 보이콧의 결과가 명료하게 드러났다. 대통령의 타협 작전에 따라 발레와가 수상에 취임했다. 동부 주에서 다시 선거가 실시되었고, 그 결과 나이지리아민족동맹이 197석, 통일진보대동맹이 108석을 차지했으며 무소속이 50석을 차지했다. 여전히 지역 사이 또는 부족 사이의 대립으로 정치가 혼란스러웠다(나카무라 히로미츠 1994, 192~194).

노동조합운동의 성장과 독립을 위한 투쟁

이와 같은 나이지리아 독립을 둘러싼 정치적 격변 속에서 노동운동의 전개 과정이 어떠했는가를 살펴본다.

1953년에 결성된 전나이지리아노동조합연맹ANTUF은 1955년에서 1956년에 걸쳐 큰 발전의 계기를 맞게 되었다. 전나이지리아노동조합연맹은 1955년 11월 25일부터 27일까지 대의원 306명이 참가한 가운데 제3회 연차대회를 개최했다. 대회의 정신은 마이클 이모우두 의장의 연설에서 잘 드러났다. "우리 노동자들은 같은 계급에 속하는 사람들로서 하나이며, 우리의 힘은 통일에 있다." 대회에서 진행된 보고와 결의들은 노동조합운동의 당면 과제와 목표, 운동 기조 등을 드러내 보여 주었다(Woddis 1961, 127).

사무총장 고고 추 은제리베는 사업 보고에서 노동조합의 권리와 민주적 권리 문제에 대해 특별한 주의를 환기시키면서 "조건은 점점 더 악화되고 있으며, 현재에 이르기까지 우리는 경찰의 허가 없이는 노동조합 집회를 열 수도 없다"고 지적했다. 그는 또 "나이지리아를 포함한 식민지의 경우 영국 정부가 비준한 국제노동기구ILO 조약 84호, 87호, 94호를 위반하고 있다"고 말했다(Woddis 1961, 128).

대회는 나이지리아 독립을 강력하게 주장했으며, 통일된 형태의 정부를 수립하기 위해 투쟁한다는 결의를 재확인했다. 이것은 주 정부를 기초로 하여 나이지리아를 분할시키고자 하는 사람들에 대한 회답이었다. 나이지리아 분할을 획책하는 사람들은 하나의 주를 다른 주에 대립시키고, 노동자들을 분열시키며 나이지리아의 완전한 주권 획득을 지연시키고자 하는 사람들이라고 규정했다.

사무총장은 보고를 마무리하면서 다음과 같이 밝혔다. "이 대회는 우리 운동의 역사에서 전환점이 될 수 있다. 제1회 대회에서 제3회 대회까지 우리는 단순히 조직의 건설과 공고화를 위해 노력해 왔다. 1953년 창립대회 때 조합원 총수는 5만8천 명에 지나지 않았으나, 지금 우리 조직은 조직노동자 총수 20만 명 가운데 18만1천 명을 포괄하게 되었다"(Woddis 1961, 128).

제3회 대회 직전부터 대회 이후 몇 개월 동안에 나이지리아 노동운동 역사상 최대의 임금투쟁과 파업 행동이 전개되었다. 이러한 투쟁 가운데 가장 주목되는 사례는 주석 및 컬럼바이트columbite 광산 노동자 4만2천 명이 참가한 파업이었다. 노동자들은 1955년 11월에 임금 인상 요구를 관철하기 위해 18일 동안 파업을 벌였다. 광산 노동자들은 저임금 및 생활비 상승에 따라 나이지리아주석광산아프리카인합동노동조합과 나이지리아아프리카인광산노동조합을 중심으로 결집해 각 등급에 따라 25퍼센트부터 40퍼센트까지의 임금 인상과 매년 승급, 컬럼바이트광산 노동자의 생산 보너스를 요구했다.

사용자가 버티기 작전을 벌임에 따라 교섭이 결렬된 뒤, 광산 노동자들은 제도상 규정에 맞춰 21일 전 파업 예고를 했다. 사용자와 정부는 광산 노동자들이 실제로 파업에 돌입할 것으로 생각하지는 않았다. 그러나 21일 동안의 예고 기간이 끝나고, 파업은 결행되었다. 공식적으로는 4만2천 명이 참가한 것으로 발표되었지만, 노동조합은 약 5만5천 명이 참가한 것으로 발표했다. 경찰이 광산 지역에 파견되었고, 유럽인 광산 경영자의 요구에 따라 또는 노동조합 집회 개최를 이유로 많은 사람들이 체포되었다.

파업의 정점을 이룬 것은 경찰의 폭행에 항의하고 주민의 지지를 얻기 위해 광산 노동자 1만 명이 부쿠루에서 조스까지 22마일에 걸쳐 행진을 벌인 일이었다. 이들은 "무자비한 사용자는 물러나라", "광산에서 행해지는 노예노동 철폐하라", "식료·주거·의복을 위한 파업"이라는 슬로건을 내걸었다.

사용자가 1954년 10월로 소급해서 임금을 25퍼센트 인상하고 파업 참가자를 처벌하지 않기로 약속함으로써 노동조합은 18일 만에 파업을 중지했다. 이러한 약속에도 불구하고 파업 뒤에 벌어진 교섭에서 두 노동조합은 어려움에 직면하게 되었고, 교섭은 사실상 결렬되었다. 교섭이 쉽게 타결되지 못한 데 대한 불만이 커졌고, 이에 따라 광산을 국유화해야 한다는 요구가 강하게 표출되었다(Woddis 1961, 129~130).

이와 같은 광산 노동자 파업을 배경으로 하여 전나이지리아노동조합연맹의 연차대회가 열렸다. 광산 노동자 투쟁에 자극을 받아 대의원들이 채택한 임금 정책에 근거해, 노동자들은 전 산업에 걸쳐 임금 인상 투쟁을 몇 개월 동안 전개했다. 그 결과 20퍼센트에서 경우에 따라서는 약 100퍼센트에 이르는 임금 인상을 획득했다. 우편·전신·철도·항만·해운 노동자와 중앙·지방 공무원들이 파업, 연좌농성, 작업 정지, 사보타주, 시위 등 여러 형태의 전략으로 요구를 관철하려 했다. 이 가운데 중요하게 꼽을 만한 것은 1956년 1월의 4만 명이 참가한 건축노동자 파업이다. 이 파업은 1954년 10월 회사 측이 숙련공에 대해 1일 7실링 6펜스를 지불하기로 하고 일반노동자에 대해서는 한버리Hanbury 중재재정 실시를 요구한 데서 발단되었는데, 10일 동안 계속되었다. 이 파업은 리처드 코스테인을 비롯한 영국 대기업에서 일어났으며, 파업의 대부분은 성공을 거두었다.

이러한 파업투쟁의 성과에도 불구하고, 나이지리아 노동조합은 여러 가지 어려운 과제에 직면하게 되었다. 1957년 1월, 국제자유노동조합연맹ICFTU이 주최해 아프리카 노동조합회의가 열렸는데, 미국노동총연맹-산업별조직회의AFL-CIO 지도자가 서아프리카를 방문한 직후 전나이지리아노동조합연맹 내부에 분열을 획책하는 움직임이 새롭게 일어났다. 일부 지도부를 '적색분자'로 규정하는 캠페인이 진행되었으며, 몇몇 지도자는 조직을 떠나 소규모 조직을 결성하기도 했다. 노동자들은 이러한 분열을 받아들이려 하지 않았으며, 노동운동 바깥에서도 이와 같은 사태에 대해 우려를 나타냈다. 노동조합 중앙조직을 하나로 결집해 노동조합의 완전한 통일을 이룩하자는 요구가 높아졌다. 몇 개월에 걸친 토론과 캠페인, 교섭이 진행된 끝에 1959년 3월 에누구에서 새로운 노동조합 중앙 조직이 결성되었다. 나이지리아노동조합TUCN이 그것이었으며, 전나이지리아노동조합연맹의 전 의장이었던 이모우두가 새 조직의 의장으로 선출되었다.

1959년부터 1960년에 걸쳐 나이지리아노동조합을 중심으로 형성된 노동조합운동의 통일을 깨뜨리려는 시도가 발생했는데, 이전의 경우와 마찬가지로 이런 분열 책동에 사용된 주요한 무기는 '공산주의 망령'이었다. 이것만으로는 노동조합을 혼란에 빠뜨리기에는 충분하지 않다고 생각한 우익 분자들은 국제자유노동조합연맹 가입을 시도했다.

이러한 가운데 1960년 4월 21일에는 새로운 조직인 나이지리아노동조합회의NTUC가 설립되었으며, 대부분의 노동조합이 여기에 가맹했다. 나이지리아노동조합회의는 나이지리아 노동자계급의 권리와 이익을 위해 투쟁을 전개했으며, 노동조합의 통일을 위해 국제자유노동조합연맹과 세계노동조합연맹 어디에도 가입하지 않는다는 이전의 결정을 그대로 유지했다 (Woddis 1961, 131).

독립 이후 노동조합운동의 분열과 통일

1960년 10월 1일, 나이지리아가 독립을 이룩한 뒤로 노동조합 조직은 빠르게 성장했다. 1960~1971년 사이 노동조합 조직의 성장은 〈표 22-26〉에서 보는 바와 같다. 1960년 이후 노동조합 조직은 증가 추세를 나타내는 가운

表 22-26 | 노동조합 조직의 성장 추이(1960~1971년)

연도	노동조합 수	노동조합원 수
1960	360	274,126
1961	402	281,121
1962	435	324,203
1963	502	352,790
1964	551	517,911
1965	615	519,000
1966	631	520,164
1967	674	530,000
1968	696	540,000
1969	721	550,000
1970	809	600,000
1971	873	655,215

자료: Robin Cohen 1974, *Labour and Politics in Nigeria*, 129; Zasha 1980, 135에서 재인용.

데 1964년과 1965년의 노동조합 조직의 증가 추세가 특히 두드러졌다. 1964년과 1965년의 경우, 다른 해에 비해 파업 건수도 월등하게 많았다.

다음으로 노동조합 조직의 산업별 분포를 보면(1965년 당시), 지역사회 서비스가 25.1퍼센트로 가장 많고 그다음으로 운수업 19.5퍼센트, 제조업 15.0퍼센트, 광업·채석업 10.8퍼센트, 농업·임업·어업 6.5퍼센트, 서비스업 5.4퍼센트, 건설업 5.3퍼센트, 공무원 5.3퍼센트, 도·소매업 2.1퍼센트, 전기·증기·가스 1.6퍼센트, 통신 1.5퍼센트였다. 조직 형태는 기업별 노동조합이었으며, 평균 노동조합원 규모는 등록된 노동조합 53퍼센트가 250명 정도였다(Zasha 1980, 154~155).

나이지리아 독립 이후 노동조합운동이 성장하는 가운데서도 통일과 분열이 계속되었다. 그 전개 양상은 〈표 22-27〉을 통해서 파악할 수 있다.

1960년부터 1978년에 이르기까지 나이지리아 노동조합운동은 여러 차례에 걸친 통일과 분열의 과정을 겪었다.

먼저 통일의 과정은 다섯 번의 계기를 겪었다. 첫 번째는 1962년으로,

연도	노동조합 조직명	대표	비고
1960	NTUC 대 TUCN	이모우두 대 보르하	ICFTU 가입 문제로 TUCN이 분리됨.
1962년 5월 3일	ULC	아데볼라	이바단 회의에서 NTUC와 TUCN이 통합함.
1962년 5월 5일	IULC	이모우두	ICFTU 가입 문제와 이바단 회의에서의 투표 절차, 그리고 WFTU와의 협력 관계로 ULC로부터 분리됨.
1962년 12월	NWC	아눈노비	ICFTU 가입으로 ULC로부터 분리됨.
1962년 12월	NLF	노크	ICFTU 가입을 요구해 ULC로부터 분리됨.
1963년 8월	NTUC	굿럭	IULC의 통괄권 장악.
1963년 9월	JAC	-	1964년 총파업 목적을 위한 모든 노동조합 센터들의 일시적 동맹체.
1970년	UCCLO	굿럭	NTUC, IULC, LUF, NWC이 동맹체.
1975년	NLC	-	아페나(Apena) 묘지 선언에 따름.
1978년	NLC	하산 숨모누	1975년에 승인되지 않은 NLC를 대체하기 위해 국가가 설립한 조직.

자료: Zasha 1980, 170.

주: NTUC: 나이지리아노동조합회의(Nigerian Trade Union Congress)

TUCN: 나이지리아노동조합(Trade Union Congress of Nigeria)

ULC: 통일노동회의(United Labour Congress)

IULC: 독립통일노동회의(Indipendent United Labour Congress)

NWC: 나이지리아노동자평의회(Nigerian Workers Council)

NLF: 북노동연맹(Northern Federation of Labour)

JAC: 공동행동위원회(Joint Action Committee)

LUF: 노동통일전선(Labour Unity Front)

UCCLO: 중앙노동조직통일위원회(United Committee of Central Labour Organization)

NLC: 나이지리아노동회의(Nigerian Labour Congress)

ICFTU: 국제자유노동조합연맹(International Confederation of Free Trade Unions)

WFTU: 세계노동조합연맹(World Federation of Trade Unions

ICATU: 국제아랍노동조합총연맹(International Confederation of Arab Trade Unions)

이바단 회의를 통해 나이지리아노동조합과 나이지리아노동조합회의가 통일노동회의ULC로 통일을 결의했다. 노동조합의 통일은 정부가 주도했다. 두 번째는 1963년의 공동행동위원회JAC 결성이다. 공동행동위원회는 모든 중앙노동조직의 대표자들로 구성되었으며, 주요 목적은 높은 임금 인상을 위해 정부에 대해 압력을 행사함과 동시에 1964년 총파업을 준비하는 것이었다. 세 번째는 나이지리아노동조합회의, 통일노동회의, 노동통일전선LUF, 그리고 나이지리아노동자평의회NWC가 동맹체로서 중앙노동조직통일위원회UCCLO를 조직한 것이다. 네 번째는 걸출한 노동조합 지도자 J. A. 오둘레예의 추모행사를 계기로 통일이 이루어졌다. 1975년 아페나 묘지에 모인 나이지리아노동조합회의, 통일노동회의, 노동통일전선, 나이지리아노동자평의회 대표자들이 '아페나 묘지 선언'을 통해 나이지리아노동회의(NLC)를 결성하기로 결정했다. 정부가 주도한 노동조합운동의 통일 시도가 마침내 나이지리아노동회의의 합법적인 지위 획득으로 결말을 맺게 된 것이 다섯 번째다(Zasha 1980, 172~175).

다음으로 노동조합운동의 분열 과정을 살펴본다. 첫 번째, 1960년에 마르크스주의 지향 노동운동지도자들이 국제자유노동조합연맹ICFTU 가입을 반대해 나이지리아노동조합에서 분리해 나이지리아노동조합회의를 결성했다. 두 번째로는 1962년 마르크스주의 지향 그룹이 국제자유노동조합연맹 가입 문제로 다시 통일노동회의로부터 떨어져 나와 독립통일노동회의 IULC를 결성했다. 같은 해 동일한 이유로 통일노동회의로부터 분리해 나이지리아노동자평의회가 결성되었다. 세 번째로 1963년에 구성된 공동행동위원회는 임금 인상 투쟁과 1964년 총파업이라는 특수한 목적을 공동으로 수행하기 위한 동맹조직이었기 때문에 1964년 총파업의 종료와 더불어 존재 목적을 상실하게 되었으며, 결국 해체되었다. 네 번째는 1975년으로, 나이지리아노동회의가 결성되었으나 국가가 노동조합으로 승인하지 않았기 때문에 통일을 이루지 못한 채 분열된 상태에 있었다. 이와 같은 노동조합운동의 분열을 초래한 요인은 국제 노동조직 가입 문제를 둘러싼 이데올로기적인 상이와 노동조합운동에 대한 국가 개입이었다(Zasha 1980, 176~179). 물론 이러한 분열 요인을 극복하고 통일을 이룩해야 함은 노동조합운동의 주체적 책무라 할 것이다.

1964년 총파업

1956~1965년 사이에 나이지리아에서 발생한 파업 추이는 〈표 22-28〉에서 보는 바와 같다. 1956~1965년 사이 발생한 총파업 건수는 686건이었으며, 연평균 발생건수는 69건이었다. 1964년과 1965년의 경우 그 이전보다 급증했는데, 이것은 나이지리아연방공화국 수립 직후의 정치·경제·노동 상황의 변화를 반영한 것이며, 특히 1964년 총파업의 직접·간접적인 영향인 것으로 보인다. 파업 참가자 수에 있어서나 파업에 따른 노동손실일수에 있어서도 1965년도가 가장 많았다.

이 시기에 일어난 파업 가운데 가장 대표적인 것은 1964년 총파업이다. 1964년 총파업은 임금 인상에 대한 노동자의 요구를 무시하고 압박하는 정부의 정책에 반대해 일어난 것이었다. 일찍이 1961년에 나이지리아노동조합회의가 포괄적인 임금 인상 요구를 "주도누위원회 보고서"Zudonu Committee Report 형식으로 정부에 제출한 바 있었으나, 정부는 아무런 조치도 취하지 않았다. 1963년에는 나이지리아노동조합회의가 비슷한 요구를 제기했지만 그때도 정부는 노동조합의 요구를 무시했다. 이러한 정부의 정책에 대응하기 위해 모든 노동조합 중앙조직의 연대체인 공동행동위원회가 결성되었다. 연방정부는 이제 바로 시행된 '6개년 발전계획'에 임금에 관한 내용은 없다는 것을 핑계로 임금 인상 요구를 거부했다.

1963년 9월 정부는 라고스 항만노동자 1일 파업을 계기로 노동자 측의 요구를 검토하기 위해 '6인조사위원회'를 설치했다. 위원회는 1963년 10월에 활동을 시작해 1964년 4월에 일을 끝마쳤으나 정부는 위원회 보고서의 발표와 이행을 연기했다. 이런 가운데 1964년 5월 30일, 공동행동위원회는 6월 1일에 결행할 총파업을 조직하기 위해 대중 회합을 열었으며, 그때까지도 정부는 보고서를 발표하지 않았다. 6월 3일에야 보고서가 발표되었으

표 22-28 | 1956~1965년 나이지리아 파업 발생 추이

연도	파업 건수	파업 참가자 수	노동손실일수
1956	30	23,623	61,297
1957	49	21,797	63,411
1958	48	24,660	78,333
1959	51	20,968	87,039
1960	54	23,250	70,862
1961	62	36,677	156,882
1962	58	18,671	57,237
1963	44	19,315	53,797
1964	126	41,884	90,875
1965	164	78,992	276,175

자료: ILO 1965; 1972, *Yearbooks of Labour Statistics*.

나, 정부는 보고서의 상당한 부분을 받아들이지 않았다.

1964년 6월 1일 계획했던 대로 총파업이 시작되었다. 로빈 코헨은 총파업을 다음과 같이 설명했다. "약 75만 명의 노동자가 파업에 참가했으며, 그 가운데 많은 사람은 비노동조합원이었다. 파업은 전국으로 확산되었다. 노동자계급 말고도 다른 부문과 계층에 속하는 많은 사람들이 지지를 보냈다. 하인들도 일하기를 거부했으며, 도시에서는 많은 실업자들이 정치적 회합이나 대중 집회에 참가했다(Robin Cohen 1974, 166; Zasha 1980, 192~193에서 재인용).

국무총리는 노동자들의 불만과 결단의 강도를 과소평가한 나머지 파업참가 노동자들에게 48시간 내 직장에 복귀하라고 역설하면서, 그렇지 아니하면 즉시 해고를 당하게 될 것이라고 경고했다. 이에 대응해 노동자들은 동일한 양식으로 48시간 이내에 총리 자리에서 물러나라고 응답했다. 노동자들의 불만은 정치적 불만으로 이어졌다. 파업 사태가 심각한 지경에 이르면서 정부는 노동자의 요구와 조건을 거시적으로 개선하려고 노력했다. 임금은 6인조사위원회가 권고한 수준에서 교섭을 통해 근접했다. 파업 참가

자들에 대한 해고나 회생이 행해지지 않았으며, 2주일에 걸친 파업 기간은 유급 휴가로 간주되었다. 그리하여 총파업은 6월 13일 종료되었다(Zasha 1980, 194).

10. 남아프리카공화국

흑인에 대한 제도적 탄압과 샤프빌 투쟁

1954년 수상에 취임한 스트레이덤은 1958년 8월에 죽고, 그 후계자로서 헨드릭 페르부르트가 선택되었다. 페르부르트는 미리부터 구상했던 흑백 분리 방침을 1959년의 반투자치촉진법을 통해 구체화했다. 이어서 '대학교육법'University Education Act을 통해 각 인종별로 각각의 지역에 대학을 설립함으로써 백인 아닌 사람이 백인 대학에서 교육받을 기회를 저지했다. 야당인 연합당UP 안에서는 페르부르트의 이러한 정책에 대해 적극적으로 반대하는 그룹이 생겨났으며, 그들은 진보당PP을 결성했다. 남아프리카는 장래에 다인종사회로서 흑백에 관계없이 선거권을 인정해야 한다는 것이 그들의 주장이었다.

　1960년 1월, 페르부르트는 남아프리카연방의 공화국 이행을 결정하는 국민투표 구상을 국민들에게 제시했다. 같은 해 2월, 남아프리카를 방문한 영국 수상 맥밀런은 의회에서 아프리카에 불고 있는 변화의 바람에 남아프리카가 적응할 필요가 있다는 요지의 '변혁의 바람' 연설을 했다. 같은 해 3월에는 수장의 정부 임명을 규정한 반투통치기구법Bantu Authorities Bill에 반대하는 저항행동이 일어났고 동시에 범아프리카회의PAC는 패스법Pass Act에 반대해 시위를 벌였다. 뒤에서 살펴보겠지만, 샤프빌Sharpeville과 케이프타

운의 랑가에서 아프리카인에 대한 학살과 체포가 행해졌다. 샤프빌 사건에 대해 정부는 비상사태를 선언하고 군대와 경찰을 동원해 진압했다. 정부는 범아프리카회의와 아프리카민족회의ANC를 비합법화했다.

의회는 흑인들의 저항에도 아랑곳하지 않고 '국민투표법'Referendum Act을 통과시켰으며, 1960년 10월 5일 투표가 실시되었다. 공화국 이행을 위한 투표는 찬성 85만458표, 반대 77만5,878표로 최종 집계되어 남아프리카공화국 이행이 결정되었다. 다음 해인 1961년 5월 31일 공화국 헌법이 공포되었고, 찰스 로버츠 스와르트가 초대 공화국 대통령이 되었다(호시아키라 외 1992, 178~179). 남아프리카는 영국연방의 일원이 아닌 공화국 체제를 채택한 것이다. 내각이 실질적인 권한을 행사했으며, 의회는 백인들이 여지없이 독점하고 있었다.

아프리카인 민족주의 운동의 성장

이와 같은 정치체제의 변화가 빠르게 진행되는 가운데 아프리카인 민족주의 운동은 갈수록 강력하게 전개되었다. 1960년 3월 21일 범아프리카회의는 패스법에 반대하는 전국적인 운동을 시작했다. 아프리카인 수천 명이 패스를 소지하지 않은 채 요하네스버그 근교 샤프빌 경찰서 앞에 모여 자기들을 체포하라면서 사법기관의 기능을 저지하고자 했다. 이날 오후 1시 40분, 백인 경찰이 군중을 향해 발포해 아프리카인 67명이 죽고 186명이 부상당했다. 사살된 사람 대부분은 배후에서 총격을 받았다. 이른바 '샤프빌 학살 사건'Sharpeville Massacre이 벌어진 것이다. 이 사건이 뒤 몇 주 동안 파업을 비롯한 여러 가지 형태의 저항이 계속되었다. 케이프타운에서는 3월 30일 아프리카인 1만5천 명에서 3만 명으로 추정되는 군중이 열을 지어 회기 중인 국회 근처 도시 중심을 가로질러 행진했다. 샤프빌 사건 직후 아프리카민족회의 의장 루툴리는 패스를 불사르고 시위를 벌였으며, 많은 아프리카인이 이에 동조해 남아프리카 전역에 걸쳐 투쟁을 벌였다(Thompson 2001, 190~191). 정부는 비상사태를 선포하고 군대와 경찰을 동원해 저항행동을 진압했다. 이와 같은 저항 투쟁으로 아프리카민족회의와 범아프리카회의 지도자 2천 명이 구속되었고, 이어 반년 동안에 아프리카인 2만 명 이상이 체포되었다. 같은 해 4월, 정부는 아프리카민족회의와 범아프리카회의를 비합법화하고, 루툴리는 패스를 불살랐다는 이유로 자택 구금되었으며, 소부크웨는 3년 금고형 판결을 받았다.

민족주의 운동은 아프리카민족회의와 범아프리카회의의 비합법화 조치에 따라 약화되었으나, 1961년 3월 운동 조직 부활을 목적으로 만델라를 비롯해 아프리카인 1천 명 이상이 피터마리츠버그에서 모여 전아프리카인회의All African Conference를 열었다. 만델라는 체포되어 5년의 금고형을 선고받았다(星昭 외 1992, 188).

1961년은 남아프리카 현대사에서 하나의 전환점이 되었다. 남아프리카연방이 남아프리카공화국으로 이행되었으며, 아프리카인 민족주의 운동 진영이 국가의 폭력에 대항해 폭력 투쟁을 전개하기로 선언했다. 1961년 12월까지 남아프리카에서는 비폭력 운동 또는 불복종 저항운동 등 평화적인 형태의 운동 방식이 채택되었다. 그것은 역사적 상황 때문이었다. 한편으로는 당시 남아프리카공화국에 합법 투쟁 가능성이 일정 부분 남아 있기도 했지만, 다른 한편으로는 민족해방운동 세력이 다른 투쟁 방식을 이용할 처지가 아니기도 했다. 그 무렵에는 해방운동 조직이나 인민 대중 스스로 그럴 만한 준비를 갖추지 못했다. 아프리카민족회의 문건은 "적들은 발톱까지 무장한 반면, 인민은 무장하지 않은 상태였으며, 폭력적 투쟁 방식을 사용할 심리적 준비가 되어 있지 않았다"고 지적했다(소련과학아카데미 2012, 184).

그러나 남아프리카공산당SACP 지도자 가운데 한 사람이며 당 기관지 『아프리카공산주의자』African Communist 편집장인 하멜은 비폭력 투쟁 방식을 평가하면서 "이러한 행동과 운동이 무익하다고 주장하는 것은 옳지 않다. …… 시민 불복종, 패스 불사르기 등의 여러 가지 행동, 파업, 시위와 보이콧 등 모든 형태의 비폭력 대중 행동이 전개되는 가운데 대중의 정치의식은 월등히 성장했다"고 설명했다(Afracan Communist 1962, No. 9, P.14; 소련과학아카데미 2012, 184에서 재인용).

1960년 샤프빌 학살 사건 이후 여러 운동 조직들이 국가의 폭력에 대항해 폭력 행동을 벌이기 시작했다. 1961년 12월 아프리카민족회의는 군사기구인 '민족의 창'Umkhonto we Sizwe을 조직했으며, 1962년 범아프리카회의는 테러를 행동 수단으로 하는 '포코'Poqo를 결성했다. 이 밖에도 젊은 백인 지식층 직업인과 학생 등이 다인종 조직인 아프리카저항운동ARM을 만들었다. 이들 조직은 원주민징병사령부 건물, 통행증 사무실, 우편국 등 정부 건물과 주요 산업지대 부근의 철도와 송전 시설에 대해 200건이 넘는 파괴 행위를 감행했다. 정부는 이와 같은 폭력 행동에 강경하게 대처했다. 1963년 7월, 경찰은 요하네스버그 근교 민가에서 민족의 창 지도자 17명을 체포했다.

1964년 말에 이르러 폭력적 저항운동은 제1단계를 종료하고, 그 후 10년 동안 침체 국면을 맞았다. 만델라와 시술루는 종신형 판결을 받고 케이프타운에서 4마일 정도 떨어진 로벤섬의 감옥에서 복역했고, 소부크웨도 1969년까지 로벤섬에 투옥되었다. 한편, 도피한 흑인 민족주의 운동가들은 국외에서 활동을 벌였다. 아프리카민족회의와 범아프리카회의는 다르에스살람, 런던, 카이로, 알제 등의 장소에서 해외 조직을 만들었다. 소수의 흑인 남아프리카인들은 이러한 조직에 가담해 게릴라전 훈련을 받기 위해 국외로 탈출하기도 했다(Thomson 2001, 211).

1960년대 들어 남아프리카공화국 정부는 아프리카인 민족주의 운동과 노동운동에 대한 군대·경찰의 물리적 탄압 말고도 법률 제정을 통한 억압도 강화했다. 그리하여 이 시기에는 인종차별주의 체제에 대한 모든 형태의 저항이 얼마 동안 침체되었다. 1962년 사보타주 법안으로 알려진 제76호 법률이 채택되었는데, 여기서 '사보타주'란 의미는 사실상 인종차별주의 체제에 반대하는 모든 행동을 지칭하는 것이었다. 파업에 참가한 아프리카인들은 어김없이 '사보타주 참가자'로 지목되었다(소련과학아카데미 2012, 185).

남아프리카노동조합회의의 전투적 활동

이와 같은 상황에서 노동운동은 갖가지 어려움에 직면했다. 1950년대 후반 들어 1955년 출범한 남아프리카노동조합회의SACTU는 탄압받고 있는 아프리카민족회의와 지하에서 활동을 벌이고 있는 남아프리카공산당과 연계해 경제투쟁과 더불어 '폭력 투쟁'에 참가했다. 아프리카민족회의는 이때 노동자계급의 저항 투쟁과 주요 파업을 적극 지원했다.

남아프리카노동조합회의는 조직을 확장하고 적극적으로 활동하며 계속 성장해 나갔다. 1959년 당시에는 가맹 조직 35개에 노동조합원 4만6천 명을 포괄했으며, 힘 있는 사업장 단위 노동조합을 설립하기 위해 노력했다.

남아프리카노동조합회의는 대중적인 캠페인을 통해 조직력을 강화했다. 캠페인 가운데 가장 잘 알려진 것은 생활임금 캠페인의 하나로서 '1일 1파운드'였다. 캠페인은 1957년부터 시작되었는데, 노동조합 대표자 300명이 캠페인추진위원회를 만들어 진행했다. 포트엘리자베스와 위트워터스랜

드에서는 6월 26일 노동자들이 일손을 놓아 가며 호응했다. 아프리카민족
회의와 노동대중이 캠페인을 적극 지지했다. 캠페인은 기업주와 정부가 실
질임금 인상을 인정하는 성과를 가져다주었다(Baskin 1991, 12~14).

이와 같은 캠페인과 같은 대중투쟁을 전개하는 가운데서도, 남아프리카
노동조합회의 소속 노동조합들은 평화적인 활동을 통해 노동자들의 권익을
확보하기가 대단히 곤란하다는 사실을 인식한 나머지 비합법적이고 전투적
인 활동을 전개하기 시작했다.

한편, 남아프리카노동조합회의의 경쟁조직인 남아프리카노동조합평의
회TUCSA는 결성 당시에는 백인과 일부 유색인 중심이었으나, 국제자유노동
조합연맹ICFTU과 국제노동기구ILO의 요청에 따라 부분적으로 아프리카인 노
동자를 조직 구성원으로 받아들였다. 남아프리카노동조합평의회는 경제투
쟁을 중시하면서 노동조합운동의 일정 영역 안에서만 활동을 벌였고, 권력과
자본으로부터 완전한 독립성을 유지하지는 못했다(Kraus 2007 206~207).

1960년 중반에는 남아프리카공화국은 급속한 경제성장을 이룩하게 되
었으며, 이에 따라 아프리카인 비숙련 또는 반숙련 노동자의 수가 크게 증
가했다. 아프리카인 노동자의 계급의식이 높아짐으로써 아프리카인 노동운
동이 점점 고양되었다. 아프리카인들은 공식적인 단체교섭에서 배제되어
있었으나, 임금 인상이나 노동조건 개선을 위한 투쟁을 계속 전개했다.

1956부터 1965년 사이의 남아프리카공화국 파업발생 추이를 살펴본다.
1956~1965년 사이의 파업발생 추이는 〈표 22-29〉에서 보는 바와 같다.
1956년부터 1965년까지 발생한 총파업 건수는 766건으로 연평균 77건 발
생했다. 1958년부터 파업 건수는 크게 감소했는데, 이는 아프리카인 민족
주의 운동과 노동운동에 대한 탄압이 이 시기에 한층 더 강화된 결과였던
것으로 보인다. 파업 참가자 수에서는 1956년과 1957년이 가장 많았고, 파

표 22-29 | 1956~1965년 남아프리카공화국 파업 발생 추이

연도	파업 건수	파업 참가자 수	노동손실일수
1956	105	10,050	12,643
1957	119	9,634	13,462
1958	74	8,179	6,557
1959	46	3,703	11,419
1960	41	5,500	5,090
1961	81	4,991	61,886
1962	56	2,157	1,135
1963	61	3,401	10,659
1964	99	5,037	37,932
1965	84	6,228	16,570

자료: ILO 1965; 1972, *Yearbooks of Labour Statistics*.

업에 따른 노동손실일수에서는 1961년이 가장 많았다. 1961년은 남아프리카연방이 남아프리카공화국으로 이행된 해였으며, 아프리카인 민족주의 운동 진영이 국가의 폭력에 대항해 폭력 투쟁을 전개하기로 선언했던 해였다.

참고문헌

강만길, 1984. 『한국현대사』. 창작과 비평사.

강석영. 1996. 『라틴아메리카史』 상·하. 대한교과서주식회사.

공일주·전완경. 1998. 『북아프리카사』. 대한교과서주식회사.

광민사 편집부. 1981. 『독일 노동운동사』. 광민사.

구보 도루. 2013. 『중국 근현대사』 4. 강진아 옮김. 삼천리.

그레빙, 헬가. 1985. 『독일노동운동사』. 박경서 옮김. 한벗.

김낙중. 1982. 『한국 노동운동사: 해방후편』. 청사.

김윤진. 1994. 『동아프리카사』. 대한교과서주식회사.

김익도·이대우. 1986. "중·소 이념 대립에 관한 연구." 『중국문제연구』 13. 부산대학교중국문제연구소.

김종법. 2004. 『이탈리아 노동운동의 이해』. 한국노동사회연구소.

김종현. 2007. 『경제사』. 경문사.

김학준. 2005. 『러시아사』. 대한교과서주식회사.

내외문제연구소 편. 1963. 『중·소 논쟁 문헌집』. 내외문제연구소.

노동자운동연구소 국제팀. 2012. "아시아 지역 노동운동 보고서." 노동자운동연구소.

노서경. 2017. 『알제리전쟁: 생각하는 사람들의 식민지 항쟁』. 문학동네.

듀건, 크리스토퍼. 2001. 『미완의 통일 이탈리아사』. 김정하 옮김. 개마고원.

松田智雄 엮음. 1983. 『서양경제사강의』. 장상환 옮김. 한울.

眞保潤一郎. 1986. 『베트남 현대사』. 조성을 옮김. 미래사.

메러디스, 마틴. 2014. 『아프리카의 운명』. 이순희 옮김. 휴머니스트.

박현채. 1984. 『한국자본주의와 민족운동』. 한길사.

소련과학아카데미국제노동운동연구소 편. 2012. 『국제노동운동사 7권: 제2차 세계대전 후 노동자계급과 민족해방혁명』. 박재만·김선안·김영란·심성보·홍정현·엄순천 옮김. 미출간.

송종래·이덕재·이우현·정주연·강신준. 2004. 『한국노동운동사』 4. 지식마당.

스펙, W. A. 2002. 『진보와 보수의 영국사』. 이내주 옮김. 개마고원.

塩庄兵衞. 1985. 『일본노동운동사』. 우철민 옮김. 동녘.

안병영. 1984. "유고슬라비아 노동자 자주관리제도." 『제3세계연구』. 한길사.

양승윤. 2005. 『인도네시아사』. 대한교과서주식회사.

_____ 외. 2007. 『필리핀』. 한국외국어대학교출판부.

역사학연구소. 1995. 『강좌 한국근현대사』. 풀빛.

유인선. 2002. 『새로 쓴 베트남의 역사』. 이산.

이대근. 1984. "차관경제의 전개." 이대근·정운영 편. 『한국자본주의론』. 까치.

이마가와 에이치. 2011. 『동남아시아 현대사와 세계열강의 자본주의 팽창』 상·하. 이흥배 옮김. 이채.

이원보. 2004. 『한국노동조합운동사』 5. 지식마당.

이정희. 2005. 『동유럽사』. 대한교과서주식회사.

이희원. 1997. "스페인 민주화와 노동운동." 성균관대학교 석사학위 논문.

정병기. 2000. 『이탈리아 노동운동사』. 현장에서미래를.

소실배. 2000. 『인도사』. 민음사.

중화전국총공회. 1999. 『중국노동조합운동사』. 김영진 옮김. 신서원.

촘스키, 아비바. 2014. 『쿠바혁명사』. 정진상 옮김. 삼천리.

최장집. 1988. 『한국의 노동운동과 국가』. 열음사.

카, 레이몬드. 2006. 『스페인사』. 김원중·황보영조 옮김. 까치.

클리프, 토니. 2008. 『영국노동당의 역사: 희망과 배신의 100년』. 이수현 옮김. 책갈피.

킨, 벤자민·키스 헤인즈. 2014. 『라틴아메리카의 역사』 상·하. 김원중·이성훈 옮김. 그린비.

파우스투, 보리스. 2012. 『브라질의 역사』. 최해성 옮김. 그린비.

포노말료프, B. N.. 1992. 『소련공산당사』 6. 편집부 옮김. 거름.

풀브룩, 메리. 2001. 『분열과 통일의 독일사』. 김학이 옮김. 개마고원.

프라이스, 로저. 2001. 『혁명과 반동의 프랑스사』. 김경근·서이자 옮김. 개마고원.

하먼, 크리스. 1994. 『동유럽에서의 계급투쟁: 1945~1983』. 김형주 옮김. 갈무리.

한국역사연구회현대사연구반. 1991. 『한국현대사』 2·3. 풀빛.

홉스봄, 에릭. 2002. 『역사론』. 강성호 옮김. 민음사.

Alexander. Robert J. 2002. *A History of Organized Labor in Cuba.* Praeger Publishers.

_____. *A History of Organized Labor in Argentina.* Praeger Publishers.

_____. *A History of Organized Labor in Brazil.* Praeger Publishers.

_____. *A History of Organized Labor in Bolivia.* Praeger Publishers.

Aminuddin, Maimunah. 2009. "Employment Relation in Malasia: Past, Present and Future." *New Zealand Journal of Asian Studies* 11-1.

Ananaba, Wogu. 1979. *The Trade Union Movement in Africa.* St. Martin's Press.

Baskin, Jeremy. 1991. *Striking Back: A History of Cosatu.* Verso.

Borowska, M., J. Balcerek, and L. Gilejko. 1957. "Workers Council or a System of Council." *Po Postu,* 1월 6일자.

Braverman, Harry. 1974. *Labor and Monopoly Capital.* Monthly Review Press[『노동과 독점자본』,

이한주·강남훈 옮김, 까치, 1987].

Chelstowsk, S. and W. Godek. 1957. "Wokers' Self: Management in Danger." *Po Prostu*, 1월 30일자.

CIDAMO. 2014. "The Workers Movement in Guatemala." NACL(https://nacla. org).

Cohen, Robin. 1974. *Labour and Politics in Nigeria*. London Heineman.

Debashish Bhattacherjee. 1999. *Organized labour and economic liberalization India: Past, present and future*. International Institute for Labour Studies Geneva.

Dockrill, Michael L. and Michael F. Hopkins. 2006. *The Cold War,* Macmilan Publishers Limited[『冷戰』, 伊藤裕子 譯, 岩波書店, 2009].

Ellwood, S. 1976. "Working Class under the Franco Regime." Paul Preston ed. *Spain in Crisis: The Evolution and Decline of the Franco Regim*. London: Queen Mary College.

Foreign Languages Publishing House. 1988. *The Trade Union Movement in Vietnam*.

Hadiz, Vedi R. 1997. *Workers and the State in New Order Indonesia*. Routledge.

Hobsbawm, Eric. 1996. *The Age of Extremes-A History of The World, 1914-1991*. New York: Pantheon Books[『극단의 시대: 20세기 역사』 상·하, 이용우 옮김, 까치, 1997].

Huberman, Leo and Paul M Sweezy. 1960. *Cuba-Anatony of A Revolution*. Monthly Review Press.

Jovanov, Neca. 1973. "Merkmale jugoslawischer Streiks." *Gewerschaftliche Monatshefte* 24.

Kraus, Jon. 2007. *Trade Unions and The Coming of Democracy in Africa*. Palgrave Macmillan.

Kuron, Jacek and Karol Modzelewski. 1968. *An open Letter to the Party*. translated as A Revolutionnary Socialist Manifesto. London.

Lemân, Gudrun. 1976. *Das jugoslawische Modell*. Verlag-Anst

Lin, Justin Yifu. 1990. "Collectivizazation and China's Agricultural Crisis in 1959~1961." *Political Economic Journal of my 98*. December.

Marie, J. J. and Balazs Nagy. 1966. *Pologne-Hongrie*. Paris.

Pelling, Henry. 1992. *A History of British Trade Unionism*. Macmillan Press[『영국 노동운동의 역사』, 박흥규 옮김, 영남대학교출판부, 1992].

Roberts, J. M. 1998. *The New Global Era*. Editorial Debate SA[立花隆 監修,『世界の歴史 10: 新たなる世界秩序を求めて』, 創元社].

Schneider, Michael. 1991. *A Brief History of the German Trade Unions*. Bonn: J.H.W. Dietz Nachf.

Sharma, G. K. 1982. *Labour Movement in India*. Sterling Publishers Private Limited.

Sibal, Jorge V. 2004. "A Century of the Phillippine Labor Movement." *Illawarra Unity-Journal of the Illawara Branch of the Australian Society for the Study of Labour History* 4-1.

Stora, Benjamin. 1991. *Histoire de L'Algérie coloniale 1830~1954, 1993, Histoire de La guerre d'Algérie, 1994, Histoire de L'Algérie depuis L'indépendance,* La Découverte [『アルジェリアの歴史』, 小山田 紀子 驛, 小山田 紀子 驛, 明石書店, 2011].

The USSR Academy of Sciences, The Institute of The International Working-Class Movement. 1987. *The International Working-Class Movement-Problems of History and Theory* 6. Moscow: Progress Publishers.

Thompson, Leonard. 2001. *A History of South Africa.* Yale University Press.

Troncoso, Moisaes Poblete and Ben G. Burnett. 1962. "*The Rise of the Latin-America Labor Movement.*

Wangel, Daniel Fleming Arne. 1996. "Models of Management-Labour Relations and Labour institutions Malaysia: A Comparison of Nordic and Other Transnational Companies." The Institutional Approach to Labour and Development. The European Association of Development Research and Training Institutes.

Woddis, Jack. 1961. *Africa: The Lion Awakes.* Lawrence & Wishart.

Zaidi, S. J. H. 1975. *Malaysian Trade Union Congress 1949-1974.* Malaysian Trades Union Congress.

Zasha, James Achin. 1980. "The Development of The Nigerian Labour Movement." Master of Arts Thesis, McMaster University.

Zinn, Howard. 2005. *A People's History of the United States.* Harper Perennial Morden Classics[『미국 민중사』 1·2, 유강은 옮김, 이후, 2008].

キューバ教育省 編. 2011.『キューバの歴史』. 後藤政子 譯. 明石書店.

岡倉古志郎·土生長穂·立木洋. 1977.『非同盟·中立』. 新日本新書.

犬丸義一·辻岡靖仁·平野義政. 1989.『前後日本勞働運動史』. 學習の友社.

谷川榮彦. 1971.『東南アジアの民族革命』. 三省堂.

宮治一雄. 2000.『アフリカ現代史 V: 北アフリカ』. 山川出版社.

吉田昌夫. 2000.『アフリカ現代史 II: 東アフリカ』. 山川出版社.

藤村道生. 1981.『日本現代史』. 山川出版社.

歴史学研究会 編. 1996a.『解放の夢: 大戰後の世界』. 東京大學出版會.

_____. 1996b.『第三世界の挑戰』. 東京大學出版會.

木戶蓊. 1977.『バルカン現代史』. 山川出版社.

尾上正男. 1965. "中ソ論爭にたいする一つの解釋." 日本國際政治學會 編.『中ソ代立とその影響』. 有斐閣.

浜林正夫·木村英亮·佐佐木爾. 1996.『新版 前後世界史』上. 大月書店.

山口直彦. 2011.『エジプド近現代史』. 明石書店.

山崎功. 1970.『イタリア勞働運動史』. 靑木書林.

森田鐵郎·重岡保郎. 1977.『イタリア現代史』. 山川出版社.

西川潤. 1971.『アフリカの非植民地化』. 三省堂.

成瀬治·黑川康·伊東孝之. 1987.『トイツ現代史』. 山川出版社.

星昭·林晃史. 1992.『アフリカ現代史 I : 總說·南部アフリカ』. 山川出版社.

小林勇. 1978.『前後世界勞働組合運動史』. 學習の友社.

巢山靖司. 1981.『ラテンアメリカ 變革の歴史』. 三省堂.

柴田三千雄・木谷勤. 1985.『世界現代史』. 山川出判社.

矢田俊隆. 2002.『ハンガリ-チェコスロヴァキア現代史』. 山川出版社.

桜井由躬雄・石澤良昭. 1995.『東南アジア現代史 III: ヴェトナム・カンボジア・ラオス』. 山川出版社.

野村達明. 2013.『アメリカ勞働民衆の歴史』. ミネルヴァ書房.

奥保喜. 2009.『冷戰時代 世界史』. つげ書房新社.

伊東孝之. 1988.『ポ-ランド現代史』. 山川出版社.

二村久則・野田隆・牛田千鶴・志柿光浩. 2006.『ラテンアメリカ現代史』III. 山川出版社.

猪木武德. 2009.『前後世界經濟史』. 中央公論新社.

齊藤 眞. 1976.『アメリカ現代史』. 山川出版社.

齊藤廣志・中川文雄. 1978.『ラテンアメリカ現代史 I』. 山川出版社』.

齊藤孝・赤井彰・野野山眞輝帆. 1998.『スペイン・ポルトガル現代史』. 山川出版社.

中川文雄・松下洋・遲野井茂雄. 1985.『ラテンアメリカ現代史』II. 山川出版社.

中村平治. 1993.『南アジア現代史 I: イント』. 山川出版社.

中村弘光. 1994.『アフリカ現代史 IV: 西アフリカ』. 山川出版社.

池端雪浦・生田滋. 1977.『東南アジア現代史 II: フィリピン・マレ-シア・シンガポ-ル』. 山川出版社.

倉持俊一. 1980.『ソ連現代史』. 山川出版社.

樋口篤三. 1990.『日本勞働運動 歴史と教訓』. 第三書館.

河野健二. 1977.『フランス現代史』. 山川出版社.

和田久德・森弘之・鈴木恒之. 1999.『東南アジア現代史 I: 總說・インドネシア』. 山川出版社.

442

인명 찾아보기

448

조직명 찾아보기